"十四五"职业教育国家规划教材

Daolu Jianzhu Cailiao

道路建筑材料

(第2版)

王力艳 迟长玉 主 编
周 烨 李俊丹 副主编
于国锋 主 审

人民交通出版社

北京

内 容 提 要

本书为"十四五"职业教育国家规划教材。全书主要介绍了道路建筑材料技术性能和工程应用的系统知识，着重阐明了道路建筑材料的基本知识与基本理论。全书分两篇，基础篇分为八章，内容涵盖了材料基本性质、砂石材料、无机胶凝材料、普通混凝土与砂浆、无机结合料稳定类材料、沥青材料、沥青混合料、建筑钢材等；试验篇分为七章，内容涵盖了砂石材料试验、水泥物理力学性质试验、普通混凝土及砂浆试验、无机结合料稳定类材料试验、沥青材料试验、沥青混合料试验及钢筋常规试验。各章按"正文、小结、复习题"的顺序组织内容，力求做到难点分散、重点突出、主次分明。

本书为高等职业院校道路与桥梁工程技术及相关专业的教学用书，亦可供交通土建工程技术人员参考。

本书配套多媒体课件及题库答案，教师可通过加入职教路桥教学研讨群（QQ：561416324）获取。此外，本书配有微课、视频、动画等数字化资源，读者可通过扫描封面资源码免费查看。

图书在版编目（CIP）数据

道路建筑材料/王力艳，迟长玉主编．—2版．—北京：人民交通出版社股份有限公司，2025.1
　ISBN 978-7-114-19476-4

Ⅰ.①道… Ⅱ.①王…②迟… Ⅲ.①道路工程—建筑材料 Ⅳ.①U414

中国国家版本馆 CIP 数据核字（2024）第 068582 号

"十四五"职业教育国家规划教材

书　　名：	道路建筑材料（第2版）
著 作 者：	王力艳　迟长玉
责任编辑：	刘　倩
责任校对：	赵媛媛　魏佳宁
责任印制：	张　凯
出版发行：	人民交通出版社
地　　址：	(100011)北京市朝阳区安定门外外馆斜街3号
网　　址：	http://www.ccpcl.com.cn
销售电话：	(010)85285911
总 经 销：	人民交通出版社发行部
经　　销：	各地新华书店
印　　刷：	北京市密东印刷有限公司
开　　本：	787×1092　1/16
印　　张：	25.5
字　　数：	601 千
版　　次：	2018年7月　第1版 2025年1月　第2版
印　　次：	2025年1月　第2版　第1次印刷　总第9次印刷
书　　号：	ISBN 978-7-114-19476-4
定　　价：	66.00元(含主教材和报告册)

（有印刷、装订质量问题的图书，由本社负责调换）

前 言
第 2 版

《道路建筑材料》第 1 版于 2018 年由人民交通出版社股份有限公司正式出版发行,先后入选教育部"十三五"职业教育国家规划教材和"十四五"职业教育国家规划教材。本版教材在第 1 版的基础上,以高等职业教育道路与桥梁工程技术专业教学标准和人才培养目标为根本遵循,贯彻落实党和国家在课程设置、三教改革、教材建设等方面的基本要求,结合未来道路建筑材料向高性能、多品种和综合利用方向发展的需要进行编写,内容组织安排上力求体现高职教育特点及满足课程改革的要求。

本版教材修订内容如下:

(1)修改和调整了基础篇中的第二章、第三章、第八章的内容以及试验篇中的第九章、第十章的相关内容。在试验篇中新增了"无机结合料稳定类材料试验",补充了无机结合料稳定类材料的常用检测方法。

(2)在基础篇每章的开头增加了"引言";在试验篇中每个"试验项目"后,增加了"注意事项"和"复习思考题"。

修订后的教材具有以下特点:

1. 符合最新国家标准和行业标准的要求

结合最新发布的标准规范《通用硅酸盐水泥》(GB 175—2023)、《公路工程集料试验规程》(JTG 3432—2024)、《公路工程无机结合料稳定材料试验规程》(JTG 3441—2024)、《公路工程岩石试验规程》(JTG 3431—2024),对书中相关内容进行更新,使本版教材的内容符合行业新材料、新设备、新工艺、新技术的要求,突出职业教育教材的科学性和适用性。

2. 进一步体现职业教育信息化的要求

为了丰富教材的配套资源类型,引导学生自主学习,本版教材在上一版的基础上,进一步丰富了微课、动画、虚拟仿真、题库等数字化资源。其中,基础篇每章的最后新增"复习思考题",学生可以通过扫描二维码答题,提交后获得答案及解析,及时检测课堂学习效果。

3. 将思政元素有机融入章节内容

本版教材深入挖掘专业课程中的思政元素,将价值引领、知识传授和能力培养三者融为一体。在基础篇每章的开头增加了"引言",使学生能够更好地结合行业背景,理解学习本章内容的意义,引导学生关注行业发展现状及发展方向,不断增强自身职业能力建设和职业认同感。此外,在试验篇中每个"试验项目"后,增加了"注意事项"和"复习思考题",引导学生对试验过程进行总结和反思,不断提高学生理论联系实际的能力。

编写分工:

本书由辽宁省交通高等专科学校王力艳、辽宁新发展交通集团有限公司迟长玉担任主编,辽宁省交通高等专科学校周烨、李俊丹担任副主编。编写分工如下:第一章、第二章、第三章、第四章、第六章、第七章由王力艳编写;第五章、第九章由周烨编写;第八章、第十四章由李俊丹编写;第十章、第十一章、第十二章、第十三章、第十五章由迟长玉编写。

全书由辽宁省交通高等专科学校于国锋教授主审。于教授认真审阅了本教材,提出了许多宝贵的修改建议,在此表示衷心的感谢。

由于编者学术和实践经验有限,书中难免有疏漏和错误之处,恳请读者多提意见,以便重印时修改和完善。

编 者
2024 年 4 月

本书配套资源索引

序号	二维码名称	对应页码	序号	二维码名称	对应页码
1	矿粉密度试验	007	23	水泥混凝土拌合物的拌和与现场取样方法	085
2	第一章 题库	017	24	水泥混凝土拌合物的和易性	085
3	粗集料的磨耗率试验	023	25	水泥混凝土试件的制作与养护(一)试件制作	088
4	粗集料的密度及吸水率试验	024	26	水泥混凝土试件的制作与养护(二)试件养护	088
5	粗集料的堆积密度及空隙率试验	024	27	硬化后水泥混凝土的力学性质(一)	088
6	粗集料的筛分试验(干筛法)	024	28	硬化后水泥混凝土的力学性质(二)	088
7	粗集料的筛分试验(水洗法)	024	29	砂浆的稠度试验	132
8	粗集料的压碎值试验	025	30	砂浆的立方体抗压强度试验	133
9	细集料的表观密度试验	026	31	第四章 题库	138
10	细集料的堆积密度及紧装密度试验	026	32	无机结合料稳定材料的压实性(一)试料准备	151
11	细集料的筛分试验	026	33	无机结合料稳定材料的压实性(二)试验步骤(甲法)	151
12	第二章 题库	037	34	无机结合料稳定材料无侧限抗压强度	151
13	石灰有效 CaO + MgO 含量测定	042	35	第五章 题库	154
14	水泥的细度(80μm 筛筛析法)试验	051	36	沥青的黏滞性(一)准备工作	161
15	水泥比表面积(勃氏法)试验(一)仪器校准与准备	051	37	沥青的黏滞性(二)试验步骤	161
16	水泥比表面积(勃氏法)试验(二)仪器常数 K 的标定	051	38	沥青的低温延伸性(一)准备工作	162
17	水泥比表面积(勃氏法)试验(三)水泥比表面积 S 的标定	051	39	沥青的低温延伸性(二)试验步骤	162
18	水泥的标准稠度用水量试验	051	40	沥青的温度稳定性(一)准备工作	163
19	水泥的凝结时间试验	052	41	沥青的温度稳定性(二)试验步骤	163
20	水泥的体积安定性试验	052	42	沥青与集料的黏附性水煮法(一)准备工作	166
21	水泥的胶砂强度(ISO 法)试验	052	43	沥青与集料的黏附性水煮法(二)试验步骤	166
22	第三章 题库	071	44	沥青与集料的黏附性水浸法(一)准备工作	166

续上表

序号	二维码名称	对应页码	序号	二维码名称	对应页码
45	沥青与集料的黏附性水浸法(二)试验步骤	166	70	第九章　试验十五复习思考题答案	271
46	第六章　题库	177	71	第九章　试验十六复习思考题答案	273
47	沥青混合料试件制作方法（击实法）（一）准备工作	188	72	第九章　试验十七复习思考题答案	276
48	沥青混合料试件制作方法（击实法）（二）拌制沥青混合料	188	73	第十章　试验一复习思考题答案	279
49	沥青混合料试件制作方法（击实法）（三）成型方法	188	74	第十章　试验二复习思考题答案	283
50	沥青混合料马歇尔稳定度试验	188	75	第十章　试验三复习思考题答案	286
51	压实沥青混合料密度（表干法）试验	191	76	第十一章　试验一复习思考题答案	290
52	第七章　题库	212	77	第十一章　试验二复习思考题答案	293
53	钢筋的拉伸试验	215	78	第十一章　试验三复习思考题答案	296
54	钢筋的弯曲试验	218	79	第十二章　试验一复习思考题答案	302
55	第八章　题库	233	80	第十二章　试验二复习思考题答案	305
56	第九章　试验一复习思考题答案	239	81	第十二章　试验三复习思考题答案	307
57	第九章　试验二复习思考题答案	242	82	第十二章　试验四复习思考题答案	308
58	第九章　试验三复习思考题答案	244	83	第十三章　试验一复习思考题答案	312
59	第九章　试验四复习思考题答案	247	84	第十三章　试验二复习思考题答案	314
60	第九章　试验五复习思考题答案	249	85	第十三章　试验三复习思考题答案	316
61	第九章　试验六复习思考题答案	252	86	第十三章　试验四复习思考题答案	318
62	第九章　试验七复习思考题答案	254	87	第十四章　试验一复习思考题答案	323
63	第九章　试验八复习思考题答案	257	88	第十四章　试验二复习思考题答案	325
64	第九章　试验九复习思考题答案	259	89	第十四章　试验三复习思考题答案	329
65	第九章　试验十复习思考题答案	263	90	第十四章　试验四复习思考题答案	332
66	第九章　试验十一复习思考题答案	265	91	第十四章　试验五复习思考题答案	335
67	第九章　试验十二复习思考题答案	267	92	第十五章　试验一复习思考题答案	337
68	第九章　试验十三复习思考题答案	268	93	第十五章　试验二复习思考题答案	339
69	第九章　试验十四复习思考题答案	270	94	第十五章　试验三复习思考题答案	341

资源使用方法：

1. 扫描封面上的二维码(注意此码只可激活一次)；

2. 关注"交通教育出版"微信公众号；

3. 公众号弹出"购买成功"通知,点击"查看详情",进入后即可查看资源；

4. 也可进入"交通教育出版"微信公众号,点击下方菜单"用户服务-图书增值",选择已绑定的教材进行观看和学习。

目 录
Contents

绪论 ·· 001

第一篇　基　础　篇

第一章　材料基本性质 ·· 006
第一节　物理性质 ·· 006
第二节　力学性质 ·· 010
第三节　耐久性 ·· 013
第四节　与水有关的性质 ·· 015
小结 ·· 017
复习思考题 ··· 017

第二章　砂石材料 ·· 018
第一节　岩石 ··· 019
第二节　集料 ··· 023
第三节　矿质混合料的组成设计 ·· 028
小结 ·· 037
复习思考题 ··· 037

第三章　无机胶凝材料 ·· 038
第一节　石灰 ··· 039
第二节　水泥 ··· 044
第三节　矿物掺合料 ·· 063
小结 ·· 071
复习思考题 ··· 071

第四章 普通混凝土与砂浆 072
第一节 普通混凝土 074
第二节 其他功能混凝土 129
第三节 建筑砂浆 131
小结 138
复习思考题 138

第五章 无机结合料稳定类材料 139
第一节 无机结合料稳定材料的组成材料 140
第二节 无机结合料稳定材料的技术性质 144
第三节 无机结合料稳定材料的组成设计 147
小结 154
复习思考题 154

第六章 沥青材料 155
第一节 石油沥青 156
第二节 改性沥青 170
第三节 乳化沥青 172
第四节 其他沥青 176
小结 177
复习思考题 177

第七章 沥青混合料 178
第一节 概述 178
第二节 热拌沥青混合料 179
第三节 其他沥青混合料 207
小结 211
复习思考题 212

第八章 建筑钢材 213
第一节 钢的分类 214
第二节 建筑钢材的技术性质 215
第三节 建筑常用钢材的性质及应用 221
小结 233

复习思考题…………………………………………………………………………… 233

第二篇 试 验 篇

第九章　砂石材料试验………………………………………………………… 236
　试验一　岩石颗粒密度试验………………………………………………… 236
　试验二　岩石块体密度试验………………………………………………… 239
　试验三　石料单轴抗压强度试验…………………………………………… 242
　试验四　粗集料的筛分试验………………………………………………… 244
　试验五　细集料的筛分试验………………………………………………… 248
　试验六　粗集料密度及吸水率试验(网篮法)……………………………… 249
　试验七　粗集料密度及吸水率试验(容量瓶法)…………………………… 252
　试验八　粗集料的堆积密度及空隙率试验………………………………… 254
　试验九　细集料表观密度试验(容量瓶法)………………………………… 258
　试验十　细集料密度及吸水率试验………………………………………… 259
　试验十一　细集料堆积密度及空隙率试验………………………………… 263
　试验十二　粗集料含泥量及泥块含量试验………………………………… 265
　试验十三　细集料含泥量试验(筛洗法)…………………………………… 267
　试验十四　粗集料针片状颗粒含量试验(规准仪法)……………………… 268
　试验十五　粗集料针片状颗粒含量试验(游标卡尺法)…………………… 270
　试验十六　粗集料压碎值试验……………………………………………… 271
　试验十七　粗集料磨耗试验(洛杉矶法)…………………………………… 273

第十章　水泥物理力学性质试验……………………………………………… 277
　试验一　水泥细度检验方法(筛析法)……………………………………… 277
　试验二　水泥标准稠度用水量、凝结时间、安定性试验…………………… 279
　试验三　水泥胶砂强度检验方法(ISO法)………………………………… 283

第十一章　普通混凝土及砂浆试验…………………………………………… 287
　试验一　普通混凝土拌合物稠度试验……………………………………… 287
　试验二　普通混凝土立方体抗压强度试验………………………………… 290
　试验三　水泥砂浆试验……………………………………………………… 293

第十二章　无机结合料稳定类材料试验……………………………………… 297
　试验一　无机结合料稳定材料击实试验…………………………………… 297

试验二　无机结合料稳定材料试件制作方法(圆柱形) …………… 302
　　试验三　无机结合料稳定材料养生试验 ……………………………… 306
　　试验四　无机结合料稳定材料无侧限抗压强度试验 ………………… 307
第十三章　**沥青材料试验** …………………………………………………… 309
　　试验一　沥青针入度试验 ……………………………………………… 309
　　试验二　沥青延度试验 ………………………………………………… 312
　　试验三　沥青软化点试验 ……………………………………………… 314
　　试验四　沥青与矿料的黏附性试验 …………………………………… 316
第十四章　**沥青混合料试验** ………………………………………………… 319
　　试验一　沥青混合料试件制作方法(击实法) ………………………… 319
　　试验二　沥青混合料试件制作方法(轮碾法) ………………………… 323
　　试验三　压实沥青混合料密度试验方法(表干法) …………………… 326
　　试验四　沥青混合料马歇尔稳定度试验 ……………………………… 329
　　试验五　沥青混合料车辙试验 ………………………………………… 333
第十五章　**钢筋常规试验** …………………………………………………… 336
　　试验一　试验取样及结果评定 ………………………………………… 336
　　试验二　钢筋拉伸试验 ………………………………………………… 337
　　试验三　钢筋弯曲试验 ………………………………………………… 339
参考文献 ……………………………………………………………………… 342

绪论

INTRODUCTION

　　道路建筑材料是指道路与桥梁工程及附属构造物所用的建筑材料,是道路与桥梁工程的物质基础。

　　道路建筑材料是随着社会生产力的发展而发展的。远古时期,人类居住在洞穴中;石器时代,人类挖土凿石、伐木搭棚。中国建筑材料的生产历史悠久,战国时期(公元前475年~公元前221年)人们用黏土烧制砖瓦,用岩石烧制石灰、石膏,广泛使用筒瓦、板瓦、大块空心砖和墙壁装修用砖等。公元前2世纪,欧洲已采用天然火山灰、石灰、碎石拌制混凝土。自1824年英国人约瑟夫·阿斯普丁(Joseph Aspdin)发明了水泥以来,建筑材料的生产和应用发展空前迅速。1850年法国人制造了第一只钢筋混凝土小船。1872年在纽约出现了第一座钢筋混凝土房屋,随后建造了高层建筑。20世纪以后,化学建材蓬勃发展,以高分子材料、复合材料为代表,建筑材料在性能、质量、品种上得到了快速发展。

一、本课程的研究内容和任务

　　本课程是研究道路与桥梁等工程结构物材料的组成、性能和应用的一门课程,它是交通运输大类专业学生必修的一门专业基础课,实用性很强,一般要从原材料、生产、组成、技术性质、技术标准(质量要求和检验)、工程应用特点、运输与储存等方面进行学习。

　　可用于道路建筑的材料种类繁多,性能各异,主要包括土、砂石、水泥、石灰、沥青、工业废料、钢材、工程聚合物、木材等材料及它们组成的混合料,如普通混凝土、沥青混合料等。

　　其分类方法有很多,如:

　　(1)按制造方法分类,建筑材料可分为天然材料和人工材料。天然材料如天然石材、木材、土、砂等;人工材料如钢材、铝合金、砖瓦、玻璃、塑料、石油沥青等。

　　(2)按化学组成分类,建筑材料可分为无机材料、有机材料和复合材料。无机材料又分为金属材料和非金属材料,金属材料主要有建筑钢材、铝合金、不锈钢、铜、铸铁等,非金属材料包括天然石材、砖、瓦、水泥、混凝土、建筑陶瓷、建筑玻璃等,又称矿物质材料;有机材料包括天然的有机材料与合成的有机材料,天然有机材料如木材、竹材、沥青、植物纤维等,合成有机材料如塑料、涂料、合成树脂、黏结剂、密封材料等;复合材料指两种或两种以上材料复合而成的材料,如钢筋混凝土、钢纤维混凝土、聚合物混凝土、沥青混凝土等。

　　(3)按使用功能分类,建筑材料可分为结构材料、装饰材料、绝热材料、防水材料、吸声材料、防火材料等。

(4)按使用部位分类,可分为基础材料、结构材料、屋面材料、地面材料、墙体材料等。

本书着重介绍砂石材料、气硬性胶凝材料(石灰)、水硬性胶凝材料(水泥)、建筑钢材、混凝土和砂浆、沥青材料及沥青混合料等。

通过本课程的学习,学生应获得有关道路建筑材料的性质与应用的基本知识和基本理论,并能掌握正确进行主要材料试验的基本技能。学生在学习本课程时,要在理解材料性能特点的基础上,自觉拓宽知识面,及时了解材料的最新标准与发展情况,为今后能够从事专业技术和管理工作,合理选择和使用材料打下基础。实践环节对于本课程来说非常重要,其任务是验证基本理论,学生通过试验过程,掌握道路建筑材料的技术性质。在试验过程中,试验操作人员要严肃认真,一丝不苟,严格按照操作规程来进行操作,同时要了解试验条件对试验结果的影响,要能对试验结果做出正确的分析和判断。

二、课程的重要性

道路建筑材料是构建道路与桥梁工程的物质基础,材料质量的好坏、配合比的合理性及材料的适用性等,均直接影响结构物的使用质量、寿命和功能。尤其近年来,由于交通量的迅速增长及渠化交通的出现,一些高等级路面出现较严重的波浪、车辙等病害现象,这些都与材料的性能有一定的关系。

道路建筑材料的使用与工程造价有密切的关系。在工程造价中,材料费用通常占到60%~70%的比例,因此合理地选择和使用材料,对节约工程投资、降低工程成本十分重要。

材料科学的进步,可以让材料性能更加优质,同时降低成本。工程建筑设计、工艺的更新换代,往往与新材料的发展有关,同时,新材料的出现和使用,也会加快工程建筑设计、工艺的新突破。

三、建筑材料的技术标准

建筑材料的技术标准是判断产品质量的技术依据,也是供需双方对产品质量进行验收的依据。标准内容大致包括材料的质量要求和检验两大方面,具体包括产品规格、分类、技术要求、检验方法、验收规则、标志、运输和储存等方面的内容。

我国建筑材料的技术标准由标准名称、标准级别代号、标准编号及颁布年代等组成,根据执行范围分为国家标准、行业标准、地方标准和企业标准等。

1)国家标准

国家标准由国务院标准化行政主管部门编制计划,组织草拟,统一审批、编号、发布。如《通用硅酸盐水泥》(GB 175—2007),其中"通用硅酸盐水泥"为该标准的技术(产品)名称,"GB"为国家标准的代号,"175"为标准编号,"2007"为标准颁布年代号。上述标准为强制性国家标准,任何技术(产品)不得低于此标准。此外,还有推荐性国家标准,以"GB/T"为标准代号。

2)行业标准

对没有国家标准而又需要在全国某行业范围内统一执行的技术要求,可以制定行业标准。行业标准由国务院有关行政主管部门制定,并报国务院标准化行政主管部门备案。如《公路工程水泥及水泥混凝土试验规程》(JTG 3420—2020),其中"JTG"为公路工程行业的标准代号,"3420"为此类技术标准的编号,"2020"为标准颁发年代号。

3)地方标准

地方标准是地方主管部门发布的地方性指导技术文件。代号为"DB"或"DB/T",其后分别注明地方标准顺序号、制定年代号。

4)企业标准

企业标准仅适用于本企业,代号为"QB",其后分别注明企业标准顺序号、制定年代号。

另外还有国际上使用的一些标准,如:团体标准和公司标准,指国际上有影响的团体和公司的标准,如美国材料与试验协会标准,代号为 ASTM;区域性标准,如德国工业标准,代号为 DIN;国际标准化组织标准,代号为 ISO。

PART 1 | 第一篇
基础篇

第一章 CHAPTER ONE
材料基本性质

 引言

材料是构成一个完美的、融入环境的、经久适用的建筑物必不可少的物质。一个好的建筑,除了设计师的功劳外,它的建筑材料起着决定性的作用。材料固有的外观、物理性质、力学性质,直接影响建筑设计的观瞻、承载能力、耐久性、经济性及设计图可实现性。只有材料的技术性质符合工程要求,才能够使整体工程质量得到保障,从而使建筑结构的安全性能更高,为人们的生命和财产安全提供保障。

 知识目标

1. 了解各种材料的力学性质、耐久性以及与水有关的性质;
2. 掌握材料的物理性质。

 能力目标

1. 能根据现行标准检测材料的真实密度、表观密度、体积密度及堆积密度;
2. 能根据本章所学的几种密度,计算材料的孔隙率及空隙率。

材料的基本性质是指材料处于不同的使用条件和使用环境时,通常必须考虑的最基本的、共有的性质。不同的工程材料起着不同的作用。这些材料性质是多种多样的,且彼此互相影响,归纳起来主要包括:物理性质、力学性质、耐久性及与水有关的性质等。

第一节 物理性质

一、密度

1. 真实密度(或称真密度)

真实密度是指材料在规定条件下(105℃±5℃温度下烘干至恒重),绝对密实状态下单位体积的烘干质量。

真实密度按下式计算：

$$\rho_t = \frac{m}{V_s} \tag{1-1}$$

式中：ρ_t——材料的真实密度，g/cm³；

m——材料的质量（烘干至恒重），g；

V_s——材料在绝对密实状态下的体积，见图1-1，cm³。

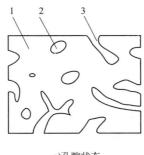
a)孔隙状态

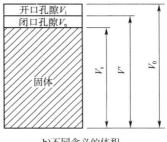
b)不同含义的体积

矿粉密度试验

图1-1　不同状态下体积示意图
1-固体；2-闭口孔隙；3-开口孔隙

材料在烘干过程中，在规定温度条件下间隔不小于3h连续两次称量其质量，变化不大于0.1%，视为材料达到恒重。

材料的孔隙有两种情况：一种是在材料内部被封闭的，不能吸水的称为闭口孔隙；另一种是在材料的表面与外界连通，能吸水的称为开口孔隙。

所谓绝对密实状态下的体积，是指不含有任何孔隙的体积，除了钢材、玻璃等少数材料外，绝大多数材料内部都有一些孔隙，如砖、石等块状材料。在测定这些有孔隙材料的密度时，应把材料磨成细粉，烘干至恒重后，用李氏比重瓶或密度瓶来测定其绝对密实体积。材料磨得愈细，内部孔隙消除得愈完全，测得的密实体积数值就愈精确，计算所得的密度值愈真实。因此，一般要求细粉粒径至少小于0.25mm。

另外，工程上还经常用到相对密度的概念。相对密度无单位，其值为材料密度与同温度水的密度的比值。

2.表观密度（又称视密度）

表观密度是指单位表观体积（含材料实体体积及闭口孔隙体积）物质颗粒的烘干质量。

表观密度按下式计算：

$$\rho_a = \frac{m}{V'} \tag{1-2}$$

式中：ρ_a——材料的表观密度，g/cm³；

m——材料的质量（烘干至恒重），g；

V'——材料在包含闭口孔隙条件下的表观体积（即只含内部闭口孔隙体积，不含开口孔隙体积),见图 1-1,cm³。

通常,材料包含闭口孔隙的表观体积采用排液置换法或水中称重法测定。

3. 体积密度

体积密度是指自然状态下单位体积(包括材料实体体积及其开口孔隙和闭口孔隙体积等颗粒表面轮廓线所包围的毛体积)的质量。

体积密度可按下式计算:

$$\rho_b = \frac{m}{V_0} \tag{1-3}$$

式中:ρ_b——材料的体积密度,g/cm³;

m——材料的质量,g;

V_0——材料在自然状态下的体积,包括材料实体及其开口孔隙、闭口孔隙的体积,见图 1-1,cm³。

根据材料含水情况,材料的质量有自然状态的天然质量、饱和面干状态质量、烘干状态质量三种,对应体积密度分别称为天然密度、饱和密度、毛体积密度。

对于规则形状材料的体积,可用量积法测得。如加气混凝土砌块的体积是逐块量取长、宽、高三个方向的轴线尺寸,计算其体积。对于不规则形状材料的体积,孔隙率较小的可采用水中称量法,孔隙率过大则需采用封蜡排液法测得。

4. 堆积密度

堆积密度是指单位体积(含物质颗粒实体体积及其闭口孔隙体积、开口孔隙体积及颗粒间空隙体积)物质颗粒的烘干质量,有干堆积密度及湿堆积密度之分。

堆积密度可按下式计算:

$$\rho_{bl} = \frac{m}{V'_0} \tag{1-4}$$

式中:ρ_{bl}——材料的堆积密度,kg/m³;

m——材料的质量,kg;

V'_0——材料的堆积体积(含物质颗粒实体体积及其闭口孔隙体积、开口孔隙体积及颗粒间空隙体积),m³。

材料的堆积密度反映散粒构造材料堆积的紧密程度及材料可能的堆放空间。若散粒状材料的堆积方式是松散的,即为自然状态堆积,由自然堆积测试得到的是自然堆积密度;若是经过捣实或一些措施处理的为紧装状态堆积,由紧装堆积测试得到的是紧密堆积密度。其测定方法在试验篇有专门介绍。

真实密度、表观密度、体积密度和堆积密度之间既有联系又有区别。密度不能反映材料的性质,但可以大致反映材料的品质,并可通过它们计算材料的孔隙率,以及进行混凝土配合比的计算。堆积密度建立了材料自然体积与质量之间的关系,在建筑工程中可用来计算材料的用量、构件自重和确定材料堆放空间等。几个密度差别的关键体现在材料内部的孔隙上,孔隙愈小,表观密度和体积密度愈接近真实密度。

二、材料的孔隙率和空隙率

1. 材料的孔隙率

材料的孔隙率是指材料孔隙（包括闭口孔隙和开口孔隙）的体积占材料总体积的百分率，以 n 表示。

孔隙率可按下式计算：

$$n = \frac{V_n + V_i}{V_0} \times 100 = \frac{V_0 - V_s}{V_0} \times 100 = \left(1 - \frac{\rho_d}{\rho_t}\right) \times 100 \tag{1-5}$$

式中：n——材料孔隙率，%；

V_0——材料在自然状态下的体积，包括材料实体体积及其开口孔隙体积、闭口孔隙体积，cm^3 或 m^3；

V_s——材料的实体体积，cm^3 或 m^3；

V_n——材料的闭口孔隙体积，cm^3 或 m^3；

V_i——材料的开口孔隙体积，cm^3 或 m^3；

ρ_t——材料的真实密度，g/cm^3；

ρ_d——材料干密度，g/cm^3。

与材料孔隙率相对应的另一个概念，是材料的密实度。密实度表示材料内部被固体物质所填充的程度，它在量上反映了材料内部固体物质的真实体积占材料总体积的百分率，即材料的致密程度，对于材料性质的影响正好与孔隙率的影响相反。材料孔隙率愈大，密实度愈小。

此外，孔隙率的大小和孔隙本身特征与材料的许多性质都有密切关系，如强度、吸水性、抗冻性、抗渗性及保温性等。一般来说，孔隙较小，且开口孔较少的材料，其吸水性较小、强度较高、抗渗和抗冻性较好。

2. 材料的空隙率

材料的空隙率是指散粒状材料在堆积状态下颗粒固体物质间空隙体积（开口孔隙与颗粒间空隙体积之和）占堆积体积的百分率，以 n' 表示。

空隙率可按下式计算：

$$n' = \frac{V_i + V_v}{V'_0} \times 100 = \frac{V'_0 - (V_s + V_n)}{V'_0} \times 100 = \left(1 - \frac{\rho_{bl}}{\rho_a}\right) \times 100 \tag{1-6}$$

式中：n'——材料空隙率，%；

V'——材料在包含闭口孔隙条件下的表观体积（即只含内部闭口孔隙体积，不含开口孔隙体积），cm^3 或 m^3；

V'_0——材料的堆积体积（含物质颗粒实体体积及其闭口孔隙体积、开口孔隙体积及颗粒间空隙体积），cm^3 或 m^3；

V_v——材料颗粒间空隙体积，cm^3 或 m^3；

ρ_a——材料的表观密度，g/cm^3；

ρ_{bl}——材料的堆积密度，g/cm^3。

空隙率表示的是材料颗粒间的空隙,与它相对应的是填充率,即散粒材料堆积体积中颗粒填充的程度。空隙率在普通混凝土中可作为控制砂、石级配及计算配合比的重要依据;在沥青混凝土目标配合比设计时,空隙率是确定沥青最佳油石比的一项重要的控制指标。

第二节 力学性质

材料的力学性质是指材料在外力作用下所引起变化的性质。这些变化包括材料的变形和破坏。材料的变形是指在外力作用下,材料发生的形状改变。材料的破坏是指当外力超过材料的承受极限时,材料出现断裂等丧失使用功能的变化。

一、强度

材料的强度是指材料在外力作用下抵抗破坏的能力。材料受外力作用时,在其内部便产生应力,此应力随外力的增大而增大,当应力增大到材料内部质点间结合力所能承受的极限时,应力再增加便会导致内部质点间的断开,此极限应力值就是材料的极限强度,通常简称为强度。

根据所受外力的作用形式不同(图1-2),材料强度可分为抗压强度、抗拉强度、抗弯(抗折)强度、抗剪强度等。

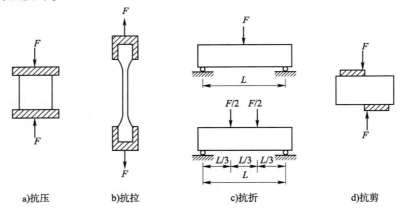

a)抗压　　b)抗拉　　c)抗折　　d)抗剪

图1-2 材料的受力形式

材料的抗压、抗拉、抗剪强度可直接由下式计算:

$$P = \frac{F}{A} \tag{1-7}$$

式中:P——材料的抗压、抗拉或抗剪强度,MPa;
　　　F——材料破坏时的最大荷载,N;
　　　A——受力截面面积,mm^2。

对于抗弯强度,有两种计算方式。将抗弯试件放在两支点上,当外力为作用在试件中心的

集中荷载,且试件截面为矩形时[图1-2c)],抗弯强度(也称抗折强度)可用下式计算:

$$P_{弯} = \frac{3FL}{2bh^2} \tag{1-8}$$

式中:$P_{弯}$——材料的抗弯(抗折)强度,MPa;
F——材料破坏时的最大荷载,N;
L——试件的长度,mm;
b、h——试件横截面的宽和高,mm。

若在此试件跨距的三分点上加两个相等的集中荷载($F/2$)(图1-2),抗弯强度按下式计算:

$$P_{弯} = \frac{FL}{bh^2} \tag{1-9}$$

影响材料强度的因素很多,如材料的组成及结构等内部因素。材料的孔隙率增加,强度将降低;通常,表观密度大的材料,其强度也大。材料的强度还与其含水率及温度有关,含有水分的材料,其强度较干燥时的低。一般情况下,温度升高时,材料的强度将降低,沥青混凝土尤为明显。此外,材料的强度还与测试条件和测试方法等外部因素有关。如材料相同,采用小试件测得的强度较大试件强度高;加荷速度快时,荷载的增加大于材料变形速度,所测出的强度值会偏高;试件表面不平或表面涂润滑剂时,所测强度值偏低。常用建筑材料的强度值范围见表1-1。

常见建筑材料的强度(MPa)　　　　　　　　　　　　表1-1

材料	抗压强度	抗拉强度	抗弯强度	抗剪强度
钢材	270~1960	270~1960	270~1960	156~1136
普通混凝土	10~80	1~4	0.7~9	2.5~3.5
普通烧结砖	5~30	—	1.8~4.0	1.8~4.0
花岗岩	100~250	7~25	10~40	13~19
石灰岩	30~250	5~25	2~20	7~14
玄武岩	150~300	10~30	—	20~60
松木(顺纹)	30~50	80~120	60~100	6.3~6.9

由表1-1可知,不同种类的材料,具有不同的抵抗外力的特点。砖、石材、混凝土等材料的抗压强度较高,而抗拉强度和抗弯强度却很低,所以这类材料多用在受压部位。木材的顺纹抗拉强度和抗弯强度均大于抗压强度,所以可作为梁、屋架等。建筑钢材的抗拉强度很高,所以适用于各种受拉构件。

二、比强度

结构材料在土木工程中的主要作用,就是承受结构荷载,对大部分建(构)筑物来说,相当一大部分的承载能力用于承受材料本身的自重。因此,要提高结构材料承受外荷载的能力,一方面应提高材料的强度,另一方面应减轻材料本身的自重,这就要求材料应具备轻质高强的特点。

反映材料轻质高强的力学参数是比强度,比强度是指按单位体积质量计算的材料强度,即材料的强度与其表观密度之比(P/ρ_a)。在高层建筑及大跨度结构工程中,常采用比强度较高的材料。这类轻质高强的材料,也是未来土木建筑材料发展的主要方向。几种主要材料的比强度见表1-2。

几种主要材料的比强度   表1-2

材料	表观密度(kg/m³)	强度(MPa)	比强度
低碳钢	7850	420	0.054
C30普通混凝土(抗压)	2400	35	0.015
松木(顺纹抗拉)	500	40	0.08
普通烧结砖(抗压)	1700	10	0.006

三、弹性与塑性

材料在外力作用下产生变形,根据变形的特点,分为弹性变形和塑性变形。当外力去除后能完全恢复到原始形状的变形称为弹性变形;有一部分不能恢复的变形,称为材料的塑性变形。弹性变形与塑性变形的区别在于,前者是可逆的,后者是不可逆的。

观察弹性变形与塑性变形曲线(图1-3),对比分析材料弹性变形与塑性变形的差异。

弹性变形为可逆变形[图1-3a)],其数值大小与外力成正比,其比例系数称为弹性模量。材料在弹性变形范围内,弹性模量为常数。弹性模量是衡量材料抵抗变形能力的一个指标,弹性模量愈大,材料愈不易变形。弹性模量是结构设计的重要参数。

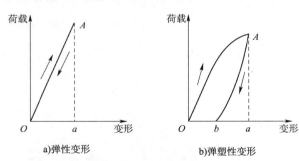

图1-3 材料的变形曲线

塑性变形为不可逆变形。实际上,单纯的弹性材料是没有的,大多数材料在受力不大的情况下表现为弹性,受力超过一定限度后则表现为塑性,所以可称之为弹塑性材料[图1-3b)]。它们在受力时,弹性变形和塑性变形会同时发生,外力去除后,弹性变形恢复,塑性变形保留。如低碳钢,外力小于弹性极限时,仅产生弹性变形,当外力大于弹性极限后,又会产生塑性变形。而混凝土受力后,则弹性变形和塑性变形同时产生。

四、韧性与脆性

材料受外力作用,根据破坏形式的不同,可分为脆性材料和韧性材料。当外力达一定值时,材料发生突然破坏,且破坏时无明显的塑性变形,这种性质称为脆性。具有这种性质的材料称为脆性材料。脆性材料的抗压强度远大于其抗拉强度,可高达数倍甚至数十倍,如大理石、陶瓷、玻璃、混凝土、铸铁等。

材料在冲击或振动荷载作用下,能吸收较大的能量,同时产生较大的变形而不破坏,这种性质称为韧性。具有韧性性质的材料称为韧性材料。在工程中,对于要求承受冲击荷载和有抗震要求的结构如桥梁、路面等所用的材料,均应具有较高的韧性,常见的高韧性材料有低碳钢、有色金属等。

五、硬度

材料另一个重要的力学性能是硬度,它是指材料表面抵抗硬物压入或刻划的能力。常用刻划法和压入法测定硬度。刻划法常用于测定天然矿物的硬度,通过材料的划痕来确定所测材料的硬度,称为莫氏硬度,如陶瓷等材料常用刻划法测定。压入法常用于测定金属材料等的硬度,如布氏硬度法,是以单位压痕面积上所受的压力来表示。一般情况下,硬度大的材料强度高、耐磨性较强,但不易加工。所以,工程中有时用硬度来间接推算材料的强度。

第三节 耐久性

材料在长期使用过程中,能保持其原有性能而不变质、不破坏的性质,统称为耐久性。它是一种复杂的、综合的性质,包括材料的耐水性、抗冻性、抗渗性、耐热性、大气稳定性和耐腐蚀性等。

一、材料耐水性

材料长期在水的作用下不破坏、强度不明显下降的性质称为耐水性。材料的耐水性用软化系数表示,按下式计算:

$$K_R = \frac{f_b}{f_g} \tag{1-10}$$

式中:K_R——材料的软化系数;

f_b——材料在饱水状态下的抗压强度,MPa;

f_g——材料在干燥状态下的抗压强度,MPa。

K_R的大小表明材料在吸水饱和状态下强度降低的程度。一般来说,材料被水浸湿后,强度均会有所降低。这是因为水分被组成材料的微粒表面吸附,形成水膜,削弱了微粒间的结合力。强度降低愈多,软化系数就愈小,说明该材料的耐水性就愈差。

软化系数的取值范围为 0~1。软化系数的大小,有时被作为选择材料的依据。长期处于水中或潮湿环境的重要建(构)筑物,必须选用软化系数大于 0.85 的材料。用于受潮湿较轻或次要结构的材料,则软化系数不宜小于 0.70。通常认为软化系数大于 0.85 的材料是耐水性材料。

二、材料抗冻性

材料在吸水饱和状态下,能经受多次冻融循环作用而不破坏,也不严重降低强度的性质称为抗冻性。

材料的抗冻性用抗冻标号表示。取规定的试件,在规定试验条件下,测得其强度降低不超过规定值,并无明显损坏和剥落时所能经受的冻融循环次数,以此作为抗冻标号,用符号 Dn 表示。其中,n 即为所能承受的最大冻融循环次数,如 D25、D50 等。冻融循环次数愈多,表明抗冻标号愈高,抗冻性愈好。

材料受冻融破坏主要是其孔隙中的水结冰所致。水结冰时体积增大约 9%,若材料孔隙中充满水,则结冰膨胀对孔壁产生很大应力,当此应力超过材料的抗拉强度时,孔壁将产生局部开裂。随着冻融次数的增多,材料破坏加重。因此,材料的抗冻性取决于其孔隙率、孔隙特征及充水程度。同时变形能力大、强度高、软化系数大的材料,其抗冻性较好。

另外,从外界条件来看,材料受冻融破坏的程度,与冻融温度、结冰速度、冻融频繁程度等因素有关。环境温度愈低、降温愈快、冻融愈频繁,则材料受冻破坏愈严重。材料的冻融破坏作用是从外表面开始,逐渐向内部深入发展的。

抗冻性良好的材料,对于抵抗大气温度变化、干湿交替等风化作用的能力较强,所以抗冻性常作为考察材料耐久性的一项指标。在设计寒冷地区及寒冷环境(如冷库)下的建筑物时,必须考虑材料的抗冻性。

三、材料抗渗性

材料抵抗压力水(或液体)渗透的性质称为抗渗性(或称不透水性)。材料的抗渗性通常用渗透系数或抗渗等级表示。渗透系数的物理意义是:一定厚度的材料,在一定水压力下,在单位时间内透过单位面积的水量。按下式计算:

$$K_s = \frac{Qd}{AtH} \tag{1-11}$$

式中:K_s——材料的渗透系数,cm/h;

Q——渗透水量,cm^3;

d——材料的厚度,cm;

A——渗水面积,cm^2;

t——渗水时间,h;

H——静水压力水头,cm。

对于建筑工程中大量使用的砂浆和混凝土等材料,抗渗性也可用抗渗等级(标号)来表示。抗渗等级是在规定试验方法下材料所能抵抗的最大水压力,用"S"表示。例如,S6 表示材料可抵抗 0.6MPa 的水压力而不渗水。

K_s 值愈小或抗渗等级愈高,表示材料渗透的水量愈少,即抗渗性愈好。抗渗性是决定材料耐久性的主要指标。

材料的抗渗性与材料内部的孔隙率及孔隙特征有关,特别是与开口孔隙率关系更为密切。

开口孔隙率愈大,大孔愈多,则抗渗性愈差;闭口孔隙率大的材料,其抗渗性仍可以很好。材料的抗渗性还与材料的憎水性和亲水性有关,憎水性材料的抗渗性优于亲水性材料。对于地下建筑及水工建筑等,因经常受水压力的作用,所用材料应具有一定的抗渗性,对于防水材料则更应具有良好的抗渗性。

四、环境对材料耐久性的影响

材料在使用过程中,除受到各种外力作用外,还要受到环境中各种自然因素的破坏作用,这些破坏作用可分为物理作用、化学作用和生物作用。

物理作用主要有干湿交替、温度变化、冻融循环等,这些变化会使材料体积产生膨胀或收缩,或导致内部裂缝的扩展,长久作用后会使材料产生破坏。

化学作用主要是指材料受到酸、碱、盐等物质的水溶液或有害气体的侵蚀作用,使材料的组成成分发生质的变化,从而引起材料的破坏,如钢材的锈蚀等。

生物作用主要是指材料受到虫蛀或菌类的腐朽作用,从而引起材料破坏。如木材等有机质材料,常会受到这种破坏作用的影响。

建筑工程中,要根据材料所处的结构部位和使用环境等因素,综合考虑其耐久性,合理地选用材料。

第四节 与水有关的性质

一、材料的亲水性与憎水性

当材料与水接触时可以发现,有些材料能被水润湿,有些材料则不能被水润湿,能被水润湿的材料具有亲水性,不能被水润湿的材料具有憎水性。

建筑材料中石材、砖、混凝土、木材等都属于亲水性材料,其表面均能被水润湿,且能通过毛细管作用将水吸入材料的毛细管内部。沥青、石蜡等属于憎水性材料,表面不能被水润湿,能阻止水分渗入毛细管中,因而能降低材料的吸水性。憎水性材料不仅可用作防水材料,而且还可用于亲水材料的表面处理,以降低其吸水性。

二、材料的吸水性和吸湿性

1. 吸水性

材料(如石材、混凝土等)在水中能吸收水分的性质称为吸水性。材料的吸水性用吸水率表示,吸水率有质量吸水率和体积吸水率两种表示方法。

质量吸水率是指材料吸水饱和时,所吸收水分的质量占干燥材料质量的百分率,用下式表示:

$$w_{\mathrm{m}} = \frac{m_{\mathrm{b}} - m_{\mathrm{g}}}{m_{\mathrm{g}}} \times 100 \tag{1-12}$$

式中：w_{m}——质量吸水率，%；

m_{b}——材料在吸水饱和状态下的质量，g；

m_{g}——材料在干燥状态下的质量，g。

体积吸水率是指材料吸水饱和时，所吸收水分的体积占干燥材料自然体积的百分率，用下式表示：

$$w_{\mathrm{v}} = \frac{m_{\mathrm{b}} - m_{\mathrm{g}}}{V_0} \cdot \frac{1}{\rho_{\mathrm{w}}} \times 100 \tag{1-13}$$

式中：w_{v}——体积吸水率，%；

V_0——干燥材料自然体积，cm^3；

ρ_{w}——水的密度，g/cm^3；

m_{b}——材料在吸水饱和状态下的质量，g；

m_{g}——材料在干燥状态下的质量，g。

材料中所吸水分是通过开口孔隙吸入的，因此开口孔隙愈大，则材料的吸水量愈多。材料吸水达饱和时的体积吸水率，即为材料的开口孔隙率。

材料的吸水性与材料的孔隙率和孔隙特征有关。对于细微连通孔隙，孔隙率愈大，则吸水率愈大。水分不能进入闭口孔隙，而开口大孔，虽然水分易进入，但不能存留，只能润湿孔壁，所以吸水率仍然较小。各种材料的吸水率差异很大，如花岗岩的吸水率只有0.5%~0.7%，混凝土的吸水率为2%~3%，黏土砖的吸水率达8%~20%，而木材的吸水率可超过100%。

2. 吸湿性

材料（如水泥、石灰等）在潮湿空气中吸收水分的性质称为吸湿性。潮湿材料在干燥的空气中也会放出水分，称还湿性。材料的吸湿性用含水率表示。含水率是指材料内部所含水质量占材料烘干质量的百分率，用公式表示为：

$$w_{\mathrm{h}} = \frac{m_{\mathrm{s}} - m_{\mathrm{g}}}{m_{\mathrm{g}}} \times 100 \tag{1-14}$$

式中：w_{h}——材料的含水率，%；

m_{s}——材料在吸湿状态下的质量，g；

m_{g}——材料在干燥状态下的质量，g。

材料的吸湿性随空气湿度和环境温度的变化而改变，当空气湿度较大且温度较低时，材料的含水率较大，反之则较小。材料中所含水分与空气的温、湿度相平衡时的含水率，称为平衡含水率。当材料吸水达到饱和状态时的含水率即为吸水率。材料的开口微孔愈多，吸湿性愈强。材料吸水或吸湿后，对材料性能将产生一系列不良影响，它会使材料的体积膨胀、强度下降、抗冻性变差等，因而材料的含水状态对材料性质有很大的影响。

小结 道路建筑材料的基本性质包括：物理性质（如真实密度、表观密度、体积密度、堆积密度、孔隙率、空隙率等）、力学性质（如强度、硬度等）、耐久性、与水有关的性质（如吸水性、吸湿性等）等。

复习思考题

第一章　题库

第二章 CHAPTER TWO
砂石材料

 引言

砂石主要用于制成混凝土、砂浆和相应制品，是建筑、公路、桥梁、市政工程、水利工程、机场、码头等基础设施建设的基础材料，既不可或缺，又不可被替代。砂石是水泥混凝土、沥青混合料中占比最大的主要组分材料。在混凝土结构中，砂石主要作为填充物和集料，既能稳定混凝土的体积，传递应力，又能抑制混凝土收缩，防止混凝土开裂。可以说没有砂石，就没有混凝土结构，也就无法完成基础设施的建设。

 知识目标

1. 了解岩石的分类，掌握岩石的技术性质；
2. 熟悉粗、细集料划分方法，掌握粗、细集料技术性质及主要技术指标的测定方法；
3. 掌握矿质混合料的级配理论和组成设计方法。

 能力目标

1. 能根据现行国家及行业标准正确评价砂石材料的技术性质，合理地选用粗细集料；
2. 能根据工程实际和技术规范的要求，确定矿质混合料中各种集料的用量比例，并能根据施工现场的实际情况进行调整。

砂石材料是道路与桥梁建筑中用量最大的材料，它可以直接用于道路或桥梁的圬工结构，也可以作为水泥混凝土、沥青混合料的集料。用于道路与桥梁工程中的砂石材料都应具备一定的技术性质，以适应不同建筑工程的技术要求，特别是作为水泥（或沥青）混凝土用集料，应严格按照级配理论，组成符合技术要求的矿质混合料。因此，掌握矿质混合料的组成设计方法具有不可忽视的重要意义。本章主要介绍岩石和集料两大类。

第一节　岩石

岩石由造岩矿物组成，不同的造岩矿物在不同地质条件下，形成不同性质的岩石，而造岩矿物是具有一定化学成分和一定结构特征的天然固态化合物或单质体。

一、岩石分类

(一) 按岩石形成地质条件分类

根据岩石形成地质条件不同，其可分为岩浆岩、沉积岩和变质岩三大类。

1. 岩浆岩

岩浆岩又称火成岩，是因地壳变动，熔融的岩浆从地壳内部上升后冷却而成。岩浆岩是组成地壳的主要岩石，占地壳总质量的89%。岩浆岩根据岩浆冷却条件的不同，又分为深成岩、喷出岩和火山岩三种。

(1) 深成岩。深成岩是岩浆在地壳深处，在很大的覆盖压力下缓慢冷却而成的岩石，其特性：构造致密，密度大，抗压强度高，吸水率小，抗冻性好，耐磨性好，耐久性很好。

建筑上常用的深成岩有花岗岩、闪长岩、辉长岩等。花岗岩特性：结构致密；抗压强度高，一般抗压强度为120~250MPa；孔隙率小，吸水率极低；化学稳定性好；不易风化变质，耐酸性很强；耐久性很好，细粒花岗岩使用年限可达500~1000年之久，粗粒花岗岩可达100~200年。花岗岩可用于基础、挡土墙、勒脚等部位。

闪长岩和辉长岩均由长石、辉石和角闪石等组成，密度均较大，为2800~3000kg/m³，抗压强度为100~280MPa，耐久性好，可用于基础等石砌体及装饰。

(2) 喷出岩。喷出岩是熔融的岩浆喷出地表后，在压力降低、迅速冷却的条件下形成的岩石，如玄武岩。当喷出的岩浆层厚时，形成的岩石其特性近似深成岩；若喷出的岩浆层较薄时，则形成的岩石常呈多孔结构。

建筑上常用的喷出岩有玄武岩、辉绿岩、安山岩等。玄武岩由辉石和长石组成，为细粒或斑状结构，有时具有多孔构造（但孔隙率较低），体积密度为2900~3300kg/m³，抗压强度为100~300MPa，脆性大，抗风化能力较强，可用于基础、桥梁等石砌体。

(3) 火山岩。火山岩又称火山碎屑岩。火山岩是火山爆发时，岩浆被喷到空中，经急速冷却落下而形成的碎屑岩石。火山岩都是轻质多孔结构的材料。

2. 沉积岩

沉积岩又称水成岩，是由原来的母岩风化后，经过风吹搬迁、流水冲移而沉积和再造等作用，在离地表不太深处形成的岩石。沉积岩为层状构造，其各层的成分、结构、颜色、层厚等均不相同。沉积岩虽仅占地壳总质量的5%，但在地球上分布极广，约占地壳表面积的75%，加之藏于离地表不太深处,易于开采。与岩浆岩相比,其特性是:结构致密性较差,密度较小,孔隙率及吸水率均较大,强度较低,耐久性也较差一些。

建筑上常见的沉积岩有石灰岩、砂岩、页岩、砾岩、硅藻石、白云岩等。

石灰岩的矿物成分主要是方解石,此外尚有氧化硅、白云石、菱镁矿(碳酸镁晶体)及黏土矿物等。石灰岩构造有密实、多孔和散粒状,密实构造的即为普通石灰岩,其体积密度为 2000~2600kg/m³,抗压强度为 20~120MPa。石灰岩分布很广,硬度小,开采加工容易,可用于基础、墙体、挡土墙等石砌体。石灰岩不得用于酸性水或二氧化碳含量多的水中,因为方解石易被酸或碳酸溶蚀,可用作轻质集料,配制轻混凝土用于墙体材料。

3. 变质岩

变质岩是由原生的岩浆岩或沉积岩,经过地壳内部高温、高压等变化作用后而形成的岩石。其中沉积岩变质后,性能变好,结构变得致密,坚实耐久,如石灰岩(沉积岩)变质为大理岩;而岩浆岩经变质后,性质反而变差,如花岗岩(深成岩)变质成的片麻岩,易产生分层剥落,耐久性变差。

建筑上常用的变质岩有大理岩、片麻岩、石英岩、板岩等。

常用的片麻岩由花岗岩变质而成,呈片状构造,各向异性,在冰冻作用下易成层剥落。垂直于解理方向的抗压强度最大。

石英岩由硅质砂岩变质而成,结构致密均匀,抗压强度可达 250~400MPa。石英岩质地坚硬,加工困难,常以不规则的块状石料应用于建筑物中,或用于饰面。它非常耐久,使用寿命可达千年以上。

(二)按外形分类

经加工成块状或散粒状的岩石称为石料。石料按其加工后的外形规则程度分为料石和毛石。

1. 料石

料石是由人工或机械开采出的较规则的六面体石块,略经加工凿琢而成。按其加工后的外形规则程度可分为毛料石、粗料石、半细料石和细料石四种,按形状可分为条石、方石及拱石。

毛料石:外观大致方正,一般不加工或者稍加调整。高度不小于 20cm,叠砌面凹入深度不大于 2.5cm。

粗料石:其截面的宽度、高度不应小于 20cm,且不小于长度的 1/4,叠砌面凹入深度不大于 2.0cm。

半细料石:规格尺寸同上,但叠砌面凹入深度不应大于 1.5cm。

细料石:通过细加工,规格尺寸同上,但叠砌面凹入深度不应大于 1.0cm。

粗料石主要应用于建筑物的基础、勒脚、墙体部位,半细料石和细料石主要用作镶面的材料。

2. 毛石

毛石是不成形的石料,处于开采以后的自然状态。它是岩石经爆破后所得形状不规则的石块,分为乱毛石和平毛石。

乱毛石:形状不规则,一般要求石块中部厚度不小于15cm,长度为30~40cm,质量为20~30kg,其强度不宜小于10MPa,软化系数不应小于0.75。

平毛石:由乱毛石略经加工而成,形状较乱毛石整齐,其形状基本上有6个面,但表面粗糙,中部厚度不小于20cm。

毛石常用于砌筑基础、勒脚、墙身、堤坝、挡土墙等。

二、岩石的技术性质

岩石的技术性质主要从物理性质、力学性质、化学性质三方面进行评价。

(一) 物理性质

岩石物理性质主要包括物理常数、吸水性、抗冻性。

1. 物理常数

包括颗粒密度(真实密度)、块体密度(毛体积密度)及孔隙率,这些在第一章中已经做了介绍,试验方法详见试验篇第九章试验一、二。

2. 吸水性

岩石吸水性是指在规定条件下吸水的能力,采用吸水率和饱和吸水率两项指标来表征。

(1)吸水率。吸水率是指在规定条件下,岩石试样最大的吸水质量占烘干岩石试件质量的百分率。《公路工程岩石试验规程》(JTG 3431—2024)规定采用自由吸水法测定,按下式计算:

$$w_a = \frac{m_1 - m_d}{m_d} \times 100 \tag{2-1}$$

式中:w_a——岩石吸水率,%;

m_d——烘干到恒重时的试件质量,g;

m_1——吸水48h时的试件质量,g。

(2)饱和吸水率。在强制条件下,岩石试样最大的吸水质量占烘干岩石试件质量的百分率。《公路工程岩石试验规程》(JTG 3431—2024)规定采用煮沸法或真空抽气法测定饱和吸水率,按下式计算:

$$w_{sa} = \frac{m_2 - m_d}{m_d} \times 100 \tag{2-2}$$

式中:w_{sa}——岩石饱和吸水率,%;

m_d——烘干至恒重时的试件质量,g;

m_2——试件经强制饱和后的质量,g。

吸水率、饱和吸水率能有效地反映岩石微裂缝的发育程度。岩石的吸水率与饱和吸水率之比称为饱水系数,它是评价岩石抗冻性的一种指标。一般来说,岩石的饱水系数为0.5~0.8,饱水系数愈大,说明常压下吸水后留余空间愈小,岩石愈容易被冻胀破坏,因而岩石的抗冻性就愈差。

3. 抗冻性

抗冻性是指岩石在吸水饱和状态下,经受规定次数的冻融循环后抵抗破坏的能力,采用直接冻融法测定。试件在饱水状态下,在(-20 ± 2)℃以下冻结4h后再放入(20 ± 2)℃水中融解4h,为冻融循环一次,如此反复冻融至规定次数为止。经历规定的冻融循环次数(如10次、15次、25次等),详细检查各试件有无剥落、裂缝、分层及掉角等现象,并记录检查情况。将冻融试验后的试件烘至恒重,称其质量,然后测其抗压强度,用冻融后的质量损失率和冻融系数来反映石材的抗冻性。

$$L = \frac{m_1 - m_2}{m_1} \times 100 \tag{2-3}$$

式中:L——冻融后的质量损失率,%;

m_1——试验前烘干试件的质量,g;

m_2——试验后烘干试件的质量,g。

$$K = \frac{R_2}{R_1} \tag{2-4}$$

式中:K——冻融系数;

R_2——经若干次冻融试验后的试件平均饱和单轴抗压强度,MPa;

R_1——未经冻融试验的试件平均饱和单轴抗压强度,MPa。

岩石的抗冻性主要决定于其矿物成分、晶粒大小和分布均匀性、天然胶结物的胶结性质、孔隙率及吸水性等性质。一般认为,冻融系数大于75%、质量损失率小于2%时,岩石的抗冻性好;吸水率小于0.5%,软化系数大于0.75以及饱水系数小于0.8的岩石,具有足够的抗冻能力。

(二)力学性质

道路与桥梁工程结构物中的岩石,应具备一定的力学性能,主要是考虑其抗压强度、抗拉强度、抗剪强度、抗折强度。根据工程需要,还应考虑它的抗磨光、抗冲击、抗磨耗等力学性质。在此主要介绍岩石的抗压强度和磨耗性两项性质。

1. 岩石抗压强度

岩石抗压强度可采用岩石的单轴抗压强度来表示。《公路工程岩石试验规程》(JTG 3431—2024)规定:将岩石制备成标准试件,经吸水饱和后,单轴受压并按规定的加载条件加载,达到极限破坏时单位承压面积的荷载为岩石的单轴抗压强度。试验方法详见试验篇第九章试验三。

根据抗压强度的大小,天然石材的强度等级可分为 MU20、MU30、MU40、MU50、MU60、MU80 和 MU100 共 7 个强度等级。

天然石材抗压强度的大小,取决于岩石的矿物成分、结晶粗细、胶结物质的种类及均匀性,以及荷载和解理方向等因素。

2. 岩石磨耗性

岩石磨耗性是指石料抵抗撞击、边缘剪力和摩擦等联合作用的性质,以磨耗率表示。磨耗率愈高，岩石耐磨性愈差。《公路工程集料试验规程》(JTG 3432—2024)规定，采用洛杉矶式磨耗试验测定岩石的磨耗性。

试验是采用洛杉矶磨耗仪(图 2-1)，其圆筒内径为(710±5)mm，内侧长为(510±5)mm，两端封闭。试验时将规定质量且有一定级配的试样和一定质量的钢球置于试验机中，以 30～33r/min 的转速转动至规定次数后停止。取出试样，用 1.7mm 的方孔筛筛去试样中的细屑，用水洗净留在筛上的试样，烘至恒重并称其质量。试验方法详见试验篇第九章试验十七。

图 2-1 洛杉矶磨耗仪

(三)化学性质

岩石的化学性质对混合料的物理-力学性质起着极为重要的作用。根据试验研究的结果，岩石的化学性质主要以化学组成中二氧化硅的含量来划分，二氧化硅含量大于 65% 的岩石称为酸性岩石，如花岗岩、石英岩等；二氧化硅含量在 52%～65% 的岩石称为中性岩石，如闪长岩、辉绿岩等；二氧化硅含量小于 52% 的岩石称为碱性岩石，如石灰岩、玄武岩等。实践证明，在沥青混合料中，随着二氧化硅含量的减少，沥青与岩石间的黏附性会随之增强。因此，为保证沥青混合料有足够的强度，在选择岩石时优先采用碱性岩石。同时，在水泥混凝土中，二氧化硅含量的减少，能抑制碱-集料反应的发生，这样有利于提高混凝土的耐久性。

粗集料的磨耗率试验

第二节 集料

集料是指在混合料中起骨架和填充作用的粒料，包括天然的砾石、卵石、砂等，以及人工轧制的碎石、机制砂、石屑等。

一、集料的分类

根据集料粒径大小，将集料分为粗集料和细集料。

粗集料：在沥青混合料中料径大于 2.36mm，水泥混凝土中料径大于 4.75mm 的粒料，如砾石、碎石等。

细集料：在沥青混合料中料径小于 2.36mm，水泥混凝土中料径小于 4.75mm 的粒料，如砂、石屑等。

砂按来源分为两类，一类为天然砂，它是由天然岩石经长期自然风化、水流搬运和分选、堆积形成的，按生存环境可分为河砂、山砂和海砂。河砂由于受水流冲刷作用，其颗粒表面圆滑，比较洁净，质地较好，而且产源广；山砂是岩体风化后在山间适当地堆积下来的岩石碎屑，与河砂相比有棱角，表面粗糙，含泥量和含有机杂质较多；海砂虽然有河砂的优点，但常混有贝壳碎片和含较多盐分等有害杂质。一般工程中多使用河砂，在缺乏河砂地区，可采用山砂或海砂，但在使用时必须按规定作技术检验。

另一类为机制砂。机制砂是将天然岩石经机械破碎、筛分制成的颗粒,其颗粒富有棱角,比较洁净,但砂中片状颗粒及细粉含量较多且成本较高。为了克服机制砂粗糙、天然砂细度模数偏细的缺点,可采用机制砂和天然砂按一定比例混合而成的混合砂。

二、粗集料的技术性质

粗集料的技术性质包括物理性质和力学性质。

(一) 物理性质

1. 物理常数

粗集料的物理常数包括表观密度、毛体积密度、堆积密度及空隙率,这些定义在第一章中已经做了介绍,试验方法详见试验篇第九章试验六、七、八。

粗集料的密度及吸水率试验

粗集料的堆积密度及空隙率试验

粗集料的筛分试验(干筛法)

粗集料的筛分试验(水洗法)

2. 级配

集料中各组成颗粒的分级与搭配称为级配,通过筛分试验确定。水泥混凝土用粗集料可采用干筛法筛分;沥青混合料、粒料材料、无机稳定类材料等用粗集料应采用水洗法筛分。粗集料筛分用的标准筛筛孔尺寸(mm)依次为:75、63、53、37.5、31.5、26.5、19、16、13.2、9.5、4.75、2.36、1.18、0.6、0.3、0.15、0.075的方孔。通过试验,测出各个筛上的筛余质量,并计算各号筛的相关参数,包括分计筛余率、筛余率及通过率。试验方法详见试验篇中第九章试验四。

3. 坚固性

集料的坚固性又称安定性,是用来表征集料耐候性的一项指标。《公路工程集料试验规程》(JTG 3432—2024)规定:选取规定数量的集料,用饱和硫酸钠溶液或硫酸镁溶液进行干湿循环试验,经5次循环后,测定试样质量损失,用质量损失百分率来评价其坚固性。这也是测定抗冻性的一种简易方法。质量损失百分率愈大,抗冻性愈差。

(二) 力学性质

粗集料力学性质主要指压碎值和磨耗率,另外,用于抗滑表层的集料还应另外检验三项指标:冲击值、磨光值、道瑞磨耗值。洛杉矶式磨耗试验已经在岩石力学性质中介绍过了,这里分别介绍压碎值、磨光值、冲击值和道瑞磨耗值。

1. 压碎值

集料在逐渐增加的荷载作用下抵抗压碎的能力,称为压碎值,它是衡量集料强度的一个指标。

《公路工程集料试验规程》(JTG 3432—2024)规定:取粒径9.5～13.2mm试样质量3kg左右;分3次均匀放入试模,每次用金属棒的半球面捣实25次,然后刮平。加压头,开动压力机,持续加压10min达到400kN,然后立即卸除荷载。将试样过2.36mm筛,称其筛余质量。试验方法详见试验篇第九章试验十六。

粗集料的压碎值试验

评定标准:集料压碎值愈大,表示其强度愈低。

2. 磨光值

磨光值PSV(Polish Stone Value)反映集料抵抗轮胎磨光作用的能力,是用加速磨光机磨光集料,再用摆式摩擦系数测定仪测得磨光后集料的摩擦系数值来确定的,如图2-2～图2-4所示。

   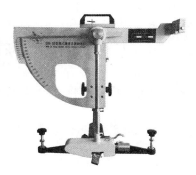

图2-2 磨光试验试模及试件　　　图2-3 加速磨光机　　　图2-4 摆式摩擦系数测定仪

《公路工程集料试验规程》(JTG 3432—2024)规定:选择9.5～13.2mm集料制备试件,经过标准方法养护拆模后,先用粗砂磨光,再用细砂磨光,然后再用摆式摩擦系数仪测定摆值,即得磨光值PSV。

评定标准:集料磨光值愈高,表示其抗滑性愈好。

3. 冲击值

冲击值AIV(Aggregate Impact Value)是反映集料抵抗多次连续重复冲击荷载作用的性能,可采用冲击试验测定。《公路工程集料试验规程》(JTG 3432—2024)规定:将粒径为9.5～13.2mm的试样,采用分3次捣实的方法装入试模,每次捣实25次,用13.75kg±0.05kg的锤,自380mm±5mm处自由落下,连续冲击15次后,过2.36mm筛并称其筛下细料质量。

冲击值按下式计算:

$$AIV = \frac{m_2}{m_1 + m_2} \times 100 \tag{2-5}$$

式中:AIV——试样的冲击值,%;
　　　m_1——试验后2.26mm筛上颗粒质量,g;
　　　m_2——试验后2.26mm筛下颗粒质量,g。

评定标准:集料冲击值愈大,表示其抗冲击能力愈差。

4. 道瑞磨耗值

道瑞磨耗值 AAV(Dorry Abrasion Value)用于评定公路表面层所用粗集料抵抗车轮撞击及磨耗的能力。《公路工程集料试验规程》(JTG 3432—2024)规定,采用道瑞磨耗试验机来测定集料磨耗值。其选取粒径为 9.5~13.2mm 的洗净集料试样,单层紧排于两个试模内,排砂后用环氧树脂砂浆填充密实。冷却后,拆模取出试件,准确称出试件质量,将试件安装在道瑞磨耗机附的托盘上,道瑞磨耗试验机的磨盘以 28~30r/min 的转速旋转,磨 500r 后,取出试件,刷净残砂,准确称出试件质量。按下式计算磨耗值:

$$AAV = \frac{3(m_1 - m_2)}{\rho_s} \tag{2-6}$$

式中:AAV——试件的道瑞磨耗值;
m_1——磨耗前试件的质量,g;
m_2——磨耗后试件的质量,g;
ρ_s——集料表干密度,g/cm³。

评定标准:集料道瑞磨耗值愈高,表示其耐磨性愈差。

三、细集料的技术性质

细集料的技术性质主要从物理常数、颗粒级配和粗度三个方面来评价。

(一) 物理常数

细集料的物理常数主要有表观密度、堆积密度和空隙度等,这些含义在第一章已经做了介绍,试验方法详见试验篇第九章试验九、十、十一。

细集料的表观
密度试验

细集料的堆积密度
及紧装密度试验

细集料的
筛分试验

(二) 级配

级配是集料中各组成颗粒的分级与搭配,通过筛分试验确定。水泥混凝土、水泥砂浆用细集料可采用干筛法筛分;沥青混合料、粒料材料、无机稳定类材料等用细集料应采用水洗法筛分。

筛分时,称取 m_0 干燥试样,置于一套孔径(mm)依次为 4.75、2.36、1.18、0.6、0.3、0.15、0.075 的方孔筛上,分别测得试样存留在各筛上的质量,即分计筛余量 m_i,然后按下列公式计算其相关筛分参数(以干筛法为例):

1. 分计筛余率

为各号筛上的分计筛余量除以筛分后试样总质量的百分率,准确至 0.01%。

$$P'_i = \frac{m_i}{m_{底} + \sum m_i} \times 100 \tag{2-7}$$

式中:P'_i—— 各号筛上的分计筛余率,%;

m_i——各号筛上的分计筛余,g;

i ——依次为 0.075mm、0.15mm…至 4.75mm;

$m_{底}$——筛底质量,g。

2. 筛余率

A_i 为该号筛及大于该号筛的各筛分计筛余率之和,准确至 0.01%。

$$A_i = P'_1 + P'_2 + \cdots + P'_i \tag{2-8}$$

式中:A_i——各号筛的筛余率,%。

3. 通过率

通过各号筛的试样质量与筛分后试样总质量的百分率,等于 100 减去该号筛的筛余率,准确至 0.1%。

$$P_i = 100 - A_i \tag{2-9}$$

式中:P_i——各号筛的通过率,%;

(三)粗度

对于细集料,用来评价砂粗细程度的一种指标,称为粗度,通常用细度模数 M_x 表示。细度模数可按下式计算:

$$M_x = \frac{(A_{0.15} + A_{0.3} + A_{0.6} + A_{1.18} + A_{2.36}) - 5A_{4.75}}{100 - A_{4.75}} \tag{2-10}$$

式中: M_x——砂的细度模数;

$A_{0.15}$、$A_{0.3}$、…、$A_{4.75}$——0.15mm、0.3mm、…、4.75mm 各号筛的筛余率,%。

细度模数值愈大,表示细集料愈粗。《建设用砂》(GB/T 14684—2022)规定按细度模数大小将砂分为四级:$M_x = 3.1 \sim 3.7$,为粗砂;$M_x = 2.3 \sim 3.0$,为中砂;$M_x = 1.6 \sim 2.2$,为细砂;$M_x = 0.7 \sim 1.5$,为特细砂。

【例 2-1】 工地现有一堆砂,其干筛法筛分试验后的筛分结果见表 2-1,计算该砂的细度模数,并评价其粗细程度。

筛分结果 表 2-1

筛孔尺寸(mm)	4.75	2.36	1.18	0.6	0.3	0.15	0.075	底盘
分计筛余量(g)	10.2	55.1	94.3	100.4	104.8	104.2	18.5	12.3

解:按题所给筛分结果计算见表 2-2。

筛分结果计算　　　　　　　　　　　　　表2-2

筛孔尺寸(mm)	4.75	2.36	1.18	0.6	0.3	0.15	0.075	底盘
分计筛余量(g)	10.2	55.1	94.3	100.4	104.8	104.2	18.5	12.3
分计筛余率(%)	2.04	11.02	18.87	20.09	20.97	20.85	3.70	2.46
筛余率(%)	2.04	13.07	31.93	52.02	72.99	93.84	97.54	100.00
通过率(%)	98.0	86.9	68.1	48.0	27.0	6.2	2.5	0.0

根据式(2-10)计算细度模数：

$$M_x = \frac{(A_{0.15} + A_{0.3} + A_{0.6} + A_{1.18} + A_{2.36}) - 5A_{4.75}}{100 - A_{4.75}}$$

$$= \frac{(93.84 + 72.99 + 52.02 + 31.93 + 13.07) - 5 \times 2.04}{100 - 2.04}$$

$$= 2.59$$

由于细度模数为2.59，在2.3～3.0之间，所以此砂为中砂。

细度模数虽能表示砂的粗细程度，但不能完全反映出砂的颗粒级配情况，因为相同细度模数的砂可以有不同的颗粒级配。因此，要全面表征砂的颗粒性质，必须同时使用细度模数和级配两个指标。

第三节　矿质混合料的组成设计

道路与桥梁工程中使用的砂石材料，大部分是以矿质混合料的形式与各种结合料（如水泥或沥青等）组成混合料使用。矿质混合料级配组成，直接影响到水泥混凝土或沥青混合料的强度、耐久性和施工和易性，原因是级配直接决定矿质混合料的密实度和矿质混合料颗粒间内摩擦力。

在混合料中是以结合料（水泥或沥青）来填充集料的空隙并包裹集料。所以，集料空隙愈大，填充集料颗粒空隙所需的结合料愈多；集料的总表面积愈大，包裹集料颗粒所需的结合料愈多。从节约结合料的角度考虑，最好采用空隙较小、总表面积也较小的集料。同时混合料中，各种粒径的集料颗粒在相互排列时，能够互相嵌锁又互相不干涉，形成紧密多级嵌挤的空间骨架结构，则集料颗粒间将具有较大的内摩擦力。因此，要使水泥混凝土和沥青混合料具备优良的路用性能，除各种矿质集料的技术性质应符合技术要求外，矿质混合料在组成设计时必须满足最小空隙率和最大摩擦力的基本要求。

1. 最小空隙率

不同粒径的各级矿质集料按一定的比例搭配后，使其组成一种应有最大密实度的矿质混合料。

2. 最大摩擦力

各级矿质集料在进行比例搭配时，应使各级集料排列紧密，形成一个多级空间骨架结构，且具有最大的摩擦力。

为达到上述要求,必须对矿质混合料组成设计,其内容包括:级配理论和级配范围的确定、基本组成设计方法。

一、矿质混合料的级配理论

(一)级配类型

各种不同粒径的集料,按照一定比例搭配起来,以达到最小空隙率和最大摩擦力的要求,有以下两类级配类型。

1. 连续级配

连续级配是指采用标准套筛对某一混合料进行筛分试验,所得级配曲线平顺圆滑,具有连续性,粒径由大到小,逐级均有,并按比例互相搭配组成的矿质混合料。

2. 间断级配

间断级配是在矿质混合料中剔除其一个分级或几个分级而形成一种不连续的矿质混合料。

连续级配曲线和间断级配曲线比较如图 2-5 所示。

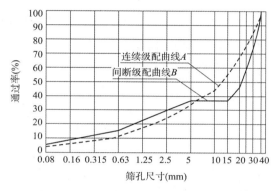

图 2-5 连续级配曲线和间断级配曲线比较

(二)级配理论

1. 富勒理论

富勒根据试验提出一种理想的级配,他认为"级配曲线愈接近抛物线时,其密度愈大",因此,当级配曲线为抛物线时则得到最大密度级配曲线,如图 2-6 所示。其方程式如下所示:

$$P^2 = kd \tag{2-11}$$

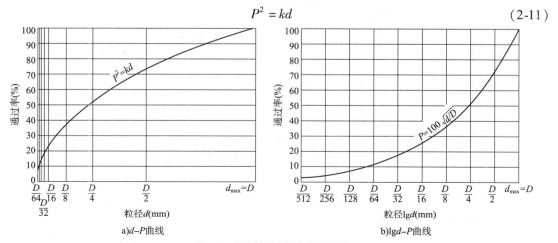

图 2-6 理想的最大密度级配曲线

当粒径 d 等于 D 时,矿质混合料的通过率等于100%,将此关系代入上式,则对任意一级粒径 d 的通过率 P 可按下式求得:

$$P = 100\sqrt{\frac{d}{D}} \tag{2-12}$$

式中:P——欲计算的某级粒径 d(mm)的矿料通过率,%;
  d——欲计算的某级矿质混合料的粒径,mm;
  D——矿质混合料最大粒径,mm。

2. 泰波理论

泰波认为富勒曲线是一种理想曲线,实际矿料的级配应允许有一定的波动范围,故将富勒最大密度曲线改为 n 次幂的通式,即

$$P = 100\left(\frac{d}{D}\right)^n \tag{2-13}$$

式中:n——试验指数;
  P、d、D 意义同前。

在工程实践中,矿质混合料的最大密度曲线接近试验指数 $n=0.45$ 的级配曲线。根据试验认为,$n=0.3\sim0.7$ 时,矿质混合料具有较好的密实度。分别将指数 $n=0.3$ 和 $n=0.7$ 代入上式进行计算,并绘制级配曲线,泰波级配曲线范围如图 2-7 所示。

泰波理论可用来解决连续级配的级配范围问题,故具有很大的实用意义。

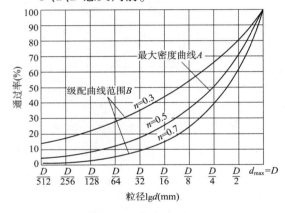

图 2-7 泰波级配曲线范围

3. 魏矛斯粒子干涉理论

魏矛斯提出的粒子干涉理论,认为颗粒之间的空隙,应由次一级颗粒所填充;其所余空隙又为再次一级颗粒所填充,但填隙的颗粒不得大于其间隙的距离,否则,大小颗粒粒子之间势必发生干涉现象,为避免干涉,大小粒子之间应按一定比例分配。

目前用于计算连续级配的理论有富勒理论、泰波理论;魏矛斯理论既可用于计算连续级配,也可用于计算间断级配。

二、矿质混合料的组成设计方法

天然的或人工轧制的单一集料级配一般很难完全符合某一合适级配要求,因此必须采用几种集料按一定比例进行搭配才能达到级配要求,这就需要对矿质混合料进行配合比组成设计。确定矿质混合料配合比的方法有很多,一般采用试算法和图解法。

(一)试算法

1. 基本原理

试算法适用于 2~3 种集料组成的混合料。此方法基本原理:现有几种矿质集料,欲配制

成某一种符合一定级配要求的矿质混合料,在决定各组成集料在混合料中的比例时,先假定混合料中某种粒径的颗粒是由一种对该粒径占优势的集料所组成,而其他各种集料不含这种粒径颗粒。这样即可根据各个主要粒径去试算各种集料的大致比例,如比例不合适,则稍加调整,逐步渐近,最终获得满足混合料要求的各集料的配合比例。

例如现有 A、B、C 三种集料,欲配制某一级配要求的矿质混合料 M,求 A、B、C 三种集料在混合料 M 中的配合比例,按题意作下列两点假设。

假设(1):三种集料 A、B、C 在矿质混合料 M 中的配合比例为 X、Y、Z,则有:

$$X + Y + Z = 100 \tag{2-14}$$

假设(2):矿质混合料 M 中某一级粒径(i)要求的含量为 $P'_{M(i)}$,A、B、C 三种集料在原级配中此粒径(i)的含量分别为 $P'_{A(i)}$、$P'_{B(i)}$、$P'_{C(i)}$,则有:

$$P'_{A(i)}X + P'_{B(i)}Y + P'_{C(i)}Z = P'_{M(i)} \tag{2-15}$$

2. 计算步骤

(1)混合料 M 中某一级粒径(i)主要由 A 集料所提供(即 A 集料占优势),而忽略 B、C 中该粒径的含量。这样即可计算出在混合料中 A 用量比例。

假设 $P'_{B(i)} = P'_{C(i)} = 0$,代入式(2-15),可推导出 $P'_{A(i)} \cdot X = P'_{M(i)}$,故得:

$$X = \frac{P'_{M(i)}}{P'_{A(i)}} \times 100 \tag{2-16}$$

(2)混合料 M 中某一级粒径(j)主要由 C 集料所提供(即 C 集料占优势),同理可计算出 C 集料在混合料中的用量比例。

假设 $P'_{C(j)}Z = P'_{M(j)}$,故:

$$Z = \frac{P'_{M(j)}}{P'_{C(j)}} \times 100 \tag{2-17}$$

(3)由下式计算出 B 集料的用量比例,即

$$Y = 100 - X - Z \tag{2-18}$$

(4)校核。按上述步骤即可计算 A、B、C 三种集料组成矿质混合料的配合比 X、Y、Z。经校核如不在要求的级配范围内,应调整配合比,重新计算和复核。

【例 2-2】 现有碎石、砂和矿粉三种集料,经筛分试验,各集料的分计筛余百分率列于表 2-3,并列出规范推荐要求的设计混合料的级配范围,试求碎石、砂和矿粉三种集料在要求级配混合料中的用量比例。

原有集料分计筛余和要求级配范围 表 2-3

筛孔尺寸 (mm)	碎石分计筛余 (%)	砂分计筛余 (%)	矿粉分计筛余 (%)	要求级配范围通过率 (%)
9.5	—	—	—	100
4.75	61.2	—	—	64~79
2.36	24.6	11.6	—	42~65
1.18	12.4	24.2	—	30~54
0.6	1.8	17.5	4.2	27~47

续上表

筛孔尺寸(mm)	碎石分计筛余(%)	砂分计筛余(%)	矿粉分计筛余(%)	要求级配范围通过率(%)
0.3	—	37.1	4.8	22~36
0.15	—	5.8	5.1	13~33
0.075	—	2.1	4.7	8~24
<0.075	—	1.7	81.2	—

解：(1)将要求级配范围的通过率换算为分计筛余率，计算结果见表2-4，设三种矿料的含量分别为 X、Y、Z。

原有集料分计筛余和要求级配的分计筛余 表2-4

筛孔尺寸(mm)	碎石分计筛余(%)	砂分计筛余(%)	矿粉分计筛余(%)	要求级配通过中值$P(i)$(%)（规范推荐）	要求级配范围累计筛余值A(%)	要求级配范围分计筛余中值(%)
9.5	—	—	—	100	0	0
4.75	61.2	—	—	71.5	28.5	28.5
2.36	24.6	11.6	—	53.5	46.5	18
1.18	12.4	24.2	—	42	58	11.5
0.6	1.8	17.5	4.2	37	63	5
0.3	—	37.1	4.8	29	71	8
0.15	—	5.8	5.1	23	77	6
0.075	—	2.1	4.7	16	84	7
<0.075	—	1.7	81.2	0	100	16

(2)由表2-4分析可知，碎石中4.75mm粒径含量占优势，假设混合料中4.75mm粒径全部由碎石提供，即 $P'_{B(4.75)} = P'_{C(4.75)} = 0$，由式(2-16)可得碎石在矿质混合料中的用量比例：

$$X = \frac{P'_{M(4.75)}}{P'_{A(4.75)}} \times 100 = \frac{28.5}{61.2} \times 100 = 47(\%)$$

(3)同理，由表2-4可知，矿粉中<0.075mm粒径颗粒含量占优势，假设混合料中<0.075mm粒径颗粒全部由矿粉提供，即 $P'_{A(<0.075)} = P'_{B(<0.075)} = 0$，则通过式(2-17)可得矿粉在矿质混合料中的用量比例：

$$Z = \frac{P'_{M(<0.075)}}{P'_{C(<0.075)}} \times 100 = \frac{16}{81.2} \times 100 = 20(\%)$$

(4)由式(2-18)可得砂在矿质混合料中的用量比例：

$$Y = 100 - X - Z = 33(\%)$$

(5)校核。以试算所得配合比 $X=47\%$、$Y=33\%$、$Z=20\%$，按表2-5进行校核。

调整：由表2-5知，$d=0.3$mm通过率小于要求，说明粒径小于0.3mm的颗粒量不足。从筛分资料可知，粒径小于0.3mm的材料主要是矿粉，所以应增加矿粉的用量。

拟增加矿粉3%,由于增大了细料的用量,所以选择减少砂的用量。则调整后配合比为:
$$X=47\%,Y=30\%,Z=23\%$$
将调整后的配合比代入表2-5,计算得表2-6。

矿质混合料组成计算校核　　　　　　　　　　　　　　　　　　　　　　　　　表2-5

筛孔尺寸 D_i (mm)	碎石 原来级配分计筛余 $P'_{A(i)}$ (%)	用量比例 X (%)	占混合料百分率 $P'_{A(i)}X$ (%)	砂 原来级配分计筛余 $P'_{B(i)}$ (%)	用量比例 Y (%)	占混合料百分率 $P'_{B(i)}Y$ (%)	矿粉 原来级配分计筛余 $P'_{C(i)}$ (%)	用量比例 Z (%)	占混合料百分率 $P'_{C(i)}Z$ (%)	矿质混合料 分计筛余率 $A_{M(i)}$ (%)	筛余率 (%)	通过率 $P_{M(i)}$ (%)	要求级配范围 (%)
9.5	—		—	—		—	—		—	0	0	100	100
4.75	61.2		28.8	—		—	—		—	28.8	28.8	71.2	64~79
2.36	24.6		11.6	11.6		3.8	—		—	15.4	44.2	55.8	42~65
1.18	12.4	47	5.8	24.2	33	8.0	—	20	—	13.8	58.0	42.0	30~54
0.6	1.8		0.8	17.5		5.8	4.2		0.8	7.5	65.5	34.5	27~47
0.3	—		—	37.1		12.2	4.8		1.0	13.2	78.7	21.3	22~36
0.15	—		—	5.8		1.9	5.1		1.0	2.9	81.6	18.4	13~33
0.075	—		—	2.1		0.7	4.7		0.9	1.6	83.2	16.8	8~24
<0.075	—		—	1.7		0.6	81.2		16.2	16.8	100	—	—
校核	∑=100		∑=47	∑=100		∑=33	∑=100		∑=20	∑=100			

调整后矿质混合料组成计算　　　　　　　　　　　　　　　　　　　　　　　　表2-6

筛孔尺寸 D_i (mm)	碎石 原来级配分计筛余 $P'_{A(i)}$ (%)	用量比例 X (%)	占混合料百分率 $P'_{A(i)}X$ (%)	砂 原来级配分计筛余 $P'_{B(i)}$ (%)	用量比例 Y (%)	占混合料百分率 $P'_{B(i)}Y$ (%)	矿粉 原来级配分计筛余 $P'_{C(i)}$ (%)	用量比例 Z (%)	占混合料百分率 $P'_{C(i)}Z$ (%)	矿质混合料 分计筛余率 $A_{M(i)}$ (%)	筛余率 (%)	通过率 $P_{M(i)}$ (%)	要求级配范围 (%)
9.5	—		—	—		—	—		—	0	0	100	100
4.75	61.2		28.8	—		—	—		—	28.8	28.8	71.2	64~79
2.36	24.6		11.6	11.6		3.5	—		—	15.0	43.8	56.2	42~65
1.18	12.4		5.8	24.2		7.3	—		—	13.1	56.9	43.1	30~54
0.6	1.8	47	0.8	17.5	30	5.3	4.2	23	1.0	7.1	64.0	36.0	27~47
0.3	—		—	37.1		11.1	4.8		1.1	12.2	76.2	23.8	22~36
0.15	—		—	5.8		1.7	5.1		1.2	2.9	79.1	20.9	13~33
0.075	—		—	2.1		0.6	4.7		1.1	1.7	80.8	19.2	8~24
<0.075	—		—	1.7		0.5	81.2		18.7	19.2	100	—	—
校核	∑=100		∑=47	∑=100		∑=30	∑=100		∑=23	∑=100			

(二)图解法

我国现行规范推荐采用的图解法为修正平衡面积法,用于三种以上集料进行组配,是目前设计采用较多的一种方法。

修正平衡面积法的具体设计步骤如下:

1. 绘制级配曲线图

(1)计算要求级配范围通过率中值,作为设计依据。

(2)根据级配范围中值,确定相应横坐标(各筛孔尺寸)的位置。

先绘制一长方形图框,通常纵坐标通过率的线长取 10cm,横坐标筛孔尺寸的线长取 15cm(或 12cm)。连接对角线 OO' 作为合成级配的中值,如图 2-8 所示。纵坐标按算术坐标,标出通过率(0~100%)。根据合成级配中值要求的各筛孔通过率,从纵坐标引平行线与对角线相交,再从交点作垂线与横坐标相交,其交点即为级配中值所对应的各筛孔尺寸(mm)位置。

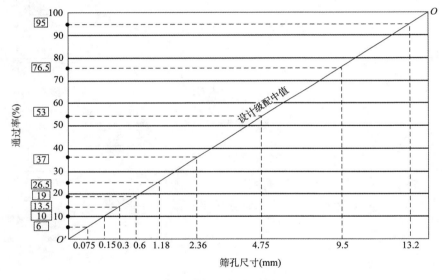

图 2-8 图解法用级配曲线坐标图

(3)在坐标图上绘制各种集料的级配曲线,如图 2-9 所示。

2. 确定各种集料的用量比例

从级配曲线图 2-9 上最粗集料开始,依次分析两相邻集料的级配曲线,直至最细集料。在分析过程中,两相邻集料级配曲线可能出现的情况有图 2-9 所示三种情况:

(1)两相邻级配曲线重叠。如图 2-9 中,集料 A 的级配曲线下部与集料 B 的级配曲线上部重叠,$d_{max(B)} > d_{min(A)}$。此时应进行等分,即在两条级配曲线之间引一条使 $a = a'$ 的垂线 AA',再通过垂线 AA' 与对角线 OO' 相交于点 M,再通过点 M 引水平线与纵坐标交于点 P,线段 OP 的几何长度就是集料 A 的用量比例。

(2)两相邻级配曲线相接。如图 2-9 中,集料 B 的末端与集料 C 的首端正好在同一垂直线上,$d_{max(C)} = d_{min(B)}$。此时应进行连分,即将集料 B 级配曲线的末端与集料 C 级配曲线的首端相连，即为垂线，该垂线与对角线 OO' 相交于点 N，过点 N 引水平线与纵坐标交于点 Q，则 PQ 线段的几何长度就是 B 集料的用量比例。

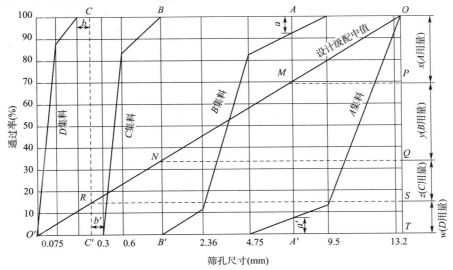

图 2-9　组成集料级配曲线和要求

（3）两相邻级配曲线相离。如图 2-9 中，集料 C 级配曲线末端与集料 D 级配曲线的首端相离一段距离，即 $d_{\max(D)} < d_{\min(C)}$。此时应进行平分，即做一条垂线 CC' 平分相离的距离，要求 $b = b'$，再通过垂线 CC' 与对角线 OO' 交于点 R，通过该点引水平线与纵坐标交于点 S，则 QS 线段的几何长度就代表集料 C 的用量比例。

剩余的 ST 即为集料 D 的用量比例。

3. 校核

按图解法所得各种集料的用量比例校核计算合成级配是否符合要求，如超出级配范围要求，应调整各集料的比例，直至符合要求为止。

【例 2-3】　试用图解法设计某二级公路上面层用沥青混凝土的矿质混合料的配合比。

设计资料：现有碎石、石屑、砂和矿粉 4 种集料，筛分试验结果列于表 2-7。选用的矿质混合料的级配范围见表 2-8。

组成材料在各筛孔的通过率　　　　表 2-7

材料名称	通过下列筛孔尺寸(mm)的通过率(%)									
	16.0	13.2	9.5	4.75	2.36	1.18	0.6	0.3	0.15	0.075
碎石	100	93	17	0	0	0	0	0	0	0
石屑	100	100	100	84	14	8	4	0	0	0
砂	100	100	100	100	92	82	42	21	11	4
矿粉	100	100	100	100	100	100	100	100	96	87

设计要求：采用图解法进行矿质混合料配合比设计，确定各种集料的比例，校核矿质混合料的合成级配是否符合设计级配范围的要求。

矿质混合料要求级配范围　　　　　　　　　　　　　　　　　　表2-8

级配类型	筛孔尺寸(mm)									
	16.0	13.2	9.5	4.75	2.36	1.18	0.6	0.3	0.15	0.075
AC-13	100	90~100	68~85	38~68	24~50	15~38	10~28	7~20	5~15	4~8

解：(1) 绘制级配曲线图，如图2-10所示。

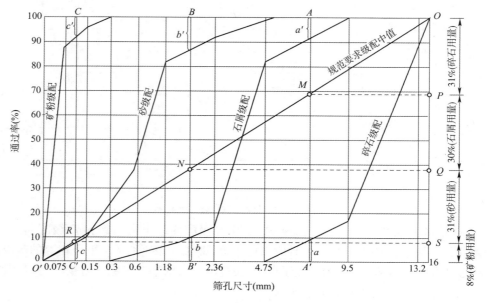

图2-10　级配曲线图

(2) 在碎石和石屑级配曲线相重叠部分作垂线，使得 $a=a'$，自 AA' 与对角线 OO' 的交点 M 引一水平线交纵坐标于 P 点。OP 的长度 $x=31\%$，即为碎石的用量比例。

同理，求出石屑的用量比例 $y=30\%$，砂的用量比例 $z=31\%$，矿粉的用量比例 $w=8\%$。

(3) 按图解所得各集料的用量比例进行校核，见表2-9。

矿质混合料组成配合校核表　　　　　　　　　　　　　　　　　　表2-9

材料名称		通过下列筛孔(方孔筛)尺寸(mm)的通过率(%)									
		16.0	13.2	9.5	4.75	2.36	1.18	0.6	0.3	0.15	0.075
原材料级配	碎石	100	93	17	0						
	石屑	100	100	100	84	14	8	4	0		
	砂	100	100	100	100	92	82	42	21	11	4
	矿粉	100	100	100	100	100	100	100	100	96	87
各种矿料在混合料中的级配	碎石31%	31.0	28.8	5.3							
	石屑30%(33%)	30.0 (33.0)	30.0 (33.0)	30.0 (33.0)	25.2 (27.7)	4.2 (4.6)	2.4 (2.6)	1.2 (1.3)	0 (0)		
	砂31%	31.0	31.0	31.0	31.0	28.5	25.4	13.0	6.5	3.4	1.2

续上表

材料名称		通过下列筛孔(方孔筛)尺寸(mm)的通过率(%)								
		16.0	13.2	9.5	4.75	2.36	1.18	0.6	0.3	0.15	0.075
各种矿料在混合料中的级配	矿粉8%(5%)	8.0(5.0)	8.0(5.0)	8.0(5.0)	8.0(5.0)	8.0(5.0)	8.0(5.0)	8.0(5.0)	8.0(5.0)	7.7(4.8)	7.0(4.4)
合成级配		100(100)	97.8(97.8)	74.3(74.3)	64.2(63.7)	40.7(38.1)	35.8(33.1)	22.2(19.3)	14.5(11.5)	11.1(8.2)	8.2(5.6)
规范要求的级配范围		100	90~100	68~85	38~68	24~50	15~38	10~28	7~20	5~15	4~8

从表2-9可以看出,按碎石:石屑:砂:矿粉=31%:30%:31%:8%计算结果,合成级配中$P_{0.075}=8.2$,超出了规范级配要求(4%~8%)。为此,必须进行调整。

(4)调整。因为通过0.075mm的颗粒太多,而0.075mm的颗粒主要来自于矿粉,故应减少矿粉用量,同时增加石屑的用量。经调试,采用碎石:石屑:砂:矿粉=31%:33%:31%:5%的比例时,合成级配正好在规范范围内,并且接近中值(见表2-9中括号内的数值)。

小结

岩石是具有一定物理化学性质可用作道路建筑材料的石料,有天然形成和人工制造两类。

岩石按成因可分为岩浆岩、沉积岩、变质岩三种类型。

岩石力学性质包括抗压强度及抗冻性等。

集料是指在混合料中起骨架和填充作用的粒料,可分为粗集料和细集料两类。

集料的物理性质包括物理常数(表观密度、毛体积密度、堆积密度、空隙率等)和级配。集料的级配可通过筛分试验确定,可确定分计筛余率、筛余率、通过率。细集料根据细度模数的大小可分为粗砂、中砂、细砂、特细砂。

矿质混合料级配类型有连续级配和间断级配。为保证混合料满足最小空隙率和最大摩擦力要求,在进行组成设计时可采用试算法或图解法。

复习思考题

第二章 题库

第三章 CHAPTER THREE
无机胶凝材料

 引言

在新石器时代,木、土、石等天然材料用作建筑的基本材料,石灰是最早使用的胶凝材料,古希腊人于公元前8世纪在建筑中开始使用,我国也在公元前7世纪开始使用。从仰韶文化的半穴居建筑到龙山文化的木骨泥墙,从夏商周时期的宫式高台到秦汉时期的砖瓦,从明清时期的紫禁城到现代历史建筑,石灰一直是不可或缺的建筑材料。1756年,英国工程师发现,要获得水硬性石灰,必须采用含有黏土的石灰石来烧制;1796年,英国人用泥灰岩烧制出了罗马水泥;1824年,英国建筑工人发明了波特兰水泥;1889年,我国河北唐山开平煤矿附近,设立用立窑生产的唐山细绵土厂,1906年在该厂的基础上建立了启新洋灰公司,年产水泥4万吨。20世纪全世界水泥品种已发展到100多种,2007年年产量约20亿吨。2012年,我国水泥产量达到21.84亿吨,占全球50%以上。水泥作为一种重要胶凝材料,广泛应用于土木建筑、水利、国防等工程。

 知识目标

1. 掌握石灰的消化和硬化过程、技术性质和质量评定标准;
2. 掌握硅酸盐水泥熟料矿物组成特性,凝结硬化机理;
3. 掌握通用硅酸盐水泥的技术性质、技术标准及主要技术指标的测定方法;
4. 掌握六大品种通用硅酸盐水泥的特性及其应用。

 能力目标

1. 能根据现行技术标准正确评价和合理使用石灰;
2. 能针对不同的工程环境,根据现行技术标准正确评价和合理选择通用硅酸盐水泥。

在建筑工程中,能以自身的物理化学作用将松散状材料(如砂、石等)胶结成为具有一定强度的整体结构的材料,统称为胶凝材料。胶凝材料按其化学成分不同分为有机胶凝材料与无机胶凝材料两大类。有机胶凝材料有沥青、橡胶等。无机胶凝材料按硬化条件不同可分为气硬性和水硬性两类。气硬性胶凝材料指只能在空气中硬化,并保持和继续发展强度,如石灰、石膏和水玻璃等。水硬性胶凝材料则不仅能在空气中硬化,而且能更好地在水中硬化,并且可在水中或适宜的环境中保持并继续提高强度,如各种水泥都属于水硬性胶凝材料。

第一节 石灰

石灰又称白灰。根据成品加工方法的不同,石灰可分为:
(1)块状生石灰:由原料煅烧而成的原产品,主要成分为CaO,如图3-1a)所示;
(2)生石灰粉:由块状生石灰磨细而得的细粉,主要成分为CaO,如图3-1b)所示;
(3)消石灰粉:将生石灰用适量水经消化和干燥而成的粉末,主要成分为$Ca(OH)_2$,如图3-1c)所示;

a)块状生石灰　　　　b)生石灰粉　　　　c)消石灰粉

图3-1　石灰

(4)石灰膏:将块状生石灰(或生石灰粉)用过量水(为生石灰体积的3~4倍)消化,或将消石灰粉和水拌和,所得的具有一定稠度的膏状物,主要成分为$Ca(OH)_2$和水。如果水分加得更多,则呈白色悬浊液,称为石灰乳。

一、石灰的生产及分类

将主要成分为碳酸钙的天然岩石(如石灰石、白云石、白垩、贝壳等),经高温煅烧(加热温度通常900~1100℃),排除分解出的二氧化碳后,所得以CaO和MgO为主要成分的产品即为生石灰,化学反应如下:

$$CaCO_3 \xrightarrow{大于900℃} CaO + CO_2 \uparrow \tag{3-1}$$

优质的石灰,色质洁白或略带灰色,质量较小,其堆积密度为800~1000kg/m³。在实际生产中,为了加快石灰石的分解过程,使原料充分煅烧,并考虑到热损失,通常将煅烧温度提高至1000~1200℃。若煅烧温度过高、时间过长而使石灰表面出现裂缝或玻璃状的外壳,这种石灰称为过火石灰。过火石灰使用时消解缓慢,使石灰硬化后仍继续熟化进而产生体积膨胀,引起局部隆起和开裂而影响工程质量。若煅烧时温度过低,或者煅烧时间不充分,或者是原料尺寸过大,则碳酸钙不能完全分解,将生成欠火石灰。欠火石灰在使用时,产浆量较低,有效氧化钙和氧化镁含量低,降低了石灰的利用率,使用时缺乏黏结力。所以在生产过程中,应根据原材料的性质严格控制煅烧温度和时间。

二、石灰的消化与硬化

(一)石灰的消化

工地上使用生石灰前一般需要消化。消化是指生石灰(氧化钙)与水作用生成氢氧化钙(即消石灰,又称熟石灰)的过程,又称石灰的消解或熟化。生石灰的消化反应如下:

$$CaO + H_2O \rightarrow Ca(OH)_2 + 64.9 kJ/mol \tag{3-2}$$

石灰的消化过程会放出大量的热,消化时体积增大1~2.5倍。煅烧良好、氧化钙含量高的石灰消化较快,放热量和体积增大也较多。

石灰消化方法一般有两种,石灰浆法和消石灰粉法。

1. 石灰浆法

将块状生石灰在化灰池中用过量的水(为生石灰体积的2.5~3.0倍)消化成石灰浆,然后通过筛网进入储灰坑。

由于生石灰中常含有过火石灰,为了消除过火石灰的危害,可将石灰消化后在储灰坑中存放半个月左右,这个过程叫作陈伏。陈伏期间,石灰浆表面保有一层水分,使之隔绝空气,以防止碳化。

2. 消石灰粉法

将生石灰加适量的水消化成消石灰粉,其理论需水量为生石灰质量的32.1%,由于一部分水分会蒸发掉,所以实际加水量可多达60%~80%。这样可使生石灰充分消化,又不致过湿成团。工地上常采用喷壶分层喷淋等方法进行消化,人工消化石灰劳动强度大、效率低、质量不稳定,目前多在工厂中用机械加工方法将生石灰消化成消石灰粉再使用。

(二)石灰的硬化

石灰消化后逐渐凝结硬化,主要包括干燥硬化和碳化两个过程。

1. 石灰浆的干燥硬化过程(结晶作用)

石灰浆体在干燥过程中,游离水分逐渐蒸发或被周围砌体吸收,形成网状孔隙,这些滞留于孔隙中的自由水由于表面张力的作用而产生毛细管压力,使石灰粒子更紧密。同时由于水分蒸发,$Ca(OH)_2$从饱和溶液中逐渐结晶析出。其反应如下:

$$Ca(OH)_2 + nH_2O \longrightarrow Ca(OH)_2 \cdot nH_2O \tag{3-3}$$

2. 石灰浆的碳化过程(碳化作用)

氢氧化钙与空气中的CO_2和水反应,形成不溶于水的碳酸钙晶体,析出的水分则逐渐被蒸发。其反应如下:

$$Ca(OH)_2 + CO_2 + nH_2O \longrightarrow CaCO_3 + (n+1)H_2O \tag{3-4}$$

这个过程称为碳化,形成的 $CaCO_3$ 晶体,使硬化石灰浆体结构致密,强度提高。

石灰浆体的硬化包括上面两个同时进行的过程,即表面以碳化为主,内部则以干燥硬化为主。由于空气中 CO_2 的含量少,碳化作用主要发生在与空气接触的表层,且生成的 $CaCO_3$ 膜层较致密,阻碍了空气中 CO_2 的进一步渗入,也阻碍了内部水分向外蒸发,因此硬化是个相当缓慢的过程。

> **工程实例**
>
> 某工地急需配制石灰砂浆,当时有消石灰粉、生石灰粉可供选用,因生石灰粉价格相对便宜,便选用了生石灰粉,加水配制石灰膏,并马上配制石灰砂浆。使用数日后,发现石灰砂浆出现众多凸出的膨胀性裂缝。
>
> **原因分析**:生石灰粉中有过火石灰,配制石灰砂浆过程中没有经过陈伏,过火石灰遇水后,在已经硬化的石灰砂浆内产生了体积膨胀,形成了膨胀性裂缝。
>
> **处理措施**:如果选用生石灰粉,在加水配制成石灰膏后,可以放置15d,经过陈伏,消除过火石灰的危害,再配制石灰砂浆;如果工期紧,可选用消石灰粉,但注意消石灰粉不得直接使用于砌筑砂浆中。

三、石灰的性质

1. 保水性好

生石灰消化为石灰浆时,能自动形成颗粒极细(直径约为 $1\mu m$)的呈胶体分散状的氢氧化钙,表面吸附一层较厚的水膜,这层水膜赋予石灰较好的保水性。同时,用石灰调成的石灰砂浆具有良好的可塑性,在水泥砂浆中掺入石灰膏,可使砂浆可塑性显著提高。

2. 硬化较慢、强度低

从石灰浆体的硬化过程可以看出,由于空气中二氧化碳稀薄,碳化甚为缓慢。而且表面碳化后,形成紧密外壳,不利于碳化作用的深入,也不利于内部水分的蒸发,因此石灰是硬化缓慢的材料。同时,石灰的硬化只能在空气中进行,硬化后的强度也不高,1:3 的石灰砂浆 28d 抗压强度通常只有 $0.2\sim0.5MPa$。因此,石灰不宜单独用于建筑物的基础。

3. 硬化时体积收缩大

石灰在硬化过程中,由于大量的游离水蒸发,从而引起显著的体积收缩,所以除调成石灰乳作薄层涂刷外,不宜单独使用。工程上常在其中掺入砂、各种纤维材料来减少收缩。

4. 耐水性差

硬化后的石灰受潮后,其中的氢氧化钙和氧化钙会溶解,强度更低,在水中还会溃散。所以,石灰不宜在潮湿的环境中使用。

5. 石灰吸湿性强

生石灰在放置过程中,会缓慢吸收空气中的水分而自动消化成消石灰粉,再与空气中的二氧化碳作用生成碳酸钙,失去胶结能力,降低石灰的使用率。

四、石灰技术要求和技术标准

（一）技术要求

1. 有效 CaO 和 MgO 的含量

石灰中产生黏结性的有效成分是活性氧化钙和氧化镁。它们的含量是评价石灰质量的主要指标,其含量愈多、活性愈高,质量也愈好。《公路工程无机结合料稳定材料试验规程》(JTG 3441—2024) 规定,有效氧化钙含量用中和滴定法测定,氧化镁含量用络合滴定法测定。

石灰有效 $CaO + MgO$ 含量测定

2. 生石灰产浆量和未消化残渣含量

生石灰产浆量是单位质量(1kg)的生石灰经消化后,所产石灰浆体的体积(L)。生石灰产浆量愈高,则表示其质量愈好。

未消化残渣含量是生石灰消化后,未能消化而存留在 2.36mm 方孔筛上的残渣占试样的百分率。其含量愈多,石灰质量愈差,使用时须加以限制。

3. 二氧化碳(CO_2)含量

CO_2 含量愈高,即表示未分解完全的碳酸盐含量愈高,则有效 CaO 和 MgO 的含量相对降低,导致石灰胶结性能的下降。

试验方法是:取生石灰试样 1g 放于坩埚内,在高温电炉中于 (580 ± 20) ℃高温下灼烧结晶水,再将试样放入 950～1000℃高温下 1h,冷却至室温。以试验前后试样质量的差与原试样质量的百分率来计算 CO_2 含量。

4. 消石灰粉中游离水含量

游离水指化学结合水以外的水。生石灰消化时加入的水比理论需水量多很多,多加的水残留于氢氧化钙中。残余水分蒸发后,留下孔隙会加剧消石灰粉碳化作用,以致影响石灰的使用质量,因而对消石灰粉的游离水含量需加以限制。

试验方法是:取试样 100g,在 100～105℃ 烘箱中烘干至恒重,冷却至室温。以试验前后试样质量的差与原试样质量的百分率计算游离水含量。

5. 细度

细度反映石灰颗粒的粗细程度,细度与石灰的质量有密切联系,过量的筛余物影响石灰的黏结性。现行标准规定以用 0.6mm 及 0.15mm 的方孔筛筛余率控制。

试验方法是:称取试样 50g,倒入 0.6mm、0.15mm 方孔筛内进行筛分,分别称量筛余物质量,并计算各筛筛余率,用筛余率来表征细度。

（二）石灰的技术标准

按氧化镁含量的多少,建筑石灰可分为钙质和镁质两类。《公路路面基层施工技术细则》(JTG/T F20—2015) 将生石灰、消石灰划分为三个等级,具体要求见表 3-1、表 3-2。

生石灰技术要求　　　　　　　　　　表3-1

指标	钙质生石灰			镁质生石灰		
	Ⅰ	Ⅱ	Ⅲ	Ⅰ	Ⅱ	Ⅲ
(CaO+MgO)含量(%)	≥85	≥80	≥70	≥80	≥75	≥65
未消化残渣含量(%)	≤7	≤11	≤17	≤10	≤14	≤20
钙镁石灰的分类界限,氧化镁含量(%)	≤5			>5		

消石灰技术要求　　　　　　　　　　表3-2

项目		钙质消石灰			镁质消石灰		
		Ⅰ	Ⅱ	Ⅲ	Ⅰ	Ⅱ	Ⅲ
(CaO+MgO)含量(%)		≥65	≥60	≥55	≥60	≥55	≥50
含水率(%)		≤4	≤4	≤4	≤4	≤4	≤4
细度	0.6mm方孔筛余率(%)	≤0	≤1	≤1	≤0	≤1	≤1
	0.15mm方孔筛余率(%)	≤13	≤20	—	≤13	≤20	—
钙镁石灰的分类界限,氧化镁含量(%)		≤4			>4		

五、石灰的应用和储存

(一)石灰的应用

1. 制作石灰乳涂料

石灰乳由消石灰粉或消石灰浆掺大量水调制而成,可用于建筑室内墙面和顶棚粉刷。掺入少量佛青颜料,可使其呈纯白色;掺入107胶或少量水泥粒化高炉矿渣(或粉煤灰),可提高粉刷层的防水性;掺入各种色彩的耐碱材料,可获得更好的装饰效果。

2. 配制砂浆

石灰浆或消石灰粉可以单独或与水泥一起配制成砂浆,前者称石灰砂浆,后者称混合砂浆。配制砂浆多用于地面以上部分墙体的砌筑工程,并可用于抹面等工程。为了克服石灰砂浆硬化时体积收缩性大的缺点,配制时常加入纸筋、麻刀等纤维质材料。

3. 拌制石灰稳定材料

石灰作为结合料与土(碎石、砾石)拌和,称为石灰稳定土;或者加粉煤灰、煤渣一起与土(碎石、砾石)拌和,称为二灰稳定土。在夯实或压实下,其密实度大大提高,而且在潮湿的环境中,土颗粒表面的少量活性氧化硅和氧化铝与氢氧化钙发生反应,生成水硬性的水化硅酸钙和水化铝酸钙,使土的抗渗能力、抗压强度、耐水性得到改善。因此,石灰稳定土、二灰稳定土等广泛用于道路工程的基层或底基层。

4. 加固软土地基

在软土地基中打入生石灰桩,可利用生石灰吸水产生膨胀的性质对桩周土起挤密作用,利用生石灰和黏土矿物间产生的胶凝反应使周围的土固结,从而达到提高地基承载力的目的。

石灰在建筑上的用途很广,各类石灰的用途见表3-3。

各类石灰的用途　　　　　　　表3-3

品种名称	适用范围
生石灰	配制石灰膏;磨细成生石灰粉
石灰膏	用于调制石灰砌筑砂浆或抹面砂浆; 稀释成石灰乳(石灰水)涂料,用于内墙和平顶刷白
生石灰粉(磨细生石灰粉)	用于调制石灰砌筑砂浆或抹面砂浆; 配制无熟料水泥(石灰矿渣水泥、石灰粉煤灰水泥、石灰火山灰水泥等); 制作硅酸盐制品(如灰砂砖等); 制作碳化制品(如碳化石灰空心板); 用于石灰稳定土、二灰稳定土
消石灰粉	制作硅酸盐制品; 用于石灰稳定土、二灰稳定土

(二)石灰的储存

储存生石灰,不但要防潮防水,以免吸水自然消化后硬化,而且注意周围不能堆放易燃物,防止消化时放热酿成火灾。另外,石灰不宜储存过久,如要存放较长一段时间,可先消化成石灰膏,上覆砂土或水与空气隔绝,以免碳化。

第二节　水泥

水泥和钢材、木材是基础建设的三大材料。它是制造各种形式混凝土、钢筋混凝土和预应力钢筋混凝土构筑物的最基本组成材料,也常用来配制砂浆,以及用作灌浆材料等。水泥大量应用于建筑中,素有"建筑业的粮食"之称。

水泥是粉末状材料,当它与水混合后,在常温下经过一定的物理化学作用,能由浆体状逐渐凝结硬化,并且具有一定强度,同时能将砂石等散粒状材料或砖、砌块等块状材料胶结为整体。水泥是一种良好的矿物胶凝材料,与石灰不同,它不仅能在空气中硬化,而且在水中能更好地硬化,并能保持和发展其强度,因此它是一种水硬性胶凝材料。

水泥品种很多,按水硬性矿物名称可分为硅酸盐水泥、铝酸盐水泥、硫酸盐水泥和硫铝酸水泥、铁铝酸盐水泥、磷酸盐水泥等。按用途和性能分为通用水泥、专用水泥及特性水泥。通用水泥是指用于一般土木工程中的水泥,主要为通用硅酸盐水泥;专用水泥是指有专门用途的水泥,如道路硅酸盐水泥、膨胀水泥等;特性水泥是指某种性能比较突出的水泥,如快硬硅酸盐水泥、低热矿渣硅酸盐水泥等。

通用硅酸盐水泥是以硅酸盐水泥熟料和适量石膏及规定的混合材料制成的水硬性胶凝材

料,按混合材料的品种和掺量分为:硅酸盐水泥、普通硅酸盐水泥、矿渣硅酸盐水泥、粉煤灰硅酸盐水泥、火山灰质硅酸盐水泥、复合硅酸盐水泥。现将通用硅酸盐水泥的品种、代号与组分构成汇总于表 3-4。

通用硅酸盐水泥的品种、代号与组分　　　　　　表 3-4

硅酸盐水泥的组分要求				
品种	代号	组分(质量分数)(%)		
		熟料+石膏	混合材料	
			粒化高炉矿渣/矿渣粉	石灰石
硅酸盐水泥	P·Ⅰ	100	—	—
	P·Ⅱ	95~100	0~<5	—
			—	0~<5

普通硅酸盐水泥、矿渣硅酸盐水泥、粉煤灰硅酸盐水泥、火山灰质硅酸盐水泥的组分要求						
品种	代号	组分(质量分数)(%)				
		熟料+石膏	主要混合材料			替代混合材料
			粒化高炉矿渣/矿渣粉	粉煤灰	火山灰质混合材料	
普通硅酸盐水泥	P·O	80~<94	6~20①			0~<5②
矿渣硅酸盐水泥	P·S·A	50~<79	21~<50	—	—	0~<8③
	P·S·B	30~<49	51~<70	—	—	
粉煤灰硅酸盐水泥	P·F	60~<79	—	20~<40	—	0~<5④
火山灰质硅酸盐水泥	P·P	60~<79	—	—	21~<40	

复合硅酸盐水泥的组分要求							
品种	代号	组分(质量分数)(%)					
		熟料+石膏	混合材料				
			粒化高炉矿渣/矿渣粉	粉煤灰	火山灰质混合材料	石灰石	砂岩
复合硅酸盐水泥	P·C	50~<79	21~<50⑤				

注:①主要混合材料由符合《通过硅酸盐水泥》(GB 175—2023)规定的粒化高炉矿渣/矿渣粉、粉煤灰、火山灰质混合材料组成。
②替代混合材料为《通用硅酸盐水泥》(GB 175—2023)规定的石灰石。
③替代混合材料为《通用硅酸盐水泥》(GB 175—2023)规定的粉煤灰或火山灰、石灰石。替代后P·S·A矿渣硅酸盐水泥中粒化高炉矿渣/矿渣粉含量(质量分数)不小于水泥质量的21%,P·S·B矿渣硅酸盐水泥中粒化高炉矿渣/矿渣粉含量(质量分数)不小于水泥质量的51%。
④替代混合材料为《通用硅酸盐水泥》(GB 175—2023)规定的石灰石。替代后粉煤灰硅酸盐水泥中粉煤灰含量(质量分数)不小于水泥质量的21%,火山灰质硅酸盐水泥中火山灰质混合材料含量(质量分数)不小于水泥质量的21%。
⑤混合材料由符合《通用硅酸盐水泥》(GB 175—2023)规定的粒化高炉矿渣/矿渣粉、粉煤灰、火山灰质混合材料、石灰石和砂岩中的三种(含)以上材料组成。其中,石灰石含量(质量分数)不大于水泥质量的15%。

一、硅酸盐水泥

凡由硅酸盐水泥熟料,掺入适量石膏、0~5%的石灰石或粒化高炉矿渣磨细制成的水硬性胶凝材料,就是硅酸盐水泥(也称波特兰水泥)。当硅酸盐水泥中不掺混合材料时,称为 I 型硅酸盐水泥,代号 P·I。当硅酸盐水泥中混合材料掺量不超过5%时,称为 II 型硅酸盐水泥,代号 P·II。

(一)生产概述

1. 生产原料

生产硅酸盐水泥的原料主要有:石灰质原料(如石灰石、白垩等,主要提供氧化钙)和黏土质原料(如黏土、页岩等,主要提供氧化硅及氧化铝与氧化铁),还有少量辅助原料(如铁矿石),煅烧所得的熟料中加入起缓凝剂作用的石膏磨细制成水泥。

2. 生产工艺

硅酸盐水泥的生产过程是:

(1)石灰质原料和黏土质原料按适当比例配合,有时为了改善烧成反应过程,还加入适量的铁矿石,将配合好的原材料在磨机中磨成生料。

(2)将生料入窑煅烧至1450℃,生成以硅酸钙为主要成分的硅酸盐水泥"熟料"。

(3)熟料再配以适量石膏,入磨机磨至适当细度,制成水泥。

硅酸盐水泥的生产工艺概括起来就是"二磨一烧",其生产流程如图3-2所示。

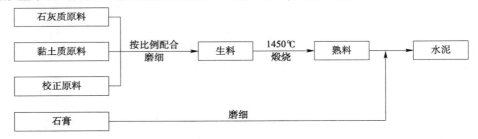

图3-2 水泥生产流程图

水泥生料的配合比例不同,将直接影响熟料的矿物成分比例和性能,水泥生料在窑内的煅烧过程,是保证水泥熟料质量的关键。

(二)熟料矿物组成

1. 熟料矿物组成成分

硅酸盐水泥的主要化学成分是氧化钙(CaO)、氧化硅(SiO_2)、氧化铝(Al_2O_3)和氧化铁(Fe_2O_3)。经过高温煅烧后,CaO、SiO_2、Al_2O_3、Fe_2O_3 4种成分化合为熟料中的主要矿物组成。

(1)硅酸三钙(简称 C_3S)——其矿物组成为 $3CaO \cdot SiO_2$,含量约50%。

(2)硅酸二钙(简称 C_2S)——其矿物组成为 $2CaO \cdot SiO_2$,含量约20%。

(3)铝酸三钙(简称 C_3A)——其矿物组成为 $3CaO \cdot Al_2O_3$,含量7%~15%。

(4) 铁铝酸四钙(简称 C_4AF)——其矿物组成为 $4CaO \cdot Al_2O_3 \cdot Fe_2O_3$，含量 10%~18%。

2. 熟料主要矿物组成的性质

(1) 硅酸三钙是水泥的主要成分，含量在 50% 左右，水化速度快，水化热高，且早期强度高，它是决定水泥强度高低的最主要矿物成分。

(2) 硅酸二钙含量在 15%~37%，水化速度慢，水化热低，早期强度低，后期强度高，是决定水泥后期强度的最主要矿物成分。

(3) 铝酸三钙含量在 15% 以下，水化速度最快，水化热最高，它的含量决定水泥的凝结速度和释热量，耐化学侵蚀性差，干缩性大。

(4) 铁铝酸四钙含量在 10%~18%，水化速度较快，水化热较高，强度低，但对于抗折强度起重要作用，耐化学侵蚀性好，干缩性小。

3. 水泥熟料主要成分特性比较(由高至低排列)

(1) 反应速度：C_3A，C_3S，C_4AF，C_2S；

(2) 释热量：C_3A，C_3S，C_4AF，C_2S；

(3) 强度：C_3S，C_2S，C_3A 不高，C_4AF 对抗折强度有利；

(4) 耐侵蚀性：C_4AF，C_2S，C_3S，C_3A；

(5) 干缩性：C_3A 最大，C_3S 居中，C_4AF 和 C_2S 最小。

4. 矿物组成对水泥性能的影响

不同的矿物成分，表现出不同的特性。水泥是由多种矿物成分组成的，改变各种矿物成分的含量比例以及它们之间的匹配，则可以生产出性能各异的水泥。如：降低 C_3A 和 C_3S 的含量，提高 C_2S 的含量可制成大坝水泥；提高 C_3S 和 C_4AF 的含量可制成道路水泥；提高 C_3S 和 C_3A 的含量可制成快硬、高强水泥等。

> **工程实例**
>
> 某大体积混凝土工程，浇筑两周后拆模时，发现挡墙有多道贯穿型的纵向裂缝，该工程用的水泥为 42.5Ⅱ型硅酸盐水泥，其熟料成分及含量如下：
> $C_3S(59\%)$；$C_2S(14\%)$；$C_3A(16\%)$；$C_4AF(11\%)$。
> **原因分析**：该工程使用的水泥熟料成分中 C_3A 和 C_3S 含量高，在浇筑混凝土过程中，水泥水化放热量高，使得混凝土的整体温度高，又因大体积混凝土散热慢，导致混凝土温差过大，加之养护不当，造成了混凝土纵向裂缝。
> **处理措施**：如果混凝土强度满足设计要求，仅是外观质量欠佳，可采用分段注入裂缝密封胶进行处理。在以后的施工中，可选用低热水泥或调整混凝土配合比，增加掺合料用量，减少水泥用量，并严格控制混凝土温差，遵照大体积混凝土施工规范要求，调整施工方案。

(三) 凝结和硬化

水泥用适量水调和后，最初形成具有可塑性的浆体，由于水泥的水化作用，水泥浆逐渐变稠失去流动性和可塑性而未具有强度的过程称为水泥"凝结"。随后产生强度并逐渐发展成为坚硬人造石的过程称为水泥的"硬化"。这两个阶段是人为划分的,实际上是一个连续复杂的物理化学变化过程,这些变化决定了水泥石的某些性质,对水泥的应用有着重要意义。

1. 熟料的矿物水化

硅酸盐水泥颗粒与水接触,在其表面熟料的矿物立即发生水解或水化作用,形成水化产物,同时放出一定热量。4 种主要熟料矿物与水反应,分别如下:

1)硅酸三钙的水化

硅酸三钙在常温下水化反应生成水化硅酸钙(C-S-H 凝胶)和氢氧化钙(CH)。其水化反应如下式所示:

$$3CaO \cdot SiO_2 + nH_2O \longrightarrow xCaO \cdot SiO_2 \cdot yH_2O + (3-x)Ca(OH)_2 \qquad (3-5)$$

2)硅酸二钙的水化

硅酸二钙的水化与硅酸三钙相似,只不过水化速度慢而已,其水化反应如下式所示:

$$2CaO \cdot SiO_2 + nH_2O \longrightarrow xCaO \cdot SiO_2 \cdot yH_2O + (2-x)Ca(OH)_2 \qquad (3-6)$$

所形成的水化硅酸钙在 C/S 和形貌方面与 C_3S 水化生成物都无大区别,故也称为 C-S-H 凝胶。但 CH 生成量比 C_3S 的少,结晶却粗大些。

3)铝酸三钙的水化

铝酸三钙的水化迅速,放热快,其水化产物组成和结构受液相 CaO 浓度和温度的影响很大,在常温下其水化反应如下式所示:

$$3CaO \cdot Al_2O_3 + 6H_2O \longrightarrow 3CaO \cdot Al_2O_3 \cdot 6H_2O \qquad (3-7)$$

水化铝酸钙是一种介稳状态,不稳定,在有石膏的情况下,发生反应生成三硫型水化硫铝酸钙,简称钙矾石,常用 AFt 表示,其水化反应如下式所示:

$$3CaO \cdot Al_2O_3 \cdot 6H_2O + 3(CaSO_4 \cdot 2H_2O) + 20H_2O \longrightarrow 3CaO \cdot Al_2O_3 \cdot 3CaSO_4 \cdot 32H_2O$$
$$(3-8)$$

若石膏在铝酸三钙完全水化前耗尽,则钙矾石与铝酸三钙作用转化为单硫型水化硫铝酸钙,常用 AFm 表示,其水化反应如下式进行:

$$3CaO \cdot Al_2O_3 \cdot 3CaSO_4 \cdot 32H_2O + 2(3CaO \cdot Al_2O_3) + 4H_2O \longrightarrow$$
$$3(3CaO \cdot Al_2O_3 \cdot CaSO_4 \cdot 12H_2O) \qquad (3-9)$$

钙矾石的特征是针状结晶体,生成结晶体时,体积膨胀 1.5 倍,其化学反应在水泥凝结硬化后还将进行,其含量会影响到水泥的体积安定性。

4)铁铝酸四钙的水化

它的水化速率比铝酸三钙略慢,水化热较低,即使单独水化也不会引起快凝。其水化反应及其产物与铝酸三钙很相似,其水化反应如下式所示:

$$4CaO \cdot Al_2O_3 \cdot Fe_2O_3 + 7H_2O \longrightarrow 3CaO \cdot Al_2O_3 \cdot 6H_2O + CaO \cdot Fe_2O_3 \cdot H_2O \qquad (3-10)$$

综上,硅酸盐水泥与水作用后,其主要水化产物有:水化硅酸钙、氢氧化钙、水化铁酸钙、三硫型水化硫铝酸钙(钙矾石)、单硫型水化硫铝酸钙。其中水化硅酸钙约占 70%,氢氧化钙约占 20%,钙矾石和单硫型水化硫铝酸钙约占 7%。

2. 凝结硬化

水泥的凝结和硬化,这两个阶段是人为划分的,实际上是一个连续复杂的物理化学变化过程,按水化反应速率和水泥浆体结构特征可分为4个阶段,如图3-3所示。

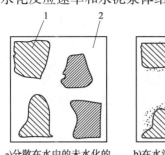
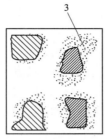
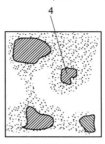
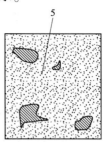

a)分散在水中的未水化的水泥颗粒　　b)在水泥颗粒表面形成水化物膜层(潜伏期)　　c)膜层长大并互相连接(凝结期)　　d)水化物进一步发展,填充毛细孔(硬化期)

图3-3　水泥凝结硬化过程示意图
1-水泥颗粒;2-水分;3-凝胶;4-水泥颗粒未水化内核;5-毛细孔

1)初始反应期

水泥与水接触立即发生水化反应,硅酸三钙水化生成氢氧化钙溶于水中,当溶液达到过饱和后,氢氧化钙开始结晶析出,同时暴露在颗粒表面的铝酸三钙溶于水,并与溶于水的石膏反应,生成钙矾石,结晶并析出,附着在水泥颗粒表面。这阶段大约经过10min,约有1%的水泥发生水化。

2)诱导期(潜伏期)

在初始反应期之后,有1~2h的时间,由于水泥颗粒表面形成水化硅酸钙溶胶和钙矾石晶体构成膜层,阻止了矿物与水的接触,使水化反应速度很慢,这阶段水化放热小,水化产物增加不多,水泥浆体仍保持塑性。

3)凝结期

在潜伏期中,由于水缓慢穿透水泥颗粒表面的包裹膜,与矿物成分发生水化反应,而水化生成物穿透膜层的速度小于水分渗入膜层的速度,形成渗透压,导致水泥颗粒表面膜层破裂,使暴露出来的矿物进一步水化,从而结束了潜伏期,水泥水化产物体积增大为水泥体积的2.2倍,生成的大量的水化产物填充在水泥颗粒之间的空间里,水的消耗与水化产物的填充使水泥浆体逐渐失去可塑性而凝结。

4)硬化期

水泥水化反应继续进行使结构更加密实,但放热速度逐渐下降,水泥水化反应愈来愈困难,在适当的湿度、温度条件下,水泥的硬化过程可持续若干年。

3. 凝结硬化的影响因素

影响水泥凝结硬化的因素有很多,如水泥熟料的矿物组成及细度、水泥浆的用水量、石膏的掺量、环境温度和湿度、养护龄期、外加剂,以及储存条件的影响等。

1)水泥熟料的矿物组成及细度

水泥熟料中各种矿物的凝结硬化特点不同,当水泥中各矿物的相对含量不同时,水泥的凝结硬化特点就不同。

水泥磨得愈细,水泥颗粒平均粒径愈小,比表面积愈大,水化时与水的接触面积愈大,水化速度愈快,凝结硬化愈快,早期强度就愈高。

2) 水泥浆的用水量

增加用水量,会增加硬化水泥石的毛细孔,降低水泥石强度,同时也延长水泥的凝结时间。

3) 石膏的掺量

不掺石膏,水泥与水会立即产生凝结,同时放出热量,掺入石膏后,石膏与铝酸三钙作用产生很难溶于水的钙矾石,沉淀在水泥颗粒表面形成保护膜,阻碍了铝酸三钙的水化反应,并延缓了水泥的凝结时间。掺量过少,缓凝效果不显著,但是石膏掺量过多时,可能危害水泥石的安定性。因此石膏的掺量要加以控制,一般为水泥质量的 3%~5%。

4) 环境温度和湿度

水泥水化反应的速度与环境的温度有关,只有处于适当温度下,水泥的水化、凝结和硬化才能进行。通常,温度较高时,水泥的水化、凝结和硬化速度就较快。当环境温度低于 0℃ 时,水泥水化趋于停止,就难以凝结硬化。

环境干燥时,水分蒸发加快,导致水泥不能充分水化,同时硬化也将停止,严重时会产生裂缝。

5) 养护龄期

水泥浆随着时间的延长水化产物增多,内部结构就逐渐致密,一般来说,强度是一个较长时间不断进行的过程,早期增长快,后期增长慢,3~7d 强度发展快,4 周后显著减慢。

6) 外加剂

硅酸盐水泥的水化、凝结硬化受水泥熟料中硅酸三钙和铝酸三钙含量的制约,凡对硅酸三钙和铝酸三钙的水化能产生影响的外加剂,都能改变硅酸盐水泥的水化、凝结硬化,如促凝剂、缓凝剂等。

7) 储存条件

水泥要求储存在干燥的环境中,如储存不当,会使水泥受潮,颗粒表面发生水化而结块,严重降低水泥强度。即使有良好的储存环境,在空气中的水分和二氧化碳作用下,水泥也会发生缓慢水化和碳化。储存 3 个月,水泥强度会降低 10%~20%,储存 6 个月会降低 15%~30%,储存 1 年会降低 25%~40%。所以,水泥有效储存期为 3 个月,不宜久存。

(四)技术性质和技术标准

1. 技术性质

《通用硅酸盐水泥》(GB 175—2023)对硅酸盐水泥的氧化镁含量、三氧化硫含量、不溶物、烧失量、氯离子含量、细度、凝结时间、安定性、强度 9 个方面提出了技术要求。

1) 化学性质

(1) 氧化镁含量。水泥熟料中,常含有少量未与其他矿物结合的游离氧化镁,它水化反应速度很慢,同时产生体积膨胀,是引起水泥体积安定性不良的原因之一。《通用硅酸盐水泥》(GB 175—2023)规定,硅酸盐水泥中氧化镁的含量应不大于 5.0%。

(2) 三氧化硫含量。三氧化硫是在生产水泥时,为调节水泥凝结时间加入石膏时产生的。石膏超过一定限量后,水泥性能会变坏,会引起水泥石体积膨胀,导致结构物的破坏。《通用硅酸盐水泥》(GB 175—2023)规定,硅酸盐水泥中三氧化硫的含量不得超过 3.5%。

(3) 烧失量。水泥受潮或煅烧不佳,均会引起烧失量的增加。测定方法是:将水泥试样在

950～1000℃高温下灼烧15～20min,冷却至室温后称其质量。反复灼烧,直至恒重,计算灼烧前后质量损失百分率。《通用硅酸盐水泥》(GB 175—2023)规定,Ⅰ型硅酸盐水泥烧失量应不大于3.0%,Ⅱ型硅酸盐水泥烧失量应不大于3.5%,普通硅酸盐水泥烧失量应不大于5.0%。

(4)不溶物。用盐酸溶解滤去不溶残渣,经碳酸钠处理再用盐酸中和,经高温灼烧至恒重后称量,灼烧后不溶物质量占试样总质量比例,称不溶物。《通用硅酸盐水泥》(GB 175—2023)规定,Ⅰ型硅酸盐水泥中不溶物应不大于0.75%,Ⅱ型硅酸盐水泥中不溶物应不大于1.50%。

(5)氯离子含量。水泥中氯离子含量过高,是由于掺加了混合材料和外加剂,它是导致钢筋锈蚀的重要因素。《通用硅酸盐水泥》(GB 175—2023)规定,水泥生产中允许加入≤0.5%的助磨剂,水泥中的氯离子含量不得大于0.06%。

2)物理性质

(1)细度。细度是指水泥颗粒的粗细程度,它直接影响着水泥的性能和使用。水泥粉磨得愈细,水泥比表面积愈大,与水接触面积愈大,水化反应就愈快,而且反应更为充分。所以相同矿物组成的水泥,颗粒愈细,早期强度愈高,凝结速度愈快,析水量减少。但水泥过细,在空气中的硬化收缩也较大,使水泥发生裂缝的可能性也增加,而且在储存时,愈易受潮;同时,水泥颗粒过粗既不利于水泥活性的发挥,又影响了其保水成浆的性能。因此,水泥细度必须予以合理控制。

水泥细度可以用不同的指标来说明,如筛余百分数、比表面积、颗粒平均直径或颗粒级配等。《公路工程水泥及水泥混凝土试验规程》(JTG 3420—2020)规定,水泥的细度可用筛析法测得筛余百分数,同时采用勃氏透气法测得水泥的比表面积。《通用硅酸盐水泥》(GB 175—2023)规定,硅酸盐水泥比表面积不低于$300m^2/kg$,且不高于$400m^2/kg$。

水泥的细度(80μm 筛筛析法)试验

水泥比表面积(勃氏法)试验
(一)仪器校准与准备

水泥比表面积(勃氏法)试验
(二)仪器常数K的标定

水泥比表面积(勃氏法)试验
(三)水泥比表面积S的标定

水泥的标准稠度用水量试验

(2)水泥净浆标准稠度及其用水量。由于加水量的多少,对水泥的技术性质的测定值影响很大,因此为使水泥凝结时间和安定性的测定结果具有可比性,测定这些性质时,必须在一个规定的稠度下进行,这个稠度为标准稠度。《公路工程水泥及水泥混凝土试验规程》(JTG 3420—2020)规定,水泥净浆标准稠度的标准测定方法为试杆法,以标准试杆沉入净浆,并距底板(6±1)mm时的水泥净浆稠度为标准稠度。

水泥净浆达到标准稠度时的用水量,以水泥质量百分率表示,称为标准稠度用水量。它也是用于测定水泥净浆凝结时间和安定性的用水量。

水泥熟料矿物成分不同时,其标准稠度用水量也有所不同,水泥磨得愈细,标准稠度用水量愈大,一般在24%~30%。目前标准中,对标准稠度用水量没有具体要求,但它的大小,能在一定程度上影响水泥混凝土的性能。拌制同样稠度的混凝土,标准稠度愈大,加水量愈大,故硬化时收缩愈大,硬化后的强度及密实度也愈差。

水泥净浆标准稠度的测定方法还可以用试锥法为代用法,可采用调整水量法和不变水量法来测定,调整水量法拌和用水量由经验确定,不变水量法测定时拌和用水量为142.5mL,根据试锥沉入深度求得标准稠度用水量。

(3)凝结时间。水泥从加水开始到失去流动性,即从可塑状态发展到固体状态所需要的时间称为水泥的凝结时间,以min计。凝结时间又分为初凝时间和终凝时间。初凝时间是指从水泥加水拌和到水泥浆体开始失去可塑性所需的时间;终凝时间是指从水泥加水拌和到水泥浆完全失去可塑性所需的时间。初凝状态指初凝试针自由沉入标准稠度的水泥净浆,距底板(4±1)mm时的稠度状态;终凝状态是指终凝试针沉入试体小于0.5mm,即环形附件开始不能在试体上留下痕迹时的稠度状态。

水泥的凝结时间在施工中具有重要意义。初凝不宜过快是为了保证有足够的时间在初凝之前完成混凝土的运输、浇灌和成型等各工序的操作;终凝不宜过迟是为了使混凝土在浇捣完毕后能尽早完成凝结硬化,以利于下一道工序及早进行。《通用硅酸盐水泥》(GB 175—2023)规定,硅酸盐水泥初凝时间不得早于45min,终凝时间不得迟于390min。

水泥的凝结时间试验

水泥的体积安定性试验

水泥的胶砂强度(ISO法)试验

(4)安定性。安定性是反映水泥浆在凝结、硬化过程中,体积膨胀变形的均匀程度。水泥在凝结硬化过程中,一般都会发生体积变化,如果这种体积变化是均匀的,一般不会对工程结构造成危害。若水泥中含有过量游离氧化钙和氧化镁以及过量的三氧化硫时,这些物质会在水泥浆体硬化过程中发生不均匀的体积变化,会导致水泥石膨胀开裂、翘曲,即安定性不良。安定性不良的水泥会降低建筑物质量,甚至会引起严重事故。

引起水泥安定性不良的原因有三个:

①熟料中游离氧化钙过多。水泥熟料中含有游离氧化钙,其中部分过烧的氧化钙在水泥凝结硬化后,会缓慢与水反应生成氢氧化钙。该反应产生体积膨胀,使水泥石发生不均匀体积变化。

②石膏掺量过多。当石膏掺量过多时,水泥硬化后,在有水存在的情况下,它还会继续与固态的水化铝酸钙反应生成高硫型水化硫铝酸钙(俗称钙矾石),体积约增大1.5倍,引起水泥石开裂。

③熟料中游离氧化镁过多。水泥中的氧化镁在水泥凝结硬化后,会与水反应生成氢氧化镁。该反应比过烧的氧化钙与水的反应更加缓慢,会在水泥硬化几个月后再发生反应,且产生体积膨胀,同样导致水泥石开裂。

水泥的安定性是用沸煮法检验,检验方法可以用试饼法,也可用雷氏法,有争议时以雷氏法为准。

3)力学性质——强度

水泥强度是表明水泥质量的重要技术指标,也是划分水泥强度等级的依据。

《公路工程水泥及水泥混凝土试验规程》(JTG 3420—2020)规定,用水泥胶砂强度法作为水泥强度的标准检验方法。此方法是以1∶3的水泥和中国ISO标准砂,按规定的水灰比为0.5,用标准制件方法,制成40mm×40mm×160mm的标准试件,在规定条件下(20℃±1℃水中)经养生,测定规定龄期(3d、28d)的抗压强度和抗折强度。按《通用硅酸盐水泥》(GB 175—2023)规定的最低强度值来评定其所属强度等级。

ISO水泥强度试验用标准砂采用二氧化硅含量不低于98%的天然圆形硅质砂作原料,从原料开采、粗加工、半成品加工、精加工到级配包装,一系列生产过程都在严格的质量控制下完成。在ISO标准砂的各项物理化学控制指标中,如果有一项不合格,最终产品即按报废处理。此砂的粒径为0.08~2.0mm,分为粗、中、细三级,各占1/3。其中粗砂为1.0~2.0mm;中砂为0.5~1.0mm;细砂为0.08~0.5mm,其颗粒分布见表3-5。

ISO标准砂颗粒分布　　　　表3-5

方孔边长(mm)	累计筛余(%)	方孔边长(mm)	累计筛余(%)
2.0	0	0.5	67±5
1.6	7±5	0.16	87±5
1.0	33±5	0.08	99±1

(1)水泥强度等级:按规定龄期抗压强度和抗折强度来划分,硅酸盐水泥各强度等级指标见表3-6。在规定各龄期的抗压强度和抗折强度均符合某一强度等级的最低强度指标要求时,以28d的抗压强度指标作为强度等级,硅酸盐水泥的强度等级分为42.5、42.5R、52.5、52.5R、62.5、62.5R共6个强度等级。

硅酸盐水泥强度指标(MPa)　　　　表3-6

强度等级	抗压强度 ≥		抗折强度 ≥	
	3d	28d	3d	28d
42.5	17.0	42.5	4.0	6.5
42.5R	22.0		4.5	
52.5	22.0	52.5	4.5	7.0
52.5R	27.0		5.0	
62.5	27.0	62.5	5.0	8.0
62.5R	32.0		5.5	

注:带R的为早强型。

(2)水泥型号:根据3d抗压强度值将水泥分为普通型和早强型(用R表示)。早强型水泥3d抗压强度较同强度等级的普通型强度提高10%~24%;早强型水泥的3d抗压强度可达28d抗压强度的50%。为缩短混凝土养护时间,提早通车,在供应条件允许时优先选用早强型水泥。

为了确保水泥在工程中的使用质量,生产厂在控制出厂水泥28d的抗压强度时,均留有一定的富余强度。在水泥混凝土配合比设计时,采用水泥的实际强度,条件允许时可实测而得,如不具备实测条件,可采用富余系数(表4-13)来计算。

2.技术标准

硅酸盐水泥的技术标准,按《通用硅酸盐水泥》(GB 175—2023)有关规定列于表3-7。

硅酸盐水泥的技术标准　　　　　表3-7

技术标准	细度[比表面积(m^2/kg)]	凝结时间(min)		安定性	强度(MPa)	不溶物(质量分数)(%)		MgO(质量分数)(%)	SO_3(质量分数)(%)	烧失量(质量分数)(%)		氯离子(质量分数)(%)
		初凝	终凝			P·Ⅰ	P·Ⅱ			P·Ⅰ	P·Ⅱ	
指标	≥300 <400	≥45	≤390	必须合格	见表3-6	≤0.75	≤1.50	≤5.0①	≤3.5	≤3.0	≤3.5	≤0.06②
试验方法	GB/T 8074	GB/T 1346		GB/T 1346 GB/T 750	GB/T 17671	GB/T 176						

注：①如果水泥压蒸安定性合格，则水泥中氧化镁含量(质量分数)允许放宽至6.0%。
②当有更低要求时，该指标由买卖双方确定。

《通用硅酸盐水泥》(GB 175—2023)规定：凡检验结果符合组分、不溶物、烧失量、氧化镁、三氧化硫、氯离子、细度、凝结时间、安定性(煮沸法)及强度规定为合格品。检验结果不符合上述规定中的任何一项技术要求，视为不合格品。

(五)硅酸盐水泥的运输和保管

储存运输水泥时要注意防潮、防水；保管时要注意：

(1)通风、防潮。

(2)储存期不要超过3个月，过期水泥应重新标定强度等级。

(3)不同强度等级、不同品种的水泥应分开堆放。

二、普通硅酸盐水泥

普通硅酸盐水泥(普通水泥)，代号P·O。《通用硅酸盐水泥》(GB 175—2023)规定：组分中水泥熟料和石膏80%~<94%，掺入6%~<20%的粒化高炉矿渣、火山灰质混合材料和粉煤灰混合材料，其中允许不超过水泥质量5%的石灰石代替。

普通硅酸盐水泥掺入混合材料的数量相对较少，因此技术性质与硅酸盐水泥相近。普通硅酸盐水泥强度等级有42.5、42.5R、52.5、52.5R、62.5、62.5R共6个强度等级。各强度等级的强度指标见表3-8，技术标准见表3-9。

普通硅酸盐水泥强度指标　　　　　表3-8

强度等级	抗压强度(MPa) ≥		抗折强度(MPa) ≥	
	3d	28d	3d	28d
42.5	17.0	42.5	4.0	6.5
42.5R	22.0		4.5	
52.5	22.0	52.5	4.5	7.0
52.5R	27.0		5.0	
62.5	27.0	62.5	5.0	8.0
62.5R	32.0		5.5	

普通硅酸盐水泥的技术标准　　　　　表3-9

技术标准	细度方孔筛筛余量(%) 45μm	凝结时间(min) 初凝	凝结时间(min) 终凝	安定性	强度(MPa)	不溶物(质量分数)(%)	MgO(质量分数)(%)	SO_3(质量分数)(%)	烧失量(质量分数)(%)	氯离子(质量分数)(%)
指标	≥5①	≥45	≤600	必须合格	见表3-8	—	≤5.0②	≤3.5	≤5.0	≤0.06③
试验方法	GB/T 8074	GB/T 1346	GB/T 1346 GB/T 750	GB/T 17671		GB/T 176				

注：①当买方有特殊要求时，由买卖双方协商确定。
　　②如果水泥压蒸安定性合格，则水泥中氧化镁含量(质量分数)允许放宽至6.0%。
　　③当有更低要求时，该指标由买卖双方确定。

三、掺混合材料的硅酸盐水泥

为改善硅酸盐水泥的某些性能，增加水泥品种，扩大水泥使用范围，并达到降低成本、增加产量的目的，可以在硅酸盐水泥熟料中掺入适量的混合材料，与石膏共同磨细制成的不同品种的硅酸盐水泥，称为掺混合材料的硅酸盐水泥，简称混合水泥。

(一) 混合材料

混合材料中粒化高炉矿渣/矿渣粉、火山灰质混合材料、粉煤灰，含有活性 SiO_2、Al_2O_3，与 $Ca(OH)_2$ 的化合能力较强，具有较高的化学活性，磨成细粉掺入水泥中，加水后能与水泥的水化产物起化学反应，生成水硬性胶凝材料，既能在空气中又能在水中硬化，并且能改善水泥的品种。

1) 粒化高炉矿渣/矿渣粉

在高炉冶炼生铁时，所得以硅铝酸盐为主要成分的熔融物，经冷成粒后，具有潜在水硬性材料，即为粒化高炉矿渣(简称矿渣)。其主要成分为 CaO、SiO_2 和 Al_2O_3，它们的总含量约在90%以上，此外还有 MgO、FeO 和一些氧化物，其自身具有一定水硬性。

2) 火山灰质混合材料

材料磨成细粉，单独不具有水硬性，但在常温下与石灰和水一起拌和后能生成具有水硬性水化产物的性能，称为火山灰性。以氧化硅、氧化铝为主要成分，具有火山灰性的矿物质材料，称为火山灰质混合材料。它磨成细粉加水后并不硬化，但在 $Ca(OH)_2$ 碱性作用下，不但能在空气中硬化，而且能在水中继续硬化增加强度。

火山灰质混合材料按成因分为天然火山灰质混合材料和人工火山灰质混合材料两大类。天然火山灰质混合材料可分为火山生成的和沉积生成的两种。火山生成的主要有火山灰、凝灰岩、沸石岩、浮石、硅藻土或硅藻石等。这些物质不论其名称如何，化学成分都相似，含有大量的酸性氧化物，二氧化硅和三氧化二铝的含量占75%～85%，甚至更高，而氧化钙和三氧化二铁含量都较低；人工火山灰质混合材料主要有烧煤矸石、烧页岩、烧黏土、煤渣、硅质渣等，这类混合材料以黏土煅烧分解形成，可溶性无定形二氧化硅和三氧化二铝为主要活性成分。

3）粉煤灰

粉煤灰是燃煤电厂中磨细煤粉在锅炉中燃烧后从烟道排出、被收尘器收集的物质。粉煤灰中含有较多的 SiO_2、Al_2O_3，与 $Ca(OH)_2$ 化合能力较强，活性较高。

4）石灰石和砂岩

石灰石和砂岩基本不具有化学活性或具有微弱的化学活性，磨成细粉掺入水泥中，基本上不与水泥的水化产物起化学反应，仅起提高产量、降低成本、调节水泥强度等级、降低水化热、改善新拌混凝土的和易性等作用，在水泥中主要起填充作用。

(二) 混合水泥种类

1. 矿渣硅酸盐水泥

《通用硅酸盐水泥》(GB 175—2023) 规定：矿渣硅酸盐水泥分为两类，一类为硅酸盐水泥熟料和石膏 50%~<79%，掺入 21%~<50% 粒化高炉矿渣/矿渣粉，其中允许用不超过水泥质量的 8% 的粉煤灰或火山灰、石灰石代替，代号 P·S·A。另一类为硅酸盐水泥熟料和石膏 30%~<49%，掺入 51%~<70% 粒化高炉矿渣/矿渣粉，其中允许用不超过水泥质量的 8% 的粉煤灰或火山灰、石灰石代替，代号 P·S·B。

2. 火山灰质硅酸盐水泥

《通用硅酸盐水泥》(GB 175—2023) 规定：火山灰质硅酸盐水泥为硅酸盐水泥熟料和石膏 60%~<79%，掺入 21%~40% 的火山灰质混合材料，代号 P·P。

3. 粉煤灰硅酸盐水泥

《通用硅酸盐水泥》(GB 175—2023) 规定：粉煤灰硅酸盐水泥为硅酸盐水泥熟料和石膏 60%~<79%，掺入 21%~<40% 的粉煤灰，代号 P·F。

4. 复合硅酸盐水泥

《通用硅酸盐水泥》(GB 175—2023) 规定：复合硅酸盐水泥为硅酸盐水泥熟料和石膏 50%~<79%，掺入 21%~<50% 的粒化高炉矿渣/矿渣粉、粉煤灰、火山灰质混合料材料、石灰石、砂岩中的三种(含)以上材料，其中石灰石含量不大于水泥质量的 15%，代号 P·C。

(三) 混合水泥的水化和硬化

混合水泥水化的特点是二次水化，反应分两步进行。

第一步：熟料矿物水化，水化产物与硅酸盐水泥的水化产物相同。

第二步：水化产物中氢氧化钙与活性混合材料中的活性氧化硅和氧化铝发生二次水化，生成水硬性胶凝(水化硅酸钙、水化铝酸钙等水化产物)。这两次反应是交替进行而又相互制约的。由于二次水化反应消耗了水泥熟料的水化产物，因此又加速了水化反应，但由于混合水泥中熟料含量少，总体上凝结硬化速度比普通硅酸盐水泥慢。

(四) 混合水泥的技术要求

《通用硅酸盐水泥》(GB 175—2023) 规定：矿渣硅酸盐水泥、粉煤灰硅酸盐水泥、火山灰质硅酸盐水泥分为 32.5、32.5R、42.5、42.5R、52.5、52.5R 六个等级，复合硅酸盐水泥分为 42.5、

42.5R、52.5、52.5R 四个等级,强度指标和技术标准见表3-10、表3-11。

矿渣水泥、火山灰水泥、粉煤灰水泥及复合水泥强度指标　　　　表3-10

强度等级	抗压强度(MPa)(≥)		抗折强度(MPa)(≥)	
	3d	28d	3d	28d
32.5	12.0	32.5	3.0	5.5
32.5R	17.0		4.0	
42.5	17.0	42.5	4.0	6.5
42.5R	22.0		4.5	
52.5	22.0	52.5	4.5	7.0
52.5R	27.0		5.0	

矿渣水泥、火山灰水泥、粉煤灰水泥及复合水泥技术标准　　　　表3-11

技术性能	细度方孔筛筛余量(%) 45μm	凝结时间(min)		安定性	强度(MPa)	MgO(质量分数)(%)		SO₃(质量分数)(%)		氯离子(质量分数)(%)
		初凝	终凝			P·S·B	P·S·A P·S·B P·F P·C	P·S·A P·S·B	P·P P·F P·C	
指标	≥5①	≥45	≤600	必须合格	见表3-10	—	≤6.0	≤4.0	≤3.5	≤0.06②
试验方法	GB/T 1345	GB/T 1346		GB/T 1346 GB/T 750	GB/T 17671	GB 176				

注:①当买方有特殊要求时,由买卖双方协商确定。
②当有更低要求时,买卖双方协商确定。

(五)通用硅酸盐水泥的性质和应用

1.硅酸盐水泥的性质和应用

1)凝结时间短、早期强度及后期强度高

适用于有早强要求的混凝土,冬季施工混凝土,地上地下重要结构的高强混凝土和预应力混凝土。

2)水化放热集中,水化热高

硅酸盐水泥熟料中含有大量的硅酸三钙和较多的铝酸三钙,在水泥水化时放热速度快且放热量大,因而不宜用于大体积混凝土工程,但可用于低温季节或冬季施工。

3)抗冻性好

硅酸盐水泥采用合适的配合比和充分养护后,可获得低孔隙率的水泥石,并有足够的强度,而且其拌合物不易发生泌水,因此有优良的抗冻性。适用于严寒水位升降范围内遭受反复冻融的混凝土工程。

4) 耐腐蚀性差

硅酸盐水泥的水化产物中含有较多的氢氧化钙和水化铝酸钙,耐软水和化学侵蚀性能较差,不宜用于经常与流动淡水或硫酸盐等腐蚀介质接触的工程,也不适用于经常与海水、矿物水等腐蚀介质接触的工程。

5) 耐热性差(≥250℃)

水泥石中的一些重要组分在高温下会发生脱水或分解,使水泥石强度下降以至破坏。当温度较高(≥250℃)且受热时间较长时,水泥中的水化产物氢氧化钙分解为氧化钙,如再遇到潮湿的环境时,氧化钙熟化体积膨胀,使混凝土遭到破坏,可用于一般受热(<250℃)的工程。

6) 抗碳化性能好

水泥石中氢氧化钙与空气中 CO_2 反应生成碳酸钙的过程称为碳化,碳化会使水泥石内部碱度降低,产生微裂纹,对于钢筋混凝土还会导致钢筋锈蚀。由于硅酸盐水泥水化产物中氢氧化钙较多,浓度较大,即使发生碳化作用,氢氧化钙的浓度降低不明显。适用于空气中 CO_2 浓度较高的环境,如铸造车间。

7) 干缩小

硅酸盐水泥在硬化过程中,形成大量的水化硅酸钙凝胶体,使水泥石密实,游离水分少,不易产生干缩裂纹,可用于干燥环境中的混凝土工程。

8) 耐磨性好

硅酸盐水泥强度高,耐磨性好,可用于路面与机场跑道等混凝土工程。

2. 普通硅酸盐水泥的性质和应用

普通硅酸盐水泥与硅酸盐水泥性能相近,也具有凝结时间短、快硬早强高强、抗冻、耐磨、耐热、水化放热集中、水化热较大、抗硫酸盐侵蚀能力较差的性能特点;相比硅酸盐水泥,早期强度增进率稍有降低,抗冻性和耐磨性稍有下降,抗硫酸盐侵蚀能力有所增强。

普通硅酸盐水泥可用于任何无特殊要求的工程。一般不适用于受热工程、道路、低温下施工工程、大体积混凝土工程和地下工程,特别是有化学侵蚀的工程。

3. 混合水泥的性质和应用

(1) 矿渣硅酸盐水泥具有需水性小、早期强度低后期增长大、水化热低、抗硫酸盐侵蚀能力强、受热性好的优点,也具有保水性和抗冻性差的缺点。

矿渣硅酸盐水泥可用于无特殊要求的一般结构工程,适用于地下、水利和大体积等混凝土工程,在蒸汽养护构件施工中可优先采用矿渣硅酸盐水泥;不宜用于需要早强和受冻融循环、干湿交替的工程中。

(2) 火山灰质硅酸盐水泥具有较强的抗硫酸盐侵蚀能力、保水性好和水化热低的优点,也具有需水量大、低温凝结慢、干缩性大、抗冻性差的缺点。

(3) 粉煤灰硅酸盐水泥具有与火山灰质硅酸盐水泥相近的性能,相比火山灰质硅酸盐水泥,其具有需水量小、干缩性小的特点。

火山灰质硅酸盐水泥和粉煤灰硅酸盐水泥可用于一般无特殊要求的结构工程,适用于地下、水利和大体积等混凝土工程;不宜用于冻融循环、干湿交替的工程。

(4) 复合硅酸盐水泥除了具有矿渣硅酸盐水泥、火山灰质硅酸盐水泥、粉煤灰硅酸盐水泥所具有的水化热低、耐蚀性好、韧性好的优点外,能通过混合材料的复掺优化水泥的性能,如改善保水性、降低需水量、减少干燥收缩、适宜的早期和后期强度发展。

复合硅酸盐水泥可用于无特殊要求的一般结构工程,适用于地下、水利和大体积等混凝土工程,特别是有化学侵蚀的工程;不宜用于需要早强和受冻融循环、干湿交替的工程中。

硅酸盐水泥、普通硅酸盐水泥、矿渣硅酸盐水泥、火山灰质硅酸盐水泥、粉煤灰硅酸盐水泥5种水泥是目前建筑工程中应用最广的品种,现将5种水泥的主要特性及适用范围列于表3-12中。

5种通用水泥的主要特性与适用范围 表3-12

名称		硅酸盐水泥		普通硅酸盐水泥	矿渣硅酸盐水泥	火山灰质硅酸盐水泥	粉煤灰硅酸盐水泥
简称		硅酸盐水泥		普通水泥	矿渣水泥	火山灰水泥	粉煤灰水泥
		Ⅰ型	Ⅱ型				
代号		P·Ⅰ	P·Ⅱ	P·O	P·S·A、P·S·B	P·P	P·F
密度(g/cm^3)		3.00~3.15		3.00~3.15	2.80~3.10	2.80~3.10	2.80~3.10
堆积密度(kg/m^3)		1000~1600		1000~1600	1000~1200	900~1000	900~1000
特性	1.硬化	快		较快	慢	慢	慢
	2.早期强度	高		较高	低	低	低
	3.水化热	高		高	低	低	低
	4.抗冻性	好		好	差	差	差
	5.耐热性	差		较差	好	差	差
	6.干缩性				较大	较大	较小
	7.抗渗性	较好		较好	差	较好	较好
	8.耐蚀性	较差		较差	较强	除混合材料含氧化铝较多者、抗硫酸盐腐蚀性较弱外,一般较强	
	9.泌水性	较小		较小	明显	小	小
适用条件		1.一般地上工程,无腐蚀、无压力水作用的工程; 2.要求早期强度较高和低温施工无蒸汽养护的工程; 3.有抗冻性要求的工程			1.一般地上、地下和水中工程; 2.有硫酸盐侵蚀的工程; 3.大体积混凝土工程; 4.有耐热性要求的工程; 5.有蒸汽养护的工程	除不适于有耐热性要求的工程外,其他同矿渣水泥	同火山灰水泥
不适用条件		1.大体积混凝土工程; 2.有腐蚀作用和压力水作用的工程			1.要求早期强度的工程; 2.有抗冻性要求的工程	1.与矿渣水泥各项相同; 2.干热地区和耐磨性要求较高的工程	1.与矿渣水泥各项相同; 2.有抗碳化要求的工程

为了便于查阅和选用,根据工程特点及不同环境,通用硅酸盐水泥的选用原则可参考表 3-13。

通用水泥的选用　　　　　　　　表 3-13

工程特点及环境条件	优先选用	可以选用	不宜选用
普通气候环境中	普通硅酸盐水泥、硅酸盐水泥	矿渣硅酸盐水泥、火山灰质硅酸盐水泥、粉煤灰硅酸盐水泥	
干燥环境中	普通硅酸盐水泥、硅酸盐水泥	粉煤灰硅酸盐水泥	矿渣硅酸盐水泥、火山灰质硅酸盐水泥
长期处于水中	矿渣硅酸盐水泥、火山灰质硅酸盐水泥、粉煤灰硅酸盐水泥	普通硅酸盐水泥	硅酸盐水泥
要求快硬、高强 >40	硅酸盐水泥	普通硅酸盐水泥	矿渣硅酸盐水泥、火山灰质硅酸盐水泥、粉煤灰硅酸盐水泥
严寒地区露天或寒冷地区水位升降范围内	普通硅酸盐水泥、硅酸盐水泥	矿渣硅酸盐水泥	火山灰质硅酸盐水泥、粉煤灰硅酸盐水泥
严寒地区水位升降范围内	硅酸盐水泥、普通硅酸盐水泥		矿渣硅酸盐水泥、火山灰质硅酸盐水泥、粉煤灰硅酸盐水泥
要求抗渗	普通硅酸盐水泥、火山灰质硅酸盐水泥、粉煤灰硅酸盐水泥	硅酸盐水泥	矿渣硅酸盐水泥
要求耐磨	硅酸盐水泥、普通硅酸盐水泥	矿渣硅酸盐水泥	火山灰质硅酸盐水泥、粉煤灰硅酸盐水泥
受淡水、硫酸盐侵蚀介质作用	矿渣硅酸盐水泥、粉煤灰硅酸盐水泥、火山灰质硅酸盐水泥		硅酸盐水泥

(六)通用硅酸盐水泥的腐蚀与防治

水泥制品在一般使用条件下,具有较好耐久性,但在某些侵蚀性(液体或气体)介质作用下,强度降低甚至导致建筑物结构破坏,这种现象称为水泥石腐蚀。

1. 腐蚀类型

1)淡水的腐蚀(溶出性侵蚀)

当水泥石受到雪水、冰川水等比较纯净的软水,尤其流动软水作用时,水泥石中的氢氧化钙首先溶解,并被流水带走。氢氧化钙的消失又会引起水化硅酸盐的分解,最后变成无胶结能力的低碱性硅酸盐凝胶、氢氧化铝。这种侵蚀源于氢氧化钙的溶解失去,称为溶出性侵蚀。

硅酸盐水泥水化形成的水泥石中氢氧化钙含量较高，所以溶出性侵蚀尤为严重，而掺入混合材料的水泥，由于水泥石中氢氧化钙含量较少，耐软水侵蚀性有一定程度提高。

2）酸类腐蚀

环境中常存在一些酸类，如碳酸、盐酸、硫酸等，这些酸类会与水泥的水化产物氢氧化钙发生中和反应，生成比氢氧化钙溶解度大的盐类，导致水泥石破坏。

（1）碳酸的侵蚀：雨水、某些泉水及地下水中常含有一些游离的二氧化碳，二氧化碳与水泥石中氢氧化钙反应，生成碳酸钙。最初生成碳酸钙溶解度不大，但继续处于浓度较高的碳酸水中，则碳酸钙又与碳酸水进一步反应，生成碳酸氢钙。碳酸氢钙溶于水而被冲走，这个反应将永远达不到平衡，氢氧化钙将不断地起反应，不断流失，最终导致水泥石结构发生破坏。环境中含游离二氧化碳愈多，其侵蚀性也愈强烈。若水温较高，则侵蚀速度加快。

（2）一般酸的腐蚀：某些地下水或工业废水中常含有游离的酸类，这些酸类能与水泥石中的氢氧化钙起作用，生成相应的钙盐。所生成的钙盐或易溶水或在水泥石孔隙内结晶，体积膨胀，产生破坏作用。例如：盐酸、硫酸与氢氧化钙作用，生成氯化钙易溶于水；生成石膏则在水泥石孔隙内结晶，体积膨胀，导致其结构破坏。

3）盐类腐蚀

（1）硫酸盐的侵蚀：在海水、地下水及盐沼水等矿物水中，常含有大量的硫酸盐类，如硫酸镁、硫酸钠及硫酸钙等，它们对水泥石均有严重的破坏作用。硫酸盐能与水泥石中氢氧化钙起反应，生成石膏，石膏则在水泥石孔隙内结晶，体积膨胀，使其结构破坏。

（2）镁盐腐蚀（双重腐蚀）：海水、地下水及其他矿物水中常有大量的镁盐，主要有硫酸镁及氯化镁。它们会与水泥石中的氢氧化钙起复分解反应，生成石膏引起膨胀，氯化钙易溶于水，而氢氧化镁疏松无胶凝作用，因此镁盐侵蚀又称双重腐蚀。

除上述几种腐蚀介质外，还有强碱、糖、动物脂肪等，也对水泥石有腐蚀作用。实际上，水泥石腐蚀是一个极为复杂的物理化学作用过程，在它遭受的腐蚀环境中，很少是单独一种侵蚀作用，往往是几种同时存在，互相影响。产生水泥石腐蚀的根本原因：外因是构件处于侵蚀性介质的环境，内因是水泥石中存在易被腐蚀的氢氧化钙和水化铝酸钙，以及水泥石本身不密实存在很多毛细孔通道，使侵蚀性介质易于进入其内部。

2. 防治措施

（1）根据腐蚀介质的特点，合理选用水泥品种。

（2）提高水泥石的密实度，降低孔隙率；降低水灰比，选择级配良好的集料；掺入外加剂；改善施工方法等。

（3）敷设耐蚀防护层：根据水泥石处在的腐蚀介质，可在水泥石表面覆盖玻璃、塑料、沥青、耐酸陶瓷等耐腐蚀性较高、不透水的保护层，隔断腐蚀介质与水泥石的接触，保护水泥石不受腐蚀。

四、其他品种水泥

（一）道路硅酸盐水泥

以适当成分的生料烧至部分熔融，所得以硅酸钙为主要成分并含有较多量的铁铝酸钙的硅酸盐水泥熟料称为道路硅酸盐水泥熟料。由道路硅酸盐水泥熟料、0~10%活性混合材料和适量石膏磨细制成的水硬性胶凝材料，称为道路硅酸盐水泥（简称道路水泥）。其分为7.5、8.5两个强度等级，其技术标准见表3-14。

道路硅酸盐水泥技术标准 表3-14

技术标准	细度（比表面积）（m^2/kg）	凝结时间(min)		安定性（沸煮法）	MgO（质量分数）（%）	SO_3（质量分数）（%）	烧失量（质量分数）（%）	碱含量（质量分数）（%）
		初凝	终凝					
指标	300~450	≥90	≤720	必须合格	≤5.0	≤3.5	≤3.0	≤0.60

水泥的等级与各龄期强度(≥,MPa)					
强度等级	抗折强度		抗压强度		
	3d	28d	3d	28d	
7.5	4.0	7.5	21.0	42.5	
8.5	5.0	8.5	26.0	52.5	

道路硅酸盐水泥抗折强度高、耐磨性能好、干缩率小、抗冻性和抗冲击性能好，可以减少混凝土路面的断板、温度裂缝和磨损，降低路面的维修费用，延长道路使用年限。道路硅酸盐水泥适用于公路路面、机场跑道、人流量较多的广场等工程的面层混凝土。

（二）快凝快硬硫铝酸盐水泥

快凝快硬硫铝酸盐水泥是以适当成分的生料，经煅烧制得的以无水硫铝酸钙和硅酸二钙为主要矿物成分的熟料，加入适量石灰石、石膏磨细制成的水硬性胶凝材料。其特点是凝结快、早期强度发展快，简称双快水泥。其强度等级分为32.5、42.5、52.5共三个等级，其技术标准见表3-15。

双快水泥技术标准 表3-15

技术标准	细度（比表面积）（m^2/kg）	凝结时间(min)		CaO（质量分数）（%）	Al_2O_3（质量分数）（%）
		初凝	终凝		
指标	≥400	≥3	≤12	≥45.0	≤2.0

水泥的等级与各龄期强度(≥,MPa)						
强度等级	抗折强度			抗压强度		
	4h	1d	28d	4h	1d	28d
32.5	3.0	5.0	6.0	10	20	32.5
42.5	3.5	5.5	6.5	15	30	42.5
52.5	4.0	6.0	7.0	20	40	52.5

快硬硫铝酸盐水泥适用于建筑工程、土木工程、道路、隧道、水利等工程紧急抢修、堵漏的混凝土工程。

第三节 矿物掺合料

用于改善混凝土耐久性能而加入的、磨细的各种矿物掺合料,又称矿物外加剂。其主要特征是磨细矿物材料,细度比水泥颗粒小,主要用于改善混凝土的耐久性和工作性能,是混凝土的第六组分。常用的矿物掺合料有:粉煤灰、粒化高炉矿渣粉、硅灰等。

一、粉煤灰

粉煤灰是燃煤电厂中磨细煤粉在锅炉中燃烧后从烟道排出、被收尘器收集的物质。粉煤灰作为一种重要而已被普遍利用的混凝土辅料,一般具备改变基准混凝土的新拌、硬化和使用诸性能的能力。粉煤灰的使用已不仅仅是取代水泥、节约能源以及减少环境污染,其已经成为对混凝土改性的一种重要组分。

粉煤灰按煤种分为 F 类和 C 类:F 类粉煤灰指由无烟煤或烟煤煅烧收集的粉煤灰;C 类指由褐煤或次烟煤煅烧收集的粉煤灰,其氧化钙含量一般大于 10%。

粉煤灰分级和质量指标见表 3-16。

粉煤灰分级和质量指标 表 3-16

粉煤灰等级	细度①(45μm 气流筛,筛余量)(%)	烧失量(%)	需水量比(%)	含水率(%)	Cl⁻(%)	SO₃(%)	混合砂浆活性指数	
							7d	28d
Ⅰ	≤12	≤5	≤95	≤1.0	<0.02	≤3	≥80	≥90
Ⅱ	≤25	≤8	≤105	≤1.0	<0.02	≤3	≥75	≥85
Ⅲ	≤45	≤15	≤115	≤1.0	—	≤3	—	—

注:① 45μm 气流筛的筛余量换算为 80μm 水泥筛的筛余量时,换算系数为 1.9~2.4。

(一)粉煤灰的形成

粉煤灰的形成大体分为三个阶段:

1. 第一阶段

粉煤在开始燃烧时,其中气化温度低的挥发分,首先自矿物质与固体碳连接的缝隙间不断逸出,使粉煤变成多孔型炭粒。此时的煤灰,颗粒状态基本保持原煤粉的不规则碎屑状,但因其为多孔型,其比表面积更大。

2. 第二阶段

伴随着多孔型炭粒中的有机质完全燃烧和温度的升高,其中的矿物质也将脱水、分解、氧化变成无机氧化物,此时的煤灰颗粒变成多孔玻璃体,尽管其形态大体上仍维持与多孔型炭粒相同,但比表面积明显小于多孔型炭粒。

3. 第三阶段

随着燃烧的进行,多孔玻璃体逐渐融熔收缩而形成颗粒,其孔隙率不断降低,圆度不断提高,粒径不断变小,最终由多孔玻璃体转变为一密度较高、粒径较小的密实球体,颗粒比表面积下降为最小。不同粒度和密度的灰粒具有显著的化学和矿物学方面的特征差别,小颗粒一般比大颗粒更具玻璃性和化学活性。最后形成的粉煤灰(其中80%~90%为飞灰,10%~20%为炉底灰)是外观相似、颗粒较细而不均匀的复杂多变的多相物质。飞灰是进入烟道气灰尘中最细的部分,炉底灰是分离出来的比较粗的颗粒或是炉渣。

(二) 化学组成

我国火电厂粉煤灰的主要氧化物组成为:SiO_2、Al_2O_3、FeO、Fe_2O_3、CaO、TiO_2、MgO、K_2O、Na_2O、SO_3、MnO_2 等,此外还有 P_2O_5 等。其中氧化硅、氧化钛来自黏土、页岩;氧化铁主要来自黄铁矿;氧化镁和氧化钙来自与其相应的碳酸盐和硫酸盐。

由于煤的灰量变化范围很广,而且这一变化不仅发生在来自世界各地或同一地区不同煤层的煤中,甚至也发生在同一煤矿不同部分的煤中。因此,构成粉煤灰的具体化学成分含量,也因煤的产地、煤的燃烧方式和程度等不同而有所不同。其主要化学组成见表3-17。

我国火电厂粉煤灰化学组成(%) 表3-17

成分	SiO_2	Al_2O_3	Fe_2O_3	CaO	MgO	SO_3	Na_2O	K_2O	烧失量
范围	34.3~65.76	14.59~40.12	1.50~6.22	0.44~16.80	0.20~3.72	0~6.0	0.10~4.23	0.02~2.14	0.63~29.97
均值	50.8	28.1	6.2	3.7	1.2	0.8	1.2	0.6	7.9

粉煤灰的活性主要来自活性 SiO_2(玻璃体 SiO_2)和活性 Al_2O_3(玻璃体 Al_2O_3)在一定碱性条件下的水化作用。因此,粉煤灰中活性 SiO_2、活性 Al_2O_3 和 CaO(游离氧化钙)都是活性的有利成分,硫在粉煤灰中一部分以可溶性石膏($CaSO_4$)的形式存在,它对粉煤灰早期强度的发挥有一定作用,因此,粉煤灰中的硫对粉煤灰活性也是有利组成。粉煤灰中的钙含量在3%左右,它对胶凝体的形成是有利的。粉煤灰中少量的 MgO、K_2O、Na_2O 等生成较多玻璃体,在水化反应中会促进碱硅反应。但 MgO 含量过高时,对安定性带来不利影响。粉煤灰中的未燃炭粒疏松多孔,是一种惰性物质,不仅对粉煤灰的活性有害,而且对粉煤灰的压实也不利。过量的 Fe_2O_3 对粉煤灰的活性也不利。

(三) 粉煤灰的特性

1. 粉煤灰的物理性质

粉煤灰的物理性质包括密度、堆积密度、细度、比表面积、需水量比等。由于粉煤灰的组成波动范围很大,这就决定了其物理性质的差异也很大。粉煤灰的基本物理性质见表3-18。

粉煤灰的物理性质中,细度和粒度是比较重要的项目,直接影响着粉煤灰的其他性质。粉煤灰愈细,细粉占的比重愈大,其活性也愈大。粉煤灰的细度影响早期水化反应,而化学成分影响后期的反应。

粉煤灰的基本物理性质　　　　　　　　　　　　　　　表3-18

指标	密度 (g/cm³)	堆积密度 (g/cm³)	比表面积(cm²/g)		原灰标准稠度 (%)	需水量比 (%)	28d抗压强度比(%)
			氮吸附法	透气法			
项目范围	1.9~2.9	0.531~1.261	800~19500	1180~6530	27.3~66.7	89~130	37~85
均值	2.1	0.780	3400	3300	48.0	106	66

2. 粉煤灰的化学性质

粉煤灰是一种人工火山灰质混合材料,它本身略有或没有水硬胶凝性能,但当以粉末状及水存在时,能在常温,特别是在水热处理(蒸汽养护)条件下,与氢氧化钙或其他氢氧化物发生化学反应,生成具有水硬胶凝性能的化合物,成为一种增加强度和耐久性的材料。

(四)粉煤灰的应用

粉煤灰主要用来生产粉煤灰水泥、粉煤灰砖、粉煤灰硅酸盐砌块、粉煤灰加气混凝土及其他建筑材料,还可用作农业肥料和土壤改良剂,回收工业原料和作环保材料。

1. 粉煤灰在水泥工业和混凝土工程中的应用

粉煤灰代替黏土原料生产水泥,由硅酸盐水泥熟料和粉煤灰加入适量石膏磨细制成水硬性胶凝材料。水泥工业采用粉煤灰配料可利用其中的未燃尽炭;粉煤灰可作水泥混合材料;粉煤灰可生产低温合成水泥,生产原理是将配合料先蒸汽养护生成水化物,然后经脱水和低温固相反应形成水泥矿物;粉煤灰可制作无熟料水泥,包括石灰粉煤灰水泥和纯粉煤灰水泥。石灰粉煤灰水泥是将干燥的粉煤灰掺入10%~30%的生石灰或消石灰和少量石膏混合粉末,或分别磨细后再混合,均匀制成的水硬性胶凝材料。

《用于水泥和混凝土中的粉煤灰》(GB/T 1596—2017)中规定:粉煤灰作为活性混合材料应符合表3-19技术要求。

水泥活性混合材料用粉煤灰技术要求　　　　　　　　　　　表3-19

项目			技术要求
烧失量(%)	≤	F类粉煤灰	8.0
		C类粉煤灰	
含水率(%)	≤	F类粉煤灰	1.0
		C类粉煤灰	
三氧化硫质量分数(%)	≤	F类粉煤灰	3.5
		C类粉煤灰	
游离氧化钙质量分数(%)	≤	F类粉煤灰	1.0
		C类粉煤灰	4.0
二氧化硅、三氧化二铝和三氧化二铁总质量分数(%)	≥	F类粉煤灰	70.0
		C类粉煤灰	50.0
密度(g/cm³)	≤	F类粉煤灰	2.6
		C类粉煤灰	

续上表

项目		技术要求
安定性(雷氏法)(mm) ≤	C类粉煤灰	5.0
强度活性指数(%) ≥	F类粉煤灰	70.0
	C类粉煤灰	

2. 粉煤灰作砂浆或混凝土的掺合料

在混凝土中掺加粉煤灰代替部分水泥或细集料,不仅能降低成本,而且减少了用水量,能提高混凝土的工作性;增强混凝土的可泵性;提高抗硫酸盐性能、耐化学侵蚀性能、抗渗性等耐久性;降低水化热、热能膨胀性,改善混凝土的耐高温性能,减轻颗粒分离和析水现象,减少混凝土的收缩和开裂以及抑制杂散电流对混凝土中钢筋的腐蚀;增加混凝土的装饰性。

拌制混凝土和砂浆用粉煤灰分为三个等级,适用范围如下:

Ⅰ级粉煤灰,适用于有抗冻、防腐蚀等要求的钢筋混凝土和预应力混凝土结构和构件。

Ⅱ级粉煤灰,适用于钢筋混凝土和素混凝土结构。不宜用于预应力混凝土结构或构件。对于有抗冻、防腐蚀等耐久性要求的混凝土,采用的Ⅱ级灰需水量比不宜大于100%。

Ⅲ级粉煤灰,可用于强度等级C20以下的素混凝土结构、贫混凝土基层、水泥粉煤灰或石灰粉煤灰稳定粒料基层等,不得用于强度等级C20及其以上的素混凝土、钢筋混凝土及预应力混凝土结构。

《用于水泥和混凝土中的粉煤灰》(GB/T 1596—2017)中规定:拌制混凝土和砂浆用粉煤灰应符合表3-20的技术要求。

拌制混凝土和砂浆用粉煤灰技术要求　　表3-20

项目		技术要求		
		Ⅰ级	Ⅱ级	Ⅲ级
细度(45μm方孔筛筛余)(%) ≤	F类粉煤灰	12.0	25.0	45.0
	C类粉煤灰			
需水量比(%) ≤	F类粉煤灰	95	105	115
	C类粉煤灰			
烧失量(%) ≤	F类粉煤灰	1.0		
	C类粉煤灰			
含水率(%) ≤	F类粉煤灰	3.0		
	C类粉煤灰			
三氧化硫质量分数(%) ≤	F类粉煤灰	1.0		
	C类粉煤灰			
游离氧化钙质量分数(%) ≤	F类粉煤灰	4.0		
	C类粉煤灰			
二氧化硅、三氧化二铝和三氧化二铁总质量分数(%) ≥	F类粉煤灰	70.0		
	C类粉煤灰	50.0		

续上表

项目		技术要求		
		Ⅰ级	Ⅱ级	Ⅲ级
密度(g/cm³) ≤	F类粉煤灰	2.6		
	C类粉煤灰			
安定性(雷氏法)(mm) ≤	C类粉煤灰	5.0		
强度活性指数(%) ≥	F类粉煤灰	70.0		
	C类粉煤灰			

3. 粉煤灰在建筑制品中的应用

蒸制粉煤灰砖:以火电厂粉煤灰和生石灰或其他碱性激发剂为主要原料,也可掺入适量的石膏,并加入一定量的煤渣或水淬矿渣等集料,经过加工、搅拌、消化、轮碾、压制成型、常压或高压蒸汽养护后而形成的一种墙体材料。

烧结粉煤灰砖:以粉煤灰、黏土及其他工业废料为原料,经原料加工、搅拌、成型、干燥、焙烧制成砖。

蒸压生产泡沫粉煤灰保温砖:以粉煤灰为主要原料,加入一定量的石灰和泡沫剂,经过配料、搅拌、烧筑成型和蒸压而成的一种新型保温砖。

粉煤灰硅酸盐砌块:以粉煤灰、石灰、石膏为胶凝材料,煤渣、高炉矿渣等为集料,加水搅拌、振动成型、蒸汽养护而成的墙体材料。

粉煤灰加气混凝土:以粉煤灰为原料,适量加入生石灰、水泥、石膏及铝粉,加水搅拌成浆,注入模具蒸养而成的一种多孔轻质建筑材料。

粉煤灰陶粒:以粉煤灰为主要原料,掺入少量黏结剂和固体燃料,经混合、成球、高温焙烧而制的一种人造轻质骨料。

粉煤灰轻质耐热保温砖:是用粉煤灰、烧石、软质土及木屑进行配料而成,具有保温效率高、耐火度高、热导率小等优点,能减轻炉墙厚度、缩短烧成时间、降低燃料消耗、提高热效率、降低成本。

4. 粉煤灰用作农业肥料和土壤改良剂

粉煤灰具有良好的物理化学性质,能广泛应用于改造重黏土、生土、酸性土和盐碱土,弥补其酸、瘦、板、黏的缺陷,粉煤灰中含有大量可溶性硅钙镁磷等农作物所必需的营养元素,故可作农业肥料用。

5. 回收工业原料

回收煤炭资源,利用浮选法在含煤炭粉煤灰的灰浆水中加入浮选药剂,然后采用气浮技术,使煤粒黏附于气泡上浮与灰渣分离;回收金属物质粉煤灰中含有 Fe_2O_3、Al_2O_3 和大量稀有金属;分选空心微珠,空心微珠质量小、高强度、耐高温和绝缘性好,可以用作塑料的理想填料,用作轻质耐火材料和高效保温材料,用于石油化学工业等。

6. 做环保材料

利用粉煤灰可制造分子筛、絮凝剂和吸附材料等环保材料。

二、粒化高炉矿渣粉

矿渣是在炼铁炉中浮于铁水表面的熔渣,排出时用水急冷,得到粒化高炉矿渣。将粒化高炉矿渣经干燥、磨细达到相当细度且符合相应活性指数的粉末状材料,其活性比粉煤灰高。

(一) 高炉矿渣粉的矿物组成

矿渣主要是由 CaO、SiO_2、Al_2O_3 形成的 C_2AS(黄长石)、CAS_2(钙长石)、CS(假硅灰石) 和 C_2S(硅酸二钙) 4 种矿物组成,其中 C_2AS 和 C_2S 活性较好,CAS_2 和 CS 的活性较差。

(二) 矿渣粉的特性

(1) 具有潜在的水硬性,单独加水可以缓慢水化硬化,化学活性高,在盐类激发下,可提高活性。

(2) 能提高抗化学侵蚀性,后期强度增长率高。

(3) 化学收缩和自收缩较大。

(4) 比粉煤灰抗碳化性能高。

(5) 比表面积超过 $400m^2/kg$ 时不降低混凝土温升,且自收缩随掺量($<75\%$)增加而增大,对开裂敏感。

《用于水泥、砂浆和混凝土中的粒化高炉矿渣粉》(GB/T 18046—2017)规定:用于水泥、砂浆和混凝土中的粒化高炉矿渣粉的技术要求见表 3-21。

用于水泥、砂浆和混凝土中的粒化高炉矿渣粉技术要求　　　　表 3-21

项目		级别		
		S105	S95	S75
密度(g/cm^3)		≥2.8		
比表面积(m^2/kg)		≥500	≥400	≥300
活性指数(%)	7d	≥95	≥75	≥55
	28d	≥105	≥95	≥75
流动度比(%)		≥95		
初凝时间比(%)		≤200		
含水率(质量分数)(%)		≤1.0		
三氧化硫(质量分数)(%)		≤4.0		
氯离子(质量分数)(%)		≤0.06		
烧失量(质量分数)(%)		≤1.0		
不溶物(质量分数)(%)		≤3.0		
玻璃体含量(质量分数)(%)		≥85		
放射性		$I_{Ra}≤1.0$ 且 $I_\gamma≤1.0$		

(三)矿渣粉的作用

(1)与磨制的熟料粉按照一定的比例配制各种等级的矿渣硅酸盐水泥,可提高矿渣粉的掺入量,增加水泥的强度,进而降低水泥生产成本,提高经济效益。

(2)掺入矿渣粉能大幅度提高混凝土的强度,因此可配制高强度混凝土。

(3)可替代10%~40%的水泥配制混凝土,节约水泥用量,降低混凝土的生产成本。同时可有效地抑制碱集料反应,提高混凝土的耐久性。

(4)掺入矿渣粉配制的混凝土,可提高其抗海水侵蚀性能,故适用于海上工程。

(5)掺入矿渣粉配制的混凝土,可显著降低水化热,故适用于建造大体积混凝土工程。

(6)作为添加剂,可制作墙体材料及压力管道等。

(7)掺加矿渣粉可显著增加混凝土的致密度,改善其抗渗性,故可用于喷补工程。

(8)掺加矿渣粉配制的混凝土,可减少其泌水量,提高工作性、可泵性,因此是大型混凝土搅拌站的优选材料。

三、硅灰

硅灰又称硅粉或硅烟灰,是从生产硅铁合金或硅钢等所排放的烟气中收集到的颗粒极细的烟尘,色呈浅灰到深灰。硅灰的颗粒是微细的玻璃球体,部分粒子凝聚成片或球状的粒子。其主要成分是SiO_2(占90%以上),它的活性要比水泥高1~3倍。以10%硅灰等量取代水泥,混凝土强度可提高25%以上。其质量指标见表3-22。

硅灰的质量指标　　　　表3-22

物理性能		化学性能			混合砂浆性能	
比表面积 (m^2/kg)	含水率 (%)	烧失量 (%)	SiO_2 (%)	Cl^- (%)	需水量比 (%)	28d活性指数 (%)
≥15000	≤3	≤6	≥85	≤0.10	≤125	≥115

注:此表来自《高强高性能混凝土用矿物外加剂》(GB/T 18736—2017)。

(一)硅灰的物理化学性能

1. 硅灰外观及化学成分

硅灰外观为灰色粉末,耐火度大于1600℃,密度为200~250kg/m³。硅灰的化学成分见表3-23。

硅灰的化学成分(%)　　　　表3-23

项目	SiO_2	Al_2O_3	Fe_2O_3	MgO	CaO	Na_2O	pH
平均值	75~96	1.0±0.2	0.9±0.3	0.7±0.1	0.3±0.1	1.3±0.2	中性

2. 硅灰的细度

硅灰中细度小于1μm的占80%以上,平均粒径为0.1~0.3μm,比表面积为20~28m²/g。其细度和比表面积为水泥的80~100倍,粉煤灰的50~70倍。

3. 颗粒形态与矿相结构

硅灰在形成过程中,因相变的过程中受表面张力的作用,形成了非结晶相无定形圆球状颗粒,且表面较为光滑,有些则是多个圆球颗粒黏在一起的团聚体。它是一种比表面积很大、活性很高的火山灰物质。掺有硅灰的掺合料,微小的球状体可以起到润滑的作用。

(二) 硅灰的作用

硅灰能够填充水泥颗粒间的孔隙,同时与水化产物生成凝胶体,与碱性材料氧化镁反应生成凝胶体。在水泥基的混凝土、砂浆与耐火材料浇筑料中,掺入适量的硅灰,可起到如下作用:

(1) 显著提高抗压、抗折、抗渗、防腐、抗冲击及耐磨性能。

(2) 具有保水、防止离析、泌水、大幅度降低混凝土泵送阻力的作用。

(3) 显著延长混凝土的使用寿命。特别是在氯盐污染侵蚀、硫酸盐侵蚀、高湿度等恶劣环境下,可使混凝土的耐久性提高一倍甚至数倍。

(4) 大幅度减少喷射混凝土和浇筑料的落地灰,提高单次喷层厚度。

(5) 是高强混凝土的必要成分,已有 C150 混凝土的工程应用。

(6) 具有约 5 倍水泥的功效,在普通混凝土和低水泥浇筑料中应用可降低成本,提高耐久性。

(7) 有效防止发生混凝土碱集料反应。

(8) 提高浇筑型耐火材料的致密性。在与 Al_2O_3 并存时,更易生成凝胶体,使其高温强度及抗热震性增强。

(三) 硅灰的应用

1. 砂浆与混凝土

高层建筑物、海港码头、水库大坝、水利、涵闸、铁路、公路、桥梁、地铁、隧道、机场跑道、混凝土路面以及煤矿巷道锚喷加固等。

2. 材料工业

(1) 高档高性能低水泥耐火浇注料及预制件,使用寿命是普通浇筑料的 3 倍,耐火度提高约 100℃,高温强度及抗热震性能都明显改善。已普遍应用于:焦炉、炼铁、炼钢、轧钢、有色金属、玻璃、陶瓷及发电等行业。

(2) 大型铁钩及钢包料、透气砖、涂抹修补料等。

(3) 自流型耐火浇筑材料及干湿法喷射施工应用。

(4) 氧化物结合碳化硅制品(陶瓷窑窑具、隔焰板等)。

(5) 高温型硅酸钙轻质隔热材料。

(6) 高温耐磨材料及制品。

3. 新型墙体材料、饰面材料

例如墙体保温用聚合物砂浆、保温砂浆、界面剂;水泥基聚合物防水材料;轻集料保温节能混凝土及制品;内外墙建筑用腻子粉加工。

4. 其他用途

硅灰还可用作硅酸盐砖原料,生产水玻璃,用作有机化合物的补强材料,在高分子材料中用作填充补强材料。

石灰是一种气硬性胶凝材料,其强度主要来源于 $Ca(OH)_2$ 经碳化形成的 $CaCO_3$ 和 $Ca(OH)_2$ 晶体。石灰主要技术性质是可塑性好、硬化较慢、强度低、硬化时体积收缩大、耐水性差、石灰吸湿性强等。石灰中产生黏结性的有效成分是活性氧化钙和氧化镁,其含量是评价石灰质量的主要指标。

通用硅酸盐水泥一种水硬性胶凝材料,其熟料由硅酸三钙、硅酸二钙、铝酸三钙和铁铝酸四钙等4种主要矿物组成,4种矿物组成分别决定水泥不同的技术性质。水泥的凝结硬化是一个复杂的物理化学过程,只是人为划分而成。

水泥的主要技术性质有:细度、凝结时间、安定性和强度。

硅酸盐水泥、普通硅酸盐水泥、矿渣硅酸盐水泥、粉煤灰硅酸盐水泥、火山灰质硅酸盐水泥和复合硅酸盐水泥,统称为通用硅酸盐水泥。它们根据各自掺入的混合材料不同,分别具有不同的共性和个性及其适用范围。

矿物掺合料主要介绍了粉煤灰、高炉矿渣粉、硅灰,从三种矿物掺合料的组成、性能和应用分别进行阐述。

复习思考题

第三章 题库

第四章 普通混凝土与砂浆
CHAPTER FOUR

 引言

混凝土是一种充满生命力的建筑材料,它具有原料丰富,价格低廉,生产工艺简单的特点,因而使用量越来越大。混凝土可以追溯到古老的年代,其所用的胶凝材料为黏土、石灰、石膏、火山灰等。自法国工程师艾纳比克 1867 年在巴黎博览会上看到莫尼尔用铁丝网和混凝土制作的花盆、浴盆和水箱后,受到启发,于是设法把这种材料应用于房屋建筑上。1879 年,他开始制造钢筋混凝土楼板,以后发展为整套建筑使用由钢筋箍和纵向杆加固的混凝土结构梁。仅几年后,他在巴黎建造公寓大楼时采用了经过改善迄今仍普遍使用的钢筋混凝土主柱、横梁和楼板。1895—1900 年,法国用钢筋混凝土建成了第一批桥梁和人行道,此致钢筋混凝土开始成为改变这个世界景观的重要材料。

 知识目标

1. 了解普通混凝土各种组成材料的品种、技术要求以及对混凝土性能的影响;
2. 掌握新拌混凝土的工作性及其测定方法、影响因素、改善工作性的措施;
3. 了解混凝土的变形,理解混凝土耐久性及其影响因素,掌握硬化后混凝土的力学性质、力学性质的影响因素及提高混凝土强度的措施;
4. 熟练掌握普通混凝土的配合比设计方法;
5. 了解其他功能混凝土的特性及应用;
6. 了解砂浆的材料组成,掌握砂浆的技术性质及和易性的检测方法,了解其配合比设计方法。

 能力目标

1. 能正确地选择配制普通混凝土所用的原材料;
2. 能独立完成普通混凝土配合比设计;
3. 能根据工程实际的要求配制砂浆;
4. 能依据现行标准规定的试验方法检测混凝土的技术性质。

混凝土材料已成为现代社会文明的物质基础,在日常生活中,几乎随时随地可以见到混凝土。例如:住宅、办公楼、道路、机场跑道、地铁、水库大坝、桥梁等。目前全世界混凝土的产量已超过 30 亿 m^3,混凝土是当今社会使用量最大的建筑材料。

现代混凝土是指由胶凝材料、粗细集料、水等材料按适当的比例配合,拌和制成的混合物,经一定时间后凝结硬化而成的坚硬固体,最常见的是以水泥为主要胶凝材料的普通混凝土,即以胶凝材料、水和粗、细集料为基本组成材料,根据需要掺入化学外加剂按适当比例配合、拌制成具有可塑性、流动性的浆体,浇筑到模板中去,经过一定时间凝结硬化成为具有固定形状和较高强度的人工石材。

混凝土材料具有其他材料无法比拟的许多优点,因此在过去的 100 多年时间里,成为建筑业使用量最大的建筑材料。主要优点:①材料来源广泛,造价低廉,砂石等地方性材料占 80% 左右,可以就地取材,价格便宜。②可塑性好,混凝土材料利用模板可以浇筑成任意形状、尺寸的构件或整体结构。③抗压强度较高,有一定的承载能力,可根据需要配制不同强度的混凝土。④与钢材的黏结能力强,可复合制成钢筋混凝土,利用钢材抗拉强度的优势弥补混凝土的脆性弱点,利用混凝土的碱性,保护钢材不生锈。⑤具有良好的耐久性,用得愈久,强度愈高。木材易腐朽,钢材易生锈,而混凝土在自然环境下使用,其耐久性比木材和钢材优越得多。⑥耐火性好,养护费用极少,在高温下几小时仍然保持强度。

尽管混凝土材料存在许多优点,但也存在一些不可克服的缺点。如:抗拉强度低,拉压比只有 1/20 ~ 1/10;由于干缩,易出现裂缝;施工日期长,混凝土的硬化速度较慢;自重较大,其比强度只有钢材的一半;结构拆除比较困难等。

按照不同的条件,混凝土有很多种分类方式:

1. 按表观密度大小分类

(1)普通混凝土:2000 ~ 2800kg/m^3,由普通天然砂、石为集料和胶凝材料配制而成,是目前工程中常用的承重结构材料。

(2)轻混凝土:小于 1900kg/m^3,轻骨料混凝土、无砂大孔和多孔混凝土,用于保温结构。

(3)重混凝土:2600 ~ 3200kg/m^3,采用高密度集料(如重晶石、铁矿石、钢屑等)或同时采用重水泥(如钡水泥、锶水泥)及矿物掺合料制成,主要用于辐射屏蔽方面。

2. 按抗压强度分类

(1)低强度混凝土:强度等级小于 30MPa 的混凝土。

(2)中强度混凝土:强度等级为 30 ~ 60MPa 的混凝土。

(3)高强度混凝土:强度等级大于 60MPa 的混凝土。

3. 按流动性分类

(1)干硬性混凝土:坍落度小于 10mm 的混凝土。

(2)塑性混凝土:坍落度为 10 ~ 90mm 的混凝土。

(3)低流动性混凝土:坍落度为 100 ~ 150mm 的混凝土。

(4)大流动性混凝土:坍落度大于 160mm 的混凝土。

4. 按使用性能分类

抗渗性混凝土、抗冻性混凝土、大体积混凝土、高强混凝土、泵送混凝土等。

第一节　普通混凝土

一、普通混凝土组成材料

普通混凝土是由以水泥为主要胶凝材料掺入适量水、砂、石集料配制而成,石起着骨架的作用,砂填充石子间的空隙。胶凝材料和水组成胶浆,填充集料间的空隙,并包裹在集料的表面,其在混凝土硬化前,在砂石间起润滑作用,赋予拌合物流动性,便于施工;在硬化后起胶结作用,将砂石黏结成具有一定强度的整体,使混凝土产生强度,成为人造石材。混凝土组成材料的大致比例见表4-1。

混凝土组成及各组分材料绝对体积比　　　　　表4-1

组成成分	胶凝材料	水	砂	石	空气
占混凝土总体积的百分率（%）	10~15	15~20	20~33	35~48	1~3
	22~35		66~78		1~3
作用	硬化前——润滑 硬化后——胶结		填充空隙	骨架	

（一）胶凝材料

混凝土中的胶凝材料以水泥为主,并掺入不同品种和不同掺量的矿物掺合料。

1. 水泥

水泥是混凝土中很重要的成分,混凝土的性能很大程度上取决于水泥的质量和数量,在保证混凝土性能的前提下,应尽量节约水泥,降低工程造价。水泥的技术性质要求详见第三章,本节仅讨论如何选用。对于水泥的合理选用从两个方面入手。

1）水泥品种的选择

配制混凝土时,应根据混凝土工程性质、结构部位、施工条件、环境状况等,按各品种水泥的特性作出合理的选择。一般可采用通用硅酸盐水泥的六大品种,必要时也可采用道路水泥或其他水泥,在满足工程质量的前提下,应选用价格较低的水泥品种,以节约工程造价。

2）水泥强度等级的选择

水泥强度等级的选择要与配制的混凝土抗压强度相适应,配制低强度混凝土时,水泥强度等级通常为混凝土强度等级的1.5~2.0倍;配制高强度混凝土时,水泥强度等级通常为混凝土强度等级的0.9~1.5倍。

当选择的水泥强度等级过高时,从强度考虑,只需少量水泥就可以满足设计要求,这样水泥浆数较少,包裹集料不好,影响混凝土的工作性和耐久性。如果为了满足拌合物的工作性和耐久性,就必须多加水泥,这样往往又产生超强现象,同时也不经济。当选择的水泥强度等级过低时,为满足强度要求必须使水泥用量过多,这不但不经济,而且降低了混凝土的一些技术品质,如容易引起干裂,同时由于水灰比较小,而造成混凝土过于干硬,不易捣实,施工困难,使混凝土质量不能得到保证。

2. 矿物掺合料

混凝土矿物掺合料主要有粉煤灰、矿渣、火山灰、硅灰等。掺合料在混凝土中的作用:

(1)掺合料可代替部分水泥,成本低廉,经济效益显著。

(2)增大混凝土的后期强度。矿物掺合料中含有活性的 SiO_2 和 Al_2O_3,与水泥中的石膏及水泥水化生成的 $Ca(OH)_2$ 反应,生成 C-S-H 和 C-A-H、水化硫铝酸钙,提高了混凝土的后期强度。但是值得提出的是,除硅灰外的矿物掺合料,混凝土的早期强度随着掺量的增加而降低。

(3)改善新拌混凝土的工作性。混凝土流动性提高后,很容易使混凝土产生离析和泌水,掺入矿物掺合料后,混凝土具有很好的黏聚性。像粉煤灰等需水量小的掺合料还可以降低混凝土的水胶比,提高混凝土的耐久性。

(4)降低混凝土温升。水泥水化产生热量,而混凝土又是热的不良导体,在大体积混凝土施工中,混凝土内部温度可达到 50~70℃,比外部温度高,产生温度应力,混凝土内部体积膨胀,而外部混凝土随着气温降低而收缩。内部膨胀和外部收缩使得混凝土中产生很大的拉应力,导致混凝土产生裂缝。掺合料的加入,减少了水泥的用量,就进一步降低了水泥的水化热,降低混凝土温升。

(5)抑制碱集料反应。试验证明,矿物掺合料掺量较大时,可以有效地抑制碱集料反应。内掺 30% 的低钙粉煤灰能有效地抑制碱硅反应的有害膨胀,利用矿渣抑制碱集料反应,其掺量宜超过 40%。

(6)提高混凝土的耐久性。混凝土的耐久性与水泥水化产生的 $Ca(OH)_2$ 密切相关,矿物掺合料和 $Ca(OH)_2$ 发生化学反应,降低了混凝土中的 $Ca(OH)_2$ 含量;同时减少混凝土中大的毛细孔,优化混凝土孔结构,使混凝土结构更加致密,提高了混凝土的抗冻性、抗渗性、抗硫酸盐侵蚀等耐久性能。

(7)不同矿物掺合料复合使用的"超叠效应"。不同矿物掺合料在混凝土中的作用有各自的特点,例如矿渣、火山灰活性较高,有利于提高混凝土强度,但自干燥收缩大;掺优质粉煤灰的混凝土需水量小,且自干燥收缩和干燥收缩都很小,在低水胶比下可保证较好的抗碳化性能。

矿物掺合料在混凝土中的掺量应通过试验确定,钢筋混凝土、预应力钢筋混凝土中矿物掺合料最大掺量宜符合《普通混凝土配合比设计规程》(JGJ 55—2011)规定,见表 4-2、表 4-3。对基础大体积混凝土,粉煤灰、粒化高炉矿渣粉和复合掺合料最大掺量可增加 5%。采用掺量大于 30% 的 C 类粉煤灰的混凝土应以实际使用的水泥和粉煤灰掺量进行安定性检验。

3. 混凝土中胶凝材料的用量

混凝土中胶凝材料的用量,应加以控制。除配制 C15 及其以下强度等级的混凝土外,混凝土的最小胶凝材料用量应符合《普通混凝土配合比设计规程》(JGJ 55—2011)规定,具体见表 4-4。

钢筋混凝土中矿物掺合料最大掺量　　　　　　　　　　　　　　　　　　　　表 4-2

矿物掺合料种类	水胶比	最大掺量(%)	
		硅酸盐水泥	普通硅酸盐水泥
粉煤灰	≤0.40	45	35
	>0.40	40	30
粒化高炉矿渣粉	≤0.40	65	55
	>0.40	55	45
钢渣粉	—	30	20
磷渣粉	—	30	20
硅灰	—	10	10
复合掺合料	≤0.40	65	55
	>0.40	55	45

注:1.采用其他通用硅酸盐水泥时,宜将水泥混合材掺量20%以上的混合材量计入矿物掺合料。
　　2.复合掺合料各组分的掺量不宜超过单掺时的最大掺量。
　　3.在混合使用两种或两种以上矿物掺合料时,矿物掺合料总掺量应符合表中复合掺合料的规定。

预应力钢筋混凝土中矿物掺合料最大掺量　　　　　　　　　　　　　　　　表 4-3

矿物掺合料种类	水胶比	最大掺量(%)	
		硅酸盐水泥	普通硅酸盐水泥
粉煤灰	≤0.40	35	30
	>0.40	25	20
粒化高炉矿渣粉	≤0.40	55	45
	>0.40	45	35
钢渣粉	—	20	10
磷渣粉	—	20	10
硅灰	—	10	10
复合掺合料	≤0.40	55	45
	>0.40	45	35

注:1.采用其他通用硅酸盐水泥时,宜将水泥混合材掺量20%以上的混合材量计入矿物掺合料。
　　2.复合掺合料各组分的掺量不宜超过单掺时的最大掺量。
　　3.在混合使用两种或两种以上矿物掺合料时,矿物掺合料总掺量应符合表中复合掺合料的规定。

混凝土的最小胶凝材料用量　　　　　　　　　　　　　　　　　　　　　　表 4-4

最大水胶比	最小胶凝材料用量(kg/m^3)		
	素混凝土	钢筋混凝土	预应力混凝土
0.60	250	280	300

续上表

最大水胶比	最小胶凝材料用量（kg/m³）		
	素混凝土	钢筋混凝土	预应力混凝土
0.55	280	300	300
0.50	320		
≤0.45	330		

（二）细集料

混凝土用细集料一般应采用粒径小于4.75mm的级配良好、质地坚硬、颗粒洁净的天然砂，也可使用加工的机制砂。一般混凝土工程上多使用天然砂中的河砂，如山砂和海砂，并按技术要求进行检验。混凝土配制时对细集料有如下技术要求。

1. 有害杂质含量

集料中含有妨碍胶凝材料水化或能降低集料与凝胶体黏附性，以及能与胶凝材料水化产物产生不良化学反应的各种物质，称为有害杂质。砂中常含有的有害杂质，主要有云母、泥块、淤泥、轻物质、有机物、硫化物及硫酸盐等，这些杂质都对混凝土的性能有不利影响。

含泥量指天然砂中粒径小于0.075mm的颗粒含量；石粉含量指机制砂中粒径小于0.075mm的颗粒含量；泥块含量指原颗粒粒径大于1.18mm，经水洗、手捏后可破碎成小于0.6mm的颗粒含量。集料中的泥颗粒极细，会黏附在集料表面，影响水泥石与集料之间的胶结能力，而泥块会在混凝土中形成薄弱部分，对混凝土的质量影响更大，因此集料中泥和泥块含量必须严加限制，具体规定见表4-5。

砂不应混有草根、树叶、树枝、塑料、煤块、炉渣等杂物，这些杂质都能在不同程度上影响混凝土的强度。砂中如含有云母、轻物质、有机物硫化物及硫酸盐等，其含量应符合表4-5的规定。

细集料的技术要求 表4-5

技术指标				技术要求		
				Ⅰ类	Ⅱ类	Ⅲ类
机制砂[①]	压碎指标(%)		≤	20	25	30
	亚甲蓝试验(MB) ≤	MB≤0.5		15.0	—	—
		0.5＜MB≤1.0		10.0	—	—
		MB≤1.0		—	15.0	—
		1.0＜MB≤1.4 或快速试验合格		5.0	10.0	15.0
		MB值＞1.40 或快速试验不合格		1.0[②]	3.0[②]	5.0[②]
天然砂含泥量(%)			≤	1.0	3.0	5.0
泥块含量(%)			≤	0.2	1.0	2.0
有害杂质含量(%)	云母含量		≤	1.0	2.0	2.0
	轻物质含量		≤	1.0	1.0	1.0
	有机物(比色法)			合格	合格	合格

续上表

技术指标			技术要求		
			Ⅰ类	Ⅱ类	Ⅲ类
有害杂质含量(%)	硫化物及硫酸盐(按 SO_3 质量计)	≤	0.5	0.5	0.5
	氯化物(以氯离子质量计)	≤	0.01	0.02	0.06[③]
坚固性(质量损失)(%)		≤	8	8	10
密度及空隙率			表观密度≥2500kg/m³;松散堆积密度≥1400kg/m³;空隙率≤44%		

注:①砂浆用砂的石粉含量不做限制。

②根据使用环境和用途,经试验验证,由供需双方协商确定,Ⅰ类砂石粉含量可放宽至不大于3.0%,Ⅱ类砂石粉含量可放宽至不大于5.0%,Ⅲ类砂石粉含量可放宽至不大于7.0%。

③对于钢筋混凝土用净化处理的海砂,其氯化物含量应小于或等于0.02%。

1. Ⅰ类宜用于强度等级大于 C60 的混凝土。
2. Ⅱ类宜用于强度等级 C30~C60 及抗冻、抗渗或有其他要求的混凝土。
3. Ⅲ类宜用于强度等级小于 C30 的混凝土。

2. 压碎值和坚固性

混凝土中所用细集料也应具备一定的强度和坚固性。机制砂进行压碎值测定,天然砂采用硫酸钠溶液进行坚固性试验,5 次循环后测其质量损失。技术要求见表 4-5。

3. 粗细程度与颗粒级配

砂的粗细程度是指不同粒径的砂粒,混合在一起后的总体粗细程度,通常有粗砂、中砂、细砂之分。在相同用量条件下,细砂的总表面积较大,而粗砂的总表面积较小,在混凝土中砂子的表面需要由胶浆包裹,砂子的总表面积愈大,则需要包裹砂粒表面的胶浆就愈多,因此一般用粗砂拌制混凝土比用细砂所需胶浆更为节省。

砂的颗粒级配,即表示砂中大小颗粒的搭配情况。在混凝土中砂粒之间的空隙是由胶浆所填充,为达到节约胶凝材料和提高强度的目的,就应尽量减小砂粒之间的空隙,即必须有大小不同的颗粒搭配。当砂中含有较多的粗粒径砂,并以适当的中粒径砂及少量细粒径砂填充其空隙,则可达到空隙及总表面积均较小,这样的砂比较理想,不仅胶浆用量较少,而且还可提高混凝土的密实度与强度。

混凝土用砂的级配根据《建设用砂》(GB/T 14684—2022)中的规定划分为三个级配区:1 区、2 区、3 区,砂的级配应符合表 4-6 规定。

砂的级配范围　　　　表 4-6

砂的分类	天然砂			机制砂、混合砂		
级配区	1 区	2 区	3 区	1 区	2 区	3 区
方孔筛(mm)	累计筛余(%)					
4.75	10~0	10~0	10~0	5~0	5~0	5~0
2.36	35~5	25~0	15~0	35~5	25~0	15~0

续上表

方孔筛(mm)	累计筛余(%)					
1.18	65~35	50~10	25~0	65~35	50~10	25~0
0.6	85~71	70~41	40~16	85~71	70~41	40~16
0.3	95~80	92~70	85~55	95~80	92~70	85~55
0.15	100~90	100~90	100~90	97~85	94~80	94~75

注：实际颗粒级配与表中所列数字相比，除 4.75mm 和 0.6mm 筛孔外，可以略有超出，但各级累计筛余超出值总和应不大于5%。

在配制混凝土时优先选用2区砂，2区砂是由中砂和一部分偏粗细砂组成。1区砂属于粗砂范围，用1区砂配制混凝土，采用较2区砂较大砂率，并保持足够的胶凝材料用量，以满足混凝土的工作性，否则新拌混凝土的内摩擦阻力较大，保水性差，不易捣实成型。3区砂是由细砂和一部分偏细中砂组成，用其配制混凝土应采用较2区较小砂率。因用3区砂配制成的混凝土黏性略大，比较细软，易振捣成型，且级配细，比表面积大，对新拌混凝土的工作性影响比较敏感。

4. 砂的含水状态

砂的含水状态有4种。

(1)绝干状态：砂粒内外不含任何水，通常在(105±5)℃条件下烘干而得。

(2)气干状态：砂粒表面干燥，孔隙中部分含水，指室内或室外空气平衡的含水状态，其含水率的大小与空气温度和相对湿度密切相关。

(3)饱和面干状态：砂粒表面干燥，孔隙全部吸水饱和。

(4)湿润状态：砂粒吸水饱和，表面还含有部分表面水。施工现场，特别是雨后常出现此种状态。拌和混凝土时，计量砂用量要扣除砂中的含水率，同样计量水用量时要扣除砂中带入的水量。

工程实例

某混凝土拌合站所用砂为河砂，细度模数为2.50，设计中采用砂率为35%，测得混凝土工作性及强度均满足设计要求。可由于工程变更，混凝土工程量增加，原砂场的产量不能满足工程需求，故需到新增的一处砂场采购砂子。对来自新增砂场的砂进行试验检测，结果是其品质满足工程要求，但细度模数为2.0。按原配合比试拌后发现，混凝土变得干硬，坍落度明显减小。

原因分析：新增砂场的砂子，细度模数为2.0，砂子颗粒变细了，导致砂表面积增加，包裹集料的水泥浆层变薄，故而混凝土变得干硬。

处理措施：应适当减小砂率，调整配合比。

(三)粗集料

混凝土中常用的粗集料是指粒径大于4.75mm的碎石和卵石，碎石为岩石经破碎、筛分而得，表面粗糙且带棱角，与水泥石黏结比较牢固。卵石多为自然条件作用下形成的，根据产源可分为河卵石、海卵石及山卵石。混凝土用粗集料技术要求见表4-7。

卵石和碎石技术要求 表4-7

技术指标		技术要求		
		Ⅰ类	Ⅱ类	Ⅲ类
碎石压碎指标(%)	≤	10	20	30
卵石压碎指标(%)	≤	12	14	16
针片状颗粒含量(%)	≤	5	8	15
不规则颗粒含量(%)	≤	10	—	—
卵石含泥量(%)	≤	0.5	1.0	1.5
碎石泥粉含量(%)	≤	0.5	1.5	2.0
泥块含量(%)	≤	0.1	0.2	0.7
有机物含量(比色法)		合格	合格	合格
硫化物及硫酸盐(按SO_3质量计)(%)	≤	0.5	1.0	1.0
坚固性(质量损失)(%)	≤	5	8	12
空隙率(%)	≤	43	45	47
吸水率(%)	≤	1.0	2.0	2.5
岩石抗压强度(MPa)		在饱水状态下,其抗压强度火成岩应不小于80,变质岩应不小于60,沉积岩应不小于45		
表观密度(km/m^3)	≥	2600		
碱集料反应		当需方提出要求时,应出示膨胀率测值及碱活性评定结果		

注:1. Ⅰ类宜用于强度等级大于C60的混凝土。
　　2. Ⅱ类宜用于强度等级C30~C60及抗冻、抗渗或有其他要求的混凝土。
　　3. Ⅲ类宜用于强度等级小于C30的混凝土。

1. 强度

为保证混凝土的强度要求,粗集料必须质地致密、具有足够的强度。碎石强度可采用抗压强度和压碎指标表示。

2. 坚固性

碎石或卵石的坚固性是指在自然风化和其他外界物理化学因素作用下抵抗破裂的能力,用硫酸钠溶液法进行试验,试样经5次循环后,用其质量损失百分率表示。

3. 有害杂质含量

粗集料中常含有一些有害杂质,如黏土、淤泥、细屑、硫酸盐、硫化物和有机杂质。它们的危害作用与在细集料中的相同。

4. 最大粒径及颗粒级配

1) 最大粒径

粗集料中公称粒径是指通过率为90%~100%最小标准筛孔尺寸,其上限称为该粒级的最大粒径。当最大粒径增大时,相同质量的粗集料的总表面积减小,混凝土中包裹粗集料所需胶浆体积减小,即混凝土用水量和胶凝材料用量都可减少,在一定的工作性和胶凝材料用量条件下,石子粒径增大,可因用水量的减小提高混凝土强度。但受到工程结构及施工条件限制,同时石子粒径过大,对运输和搅拌都不方便。

2) 颗粒级配

粗集料级配良好可以减少空隙率,增加密实性,对节约水泥和保证混凝土具有良好的工作性及提高混凝土强度、耐久性有很大益处。

连续级配的集料配制的混凝土,工作性较好,不易发生离析现象,经适当振捣,可获得密实的混凝土体,适合任何流动性的混凝土,尤其大流动性混凝土,是工程上最常用的级配。

间断级配的集料中大粒径颗粒空隙可由小若干倍的小粒径颗粒填充,以降低集料间空隙率,这样也可以配置出密实高强的混凝土,同时也可以节约胶凝材料,但由于其颗粒粒径相差较大,混凝土容易产生离析现象,导致施工困难,因此仅适合于塑性混凝土,而且必须加强振捣。碎石、卵石的颗粒级配规格见表4-8。

5. 颗粒形状及表面特征

粗集料的颗粒形状及表面特征同样会影响其与水泥的黏结及混凝土拌合物的流动性。碎石具有棱角,表面粗糙,与胶浆黏结较好,而卵石多为圆形,表面光滑,与胶浆的黏结较差。在胶凝材料用量和水用量相同的情况下,碎石拌制的混凝土流动性较差,但强度较高,而卵石拌制的混凝土流动性较好,但强度较低。如要求流动性相同,用卵石拌制时用水量可少些,结果强度不一定低。

粗集料的颗粒形状还有属于针状(颗粒长度大于该颗粒平均粒径的2.4倍)和片状(颗粒厚度小于平均粒径的0.4倍)的,这种针片状颗粒过多,使集料空隙增加,不仅使混凝土拌合物工作性变差,而且会使混凝土强度降低。针片状颗粒含量一般应符合表4-7中规定。

6. 碱活性检验

碱集料反应是指混凝土原材料中的碱性物质与活性成分发生化学反应,生成膨胀物质(或吸水膨胀物质)而引起混凝土产生内部自膨胀应力而开裂的现象。由于碱集料反应一般是在混凝土成型后的若干年后逐渐发生,其结果造成混凝土耐久性下降,严重时还会使混凝土丧失使用价值,且由于反应是发生在整个混凝土中,因此,这种反应造成的破坏既难以预防,又难于阻止,更不易修补和挽救,故被称为混凝土的"癌症"。

重要工程用混凝土须进行集料碱活性检验。用岩相法检验确定活性集料的种类和数量,用砂浆长度法检验集料产生有害反应的可能性。

(四) 混凝土拌和用水

混凝土拌和用水按水源可分为饮用水、地表水、地下水、海水以及经适当处理或处置后的工业废水。在拌制混凝土用水中不得含有影响水泥正常凝结与硬化的有害杂质,如脂肪、糖类等。地表水或地下水首次使用,必须进行适用性检验,合格才能使用。海水可用于拌制素混凝土,严禁用于钢筋混凝土和预应力混凝土,也不宜用于装饰混凝土。《混凝土用水标准》(JGJ 63—2006)规定:混凝土拌和用水的要求见表4-9。

表 4-8 碎石、卵石的颗粒级配规格

级配情况	公称粒径	累计筛余(%) 方孔筛(mm)										
		2.36	4.75	9.5	16	19	26.5	31.5	37.5	53	63	75
连续粒级	5~10	95~100	80~100	0~15	0							
	5~16	95~100	85~100	30~60	0~10	0						
	5~20	95~100	90~100	40~80	—	0~10	0					
	5~25	95~100	90~100	70~90	30~70	—	0~5	0				
	5~31.5	95~100	90~100	70~90	—	15~45	—	0~5	0			
	5~40	—	95~100	70~90	—	30~65	—	—	0~5	0		
单粒级	10~20		95~100	85~100	—	0~15	0					
	16~31.5		95~100		85~100	—	—	0~10	0			
	20~40			95~100		80~100	—	—	0~10	0		
	31.5~63				95~100		—	75~100	45~75	—	0~10	0
	40~80					95~100		—	70~100	—	30~60	0~10

混凝土拌和用水水质要求 表4-9

项目		素混凝土	钢筋混凝土	预应力混凝土	项目		素混凝土	钢筋混凝土	预应力混凝土
pH 值	≥	4.5	4.5	5.0	氯化物(以 Cl^- 计)(mg/L)	≥	3500	1000	500
不溶物(mg/L)	≤	5000	2000	2000	硫酸盐(以 SO_4^{2-} 计)(mg/L)	≤	2700	2000	600
可溶物(mg/L)	≤	10000	5000	2000	碱含量(mg/L)	≤	1500	1500	1500

注：碱含量按 $Na_2O + 0.658K_2O$ 计算值来表示。采用非碱活性骨料时，可不检验碱含量。

二、普通混凝土的技术性质

混凝土的技术性质，主要包括新拌混凝土的工作性和硬化后混凝土的力学性质和耐久性。

(一)新拌混凝土的工作性(和易性)

混凝土在尚未凝结硬化以前，称为混凝土拌合物，也称新拌混凝土。

1. 概念

新拌混凝土的工作性是指混凝土拌合物易于搅拌、运输、浇捣成型，并获得质量均匀密实的混凝土的一项综合技术性能。通常用流动性、黏聚性和保水性三项内容表示。流动性指混凝土拌合物在自身或机械振捣下，能产生一定流动，且能均匀密实地填满模板的性能。黏聚性是指混凝土拌合物在施工过程中其组成材料之间有一定的黏聚力，不产生分层离析的现象。保水性是指混凝土拌合物在施工过程中具有保持一定水分的能力，不致产生严重泌水现象。

2. 测定方法

目前全世界尚无能够全面反映混凝土工作性的测定方法，通常是通过测定混凝土拌合物的流动性，再辅以其他直观观察或经验综合评定混凝土工作性。《公路工程水泥及水泥混凝土试验规程》(JTG 3420—2020)规定，测定流动性的方法有坍落度试验和维勃稠度试验两种方法。

1)坍落度试验

坍落度试验适用于集料公称最大粒径不大于 31.5mm，坍落度不小于 10mm 的新拌混凝土。测定方法是将搅拌好的混凝土分三层装入坍落筒中，每层插捣 25 次，抹平后垂直提起坍落筒，混凝土则在自重作用下坍落，以坍落高度即筒高与坍落后混凝土试体最高点之间的高度差(单位 mm)为坍落度，用坍落度代表混凝土的流动性(图4-1)，试验方法见试验篇第十一章试验一。

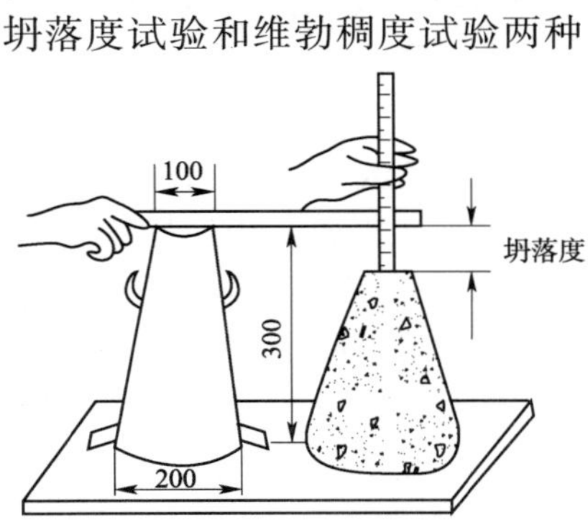

图 4-1 混凝土坍落度试验(尺寸单位：mm)

坍落度值愈大,则混凝土流动性愈大。在试验的同时,必须观察棍度、黏聚性、保水性,以评定其工作性。

当坍落度大于 160mm 时,坍落度不能准确反映混凝土的流动性,用混凝土扩展后的平均直径即坍落扩展度作为流动性的指标。

实际施工时,混凝土拌合物的坍落度要根据构件截面尺寸大小、钢筋疏密和捣实方法来确定,当构件截面尺寸较小、钢筋较密或采用人工捣实时,坍落度可选择大一些,反之若截面较大、钢筋较疏或采用机械振捣,则坍落度可选择小一些。

工程实例

某工程预制梁场在刚投入生产时,发现预制梁外观质量差,混凝土腹板存在蜂窝麻面现象,甚至有大小约 3cm 的空洞存在。

原因分析:经调查,混凝土为 C50 耐久性混凝土,胶凝材料密度为 490kg/m³,含气量达 3.8%,尽管坍落度 100mm,但混凝土依然很黏稠,流动慢;并且预制梁钢筋稠密,间距小,箱梁腹板较高,厚度较薄,在底板与腹板连接部位钢筋布置很密,又布有预应力筋,使得腹板混凝土浇筑时不方便振实;混凝土由顶板经腹板向底板面振捣施工,施工人员操作不熟练,振捣范围分工不明确,未能严格做到对相邻部位交叉振捣,从而发生漏振情况;同时模板清理后存在二次污染,出现脱模剂涂刷不均匀的现象。

处理措施:修补前,先往有麻面的混凝土表面涂刷稀草酸溶液,用刷擦拭,去除油脂,然后用清水冲洗干净,让表面湿透;将同品种水泥砂浆用刮刀大力压入麻点内,即压即刮平,随后按混凝土养护方法进行养护,待砂浆终凝硬化具有一定强度后(一般 24h)再用细砂纸打磨,用水冲去表面粉尘,可使混凝土外表光滑平整,颜色较为一致。对于混凝土外表面出现的蜂窝、较小孔洞,可按麻面处理,孔洞较大时,应先凿除蜂窝状、松散的薄弱部分,用钢丝刷或高压水清除粉尘,将湿棉絮用水浸泡后塞进蜂窝内,使其表面充分湿润,用比设计强度等级高一等级的细石膨胀混凝土压进蜂窝内,如果混凝土不成型,可间隔一段时间分次压进,待压进混凝土稍凝结后,再按麻面处理的方法来修饰外表。

2)维勃稠度试验

维勃稠度试验适用于集料公称最大粒径不超过 31.5mm,维勃稠度为 5 ~ 30s 的干硬性混凝土的稠度测定。

对于干硬或较干稠的新拌混凝土,坍落度试验测不出拌合物稠度变化情况,宜用维勃稠度试验测定流动性。维勃稠度试验采用维勃稠度仪(图 4-2)测定,其方法是:在坍落筒中按规定方法装满拌合物,提起坍落筒后,在拌合物顶面放一透明圆盘,开启振动台,同时用秒表计时,从开始振动到透明圆盘的底面被胶浆布满的瞬间停止,所经历的时间即为该混凝土拌合物的维勃稠度值,精确至1s。维勃稠度值愈小,流动性愈大;维勃稠度值愈大,流动性愈小。

混凝土拌合物流动性按维勃稠度大小,可分为 4 级:超干硬性(≥31s),特干硬性(30 ~ 21s),干硬性(20 ~ 11s),半干硬性(10 ~ 5s)。

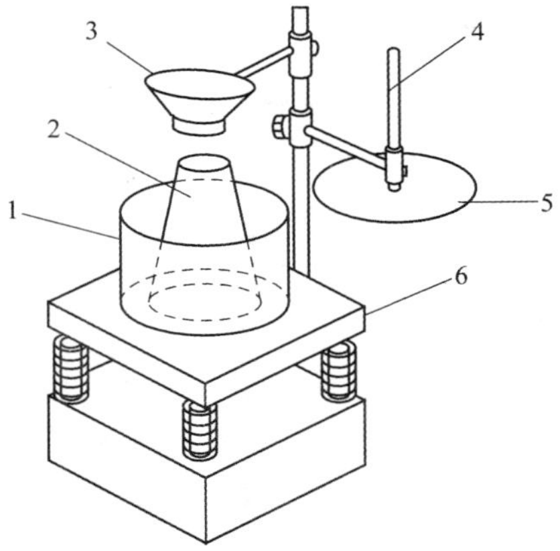

水泥混凝土拌合物的拌和与现场取样方法

水泥混凝土拌合物的和易性

图 4-2　维勃稠度仪

1-圆柱形容器;2-坍落度筒;3-漏斗;4-测杆;5-透明圆盘;6-振动台

3. 影响因素

工作性的影响因素从内因和外因考虑,内因是指组成材料,外因是指环境和时间等。

1）胶浆数量和集浆比

集浆比就是单位混凝土拌合物中,集料绝对体积与胶浆绝对体积之比。胶浆在混凝土拌合物中,除了填充集料间的空隙外,还包裹集料的表面,以减少集料间的摩阻力,使混凝土拌合物具有一定的流动性。在单位体积的混凝土拌合物中,如水胶比保持不变,则胶浆的数量愈多,拌合物的流动性愈大,但若胶浆数量过多,则集料的含量相对减少,达一定限度时,就会出现流浆现象,使混凝土拌合物的黏聚性和保水性变差,这不仅浪费胶凝材料,同时对混凝土的强度和耐久性也会产生一定的影响。相反若胶浆数量过少,不足以填满集料的空隙和包裹集料表面,则混凝土拌合物黏聚性变差,甚至产生崩坍现象。因此,混凝土拌合物中胶浆数量应根据具体情况决定,在满足工作性要求的前提下,同时要考虑强度和耐久性要求,尽量采用较大的集浆比(即较少的胶浆用量),以节约胶凝材料用量。

2）水胶比

水胶比是指混凝土中水的用量与胶凝材料用量之比。在单位混凝土拌合物中,集浆比确定后,即胶浆的用量为一固定数值时,水胶比决定胶浆的稠度。水胶比较小,则胶浆较稠,混凝土拌合物的流动性亦较小,当水胶比小于某一极限以下时,在一定施工方法下就不能保证密实成型;反之,水胶比较大,胶浆较稀,混凝土拌合物的流动性虽然较大,但黏聚性和保水性却随之变差。当水胶比大于某一极限以上时,将产生严重的离析、泌水现象。因此,为了使混凝土拌合物能够密实成型,所采用的水胶比值不能过小;为了保证混凝土拌合物具有良好的黏聚性和保水性,所采用的水胶比值又不能过大。由于水胶比的变化将直接影响到混凝土的强度,因此在实际工程中,为增加拌合物的流动性而增加用水量时,必须保证水胶比不变,同时增加胶凝材料用量和用水量,否则将显著降低混凝土的质量。因此,绝不能以单纯改变用水量的办法来调整混凝土拌合物的流动性。在通常使用范围内,当混凝土中用水量一定时,水胶比在小的范围内变化,对混凝土拌合物的流动性影响不大。

3）单位用水量

单位用水量是指在单位体积混凝土中，所加入的水的质量，它是影响混凝土工作性的最直接的因素。新拌混凝土的流动性主要是依靠集料及胶凝材料颗粒表面吸附一层水膜，从而使颗粒间比较润滑，而黏聚性是依靠水的表面张力作用。如用水量过少，则水膜较薄，润滑效果较差，则流动性较小；而用水量过多，毛细孔被水分填满，表面张力的作用减小，混凝土的黏聚性变差，产生分层、泌水的现象，降低工作性。因此，用水量的多少直接影响着混凝土的工作性。

4）砂率

砂率是指混凝土中砂的质量占砂、石总质量的百分率。砂率表征混凝土拌合物中砂与石相对用量比例的组合。由于砂率变化，可导致集料的空隙率和总表面积的变化，因而混凝土拌合物的工作性亦随之产生变化。当砂率过大时，集料的总表面积增大，在胶浆用量一定的条件下，包裹砂子的胶浆层变薄，砂粒间的摩阻力加大，混凝土拌合物就显得干稠，流动性减小。当砂率过小时，虽然集料的总表面积减小，但由于砂浆量不足，砂浆不足以包裹石子表面或不能完全填充石子空隙，使混凝土拌合物的流动性降低，严重时影响混凝土拌合物的黏聚性与保水性，使拌合物产生离析、泌水现象。混凝土拌合物坍落度与砂率的关系如图4-3所示。因此，在不同的砂率中应有一个合理砂率值。混凝土拌合物的合理砂率是指在用水量和胶凝材料用量一定的情况下，能使混凝土拌合物获得最大的流动性，且能保持黏聚性和保水性能良好的砂率。

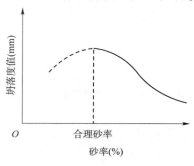

图4-3 砂率与坍落度的关系（水与水泥用量为一定）

5）胶凝材料的品种和集料的性质

（1）水泥的品种、细度、熟料矿物组成以及混合材料的掺量等都会影响水泥需水量。由于不同品种的水泥达到标准稠度的需水量不同，所以不同品种水泥配制成的混凝土拌合物具有不同的工作性。其他条件相同的情况下，标准用水量小的水泥拌制的混凝土拌合物流动性较大。通常普通水泥混凝土拌合物比矿渣水泥和火山灰水泥混凝土拌合物工作性好。矿渣水泥混凝土拌合物的流动性虽大，但黏聚性差，易泌水、离析；火山灰水泥拌合物的流动性小，但黏聚性较好。

此外，水泥细度对混凝土拌合物的工作性亦有影响，水泥愈细水化速度愈快，水化愈完全，对水泥胶凝性质有效利用率就愈高；还能改善混凝土的泌水性、和易性、黏结力等。但是，水泥过细，比表面积过大，浆体要达到同样的流动性，需水量就增多，将使硬化浆体因水分过多引起孔隙率增加而降低强度。此外水泥熟料矿物组成不同，则水泥水化性能不同，尤其稠度差异较大，对水泥混凝土拌合物工作性有明显的影响。

（2）用高质量的矿物掺合料取代部分水泥可大大改善新拌混凝土的工作性能。矿物掺合料是由大小不等的颗粒组成，表面光滑致密，在混凝土拌合物中能起滚珠作用；新拌混凝土中水泥颗粒易聚集成团，掺入矿物掺合料可有效分散水泥颗粒，释放更多的浆体来润滑集料；同时能减少用水量，使混凝土的水胶比降到更小水平，减少泌水和离析现象；矿物掺合料具有良好的保水性，有利于泵送施工，良好的工作性可大大改善混凝土的外观质量，同时也是混凝土内在质量的保证，大掺量矿物掺合料混凝土具有良好的工作性能。

(3)集料表面特征包括集料的最大粒径、形状、表面纹理(卵石或碎石)、级配和吸水性等,这些特性将不同程度地影响新拌混凝土的工作性。其中最为明显的是,用表面圆滑少棱角的卵石拌制的混凝土拌合物的流动性,较表面粗糙且有棱角的碎石拌制混凝土拌合物的流动性好些。同时集料的最大粒径增大,可使集料的总表面积减小,拌合物的工作性也随之改善。此外,具有优良级配的集料拌制的混凝土拌合物具有较好的工作性。

6)外加剂

拌制混凝土时使用外加剂,可在不增加用水量及胶凝材料用量的前提下,将混凝土絮凝结构中包裹的水释放出来,增大流动性,改善黏聚性,降低泌水性,如减水剂等。

7)环境与搅拌条件

对于给定的组成材料和配合比的拌合物工作性的变化,主要受胶凝材料的水化速率和水分的蒸发速率所影响。胶凝材料的水化一方面消耗了水分,另一方面产生的水化产物起到了胶黏作用,进一步阻碍了颗粒间的滑动,而水分的挥发将直接减少单位混凝土中水的含量。温度愈高,水化速率愈快,水分蒸发愈快,导致混凝土拌合物流动性的降低,夏季施工时要尤为注意这个问题。在混凝土拌合物从搅拌到捣实的时间里,随着时间的增加,坍落度将逐渐减小,这称为坍落度损失。

在较短的时间内,搅拌得愈完全愈彻底,混凝土拌合物的工作性愈好,搅拌时间过短,拌合物的工作性差,质量也不均匀,适当延长搅拌时间,可以获得较好的工作性,但搅拌时间过长,部分胶凝材料水化将使混凝土拌合物的流动性降低,一般情况下混凝土最小搅拌时间为1~3min。坍落度与温度、时间的关系如图4-4、图4-5所示。

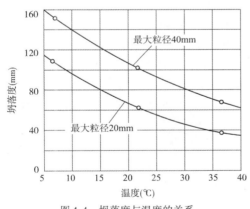

图4-4 坍落度与温度的关系

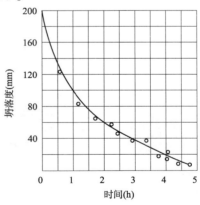

图4-5 坍落度与时间的关系

4.改善措施

1)调节混凝土的材料组成

(1)当混凝土流动性小于设计要求时,为了保证混凝土的强度和耐久性,不能单独加水,必须保持水胶比不变,增加胶浆用量。

(2)当坍落度大于设计要求时,可在保持砂率不变的前提下,增加砂石用量。实际上相当于减少胶浆数量。

(3)适当调整矿物掺合料的掺量,可以调整混凝土的工作性。

(4)改善集料级配,既可增加混凝土流动性,也能改善黏聚性和保水性。

(5)尽可能选用最优砂率,有利于减少胶凝材料和水的用量。

(6)尽量采用较粗的集料。

2)掺加外加剂

使用外加剂是调整混凝土性能的重要手段,常用有减水剂、硫化剂、泵送剂等。合理地利用外加剂,改善混凝土的工作性,还能起到提高混凝土强度、改善混凝土耐久性、降低胶凝材料用量等作用。

3)提高机械振捣效能

采用高效振捣设备,也可在较小的坍落度情况下,获得较高的密实度。

工作性只是混凝土众多性能中的一部分,因此当决定采用某项措施来调整工作性时,还必须同时考虑对混凝土其他性质(强度、耐久性)的影响,不能以降低混凝土的强度和耐久性来换取工作性。

(二)硬化后混凝土的力学性质

混凝土是建筑结构的主要材料,它将承受复杂力系作用,因此要求混凝土必须具备各种力学性质,混凝土硬化后的力学性质主要包括强度和变形。

1.强度

混凝土的强度主要包括抗压强度、抗拉强度、抗弯强度和抗剪强度等,其中抗压强度较大,因此混凝土可用来承受荷载。抗压强度是结构设计的主要参数,也是混凝土质量评定的指标。

1)抗压强度

(1)立方体抗压强度(f_{cu})。按照标准的制作方法制成标准尺寸为150mm × 150mm × 150mm 的立方体试件,在标准养护条件(温度20℃ ± 2℃,相对湿度95%以上)下,养护28d,按照标准测定方法测定其抗压强度值,即为混凝土立方体抗压强度,以 MPa 计,试验方法见试验篇第十一章试验二。

水泥混凝土试件的制作
与养护(一)试件制作

水泥混凝土试件的制作
与养护(二)试件养护

硬化后水泥混凝土的
力学性质(一)

硬化后水泥混凝土的
力学性质(二)

《公路工程水泥及水泥混凝土试验规程》(JTG 3420—2020)规定:混凝土标准试件为边长150mm 的立方体,也可按粗集料最大粒径选用非标准尺寸的试件,如边长分别为200mm 和100mm 两种非标准立方体试件,非标准立方体试件的抗压强度可利用尺寸换算系数(表4-10),折算为标准试件的立方体抗压强度。

混凝土立方体尺寸选用及换算系数　　　表4-10

集料最大粒径(mm)	试件尺寸(mm)	尺寸换算系数
31.5 及以下	100	0.95
40	150	1.00
63	200	1.05

（2）立方体抗压强度标准值（$f_{cu,k}$）。混凝土立方体抗压强度标准值是指按照标准方法制作和养护的边长为150mm的立方体试件，在28d龄期用标准试验方法测得的具有95%保证率的抗压强度，以MPa计。

（3）强度等级。混凝土强度等级是根据立方体抗压强度标准值来确定的，用符号C和立方体抗压强度标准值表示。普通混凝土按立方体抗压强度标准值可划分为C15、C20、C25、C30、C35、C40、C45、C50、C55、C60、C65、C70、C75、C80共14个强度等级。

混凝土强度等级是混凝土结构设计、施工质量控制和工程验收的重要依据。不同的建筑工程，不同的部位常采用不同强度等级的混凝土，在我国混凝土工程目前水平情况下，一般选用范围如下：

①C15～C20——用于基础、地坪及受力不大的结构；

②C20～C25——用于梁、板、柱、楼梯、屋架等普通钢筋混凝土结构；

③C25～C30——用于大跨度结构、要求耐久性高的结构、预制构件等；

④C40～C45——用于预应力钢筋混凝土构件、吊车梁及特种结构等，用于25～30层建筑等；

⑤C50～C60——用于30～60层以上高层建筑；

⑥C60～C80——用于高层建筑，采用高性能混凝土。

将来可能推广使用高达C85以上的混凝土。

2）抗弯拉强度（f_f）

道路路面或机场道面用混凝土，以弯拉强度为主要强度指标，抗压强度作为参考指标。

《公路工程水泥及水泥混凝土试验规程》（JTG 3420—2020）规定：弯拉强度是以标准试件尺寸为150mm×150mm×550mm的棱柱体试件，在标准条件下养护28d，按三分点处双点加荷的试验方法测定其抗折破坏荷载，如图4-6所示。

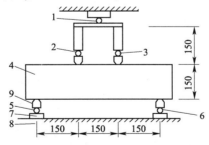

图4-6 抗弯拉试验装置图（尺寸单位：mm）

1、2—一个钢球；3、5—两个钢球；4—试件；6—固定支座；7—活动支座；8—机台；9—活动船形垫块

根据下式计算弯拉强度：

$$f_f = \frac{FL}{bh^2} \quad (4-1)$$

式中：f_f——试件弯拉强度，MPa；

F——极限荷载，N；

L——支座间距，mm；

b——试件截面宽度，mm；

h——试件截面高度,mm。

3) 轴心抗压强度(f_{cp})

在实际结构中,混凝土的受压形式是棱柱体或圆柱体。所以,为了符合工程实际的情况,在结构设计中混凝土受压构件的计算采用混凝土的轴心抗压强度。

《公路工程水泥及水泥混凝土试验规程》(JTG 3420—2020)规定:采用尺寸为 150mm × 150mm × 300mm 的棱柱体作为试件,经标准养护到 28d 测试而得抗压强度,以 MPa 表示。

按下式计算:

$$f_{cp} = \frac{F}{A} \tag{4-2}$$

式中:F——极限荷载,N;

A——试件承压面积,mm^2。

试验表明:轴心抗压强度比同截面立方体强度值小,棱柱体试件高宽比愈大,轴心抗压强度愈小,但当高宽比达到一定值后,强度就不再降低,立方体抗压强度在 10~55MPa 的范围内,轴心抗压强度与立方体抗压强度之比为 0.7~0.8。

4) 立方体劈裂抗拉强度(f_{ts})

混凝土是一种脆性材料,在受拉时很小的变形就会产生开裂,它在断裂前没有残余变形,混凝土的抗拉强度只有抗压强度的 1/20~1/10,且随着混凝土强度等级的提高,比值降低。混凝土在工作时一般不依靠其抗拉强度,但抗拉强度对于抗裂性有重要意义,在结构设计中抗拉强度是确定混凝土抗裂能力的重要指标,有时也用它来间接衡量混凝土与钢筋的黏结强度。

《公路工程水泥及水泥混凝土试验规程》(JTG 3420—2020)规定:标准试件尺寸为边长 150mm 的立方体,试件中心面内用圆弧为垫条施加两个方向的均布压力,压力增大至一定程度时,试件就沿此平面劈裂破坏,这样测得的强度称为立方体劈裂抗拉强度,以 MPa 表示。劈裂抗拉强度试验如图 4-7 所示。

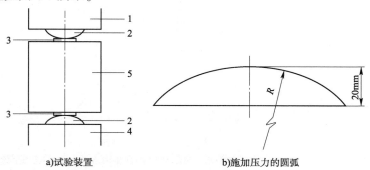

a) 试验装置　　　b) 施加压力的圆弧

图 4-7　混凝土劈裂抗拉强度试验示意图
1-上压头;2-压条;3-垫层;4-下压头;5-试件

按下式计算:

$$f_{ts} = \frac{2F}{\pi A} = 0.637 \frac{F}{A} \tag{4-3}$$

式中:f_{ts}——混凝土立方体劈裂抗拉强度,MPa;

F——破坏荷载,N;

A——试件劈裂面面积,mm^2。

2. 影响混凝土强度的因素

影响混凝土强度的因素很多,可从材料组成因素、生产工艺因素及试验因素三方面讨论。

1) 材料组成对混凝土强度的影响

(1) 胶凝材料强度和水胶比。胶凝材料强度的大小直接影响混凝土强度的高低,在配合比相同的条件下,胶凝材料强度愈高,制成的混凝土强度也愈高,试验证明,混凝土的强度与胶凝材料强度成正比。

当胶凝材料确定后,混凝土的强度主要决定于水胶比。胶凝材料水化时需要的结合水一般只有胶凝材料质量的30%左右,但在拌制混凝土时为了获得必要的流动性,实际加水量为40%~70%,也就是采用较大的水胶比,当混凝土硬化后,多余的水分残留在混凝土中形成水泡或蒸发形成气孔,这样使混凝土内部形成各种不同尺寸的孔隙,这些孔隙削弱了混凝土抵抗外力的能力,因此,满足工作性要求的混凝土,在胶凝材料强度相同的情况下,水胶比愈小,凝胶体的强度愈高,与集料黏结力愈大,混凝土的强度就愈高。但如果加水太少,拌合物过于干硬,在一定的捣实成型条件下,无法保证浇灌质量,混凝土中将出现较多的蜂窝、孔洞,强度也将下降。

大量试验表明:混凝土强度与胶凝材料强度成正比,与水胶比成反比。可用下式表示:

$$f_{cu,28} = \alpha_a f_b \left(\frac{B}{W} - \alpha_b\right) \quad (4-4)$$

式中:$f_{cu,28}$——混凝土28d立方体抗压强度,MPa;

B/W——混凝土的胶水比;

α_a、α_b——与集料种类有关的回归系数,根据工程所使用的原材料,通过试验建立的水胶比与混凝土强度关系式来确定,当不具备上述试验资料时可按《普通混凝土配合比设计规程》(JGJ 55—2011) 规定,见表 4-11;

f_b——胶凝材料(水泥与矿物掺合料使用比例混合) 28d 胶砂强度,MPa;试验方法应按《水泥胶砂强度检验方法(ISO法)》(GB/T 17671—2021) 测定。当无条件实测时,可按下式计算:

$$f_b = \gamma_f \gamma_s f_{ce} \quad (4-5)$$

式中:γ_f、γ_s——粉煤灰影响系数和粒化高炉矿渣粉影响系数,可按表 4-12 选用;

f_{ce}——水泥 28d 胶砂抗压强度,MPa;可实测,也可按下式计算:

$$f_{ce} = \gamma_c f_{ce,g} \quad (4-6)$$

式中:$f_{ce,g}$——水泥强度等级值,MPa;

γ_c——水泥强度等级值的富余系数,可按实际统计资料确定;当缺乏实际统计资料时,可按《普通混凝土配合比设计规程》(JGJ 55—2011) 规定,见表 4-13。

回归系数 α_a、α_b 的选用 表 4-11

集料种类	回归系数		集料种类	回归系数	
	α_a	α_b		α_a	α_b
碎石	0.53	0.20	卵石	0.49	0.13

粉煤灰影响系数(γ_f)和粒化高炉矿渣粉影响系数(γ_s)　　　表 4-12

粉煤灰掺量(%)	粉煤灰影响系数 γ_f	粒化高炉矿渣粉影响系数 γ_s
0	1.00	1.00
10	0.85 ~ 0.95	1.00
20	0.75 ~ 0.85	0.95 ~ 1.00
30	0.65 ~ 0.75	0.90 ~ 1.00
40	0.55 ~ 0.65	0.80 ~ 0.90
50	—	0.70 ~ 0.85

注:1. 采用Ⅰ级、Ⅱ级粉煤灰宜取上限值。
　　2. 采用S75级粒化高炉矿渣粉宜取下限值,采用S95级粒化高炉矿渣粉宜取上限值,采用S105级粒化高炉矿渣粉可取上限值加0.05。
　　3. 当超出表中的掺量时,粉煤灰和粒化高炉矿渣粉影响系数应经试验确定。

水泥强度等级值的富余系数(γ_c)　　　表 4-13

水泥强度等级值	32.5	42.5	52.5
富余系数	1.12	1.16	1.10

(2)集料特征、形状及表面特征。胶凝材料与集料的黏结力除了受胶凝材料强度的影响外,还与集料的表面状况有关。如碎石表面较粗糙,多棱角,与胶凝材料砂浆的黏结力比较大;相反,卵石表面光洁,黏结力比较小。因而在胶凝材料强度和水胶比相同的条件下,碎石混凝土强度往往高于卵石混凝土。

当粗集料级配、用量及砂率适当,能组成密集的骨架,能适当节约胶浆材料数量,同时集料的骨架作用充分,混凝土强度也不降低。

(3)浆集比。混凝土中胶浆的体积和集料体积之比,称为浆集比。浆集比较大时,胶浆数量过多,混凝土会产生流浆现象,硬化后强度会降低;浆集比较小时,胶浆数量相对较少,不足以包裹集料表面,拌合物会发生离析现象,强度也会降低。因此在水胶比相同的条件下,达到最优浆集比时,混凝土的强度最高。

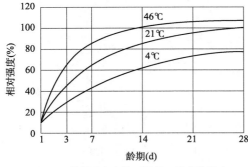

图 4-8　养护温度条件对混凝土强度的影响

2)养护条件对混凝土强度的影响

一般情况下,胶凝材料的水化和混凝土强度发展的速度是随着环境温度的高低而增减,如图4-8所示。当温度降至0℃时,混凝土中的水分大部分结冰,胶凝材料几乎不再发生水化反应,混凝土强度不仅停止增长,严重时由于孔隙内水分结冰而引起膨胀,特别当水化初期,混凝土强度较低时,遭遇严寒会引起混凝土的崩溃。

另外混凝土强度的发展要求必须有较长时间在潮湿的环境中,如果环境湿度不够,混凝土会失水干燥,影响胶凝材料水化的正常进行,甚至停止水化。

根据混凝土养护环境的温度和湿度不同,有4种养护方式:

(1)标准养护——将混凝土制品在温度为(20±2)℃,相对湿度大于95%的标准条件下进行的养护。混凝土强度等级评定时需采用该养护条件。

(2)自然养护——对在自然条件(或气候条件)下的混凝土制品适当地采取一定的保温、保湿措施,并定时定量向混凝土浇水,保证混凝土材料强度能正常发展的一种养护方式。

(3)蒸汽养护——将混凝土材料在低于100℃的高温水蒸气中进行的一种养护方式。蒸汽养护可提高混凝土的早期强度,缩短养护时间。适用于低温施工。

(4)蒸压养护——将混凝土材料在8~16个大气压下,175~203℃的水蒸气中进行的一种养护方式。蒸压养护可大大提高混凝土材料的早期强度。但蒸压养护需要的蒸压釜设备比较庞大,仅在生产硅酸盐混凝土制品时应用。

一般在混凝土浇筑完毕后12h内应开始对其加以覆盖或浇水。对于硅酸盐水泥、普通硅酸盐水泥、矿渣硅酸盐水泥配制的混凝土浇水养护不得少于7d,使用粉煤灰硅酸盐水泥和火山灰质硅酸盐水泥,可掺有缓凝剂、膨胀剂或有防水抗渗要求的混凝土浇水养护不得少于14d。

3)龄期对混凝土强度的影响

龄期是指混凝土在正常养护条件下所经历的时间。

混凝土在正常养护条件下(保证一定温度和湿度),强度随龄期的增长而增长,最初7~14d强度增长较快,以后逐渐缓慢,但在有水的情况下,龄期延续很久强度仍有所增长。

大量经验所得,在标准养护条件下,混凝土强度与龄期的对数大致成正比,如图4-9所示。工程上常利用这一关系,根据早期强度,估算其后期强度,可按下式计算:

$$f_{cu,n} = \frac{\lg n}{\lg a} f_{cu,a} \tag{4-7}$$

式中:$f_{cu,n}$——n 天龄期的混凝土抗压强度,MPa;

$f_{cu,a}$——a 天龄期的混凝土抗压强度,MPa。

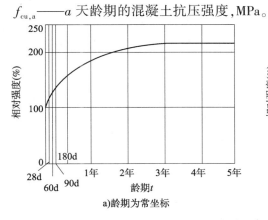
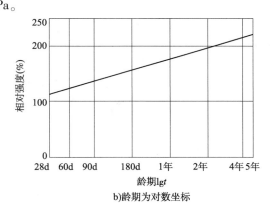

图 4-9 水泥混凝土的强度随时间的增长

4)试验条件对混凝土强度的影响

试件条件包括试件形状与尺寸、试件湿度、试件温度、支承条件和加载方式等。

试件尺寸愈大,测得的强度值愈低。这是因为:一是环箍效应,二是由于大试件内存在的孔隙、裂缝和局部较差等缺陷的概率大,从而降低了材料的强度。

环箍效应:混凝土试件在压力机上受压时,在沿加荷方向发生纵向变形的同时,也产生横向膨胀。而钢质压板的横向膨胀较混凝土小,因而在压板与混凝土试件受压面形成摩擦力,对

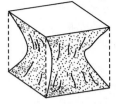

图4-10 混凝土受压破坏

试件的横向膨胀起着约束作用,这种约束作用称为环箍效应。环箍效应对混凝土抗压强度有提高作用。离压板愈远,效应愈小,在距离受压面约为边长的0.866倍范围外,效应消失,这种破坏后试件形状如图4-10所示。当混凝土受压面非常光滑(如有油脂),由于压板与试件表面的摩擦力减小,试件将出现垂直裂纹而破坏,混凝土强度值较低。

试件含水率愈高,其强度愈低。测定强度时加荷速度过快,材料扩展的速度慢于荷载增加速度,故测得的强度值偏高。

3. 提高混凝土强度的措施

1)采用高强度或早强的水泥

采用强度等级高的水泥可提高混凝土强度,对于紧急抢修工程及要求早期强度高的结构物,可优先选用早强水泥。

2)增加混凝土密实度

通过降低水胶比,采用有害杂质少、级配良好、颗粒适当的集料和合理的砂率,来提高混凝土的密实度,提高混凝土的强度。

3)采用蒸汽养护、蒸压养护方式

蒸汽养护就是将成型后的混凝土制品放在100℃以下的常压蒸汽中进行养护。

蒸压养护混凝土在温度为175℃和8个大气压的蒸压釜中养护,主要适用于硅酸盐水泥混凝土拌合物及其制品。

4)掺加外加剂

混凝土中掺加外加剂,可改善混凝土的一些技术性质。如掺加减水剂,可减少用水量,在胶凝材料用量不变的条件下,水胶比减小,提高了混凝土强度;掺入早强剂可提高混凝土早期强度。

5)采用机械搅拌和机械振动成型

采用机械搅拌和振捣可减少拌和用水量,降低水胶比。同时混凝土拌合物经振捣后,内部颗粒互相靠近,并把空气排出,使混凝土内部孔隙大大减少,从而使混凝土的密实度和强度大大提高。

4. 混凝土的变形

混凝土在硬化和使用过程中,由于受物理、化学及荷载等因素的作用,会产生各种变形,这些变形是导致混凝土产生裂纹的主要原因之一,从而进一步影响混凝土的强度和耐久性。混凝土的变形按照是否承受荷载可分为非荷载变形和荷载变形。

1)非荷载变形

(1)化学收缩。混凝土中胶凝材料水化产物的体积小于胶凝材料和水的总体积,导致混凝土在硬化时产生收缩,称化学收缩。这种收缩是不可恢复的,收缩值很小(小于1%),对混凝土结构物没有破坏作用。

(2)干湿变形。因环境的湿度变化,混凝土会产生干缩湿胀变形,这种变形是由于混凝土

在干燥环境中硬化时,随着水分的蒸发,体积也将逐渐发生收缩,如在水中或潮湿环境中时,混凝土的干缩将随之减少或略产生膨胀。混凝土收缩较膨胀略大些,同时干缩往往是在表面较大,常在表面产生细微裂缝,当这种干缩变形受到约束时,常会引起结构的翘曲或开裂,影响混凝土结构的抗渗、抗冻、抗侵蚀等耐久性。

(3)温度变形。混凝土与其他材料一样,也具有热胀冷缩的性质,普通混凝土影响不大,但对大体积及大面积混凝土极为不利。胶凝材料水化放出较多热量,混凝土又是热的不良导体,散热较慢,因此大体积混凝土内部的温度较外部高,有时内外温差可达50~70℃,这将使内部混凝土的体积产生较大膨胀,而外部混凝土随气温降低而收缩,内部膨胀和外部收缩互相制约,将产生很多应力,这样就使混凝土产生裂缝。因此对大体积混凝土工程必须设法减少混凝土发热,可采用低热胶凝材料,减少胶凝材料用量,或采用人工降温等措施。一般纵长的钢筋混凝土结构物,应采取每隔一段长度设置伸缩缝,或在结构物内配置温度钢筋等措施。

2)荷载的变形

(1)在短期荷载作用下的变形——弹-塑性变形。混凝土本身是一种弹塑性体,在受力时会产生可以恢复的弹性变形和不可以恢复的塑性变形,其应力与应变关系不是简单的直线而是曲线,如图4-11所示。变形阶段可分为4个阶段:

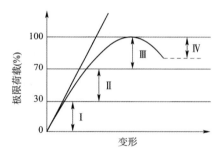

图4-11 混凝土弹塑性变形曲线
I-无明显变形阶段;II-裂缝引发阶段;III-裂缝增长阶段;IV-裂缝扩展阶段

Ⅰ——当加载达到比例极限以前,混凝土变形与荷载成正比,界面裂缝状态无明显变化,此时荷载与变形成直线关系,属于弹性变形。

Ⅱ——加载超过比例极限以后,界面裂缝的数量、长度和宽度都不断增大,此时荷载与变形之间不再接近直线关系,这时发生的变形既有弹性变形又有塑性变形。

Ⅲ——加载超过临界荷载以后,界面裂缝继续发展,并将邻近的界面裂缝连接起来形成连续裂缝,此时变形增大的速度进一步加快,荷载-变形曲线出现明显的弯向变形轴方向的趋势。这时混凝土表面出现可见裂缝。

Ⅳ——加载超过极限荷载之后,连续裂缝急速扩展,混凝土的承载能力下降,荷载减小而变形迅速增大,以至完全破坏,荷载-变形曲线逐渐下降而最后结束。这时混凝土破坏。

(2)在长期荷载作用下的变形——徐变。混凝土在长期荷载作用下,沿着作用力方向的变形会随时间不断增长,即荷载不变而变形仍随时间增大,一般要延续2~3年才逐渐趋于稳定,这种在长期荷载作用下产生的变形,通常称为徐变,如图4-12所示。混凝土在长期荷载作用下,一方面在开始加荷时发生瞬时变形(又称瞬变,即混凝土受力后立刻产生的变形,以弹性变形为主),另一方面发生缓慢增长的徐变。在荷载作用初期,徐变变形增长较快,以后逐渐变慢且稳定下来。当变形稳定以后卸掉荷载,一部分变形可以瞬时恢复;一小部分变形逐渐恢复,这称为徐回;此外还会保留一部分变形不能恢复,这称为残余变形。

混凝土徐变与许多因素有关,混凝土的水胶比较小,或混凝土在水中养护时,同龄期凝胶体未填满的孔隙较小,故徐变较小;水胶比相同的混凝土,胶凝材料用量愈多,徐变愈大,混凝土所用集料弹性模量较大时,徐变较小。

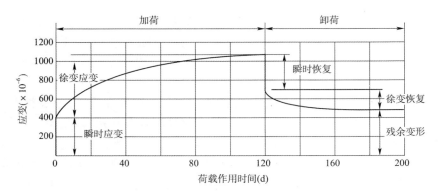

图 4-12 混凝土的变形与荷载作用时间的关系曲线

(三) 混凝土的耐久性

混凝土除应具有设计要求的强度,以保证其能安全地承受设计荷载外,还应具有抗渗性、抗冻性、耐磨性、抗侵蚀性等各种特殊性能。混凝土抵抗环境介质作用并长期保持其良好的使用性能和外观完整性,从而维持混凝土结构安全和正常使用的性能称为耐久性。提高耐久性对于延长结构寿命,减少修复工作量,提高经济效益具有重要意义。

1. 抗渗性

抗渗性是指混凝土抵抗水、油等液体在压力作用下渗透的性能。它不仅关系到混凝土挡水、防水作用,还直接影响混凝土的抗冻性和抗侵蚀性。抗渗性较差的混凝土,水分容易渗入内部。若遇冰冻或水中含有侵蚀性介质时,混凝土容易受到冻害或发生侵蚀破坏。

抗渗性采用抗渗等级表示,抗渗等级是按标准试验方法进行试验,用每组 6 个试件中 4 个试件未出现渗水时的最大水压力来表示,分为 P4、P6、P8、P10、P12、>P12 共 6 个等级,分别表示能抵抗 0.4MPa、0.6MPa、0.8MPa、1.0MPa、1.2MPa、>1.2MPa 的水压力而不渗水。抗渗等级不低于 P6 级混凝土称为抗渗混凝土。

混凝土的抗渗性主要与其密实度及内部孔隙的大小和构造特征有关。混凝土内部相连通的孔隙和毛细管通路,以及由于在混凝土施工成型时,振捣不密实产生的蜂窝、孔洞都会造成混凝土渗水。提高抗渗性的措施主要可通过降低水胶比,采用减水剂,掺入引气剂等方法。

2. 抗冻性

混凝土在饱水状态下经受多次冻融循环作用,能保持强度和外观完整性的能力,称混凝土的抗冻性。在寒冷地区,特别是在接触水又受冻的环境下的混凝土,要求具有较高的抗冻性能。这是因为混凝土内部孔隙中的水在负温下结冰后体积膨胀,膨胀达到一定程度造成混凝土裂缝,多次冻融会使裂缝不断扩展直至破坏。

抗冻性以抗冻等级表示。抗冻等级可采用快冻法,以龄期 28d 的试块(100mm × 100mm × 400mm 的棱柱体)在吸水饱和后,于 -18 ~5℃ 条件下快速冻结和融化循环,每隔 25 次冻融循环对试件进行一次横向基频的测试并称重,当试件的相对动弹性模量下降至 60% 以下或试件的质量损失率达 5%,即可停止试验,此时的循环次数即为混凝土的抗冻性标号。可分为:

F50、F100、F150、F200、F250、F300、F350、F400、＞F400。

混凝土的抗冻性与混凝土的密实度、内部孔隙结构和数量、孔隙的充水程度等有关。当混凝土采用的原材料质量好、水胶比小，具有封闭细小孔隙及掺入减水剂、防冻剂时，其抗冻性较高。同时，随着混凝土龄期的增加，混凝土抗冻性能逐步得到提高。因胶凝材料不断水化，可冻结水量逐渐减少，水中溶解盐浓度随水化深入而增加，冰点也随龄期降低，抵抗冻融破坏的能力随之增强，所以延长冻结前养护时间可以提高混凝土的抗冻性。提高混凝土抗冻性的最有效方法是提高混凝土密实度，掺加引气剂、减水剂和防冻剂等。

3. 耐磨性

混凝土可用于路面，它必须具有抵抗车辆轮胎磨耗和磨光的性能，同时混凝土也可用于桥梁工程中，桥梁墩台需要具有抵抗湍流空蚀的能力。混凝土耐磨性评价，是以边长为150mm立方体试件，养生至27d在60℃条件下烘干至恒重，然后在磨耗试验机上，在200N的负荷下磨30r称质量，再在200N的负荷下磨60r称质量，用两次质量差计算单位面积磨损量。

4. 抗侵蚀性

由于混凝土长期暴露在有化学物质的环境和介质中，有可能遭受化学侵蚀而破坏。一般有凝胶体组分的浸出、硫酸盐侵蚀、氯化物侵蚀等，这和水泥石腐蚀类似。

5. 抗碳化性

混凝土的碳化作用是二氧化碳与凝胶体中的氢氧化钙作用，生成碳酸钙和水。碳化引起凝胶体化学组成及组织结构的变化，从而对混凝土的化学性能和物理性能产生明显的影响，主要表现在碳化使混凝土碱度降低，减弱了对钢筋的保护作用，可能导致钢筋锈蚀。

6. 碱集料反应

混凝土中胶凝材料中的碱与集料中的活性物质（SiO_2）发生化学反应，可引起混凝土产生膨胀、开裂，甚至破坏，这称为碱集料反应。发生碱集料反应的条件：①混凝土中的集料具有活性；②混凝土中含有一定量的碱；③有一定湿度。从工程角度避其一即可避免碱集料反应。应用含碱量小于0.6%的水泥或采用抑制碱集料反应的掺合料，当用含有钾钠离子的外加剂时，必须专门做试验。

7. 提高混凝土耐久性的方法

提高混凝土耐久性的方法很多：①合理选择胶凝材料。②严格控制混凝土的水胶比和胶凝材料用量。水胶比的大小和胶凝材料用量是决定混凝土密实性的主要因素，这不但影响混凝土的强度，而且也影响耐久性，因此在混凝土配合比设计时要严格控制水胶比和胶凝材料用量。③掺用加气剂或减水剂，可提高抗渗性、抗冻性，同时还可节约胶凝材料。④改善混凝土的施工操作方法，搅拌均匀、连续浇灌和振捣密实及加强养护以保证混凝土的施工质量。⑤选用较好的砂石集料，质量良好、技术指标合格的砂石集料是保证混凝土耐久性的重要条件。⑥长期处于潮湿和严寒环境中的混凝土，应掺用引气剂，引气剂能引入大量气泡，提高混凝土的抗渗性和抗冻性。

三、普通混凝土的组成设计

(一) 概述

混凝土配合比是指单位体积混凝土中各组成材料用量之比,确定这种数量比例关系的工作,称为混凝土配合比设计。按照《普通混凝土配合比设计规程》(JGJ 55—2011)规定,普通混凝土的配合比应根据原材料性能及对混凝土的技术要求进行计算,并经试验室试配、调整后确定。

1. 混凝土配合比表示方法

1) 单位用量表示法

以每立方米混凝土中各种材料的用量表示,如水泥:矿物掺合料:水:砂:石 = $m_c:m_f:m_w:m_s:m_g$ = 288:72:185:637:1218。

2) 相对用量表示法

以水泥质量为1,并按水泥:矿物掺合料:细集料:粗集料;水胶比的顺序表示,如水泥:矿物掺合料:砂:石;水胶比 = 1:0.25:2.21:4.23;W/B = 0.51。

2. 混凝土配合比设计的基本要求

1) 满足结构设计的强度要求

满足结构设计强度要求是混凝土配合比设计的首要任务。任何建筑物都会对不同结构部位提出"强度设计"要求。为了强度设计,必须掌握配合比设计相关的标准、规范,同时结合混凝土中使用材料的质量以及生产水平和施工水平等因素,正确掌握高于设计强度等级的"配制强度"。配制强度是在试验室条件下确定的混凝土强度。在实际生产过程中影响强度的因素较多,因此要根据实际生产数据,及时做好统计分析,保证实际生产强度符合《混凝土强度检验评定标准》(GB/T 50107—2010)的规定。

2) 满足施工工作性的要求

根据工程结构部位、钢筋布置的疏密程度、施工方法及其他要求,确定混凝土拌合物的坍落度,确保混凝土拌合物有良好的黏聚性,不发生离析和泌水现象,方便施工。

3) 满足耐久性要求

混凝土配合比的设计不仅要满足结构设计提出的抗渗性、耐冻性等耐久性的要求,而且还要考虑结构设计未明确的其他耐久性要求,如严寒地区的路面、桥梁,处于水位升降范围的结构,以及暴露在污染环境的结构等。为了保证这些混凝土结构具有良好的耐久性,在设计混凝土配合比时应考虑允许的"最大水胶比"和"最小胶凝材料用量"。

4) 满足经济要求

在满足上述混凝土技术性质的前提下,还要尽量降低混凝土成本,达到经济合理的原则。为了满足这一要求,配合比设计不仅要合理设计配合比的本身,而且更应该对原材料的品质进行优选,选择优质且价格合理的原材料,也是混凝土配合比设计过程中应该注意的问题。

3. 配合比设计的资料准备

(1) 了解工程设计要求的混凝土强度等级,以备确定混凝土配制强度及强度标准差。

(2)了解工程所处环境对混凝土耐久性的要求,以便确定所配制混凝土的最大水胶比和最小胶凝材料用量。

(3)了解结构构件断面尺寸及钢筋配置情况,以便确定混凝土集料的最大粒径。

(4)了解混凝土施工方法,以便选择混凝土拌合物坍落度。

(5)掌握各原材料的性能指标(胶凝材料、砂、石、拌和用水、外加剂等)。

4. 水泥混凝土配合比设计的三个参数

(1)水胶比:在满足混凝土强度和耐久性的基础上,确定混凝土的水胶比。

(2)砂率:砂在集料中的数量应以填充石子空隙后略有富余的原则来确定。

(3)单位用水量:在满足混凝土施工要求的工作性基础上,根据粗集料的种类和规格确定。

5. 普通混凝土配合比设计过程

(1)计算初步配合比:根据现场所用材料的原始资料,按我国现行的配合比设计方法,计算初步配合比,即水泥:矿物掺合料:水:细集料:粗集料 = $m_{co}:m_{fo}:m_{wo}:m_{so}:m_{go}$。

(2)提出基准配合比:根据初步配合比进行试配,经过试拌,校核混凝土拌合物的工作性,调整材料用量,提出基准配合比,即 $m_{ca}:m_{fa}:m_{wa}:m_{sa}:m_{ga}$。

(3)确定试验室配合比:以基准配合比为基础,增加和减少水胶比,拟定三组适合工作性要求的配合比,通过制备试块、测定强度,确定既符合工作性、强度要求,又较经济的试验室配合比,即为 $m_{cb}:m_{fb}:m_{wb}:m_{sb}:m_{gb}$。

(4)换算工地配合比:根据工地现场材料的实际含水率,将试验室配合比换算为施工配合比,即 $m_c:m_f:m_w:m_s:m_g$。

(二)普通混凝土配合比设计方法(以抗压强度为指标)

1. 初步配合比计算

1)确定试配强度 $f_{cu,o}$

(1)当混凝土的设计强度等级小于 C60 时,配制强度应按下式计算:

$$f_{cu,0} \geq f_{cu,k} + 1.645\sigma \tag{4-8}$$

式中:$f_{cu,0}$——混凝土配制强度,MPa;

$f_{cu,k}$——混凝土立方体抗压强度标准值(即设计要求的混凝土强度等级),MPa;

σ——由施工单位质量管理水平确定的混凝土强度标准差,MPa。

(2)当设计强度等级大于或等于 C60 时,配制强度应按下式计算:

$$f_{cu,0} \geq 1.15 f_{cu,k} \tag{4-9}$$

(3)混凝土强度标准差应按下列规定确定:

①当具有近 1~3 个月的同一品种、同一强度等级混凝土的强度资料时,其混凝土强度标准差 σ 应按下式计算:

$$\sigma = \sqrt{\frac{\sum_{i=1}^{n} f_{cu,i}^2 - n\mu_{f_{cu}}^2}{n-1}} \tag{4-10}$$

式中:$f_{cu,i}$——第 i 组混凝土试件立方体抗压强度,MPa;

$\mu_{f_{cu}}$——n 组混凝土试件立方体抗压强度平均值,MPa;

n——统计周期内相同等级的试件组数,$n \geq 30$ 组。

混凝土强度等级不大于 C30 的混凝土:当 σ 计算值不小于 3.0MPa 时,应按式(4-10)计算结果取值;当 σ 计算值小于 3.0MPa 时,应取 3.0MPa。

混凝土强度等级大于 C30 且小于 C60 的混凝土:当 σ 计算值不小于 4.0MPa 时,应按式(4-10)计算结果取值;当 σ 计算值小于 4.0MPa 时,σ 应取 4.0MPa。

②当没有近期的同一品种、同一强度等级混凝土强度资料时,其强度标准差 σ 可按表 4-14 取值。

混凝土强度标准差 σ(MPa)   表 4-14

混凝土强度等级	≤C20	C25 ~ C45	C50 ~ C55
σ	4.0	5.0	6.0

2)计算水胶比(W/B)

混凝土强度等级不大于 C60 时,混凝土水胶比宜按下式计算:

$$\frac{W}{B} = \frac{\alpha_a f_b}{f_{cu,0} + \alpha_a \alpha_b f_b} \tag{4-11}$$

式中:W/B——混凝土的水胶比;

$f_{cu,0}$——混凝土配制强度,MPa;

α_a、α_b——与集料种类有关的回归系数,可按表 4-11 选用;

f_b——胶凝材料(水泥与矿物掺合料使用比例混合)28d 胶砂强度,MPa。可按《水泥胶砂强度检验方法(ISO 法)》(GB/T 17671—2021)实测,当无实测条件时,可按式(4-5)和式(4-6)确定。

按式(4-11)计算所得的水胶比,应满足《混凝土结构设计规范》(GB 50010—2010)(2015 年版)中对不同环境条件下的混凝土最大水胶比的规定,见表 4-15。环境分类如表 4-16 所示。

在不同环境条件下的结构混凝土最大水胶比及最低强度等级   表 4-15

环境类别	一	二 a	二 b	三 a	三 b
最大水胶比	0.60	0.55	0.50(0.55)	0.45(0.50)	0.40
最低强度等级	C20	C25	C30(C25)	C35(C30)	C40

注:1. 素混凝土构件的水胶比要求可适当放松。
  2. 处于严寒和寒冷地区二 b、三 a 类环境中的混凝土应使用引气剂,并可采用括号中的有关参数。

混凝土所处环境分类   表 4-16

环境类别	条件
一	室内干燥环境;无侵蚀性静水浸没环境
二 a	室内潮湿环境;非严寒和非寒冷地区的露天环境;非严寒和非寒冷地区与无侵蚀性的水或土壤直接接触的环境;严寒和寒冷地区的冰冻线以下与无侵蚀性的水或土壤直接接触的环境
二 b	干湿交替环境;水位频繁变动环境;严寒和寒冷地区的露天环境;严寒和寒冷地区冰冻线以上与无侵蚀性的水或土壤直接接触的环境
三 a	严寒和寒冷地区冬季水位变动区环境;受除冰盐影响环境;海风环境

续上表

环境类别	条件
三 b	盐渍土环境;受除冰盐作用环境;海岸环境
四	海水环境
五	受人为或自然的侵蚀性物质影响的环境

注:1. 室内潮湿环境是指构件表面经常处于结露或湿润状态的环境。
  2. 严寒和寒冷地区的划分应符合国家现行标准《民用建筑热工设计规范》(GB 50176)的有关规定。
  3. 海岸环境和海风环境宜根据当地情况,考虑主导风向及结构所处迎风、背风部位等因素的影响,由调查研究和工程经验确定。
  4. 受除冰盐影响环境为受到除冰盐盐雾影响的环境;受除冰盐作用环境指被除冰盐溶液溅射的环境以及使用除冰盐地区的洗车房、停车楼等建筑。
  5. 暴露的环境是指混凝土结构表面所处的环境。

3)选定单位用水量 m_{wo}

(1)每立方米干硬性或塑性混凝土的用水量(m_{wo})应符合下列规定:

①水胶比在 0.40~0.80 范围时,根据粗集料的品种、粒径及施工要求的混凝土拌合物稠度,其用水量可按表 4-17、表 4-18 选择。

干硬性混凝土的用水量(kg/m^3)　　　　　表 4-17

拌合物稠度		卵石最大粒径(mm)			碎石最大粒径(mm)		
项目	指标	10	20	40	16	20	40
维勃稠度（s）	16~20	175	160	145	180	170	155
	11~15	180	165	150	185	175	160
	5~10	185	170	155	190	180	165

塑性混凝土的用水量(kg/m^3)　　　　　表 4-18

拌合物稠度		卵石最大粒径(mm)				碎石最大粒径(mm)			
项目	指标	10	20	31.5	40	16	20	31.5	40
坍落度（mm）	10~30	190	170	160	150	200	185	175	165
	35~50	200	180	170	160	210	195	185	175
	55~70	210	190	180	170	220	205	195	185
	75~90	215	195	185	175	230	215	205	195

注:1. 摘自《普通混凝土配合比设计规程》(JGJ 55—2011)。
  2. 本表用水量采用中砂时的取值。采用细砂时,每立方米混凝土用水量可增加 5~10kg;采用粗砂时,则可减少 5~10kg。
  3. 掺用各种外加剂和掺合料时,用水量应相应调整。

②水胶比小于 0.40 时,可通过试验确定。

③流动性和大流动性混凝土的用水量则以表 4-18 中坍落度 90mm 的用水量为基础,按坍落度每增大 20mm 用水量增加 5kg,当坍落度增大到 180mm 以上时,随坍落度相应增加的用水量可减少,计算出未掺外加剂时的混凝土的用水量。

(2)当掺外加剂时,每立方米流动性或大流动性混凝土用水量(m_{wo})可按下式计算:

$$m_{wo} = m'_{wo}(1-\beta) \tag{4-12}$$

式中:m_{wo}——满足实际坍落度要求的每立方米混凝土用水量,kg/m³;

m'_{wo}——未掺外加剂时确定的满足实际坍落度要求的每立方米混凝土的用水量,kg/m³;

β——外加剂的减水率,应经试验确定,%。

(3)每立方米混凝土中外加剂用量(m_{ao})应按下式计算:

$$m_{ao} = m_{bo}\beta_a \tag{4-13}$$

式中:m_{ao}——每立方米混凝土中外加剂用量,kg/m³;

m_{bo}——计算配合比每立方米混凝土中胶凝材料用量,kg/m³;

β_a——外加剂掺量,应经混凝土试验确定,%。

4)计算单位胶凝材料、矿物掺合料和水泥用量

(1)每立方米混凝土拌合物的用水量选定后即可按下式计算胶凝材料用量(m_{bo}):

$$m_{bo} = \frac{m_{wo}}{\frac{W}{B}} \tag{4-14}$$

式中:m_{bo}——计算配合比每立方米混凝土中胶凝材料用量,kg/m³;计算所得的胶凝材料用量应满足表4-4 混凝土的最小胶凝材料用量的要求;

m_{wo}——计算配合比每立方米混凝土的用水量,kg/m³;

W/B——混凝土水胶比。

(2)每立方米混凝土的矿物掺合料用量m_{fo}应按下式计算:

$$m_{fo} = m_{bo}\beta_f \tag{4-15}$$

式中:m_{fo}——计算配合比每立方米混凝土中矿物掺合料用量,kg/m³;

β_f——矿物掺合料掺量,%,可由表4-2 或表4-3 确定。

(3)每立方米混凝土的水泥用量(m_{co})应按下式计算:

$$m_{co} = m_{bo} - m_{fo} \tag{4-16}$$

式中:m_{co}——计算配合比每立方米混凝土中水泥用量,kg/m³。

5)选定砂率β_s

(1)砂率应根据集料的技术指标、混凝土拌合物性能和施工要求,参考既有历史资料确定。

(2)当缺乏砂率的历史资料时,混凝土砂率的确定应符合下列规定:

①坍落度小于10mm 的混凝土砂率,应经试验确定。

②坍落度10～60mm 的混凝土砂率,根据粗集料品种、最大粒径及确定的水胶比,按表4-19 确定。

③坍落度大于60mm 的混凝土砂率,可按经验确定,也可在表4-19 的基础上按坍落度每增大20mm,砂率增大1%的幅度调整。

混凝土的砂率(%) 表4-19

水胶比 (W/B)	卵石最大粒径(mm)			碎石最大粒径(mm)		
	10	20	40	16	20	40
0.40	26～32	25～31	24～30	30～35	29～34	27～32

续上表

水胶比 （W/B）	卵石最大粒径（mm）			碎石最大粒径（mm）		
	10	20	40	16	20	40
0.50	30～35	29～34	28～33	33～38	32～37	30～35
0.60	33～38	32～37	31～36	36～41	35～40	33～38
0.70	36～41	35～40	34～39	39～44	38～43	36～41

注：1. 表中给出的是中砂的砂率，如果用细砂或粗砂可相应减小或增大砂率。
    2. 只用一个单粒级粗集料配制混凝土时，砂率应适当增大。
    3. 采用机制砂配制混凝土时，砂率应适当增大。
    4. 本表中的砂率是指砂与集料总量的质量比。

6）计算粗、细集料单位用量（m_{go}，m_{so}）

（1）质量法：又称假定表观密度法。假定混凝土拌合物的表观密度为一固定值，混凝土拌合物各组成材料的单位用量之和即为其表观密度。在砂率值为已知的条件下，粗、细集料的单位用量可由式(4-17)计算：

$$\begin{cases} m_{fo} + m_{co} + m_{wo} + m_{so} + m_{go} = m_{cp} \\ \beta_s = \dfrac{m_{so}}{m_{so} + m_{go}} \times 100\% \end{cases} \tag{4-17}$$

式中：m_{fo}——每立方米混凝土的矿物掺合料用量，kg/m³；

    m_{co}——每立方米混凝土的水泥用量，kg/m³；

    m_{wo}——每立方米混凝土的用水量，kg/m³；

    m_{so}——每立方米混凝土的细集料用量，kg/m³；

    m_{go}——每立方米混凝土的粗集料用量，kg/m³；

    β_s——砂率，%；

    m_{cp}——每立方米混凝土拌合物的假定表观密度，kg/m³，其值可取2350～2450kg/m³。

（2）体积法：又称绝对体积法。假定混凝土拌合物的体积等于各组成材料绝对体积与混凝土拌合物中所含空气体积之和。在砂率值已知的条件下，粗、细集料的单位用量可由式(4-18)计算。

$$\begin{cases} \dfrac{m_{fo}}{\rho_f} + \dfrac{m_{co}}{\rho_c} + \dfrac{m_{wo}}{\rho_w} + \dfrac{m_{so}}{\rho_s} + \dfrac{m_{go}}{\rho_g} + 0.01\alpha = 1 \\ \beta_s = \dfrac{m_{so}}{m_{so} + m_{go}} \times 100 \end{cases} \tag{4-18}$$

式中：ρ_f——矿物掺合料密度，kg/m³，可按《水泥密度测定方法》(GB/T 208—2014)测定；

    ρ_c——水泥密度，kg/m³，可取2900～3100 kg/m³；

    ρ_g——粗集料的表观密度，kg/m³；

    ρ_s——细集料的表观密度，kg/m³；

    ρ_w——水的密度，kg/m³，可取1000kg/m³；

    α——混凝土的含气量百分数，在不使用引气剂或引气型外加剂时，可取1。

粗集料和细集料的表观密度应按《公路工程集料试验规程》(JTG E42—2005)测定,参见本书试验篇第九章试验六、试验九。

通过以上计算得出初步配合比,即水泥:矿物掺合料:水:细集料:粗集料 = $m_{co} : m_{fo} : m_{wo} : m_{so} : m_{go}$。

以上两种确定粗、细集料的单位用量的方法,质量法比较简便,不需要材料的密度资料,体积法由于根据各组成材料的密度来进行计算,因此较为精确。

2. 试配、调整提出基准配合比

1)试配

(1)试配材料要求。试配混凝土所用各种材料,要与实际工程使用的材料相同,粗细集料的称量以干燥状态为基准。如不是干燥集料,称量时应在用水量中扣除集料中含水率,集料质量也应相应增加。但在以后试配调整工地配合比仍按原计算值。

(2)搅拌方法和拌和数量。混凝土搅拌应采用强制式搅拌机,搅拌方法尽量与生产时使用方法相同。试配时每盘混凝土的数量一般不少于表4-20的建议值。如需进行抗折强度试验,则应根据实际需要计算用量。采用机械搅拌时,其搅拌量不小于搅拌机额定搅拌量的1/4且不应大于搅拌机公称容量。

混凝土试配的最小搅拌用量　　　　表4-20

集料最大公称粒径(mm)	最小搅拌的拌合物量(L)	集料最大公称粒径(mm)	最小搅拌的拌合物量(L)
31.5及以下	20	40	25

2)校核工作性,确定基准配合比

按初步配合比称取材料进行试拌,混凝土拌合物搅拌均匀后应测定混凝土拌合物性能是否符合设计和施工要求(即测定坍落度,并检查其黏聚性和保水性的好坏)。每次调整后再试拌,直到符合要求为止,试拌调整工作性完成后,应测出混凝土拌合物的表观密度,然后提出供混凝土强度试验用的基准配合比,即 $m_{ca} : m_{fa} : m_{wa} : m_{sa} : m_{ga}$。

3. 检验强度,确定试验室配合比

1)制作试件,检验强度

为校核混凝土的强度,至少拟定三个不同的配合比。当采用三个不同的配合比时,其中一个水胶比为按上述方法得出的基准配合比,另外两个配合比的水胶比值,应较基准配合比分别增加和减少0.05,其用水量和基准配合比的相同,砂率可分别增加和减少1%。

制备试件同时,继续检验混凝土拌合物的性能是否符合设计和施工要求(即检验坍落度、黏聚性、保水性及表观密度)。为检验混凝土强度,每种配合比至少制作一组试件,养护28d或设计规定龄期测其抗压强度。

2)确定试验室配合比

(1)根据强度检验结果修正配合比。根据试验得出的各胶水比及其相对应的混凝土强度线性关系图或插值法,确定略大于混凝土配制强度相对应的胶水比值,并按下列原则确定每立方米混凝土的材料用量。

①在基准配合比的基础上,用水量(m_{wb})和外加剂用量(m_{ab})应根据确定的水胶比作调整。

②胶凝材料用量(m_{bb}):应以用水量乘以确定出的胶水比计算而得。
③粗细集料用量(m'_{gb} 和 m_{sb}):应根据用水量和胶凝材料用量进行调整。

(2)根据实测拌合物湿表观密度校正配合比。根据强度检验结果校正后定出的混凝土配合比,计算出混凝土拌合物的表观密度计算值 ρ_{cc},即

$$\rho_{c,c} = m_{cb} + m_{fb} + m_{wb} + m_{sb} + m_{gb} \tag{4-19}$$

混凝土配合比校正系数按下式计算:

$$\delta = \frac{\rho_{c,t}}{\rho_{c,c}} \tag{4-20}$$

式中:δ——混凝土配合比校正系数;
$\rho_{c,t}$——混凝土拌合物表观密度实测值,kg/m³;
$\rho_{c,c}$——混凝土拌合物表观密度计算值,kg/m³。

当混凝土表观密度实测值与计算值之差的绝对值不超过计算值的2%时,按强度检验结果修正后确定的配合比 $m_{cb}:m_{fb}:m_{wb}:m_{sb}:m_{gb}$ 即为确定的试验室配合比;若二者之差超过计算值的2%时,则须将配合比中各材料用量分别乘以校正系数 δ,即得最终确定的试验室配合比。

$$\begin{cases} m'_{fb} = m_{fb}\delta \\ m'_{cb} = m_{cb}\delta \\ m'_{wb} = m_{wb}\delta \\ m'_{sb} = m_{sb}\delta \\ m'_{gb} = m_{gb}\delta \end{cases} \tag{4-21}$$

4. 施工配合比换算

混凝土试验室配合比计算用料是以干燥集料为基准的,但实际工地使用的集料常含有一定的水分,因此必须进行换算。

设施工现场实测砂、石含水率分别为 $a\%$、$b\%$,则施工配合比中各材料单位用量:

$$\begin{cases} m_f = m'_{fb} \\ m_c = m'_{cb} \\ m_s = m'_{sb}(1+a\%) \\ m_g = m'_{gb}(1+b\%) \\ m_w = m'_{wb} - (m'_{sb} \cdot a\% + m'_{gb} \cdot b\%) \end{cases} \tag{4-22}$$

施工配合比为 $m_c:m_f:m_w:m_s:m_g$ 或 $1:m_f/m_c:m_s/m_c:m_g/m_b;W/B = m_w/m_b$。

普通混凝土配合比设计例题一
(采用以抗压强度为指标的设计方法)

【题目】 试设计一普通钢筋混凝土配合比
【原始资料】
(1)已知混凝土设计强度等级为 C30。无强度历史统计资料,要求混凝土拌合物坍落度为 50~70mm。所在地区属非寒冷地区。

(2)组成材料:

①可供应硅酸盐水泥,强度等级为42.5,密度$\rho_c = 3.1 \text{g/cm}^3$,富余系数$\gamma_c = 1.06$;

②Ⅰ级粉煤灰,掺量为10%,密度为$\rho_f = 2.2 \text{g/cm}^3$;

③砂为中砂,表观密度$\rho_s = 2.64 \text{g/cm}^3$;

④碎石最大粒径$d_{max} = 31.5 \text{mm}$,表观密度$\rho_g = 2.70 \text{g/cm}^3$。

【设计要求】

(1)按题给资料计算出初步配合比。

(2)按初步配合比在试验室进行材料调整得出试验室配合比。

【设计步骤】

(一)计算初步配合比

1. 确定混凝土配制强度($f_{cu,0}$)

按题意已知:设计要求混凝土强度$f_{cu,k} = 30 \text{MPa}$,无历史统计资料,查表4-14得,标准差$\sigma = 5.0 \text{MPa}$。按式(4-8),计算混凝土配制强度:

$$f_{cu,0} = f_{cu,k} + 1.645\sigma = 30 + 1.645 \times 5 = 38.2 (\text{MPa})$$

2. 计算水胶比(W/B)

(1)混凝土强度等级不大于C60时,混凝土水胶比宜按式(4-11)计算。

根据题意掺入10%的粉煤灰,由表4-12查得$\gamma_f = 0.90$,$\gamma_s = 1.0$,由式(4-6)和式(4-5)计算f_{ce}和f_b:

$$f_{ce} = \gamma_c f_{ce,g} = 1.06 \times 42.5 = 45.1 (\text{MPa})$$

$$f_b = \gamma_f \gamma_s f_{ce} = 0.90 \times 1.0 \times 45.1 = 40.6 (\text{MPa})$$

无混凝土回归系数统计资料,由表4-11查得碎石$\alpha_a = 0.53$,$\alpha_b = 0.20$,代入式(4-11)得:

$$\frac{W}{B} = \frac{\alpha_a f_b}{f_{cu,0} + \alpha_a \alpha_b f_b} = \frac{0.53 \times 40.6}{38.2 + 0.53 \times 0.20 \times 40.6} = 0.51$$

(2)按耐久性校核水灰比。

根据混凝土所处环境条件属于非寒冷地区,查表4-16得所属环境为二 a 区,由表4-15,得混凝土最大水胶比为0.55,符合耐久性要求,故取水胶比为0.51。

3. 确定单位用水量(m_{w0})

由题意已知,要求混凝土拌合物坍落度50~70mm,碎石最大粒径为31.5mm。查表4-18,选用混凝土用水量:$m_{w0} = 195 \text{kg/m}^3$。

4. 计算单位胶凝材料、矿物掺合料和水泥用量

(1)每立方米混凝土拌合物的用水量选定后即按式(4-14)计算胶凝材料用量(m_{b0}):

$$m_{bo} = \frac{m_{wo}}{\frac{W}{B}} = \frac{195}{0.51} = 382 \, (\text{kg/m}^3)$$

《普通混凝土配合比设计规程》(JGJ 55—2011)规定混凝土的最小胶凝材料用量应满足表4-4的要求:当水胶比为0.55时,最小胶凝材料用量为300kg/m³。计算所得的胶凝材料用量满足此要求。

(2)每立方米混凝土的粉煤灰用量 m_{fo},应按式(4-15)计算:

$$m_{fo} = m_{bo}\beta_f = 382 \times 10\% = 38 \, (\text{kg/m}^3)$$

(3)每立方米混凝土的水泥用量(m_{co})应按式(4-16)计算:

$$m_{co} = m_{bo} - m_{fo} = 382 - 38 = 344 \, (\text{kg/m}^3)$$

5. 选定砂率(β_s)

已知集料采用碎石,最大粒径31.5mm,水胶比$W/B = 0.51$,设计坍落度为50~70mm。查表4-19,选定混凝土砂率取$\beta_s = 35\%$。

6. 计算砂石用量

1)采用质量法

已知:单位水泥用量$m_{co} = 344\text{kg/m}^3$,单位粉煤灰用量38kg/m³,单位用水量$m_{wo} = 195\text{kg/m}^3$,混凝土拌合物假定质量$m_{cp} = 2450\text{kg/m}^3$,砂率$\beta_s = 35\%$。由式(4-17)得:

$$\begin{cases} m_{so} + m_{go} = m_{cp} - m_{fo} - m_{co} - m_{wo} \\ \beta_s = \dfrac{m_{so}}{m_{so} + m_{go}} \times 100 \end{cases}$$

$$\begin{cases} m_{so} + m_{go} = 2450 - 344 - 38 - 195 \\ \dfrac{m_{so}}{m_{so} + m_{go}} = 0.35 \end{cases}$$

解得:砂用量$m_{so} = 656\text{kg/m}^3$,碎石用量$m_{go} = 1218\text{kg/m}^3$

质量法计算得初步配合比:

$$m_{co} : m_{fo} : m_{wo} : m_{so} : m_{go} = 344 : 38 : 195 : 656 : 1218$$

2)采用体积法

已知:水泥密度$\rho_c = 3.1\text{g/cm}^3$,粉煤灰密度$\rho_f = 2.2\text{g/cm}^3$,砂表观密度$\rho_s = 2.64\text{g/cm}^3$,碎石表观密度$\rho_g = 2.70\text{g/cm}^3$。非引气混凝土,$\alpha = 1$,由式(4-18)得:

$$\begin{cases} \dfrac{m_{so}}{2640} + \dfrac{m_{go}}{2700} = 1 - \dfrac{38}{2200} - \dfrac{344}{3100} - \dfrac{195}{1000} - 0.01 \times 1 \\ \dfrac{m_{so}}{m_{so} + m_{go}} = 0.35 \end{cases}$$

解得:砂用量$m_{so} = 635\text{kg/m}^3$;碎石用量$m_{go} = 1180\text{kg/m}^3$

按体积法计算得初步配合比:

$$m_{co}:m_{fo}:m_{wo}:m_{so}:m_{go} = 344:38:195:635:1180$$

(二)调整工作性,提出基准配合比

1. 计算试拌材料用量

按计算初步配合比(以体积法计算结果为例)试拌 15L 混凝土拌合物,各种材料用量如下。

水泥:$344 \times 0.015 = 5.16(kg)$

粉煤灰:$38 \times 0.015 = 0.57(kg)$

水:$195 \times 0.015 = 2.93(kg)$

砂:$635 \times 0.015 = 9.52(kg)$

碎石:$1180 \times 0.015 = 17.7(kg)$

2. 调整工作性

按计算材料用量拌制混凝土拌合物,测定其坍落度为 40mm,未满足设计要求的施工和易性。为此,保持水胶比不变,增加 5% 胶浆。再经拌和测坍落度为 60mm,黏聚性和保水性亦良好,满足施工和易性要求。此时,混凝土拌合物各组成材料实际用量如下。

水泥:$344 \times (1 + 5\%) = 361(kg)$

粉煤灰:$38 \times (1 + 5\%) = 40(kg)$

水:$195 \times (1 + 5\%) = 205(kg)$

砂:$635(kg)$

碎石:$1180(kg)$

3. 提出基准配合比

调整工作性后,混凝土拌合物的基准配合比为:

$$m_{ca}:m_{fa}:m_{wa}:m_{sa}:m_{ga} = 361:40:205:635:1180$$

(三)检验强度,确定试验室配合比

1. 检验强度

采用水胶比分别为 $(W/B)_A = 0.46$、$(W/B)_B = 0.51$ 和 $(W/B)_C = 0.56$ 拌制三组混凝土拌合物。砂、碎石用量不变,单位用水量亦保持不变,则三组水泥用量分别为 A 组 401kg、B 组 361kg、C 组 329kg;粉煤灰用量分别为 A 组 44kg、B 组 40kg、C 组 37kg。除基准配合比一组外,其他两组亦经测定,坍落度、黏聚性和保水性均合格。

按三组配合比经拌制成型,在标准条件养护 28d 后,按规定方法测定其立方体抗压强度值,列于表 4-21 中。

不同水胶比的混凝土强度值　　　　表 4-21

组别	水胶比 W/B	胶水比 B/W	28d 立方体抗压强度 $f_{cu,28}$(MPa)
A	0.46	2.17	46.3
B	0.51	1.96	39.0
C	0.56	1.78	34.2

根据表 4-21 中试验结果,绘制混凝土 28d 立方体抗压强度($f_{cu,28}$)与胶水比(B/W)关系图,如图 4-13 所示。由图可知,相应混凝土配制强度 $f_{cu,0}=38.2$ MPa 的胶水比 $B/W=1.93$,即水胶比 $W/B=0.52$。

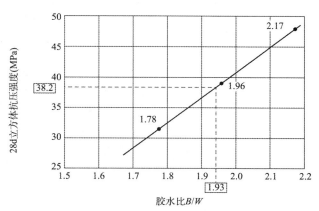

图 4-13　混凝土 28d 抗压强度与胶水比关系曲线

2. 确定试验室配合比

(1)按强度试验结果修正配合比,各材料用量如下。

用水量:$m_{wb}=205$(kg/m^3);

胶凝材料用量:$m_{bb}=205/0.52=394$(kg/m^3);

粉煤灰用量:$m_{fb}=m_{bb}\times 10\%=39$($kg/m^3$);

水泥用量:$m_{cb}=m_{bb}-m_{fb}=355$(kg/m^3)。

砂、石用量按质量法计算:

$$\begin{cases} \dfrac{m_{so}}{2640}+\dfrac{m_{go}}{2700}=1-\dfrac{39}{2200}-\dfrac{355}{3100}-\dfrac{205}{1000}-0.01\times 1 \\ \dfrac{m_{so}}{m_{so}+m_{go}}=0.35 \end{cases}$$

解得:砂用量 $m_{sb}=612 kg/m^3$;碎石用量 $m_{gb}=1136 kg/m^3$。

修正后配合比为 $m_{cb}:m_{fb}:m_{wb}:m_{sb}:m_{gb}=355:39:205:612:1136$。

(2)根据混凝土的表观密度修正配合比。

计算湿表观密度:$\rho_c=39+355+205+612+1136=2347$($kg/m^3$);

实测湿表观密度:$\rho_t=2375 kg/m^3$;

修正系数:$\delta=2375/2347=1.01$。

因为混凝土表观密度实测值与计算值之差的绝对值小于计算值的 2%,则不需要修正,因此,试验室配合比为:

$$m_{cb}:m_{fb}:m_{wb}:m_{sb}:m_{gb}=355:39:205:612:1136$$

(四) 换算施工配合比

根据施工现场实测,砂、石的含水率分别为3%和1%,则施工配合比的各种材料的用量如下。

水泥用量:$m_c = 355 (kg/m^3)$;

粉煤灰用量:$m_f = 39 (kg/m^3)$;

砂用量:$m_s = 612 \times (1 + 3\%) = 630 (kg/m^3)$;

碎石用量:$m_g = 1136 \times (1 + 1\%) = 1147 (kg/m^3)$;

用水量:$m_w = 205 - (612 \times 3\% + 1136 \times 1\%) = 175 (kg/m^3)$;

施工配合比为 $m_c : m_f : m_w : m_s : m_g = 355 : 39 : 175 : 630 : 1147$。

四、混凝土外加剂

在混凝土拌合物中掺入不大于胶凝材料质量5%,能改善混凝土拌合物或硬化后混凝土某些性质的材料,称为外加剂。混凝土外加剂的应用促进了混凝土技术的飞速进步,经济效益十分显著,使得高强高性能混凝土的生产和应用成为现实。

混凝土外加剂一般根据其主要功能进行分类:

(1)改善混凝土流动性能的外加剂主要有减水剂、引气剂、泵送剂等。

(2)改善混凝土凝结硬化性能的外加剂主要有速凝剂、缓凝剂、早强剂等。

(3)改善混凝土含气量的外加剂主要有引气剂、加气剂、泡沫剂等。

(4)改善混凝土耐久性的外加剂主要有引气剂、防水剂、阻锈剂等。

(5)提供混凝土特殊性能的外加剂主要有防冻剂、膨胀剂、着色剂、引气剂和泵送剂等。

(一) 减水剂

减水剂是在混凝土坍落度基本相同条件下,能减少拌和用水量;或者在混凝土配合比不变的情况下,能增加混凝土坍落度的外加剂。根据减水率大小或坍落度增加幅度分为普通减水剂和高效减水剂。普通减水剂是在保持混凝土稠度不变的条件下,减水率不小于8%的外加剂;高效减水剂是在保持混凝土稠度不变的条件下,减水率不小于14%的外加剂。还有复合型减水剂,如引气型减水剂,既具有减水作用,同时具有引气作用;早强型减水剂,既具有减水作用,又具有提高早期强度作用,同时具有延缓凝结时间的功能等。

1. 作用机理

减水剂实际上是一种表面活性剂,长分子链一端易溶于水为亲水基团,另一端难溶于水为憎水基团,在混凝土拌合物中起到了提高流动性的作用,体现为分散作用和润滑作用,如图4-14~图4-16所示。

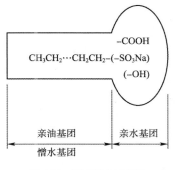

图4-14 减水剂分子构造

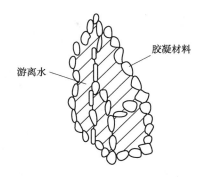

图4-15 未掺减水剂的胶凝材料——絮凝结构

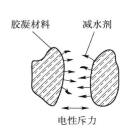

a)减水剂定向排列产生电性斥力

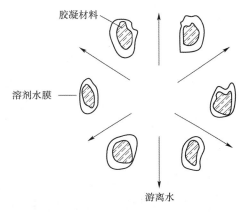

b)减水剂的定向排列与水缔结作用,使絮凝结构中的游离水释放出来

图4-16 减水剂对胶凝材料颗粒的分散作用

(1)分散作用:胶凝材料和水拌和后,胶凝材料水化过程中水化产物所带电荷不同,在没有掺加外加剂时,异性电荷相互吸引而产生絮凝结构,结构中包裹着很多拌和水,导致工作性降低,为了提高工作性,必须增加用水量,而混凝土硬化后使孔隙增多,这样降低了混凝土的强度和耐久性。当加入减水剂后,憎水基团吸附于胶凝材料颗粒表面,亲水基团朝向水,由于减水剂的定向排列,使胶凝材料颗粒表面带有同性电荷(通常为负电荷),因同性相斥产生了电性斥力,使胶凝材料颗粒互相分散,使絮凝结构破坏,释放出被包裹的部分水分,参与流动,从而有效地增加混凝土拌合物的流动性。

(2)润滑作用:减水剂中的亲水基团极性很强,胶凝材料颗粒表面的减水剂吸附膜能与水分子形成一层稳定的溶剂化水膜,这层水膜具有很好的润滑作用,能有效降低胶凝材料颗粒间的滑动阻力,从而使混凝土流动性进一步提高。

2. 经济效果

(1)当混凝土配合比不变时,可不同程度地增大坍落度,且不影响混凝土的强度,从而方便施工。

(2)保持流动性和胶凝材料用量不变时,则可减少拌和用水量10%~20%,使水胶比降低,混凝土强度提高15%~20%,同时提高耐久性。

(3)保持混凝土强度和流动性不变条件下,可节约胶凝材料用量10%~15%。

减水剂的主要技术经济效果见表 4-22。

减水剂对混凝土的技术经济效果　　　　表 4-22

编号	混凝土名称	试验目的	材料组成				技术性质	
			胶凝材料用量（kg/m³）	用水量（kg/m³）	水胶比	外加剂UNF(%)	坍落度（mm）	抗压强度 $f_{cu,28}$（MPa）
1	基准混凝土	对照组	382	195	0.51	—	60	38.2
2	掺外加剂的混凝土	增大流动性	382	195	0.51	0.5	90	38.5
3		提高强度	382	176	0.46	0.5	60	44.5
4		节约胶凝材料	342	176	0.51	0.5	60	38.0

3. 应用

普通减水剂适用于日最低气温 +5℃ 以上的混凝土工程及各种预制混凝土、钢筋混凝土、预应力混凝土、泵送混凝土、大体积混凝土及大模板、滑模等工程施工中。

高效减水剂适用于日最低气温 +0℃ 以上的混凝土工程及各种高强混凝土、早强混凝土、大流动度混凝土及蒸养混凝土等。

(二) 引气剂

引气剂是掺入混凝土中经搅拌能引入大量均匀分布、稳定而封闭的微小气泡，并能将气泡保留在硬化混凝土中的外加剂。由于在拌合物中引入大量均匀分布的气泡，明显改善混凝土的工作性，同时气泡彼此隔离使水分不易渗入，因而提高了混凝土耐久性，但强度会降低。引气剂会对混凝土的性能产生有利与不利的影响：

(1) 抗冻性——引气剂可以改善混凝土或砂浆的抗冻性。

(2) 抗渗性——引气剂能提高混凝土或砂浆的抗渗性。

(3) 流动性——引气剂可使混凝土拌合物的流动性有所提高。

(4) 泌水性——引气剂可以增加混凝土拌合物的黏聚性。

(5) 强度——引气剂使混凝土中气泡数量增多，使硬化浆体的有效面积减小，这自然会使混凝土的强度有所降低。

(6) 钢筋握裹力——引气剂使混凝土中引入了更多的空气泡，减少了它的净截面积，因而使混凝土对钢筋的黏结强度有所降低。

混凝土单掺引气剂主要起改善工作性与抗冻性的作用，但由于对强度有影响，故应用时有所限制。而引气减水剂不仅有引气作用，还起减水作用，可提高混凝土强度、节约胶凝材料用量，应用范围可扩大。

引气剂及引气减水剂可用于抗冻混凝土和大面积易受冻融破坏的混凝土，如公路路面、机场飞机跑道等；可用于有抗渗要求的防水混凝土；可用于抗盐类结晶破坏及抗碱腐蚀混凝土；可用于泵送混凝土、大流动度混凝土，并能改善混凝土表面抹光性能；可用于集料质量相对较差以及轻集料混凝土。而引气剂不宜用于蒸养混凝土及预应力混凝土。抗冻性要求高的混凝土，必须掺用引气剂或引气减水剂，其掺量应根据混凝土的含气量要求，通过试验确定。

(三）缓凝剂

能延缓水泥凝结时间的外加剂,称缓凝剂。常用的缓凝剂有酒石酸钠、柠檬酸、糖蜜、含氧有机酸、多元醇,其掺量一般为胶凝材料质量的0.01%~0.20%。缓凝作用是由于在胶凝材料颗粒表面形成了不溶性物质,使胶凝悬浮体的稳定程度提高并抑制其颗粒凝聚,因而延缓胶凝材料的水化和凝结,同时还具有降低水化热等功能。

缓凝剂及缓凝减水剂可用于大体积混凝土,夏季和炎热地区的混凝土施工;泵送与滑模方法施工以及远距离运输的商品混凝土。

(四）早强剂

能加速混凝土早期强度,并对后期强度无显著影响的外加剂,称为早强剂。除氯盐和硫酸盐以外的多种早强型外加剂,如亚硝酸盐、铬酸盐等,以及有机物早强剂,如三乙醇胺、甲酸钙、尿素等,并且在早强剂的基础上,生产应用多种复合型外加剂,如早强减水剂、早强防冻剂和早强型泵送剂等。主要作用机理是加速胶凝材料水化速度,加速水化产物的早期结晶和沉淀。主要功能是缩短混凝土施工养护期,加快施工进度,提高模板的周转率。

早强剂及早强减水剂主要适用于日最低气温-5℃以上及有早强或防冻要求的混凝土工程、常温或低温下有早强要求的混凝土及蒸汽养护混凝土。

(五）速凝剂

能使混凝土迅速凝结硬化的外加剂,称为速凝剂。速凝剂与胶凝材料在加水时迅速反应使胶凝材料中石膏失去缓凝作用,导致胶浆迅速凝结,可用于喷射混凝土、喷射砂浆、临时性堵漏用砂浆及混凝土。

(六）防水剂

防水剂是一种能减少孔隙和堵塞毛细通道,用以降低混凝土在静水压力下透水性的外加剂。防水剂使混凝土抗渗性大大增强,可用于有防水抗渗要求的混凝土工程（水工、地下室、隧道等）。

(七）其他外加剂

除上述外加剂外,其他几种混凝土外加剂如下。

（1）阻锈剂：能抑制或减轻混凝土中钢筋或其他预埋金属锈蚀的外加剂。

（2）加气剂：也称发泡剂,混凝土制备过程中因发生化学反应,放出气体,而使硬化混凝土中形成大量气孔的外加剂。

（3）膨胀剂：使混凝土产生一定体积膨胀的外加剂。

（4）防冻剂：使混凝土在负温下硬化并在规定时间达到足够防冻强度的外加剂,用于一定负温条件下混凝土施工。

（5）着色剂：能具有稳定改变混凝土颜色的外加剂。

（6）泵送剂：能改善混凝土拌合物泵送性能的外加剂。

五、掺外加剂的普通混凝土配合比设计

1. 确定试配强度的水胶比

与前述普通混凝土配合比设计方法相同,按式(4-8)确定混凝土试配强度$f_{cu,0}$,然后按式(4-11)计算水胶比。

2. 计算掺外加剂混凝土的单位用水量

根据集料的品种和规格,外加剂的类型、掺量以及施工工作性的要求,按下式确定每立方米混凝土的用水量。

$$m_{w,ad} = m_w(1 - \beta_{ad}) \tag{4-23}$$

式中:m_w——每立方米基准混凝土(未掺外加剂的混凝土)中的用水量,kg/m³;

β_{ad}——外加剂的减水率,无减水作用的外加剂$\beta_{ad} = 0$;

$m_{w,ad}$——每立方米外加剂混凝土的用水量,kg/m³。

3. 计算外加剂混凝土的单位胶凝材料用量

(1)每立方米混凝土拌合物的用水量选定后即按式(4-24)计算胶凝材料用量($m_{b,ad}$):

$$m_{b,ad} = B/W \cdot m_{w,ad} \tag{4-24}$$

式中:$m_{b,ad}$——计算配合比每立方米外加剂混凝土的单位胶凝材料用量,kg/m³。

(2)每立方米混凝土的矿物掺合料用量$m_{f,ad}$,应按下式计算:

$$m_{f,ad} = m_{b,ad}\beta_f \tag{4-25}$$

式中:$m_{f,ad}$——计算配合比每立方米外加剂混凝土中的矿物掺合料用量,kg/m³;

β_f——矿物掺合料掺量,%,可由表4-2或表4-3确定。

(3)每立方米混凝土的水泥用量($m_{c,ad}$)应按下式计算:

$$m_{c,ad} = m_{b,ad} - m_{f,ad} \tag{4-26}$$

式中:$m_{c,ad}$——计算配合比每立方米外加剂混凝土中的水泥用量,kg/m³。

4. 计算单位粗、细集料用量

根据表4-19选定砂率β_s,然后用质量法或体积法确定粗、细集料用量。

5. 试拌调整

根据计算所得各种材料用量进行混凝土试拌,如不满足要求则应对材料用量进行调整,重新计算和试拌,达到设计要求为止。

普通混凝土配合比设计例题二
(掺外加剂的普通混凝土配合比设计)

【题目】 按普通混凝土设计例题一资料,掺加高效减水剂UNF-5,掺加量为0.5%,减水率$\beta_{ad} = 10\%$,试求该混凝土配合比。

【设计步骤】

(1) 确定试配强度及水胶比。

由例题一计算得：

试配强度：$f_{cu,0} = 38.2\text{MPa}$

水胶比：$W/B = 0.51$

(2) 计算掺外加剂混凝土的单位用水量。

$$m_{w,ad} = 195 \times (1 - 0.1) = 176\text{kg/m}^3$$

(3) 计算掺外加剂混凝土的单位胶凝材料用量。

① 每立方米混凝土拌合物的用水量选定后即按式(4-24)计算胶凝材料用量($m_{b,ad}$)：

$$m_{b,ad} = 176/0.51 = 345\text{kg/m}^3$$

② 每立方米混凝土的矿物掺合料用量 $m_{f,ad}$ 应按式(4-25)计算：

$$m_{f,ad} = m_{b,ad}\beta_f = 345 \times 10\% = 34.5\text{kg/m}^3$$

③ 每立方米混凝土的水泥用量($m_{c,ad}$)应按式(4-26)计算：

$$m_{c,ad} = m_{b,ad} - m_{f,ad} = 345 - 34.5 = 310.5\text{kg/m}^3$$

(4) 计算掺外加剂混凝土的单位粗、细集料用量。

砂率：$\beta_s = 35\%$，按质量法计算得：

砂用量：$m_{s,ad} = 675\text{kg/m}^3$；

碎石用量：$m_{g,ad} = 1254\text{kg/m}^3$。

(5) 计算外加剂用量。

$$m_{ad} = 345 \times 0.5\% = 1.72\text{kg/m}^3$$

(6) 掺外加剂混凝土的配合比。

$$m_{b,ad} : m_{w,ad} : m_{s,ad} : m_{g,ad} = 345 : 176 : 675 : 1254$$

即

$$m_{b,ad} : m_{s,ad} : m_{g,ad} = 1 : 1.96 : 3.63 ; W/B = 0.51$$

(7) 校核调整。

校核调整方法同前。

六、面层水泥混凝土

水泥混凝土路面面层直接承受车辆动荷载的冲击、摩擦和反复变曲作用，同时还受温度和湿度环境因素的影响，因此，与其他结构物混凝土相比，面层水泥混凝土必须具有足够的强度和耐久性，同时应具有抗滑、耐磨、平整的表面，以确保行车的安全和舒适，而且为了保证施工质量，要求混凝土具有一定工作性(和易性)。而这些要求能否达到，与材料品质、混合料组成具有很大关系。因此，必须研究水泥混凝土的路用要求，分析其影响因素，从而选择合格的材料，根据《公路水泥混凝土路面施工技术细则》(JTG/T F30—2014)，科学地进行配合比设计，为修筑符合标准的水泥混凝土路面提供基本保证。

(一)面层水泥混凝土的技术性质

1. 抗折强度

各种交通荷载等级,对混凝土抗折强度要求不低于表4-23的标准,条件许可时尽量采用较高的强度,特别是特重交通的道路。

面层水泥混凝土抗折强度标准值　　表4-23

交通荷载等级	极重、特重、重	中等	轻
混凝土的抗折强度标准值(MPa)	≥5.0	4.5	4.0
钢纤维混凝土的抗折强度标准值(MPa)	≥6.0	5.5	5.0

2. 工作性(和易性)

混凝土拌合物在施工拌和、运输浇筑、捣实和抹平等过程中不分层、不离析、不泌水,能均匀密实填充在结构物模板内,即具有良好的工作性,符合施工要求。《公路水泥混凝土路面施工技术细则》(JTG/T F30—2014)规定:碎石混凝土滑模摊铺时的坍落度宜为10~30mm,卵石混凝土滑模摊铺时的坍落度宜为5~20mm,振动黏度系数宜为200~500N·s/m²;采用三辊轴机组摊铺时,拌合物的现场坍落度宜为20~40mm;采用小型机具摊铺时,拌合物的现场坍落度宜为5~20mm;拌和机出口拌合物坍落度值,应根据不同工艺摊铺时的坍落度值加上运输过程中坍落度损失值确定。

滑模摊铺机、三辊轴机组、小型机具摊铺的路面混凝土的坍落度和最大单位用水量也要满足相应要求,面层水泥混凝土最大单位用水量具体见表4-24。

面层水泥混凝土最大单位用水量(单位:kg/m³)　　表4-24

施工工艺	碎石混凝土	卵石混凝土	施工工艺	碎石混凝土	卵石混凝土
滑模摊铺机摊铺	160	155	小型机具摊铺	150	145
三辊轴机组摊铺	153	148			

3. 耐久性

混凝土与大自然接触,受到干湿、冷热、水流冲刷、行车磨耗和冲击、腐蚀等作用,要求混凝土路面必须具有良好的耐久性。在混凝土配合比设计时,采用限制最大水灰(胶)比和最小水泥(胶凝材料)用量,来满足路面耐久性的要求,具体见表4-25。最大单位水泥用量不宜大于420kg/m³;使用掺合料时,最大单位胶凝材料总量不宜大于450kg/m³。

各级公路面层水泥混凝土最大水灰(胶)比和最小单位水泥用量　　表4-25

公路等级		高速、一级	二级	三、四级
最大水灰(胶)比		0.44	0.46	0.48
抗冰冻要求最大水灰(胶)比		0.42	0.44	0.46
抗盐冻要求最大水灰(胶)比[①]		0.40	0.42	0.44
最小单位水泥用量(kg/m³)	52.5级	300	300	290
	42.5级	310	310	300
	32.5级	—	—	315

续上表

公路等级		高速、一级	二级	三、四级
抗冰(盐)冻时最小单位水泥用量(kg/m³)	52.5 级	310	310	300
	42.5 级	320	320	315
	32.5 级	—	—	325
掺粉煤灰时最小单位水泥用量(kg/m³)	52.5 级	250	250	245
	42.5 级	260	260	255
	32.5 级	—	—	265
抗冰(盐)冻掺粉煤灰最小单位水泥用量(kg/m³)②	52.5 级	265	260	255
	42.5 级	280	270	265

注:①处在除冰盐、海风、酸雨或硫酸盐等腐蚀性环境中,或在大纵坡等加减速车道上的混凝土,最大水灰(胶)比可比表中数值降低 0.01~0.02。
②掺粉煤灰,并有抗冻性要求时,不得使用 32.5 级水泥。

另外,严寒与寒冷地区面层水泥混凝土的抗冻等级不应低于表 4-26 的要求。

严寒与寒冷地区面层水泥混凝土的抗冻等级要求　　表 4-26

公路等级		高速、一级		二、三、四级	
试件		基准配合比	现场取芯	基准配合比	现场取芯
抗冻等级(F) ≥	严寒地区	300	250	250	200
	寒冷地区	250	200	200	150

注:严寒指当地最冷月平均气温低于 -8℃的地区;寒冷指当地最冷月平均气温在 -8~-3℃的地区。

(二)面层水泥混凝土的组成材料

1. 水泥

水泥是路面混凝土的重要组成材料,直接影响混凝土的强度、早期干缩、温度变形和抗磨性。极重、特重、重交通等级公路面层水泥混凝土宜采用旋窑道路硅酸盐水泥、硅酸盐水泥、普通硅酸盐水泥,中、轻交通等级公路面层水泥混凝土可采用矿渣硅酸盐水泥;高温期施工宜采用普通型水泥,低温期施工宜采用早强型水泥。

《公路水泥混凝土路面施工技术细则》(JTG/T F30—2014)规定:面层水泥混凝土所用水泥技术要求除应满足现行《道路硅酸盐水泥》(GB 13693)或《通用硅酸盐水泥》(GB 175)的规定外,各龄期的实测抗折强度、抗压强度应满足表 4-27 的规定。

面层水泥混凝土用水泥各龄期的实测强度值　　表 4-27

混凝土设计弯拉强度标准(MPa)	5.5*		5.0		4.5		4.0		试验方法
龄期(d)	3	28	3	28	3	28	3	28	—
抗折强度(MPa) ≥	5.0	8.0	4.5	7.5	4.0	7.0	3.0	6.5	GB/T 17671
抗压强度(MPa) ≥	23.0	52.5	17.0	42.5	17.0	42.5	10.0	32.5	GB/T 17671

注:*本栏也适用于设计弯拉强度为 6.0MPa 的纤维混凝土。

水泥进场时每批量应附有化学成分、物理指标、力学指标合格的检验证明。各交通等级面层所使用水泥的化学成分、物理性能等路用品质要求应符合表 4-28 的规定。

各交通等级面层用水泥的化学成分和物理指标　　　　表 4-28

水泥性能		极重、特重、重交通路面	中、轻交通路面
游离氧化钙含量(%)	≤	1.0	1.8
氧化镁含量(%)	≤	5.0	6.0
铁铝酸四钙含量(%)		15.0~20.0	12.0~20.0
铝酸三钙含量(%)	≤	7.0	9.0
三氧化硫含量(%)	≤	3.5	4.0
碱含量 $Na_2O+0.658K_2O$(%)	≤	0.6	怀疑集料有碱性时,0.6;无碱性集料时,1.0
氯离子含量(%)	≤	0.06	0.06
混合材料种类		不得掺窑灰、煤矸石、火山灰、烧黏土、煤渣,有抗盐冻要求时不得掺石灰岩粉	不得掺窑灰、煤矸石、火山灰、烧黏土、煤渣,有抗盐冻要求时不得掺石灰岩粉
出磨时安定性		雷氏夹和蒸煮法检验必须合格	蒸煮法检验必须合格
初凝时间		不早于 90min	不早于 45min
终凝时间		不迟于 600min	不迟于 600min
标准稠度用水量(%)	≤	28	30
比表面积(m^2/kg)		300~450	300~450
细度(80μm 筛余)(%)	≤	10.0	10.0
28d 干缩率(%)	≤	0.09	0.10
耐磨性(kg/m^2)	≤	2.5	3.0

选用水泥除满足表 4-27 和表 4-28 的规定外,还应通过混凝土配合比试验,根据其配制弯拉强度、耐久性和工作性,优选适宜的水泥品种、强度等级。

采用机械化铺筑时,宜选用散装水泥。高温期施工时,散装水泥的入罐温度不宜高于 60℃;低温期施工时,水泥进入搅拌缸前的温度不宜低于 10℃。

2.掺合料

使用道路硅酸盐水泥或硅酸盐水泥时,可在混凝土中掺入适量的粉煤灰;使用其他水泥时,不应掺入粉煤灰。混凝土路面在掺用粉煤灰时,质量指标应符合表 4-29 规定的Ⅱ级粉煤灰,不得掺用高钙粉煤灰或Ⅲ级及Ⅲ级以下低钙粉煤灰。

掺加于面层水泥混凝土中的矿渣粉、硅灰,其质量应符合表 4-29 规定。使用矿渣硅酸盐水泥时不得再掺加矿渣粉。高温期施工时,不宜掺用硅灰。

3.粗集料与再生粗集料

(1)质量要求

粗集料应使用质地坚硬、耐久、洁净的碎石、碎卵石和卵石,极重、特重、重交通荷载等级公路面层水泥混凝土用粗集料不应低于表 4-30 中Ⅱ级的要求,中、轻交通荷载等级公路面层水泥混凝土用粗集料可使用Ⅲ级粗集料。

低钙粉煤灰、矿渣粉和硅灰的质量标准 表4-29

种类		细度(45μm气流筛,筛余量)(%)	烧失量(%)	需水量(%)	含水率(%)	游离氧化钙含量(%)	SO₃(%)	混合砂浆强度活性指数(%)①	
								7d	28d
粉煤灰	Ⅰ	≤12	≤5	≤95	≤1.0	<1.0	≤3	≥75	≥85(75)
	Ⅱ	≤25	≤8	≤105	≤1.0	<1.0	≤3	≥70	≥80(62)
	Ⅲ	≤45	≤15	≤115	≤1.0	<1.0	≤3	—	—

种类		比表面积(m²/kg)	密度(g/cm³)	烧失量(%)	流动度比(%)	含水率(%)	氯离子含量(%)	玻璃体含量(%)	游离氧化钙含量(%)	SO₃(%)	混合砂浆强度活性指数(%)	
											7d	28d
磨细矿渣粉	S105	≥500	≥2.80	≤3.0	≥95.0	≤1.0	<0.06	≥85.0	<1.0	≤4.0	≥95	≥105
	S95	≥400									≥75	≥95
硅灰		≥15000	≥2.10	≤6.0	—	≤3.0	<0.06	≥90.0	<1.0			≥105

注:①混合砂浆强度活性指数为掺粉煤灰的砂浆与水泥砂浆的抗压强度比的百分数,不带括号的数值适用于所配制混凝土强度等级不小于C40时;当配制的混凝土强度等级小于C40时,混合砂浆强度活性指数应满足28d括号中的数值的要求。

粗集料与再生集料质量标准 表4-30

技术指标		技术要求					
		粗集料			再生粗集料		
		Ⅰ级	Ⅱ级	Ⅲ级	Ⅰ级	Ⅱ级	Ⅲ级
碎石压碎指标(%)	≤	18	25	30	21	30	43
卵石压碎指标(%)	≤	21	23	26			
坚固性(按质量损失计)(%)	≤	5	8	12	5	10	15
针片状颗粒含量(按质量计)(%)	≤	8	15	20	10	10	10
含泥量(按质量计)(%)	≤	0.5	1.0	2.0	—	—	—
微粉含量(按质量计)(%)	≤	—	—	—	1	2	3
泥块含量(按质量计)(%)	≤	0.2	0.5	0.7	0.5	0.7	1.0
吸水率(按质量计)(%)	≤	1.0	2.0	3.0	3	5	8
洛杉矶磨耗损失(%)	≤	28	32	35	35	40	45
有机物含量(比色法)		合格	合格	合格			
硫化物及硫酸盐(按SO₃质量计)(%)	≤	0.5	1.0	1.0	2	2	2
氯化物含量(以氯离子质量计)(%)	≤	—	—	—	0.06	0.06	0.06
岩石抗压强度(MPa)≥	岩浆岩	100			—	—	—
	变质岩	80					
	沉积岩	60					

续上表

技术指标		技术要求					
		粗集料			再生粗集料		
		Ⅰ级	Ⅱ级	Ⅲ级	Ⅰ级	Ⅱ级	Ⅲ级
表观密度(kg/m³)	≥	2500			2450	2350	2250
松散堆积密度(kg/m³)	≥	1350			—	—	—
空隙率(%)	≤	47			47	50	53
杂物含量(按质量计)(%)	≤	—			1	1	1
磨光值(%)	≤	35					
碱集料反应		不得有碱活性反应或疑似碱活性反应			—	—	—

中、轻交通荷载等级公路面层水泥混凝土可使用再生粗集料,其质量应符合表4-30规定。再生粗集料是指利用旧结构混凝土经机械破碎筛分制得的粗集料,可单独或掺配新集料后使用,有抗冰冻、抗盐冻要求时,再生粗集料不应低于Ⅱ级;无抗冰冻、抗盐冻要求时可使用Ⅲ级再生粗集料。再生粗集料不得用于裸露粗集料的水泥混凝土抗滑表层,不得使用出现碱活性反应的混凝土为原料破碎生产的再生粗集料。

(2)公称最大粒径和级配

粗集料与再生粗集料应根据混凝土配合比的公称最大粒径分为2~4个单粒级的集料,并掺配使用。粗集料与再生粗集料的合成级配及单粒级级配范围宜符合表4-31的要求。

粗集料与再生粗集料级配范围 表4-31

级配类型		方孔筛尺寸(mm)						
		2.36	4.75	9.5	16.0	19.0	26.5	31.5	37.5
		累计筛余(以质量计)(%)							
合成级配	4.75~16.0	95~100	85~100	40~60	0~10				
	4.75~19.0	95~100	85~95	60~75	30~45	0~5	0		
	4.75~26.5	95~100	90~100	70~90	50~70	25~40	0~5	0	
	4.75~31.5	95~100	90~100	75~90	60~75	40~60	20~35	0~5	
单粒级级配	4.75~9.5	95~100	80~100	0~15	0				
	9.5~16.0		95~100	80~100	0~15	0			
	9.5~19.0		95~100	85~100	40~60	0~15	0		
	16.0~26.5			95~100	55~70	25~40	0~10	0	
	16.0~31.5			95~100	85~100	55~70	25~40	0~10	0

各种面层水泥混凝土配合比的不同种类粗集料与再生粗集料公称最大粒径宜符合表4-32的规定。

各种面层水泥混凝土配合比的不同种类粗集料与再生粗集料公称最大粒径（mm） 表 4-32

交通荷载等级		极重、特重、重		中、轻	
面层类型		水泥混凝土	纤维混凝土、配筋混凝土	水泥混凝土	碾压混凝土、砌块混凝土
最大公称粒径	碎石	26.5	16.0	31.5	19.0
	破碎卵石	19.0	16.0	26.5	19.0
	卵石	16.0	9.5	19.0	16.0
	再生粗集料	—	—	26.5	19.0

4. 细集料

（1）质量要求

细集料应采用质地坚硬、耐久、洁净的天然砂、机制砂或混合砂。极重、特重、重交通荷载等级公路路面水泥混凝土用天然砂质量不低于表 4-33 中 Ⅱ 级的要求，中、轻交通荷载等级公路面层水泥混凝土可使用 Ⅲ 级天然砂。

天然砂的质量标准 表 4-33

项目		技术要求		
		Ⅰ 级	Ⅱ 级	Ⅲ 级
坚固性（按质量损失计）（%）	≤	6	8	10
含泥量（按质量计）（%）	≤	1.0	2.0	3.0
泥块含量（按质量计）（%）	≤	0	0.5	1.0
氯离子含量（按质量计）（%）	≤	0.02	0.03	0.06
云母含量（按质量计）（%）	≤	1.0	1.0	2.0
硫化物及硫酸盐（按 SO_3 质量计）（%）	≤	0.5	0.5	0.5
海砂中的贝壳类物质含量（按质量计）（%）	≤	3.0	5.0	8.0
轻物质含量（%）	≤	1.0		
吸水率（按质量计）（%）	≤	2.0		
表观密度（kg/m³）	≥	2500		
松散堆积密度（kg/m³）	≥	1400		
空隙率（%）	≤	45		
有机物（比色法）		合格		
碱集料反应		不得有碱活性反应或疑似碱活性反应		
结晶态二氧化硅含量（%）	≥	25		

机制砂宜采用碎石作为原料，用专用设备生产。极重、特重、重交通荷载等级公路路面水泥混凝土用机制砂质量不低于表 4-34 中 Ⅱ 级的要求，中、轻交通荷载等级公路面层水泥混凝土可使用 Ⅲ 级机制砂。

机制砂的质量标准 表4-34

项目			I级	II级	III级
机制砂母岩的抗压强度(MPa)		≥	80	60	30
机制砂母岩的磨光值		≥	38	35	30
机制砂单粒级最大压碎值(%)		≤	20	25	30
坚固性(按质量损失计)(%)		≤	6	8	10
氯离子含量(按质量计)(%)		≤	0.01	0.02	0.06
云母含量(按质量计)(%)		≤	1.0	2.0	2.0
硫化物及硫酸盐(按SO_3质量计)(%)		≤	0.5	0.5	0.5
泥块含量(按质量计)(%)		≤	0	0.5	1.0
石粉含量(%)<	MB值<1.40或合格		3.0	5.0	7.0
	MB值≥1.40或不合格		1.0	3.0	5.0
轻物质含量(%)		≤	1.0		
吸水率(按质量计)(%)		≤	2.0		
表观密度(kg/m³)		≥	2500		
松散堆积密度(kg/m³)		≥	1400		
空隙率(%)		≤	45		
有机物含量(比色法)			合格		
碱集料反应			不得有碱活性反应或疑似碱活性反应		

(2)级配和细度

天然砂的级配范围宜符合表4-35的规定,面层水泥混凝土使用的天然砂细度模数宜在2.0~3.7之间。

天然砂的推荐级配范围 表4-35

砂分级	细度模数	方孔筛尺寸(mm)							
		9.5	4.75	2.36	1.18	0.6	0.3	0.15	0.075
		通过各筛孔的质量百分率(%)							
粗砂	3.1~3.7	100	90~100	65~95	35~65	15~30	5~20	0~10	0~5
中砂	2.3~3.0	100	90~100	75~100	50~90	30~60	8~30	0~10	0~5
细砂	1.6~2.2	100	90~100	85~100	75~100	60~84	15~45	0~10	0~5

机制砂的范围宜符合表4-36的规定,面层水泥混凝土使用的机制细度模数宜在2.3~3.1之间。

机制砂的级配范围 表4-36

机制砂分级	细度模数	方孔筛尺寸(mm)						
		9.5	4.75	2.36	1.18	0.6	0.3	0.15
		水洗法通过各筛孔的质量百分率(%)						
Ⅰ级砂	2.3~3.1	100	90~100	80~95	50~85	30~60	10~20	0~10
Ⅱ、Ⅲ级砂	2.8~3.9	100	90~100	50~95	30~65	15~29	5~20	0~10

配筋混凝土路面及钢纤维混凝土路面中不得使用海砂;细度模数差值超过0.3的砂应分别进行配合比设计;采用机制砂时,外加剂宜采用引气高效减水剂或高性能减水剂。

5. 水

饮用水可直接作为混凝土搅拌和养护用水。对水质有疑问时,应检验相关指标,合格者方可使用。

6. 外加剂

外加剂可以改变混凝土的性能,通常掺入的外加剂有减水剂、引气剂、缓凝剂、抗冻剂等。外加剂产品复配使用时,不得有絮凝现象,应使用工程实际用的水泥、集料和拌和用水重新试配,确定其性能满足要求后方可使用。滑模摊铺施工的水泥混凝土面层宜采用引气高效减水剂;高温施工混凝土拌合物的初凝时间短于180min时,宜采用缓凝引气高效减水剂;低温施工混凝土拌合物终凝时间长于60min时,宜采用早强引气高效减水剂。有抗冰冻、抗盐冻要求时,各级公路水泥混凝土面层及暴露结构混凝土应掺入引气剂;无抗冻要求地区的二级及二级以上公路水泥混凝土面层宜掺入引气剂。处在海水、海风、氯离子环境或冬季撒除冻盐的路面或桥面钢筋混凝土、钢纤维混凝土中可掺用或复配阻锈剂。

(三) 公路面层水泥混凝土配合比设计

公路面层水泥混凝土的配合比设计应满足其弯拉强度、工作性、耐久性要求,兼顾经济性。各级公路面层水泥混凝土配合比设计宜采用正交试验法,二级及二级以下公路可采用经验公式法。混凝土配合比设计应包括目标配合比设计和施工配合比设计两个阶段。本文以水泥混凝土面层为例介绍目标配合比设计。

1. 试配强度(弯拉强度)f_c

面层普通混凝土的配制弯拉强度均值f_c,按下式计算:

$$f_c = \frac{f_r}{1 - 1.04C_V} + ts \tag{4-27}$$

式中:f_r——混凝土弯拉强度标准值,MPa;

s——混凝土弯拉强度试验样本的标准差,MPa,有试验数据时使用试验样本的标准差,无试验数据时可按公路等级及设计弯拉强度,参考表4-37确定;

t——保证率系数,按样本数n和判别概率p参照表4-37确定;

C_V——弯拉强度变异系数,应按统计数据在表4-38的规定范围取值;无统计数据时,应按设计取值。

保证率系数 t 和标准差 s 表4-37

保证率系数 t					
公路等级	判别概率 p	样本数 n(组)			
		6~8	9~14	15~19	≥20
高速公路	0.05	0.79	0.61	0.45	0.39
一级公路	0.10	0.59	0.46	0.35	0.30
二级公路	0.15	0.46	0.37	0.28	0.24
三、四级公路	0.20	0.37	0.29	0.22	0.19
各级公路水泥混凝土面层弯拉强度试验的标准差 S					
公路等级	高速	一级	二级	三级	四级
目标可靠度(%)	95	90	85	80	70
目标可靠指标	1.64	1.28	1.04	0.84	0.52
样本的标准差 s(MPa)	0.25~0.50		0.45~0.67	0.40~0.80	

各级公路水泥混凝土面层弯拉强度变异系数   表4-38

变异水平等级	低	中	高
变异系数允许范围	0.05~0.10	0.10~0.15	0.15~0.20

2. 水灰(胶)比的计算和确定

面层水泥混凝土配合比设计使用正交试验时,应符合下列规定:试验可变因素应根据混凝土的性能要求和材料变化情况及经验确定。水泥混凝土可选水泥用量、用水量、砂率或粗集料填充体积率3个因素;掺粉煤灰的混凝土可选用水量、基准胶材总量、粉煤灰掺量、粗集料填充体积率4个因素。每个因素至少选定3个水平,并宜选用L9正交表安排试验方案。对正交试验结果进行直观及回归分析,回归分析的考察指标应包括坍落度、弯拉强度、磨损量。有抗冰冻、抗盐冻要求的地区,还应包括抗冻等级、抗盐冻性。满足上述要求的正交配合比,可确定为目标配合比。

二级及二级以下公路采用经验公式法时,可按下列规定进行:

1)按照混凝土弯拉强度计算水灰比

不同粗集料类型混凝土的水灰比按经验公式(4-28)和公式(4-29)计算。

(1)碎石或碎卵石混凝土。

$$\frac{W}{C} = \frac{1.5684}{f_c + 1.0097 - 0.3595 f_s} \tag{4-28}$$

(2)卵石混凝土。

$$\frac{W}{C} = \frac{1.2618}{f_c + 1.5492 - 0.4709 f_s} \tag{4-29}$$

上两式中:f_c——混凝土配制弯拉强度,MPa;

f_s——水泥实测28d抗折强度,MPa。

2)水胶比[$W/(C+F)$]计算

水胶比中的"胶"是指水泥与粉煤灰质量之和,如果将粉煤灰作为掺合料时,应计入超量取代法中代替水泥的那一部分粉煤灰用量 F,代替砂的超量部分不计入,此时,水灰比 W/C 用水胶比 $W/(C+F)$ 代替。

3)耐久性校核确定水灰(胶)比

按照面层水泥混凝土的使用环境、道路等级查表 4-25,得到满足耐久性要求的最大水灰比(或水胶比)。在满足弯拉强度和耐久性要求的水灰比(或水胶比)中取小值作为面层水泥混凝土的设计水灰比(或水胶比)。

3. 砂率(β_s)的确定

根据砂的细度模数和粗集料品种,查表 4-39 选取砂率 β_s。在做抗滑槽时,可增大 1% ~ 2%。

砂的细度模数和最优砂率关系 表 4-39

砂细度模数		2.2~2.5	2.5~2.8	2.8~3.1	3.1~3.4	3.4~3.7
砂率 β_s (%)	碎石混凝土	30~34	32~36	34~38	36~40	38~42
	卵石混凝土	28~32	30~34	32~36	34~38	36~40

注:碎卵石可在碎石和卵石混凝土之间内插取值。

4. 确定单位用水量 m_{wo}

1)不掺外加剂和掺合料时,单位用水量的计算

单位用水量按照经验公式(4-30)或公式(4-31)计算,其中砂石材料质量以自然风干状态计。

碎石混凝土:
$$m_{wo} = 104.97 + 0.309S_L + 11.27(C/W) + 0.61\beta_s \tag{4-30}$$

卵石混凝土:
$$m_{wo} = 86.89 + 0.370S_L + 11.24(C/W) + 1.00\beta_s \tag{4-31}$$

式中:m_{wo}——不掺外加剂与掺合料的混凝土单位用水量,kg/m³;

S_L——坍落度,mm;

β_s——砂率,%;

C/W——灰水比。

2)掺外加剂的混凝土单位用水量计算

掺外加剂的混凝土单位用水量按式(4-32)计算:
$$m_{w,ad} = m_{wo}(1 - \beta_{ad}) \tag{4-32}$$

式中:$m_{w,ad}$——掺外加剂混凝土的单位用水量,kg/m³;

m_{wo}——未掺外加剂时混凝土的单位用水量,kg/m³;

β_{ad}——所用外加剂的实测减水率,%。

单位用水量计算值大于表 4-24 最大用水量的规定时,应通过采用减水率更高的外加剂降低单位用水量。

5. 确定单位水泥用量 m_{co}

单位水泥用量 m_{co} 按式(4-33)计算,然后根据道路等级和环境条件,查表4-25,得到满足耐久性要求的最小水泥用量,取两者中的大值。

$$m_{co} = m_{wo} \cdot \frac{C}{W} \qquad (4-33)$$

式中:m_{wo}——单位用水量,kg/m³;
C/W——灰水比。

6. 单位掺合料用量

路面混凝土中掺用矿渣粉或硅灰时,配合比设计应采用等量取代水泥法,掺量应通过试验确定并应扣除水泥中相同数量的矿渣粉或硅灰;掺用粉煤灰时,其配合比应按照超量取代法进行,取代水泥的部分应等量扣除水泥量,超量部分应代替砂,并折减砂用量,Ⅰ、Ⅱ级粉煤灰的超量取代系数按表4-40选用。粉煤灰最大掺量:Ⅰ型硅酸盐水泥宜≤30%;Ⅱ型硅酸盐水泥宜≤25%;道路硅酸盐水泥宜≤20%。粉煤灰总掺量应通过试验最终确定。

粉煤灰的超量取代系数　　　　表4-40

粉煤灰等级	Ⅰ	Ⅱ	Ⅲ
超量取代系数 k	1.1~1.4	1.3~1.7	1.5~2.0

7. 砂石材料的用量 m_{so} 和 m_{go}

一般道路混凝土中的砂石材料用量的计算采用体积法或密度法,将上述计算确定的单位水泥用量 m_{co}、单位用水量 m_{wo} 和砂率 β_s 代入式(4-17)和式(4-18),联立求解即可确定砂石材料的用量 m_{so} 和 m_{go}。

经计算得到的配合比,应验算单位粗集料填充体积率,且不宜小于70%。

混凝土的初步配合比确定后,应对该配合比进行试配、调整,确定其设计配合比方法与本章普通混凝土配合比设计方法相同。

面层水泥混凝土配合比设计例题
（以弯拉强度为设计指标的设计方法）

【题目】 试设计某二级公路面层水泥混凝土配合比

【原始资料】

(1)某二级公路路面工程用混凝土(无抗冰冻性要求),设计要求混凝土抗折强度4.5MPa,施工单位混凝土弯拉强度样本的标准差 s 为 0.5MPa($n=6$)。混凝土机械搅拌并振捣,采用滑模摊铺机摊铺,施工要求坍落度10~30mm。

(2)原材料说明

①水泥。依据设计图纸以及《公路水泥混凝土路面施工技术细则》(JTG F30—2014)规范要求,硅酸盐水泥42.5等级,其相关技术指标见表4-41。

表4-41

检验指标	比表面积 (m²/kg)	密度 (kg/m³)	凝结时间(min)		安定性	强度(MPa)			
			初凝	终凝		抗折		抗压	
						3d	28d	3d	28d
检验结果	350	3100	170	450	合格	4.7	7.8	21.8	44.6

②粗集料。粗集料采用石灰岩碎石,规格分级和掺配比例见表4-42。

表4-42

碎石规格	1号	2号
	19~31.5mm	4.75~19mm
掺配比例(%)	60	40

经检验其合成级配符合4.75~26.5mm连续级配要求,其他指标检验结果见表4-43。

表4-43

检验指标	筛分级配	压碎值(%)	针片状含量(%)	含泥量(%)	表观密度(g/cm³)	振实密度(g/cm³)	空隙率(%)
检验结果	合格	13.4	8.8	0.2	2.700	1.63	43.6

③细集料。细集料采用0~4.75mm的河砂,检验结果见表4-44。

表4-44

检验指标	筛分级配	细度模数	含泥量(%)	表观密度(g/cm³)	堆积密度(g/cm³)
检验结果	合格	2.6	1.2	2.640	1.455

【设计步骤】

(1)确定初步配合比

①计算配制弯拉强度的均值f_c。由表4-37得,当二级公路面层水泥混凝土样本数为6时,$t=0.46$。

按照表4-38,高速公路面层水泥混凝土变异水平等级为"中",混凝土弯拉强度变异系数$C_V=0.10~0.15$,取中值0.125。

根据设计要求,$f_{cm}=4.5$MPa,将以上参数代入公式(4-27),混凝土配制弯拉强度为:

$$f_c = \frac{f_r}{1-1.04C_V} + ts = \frac{4.5}{1-1.04\times0.125} + 0.46\times0.5 = 5.40(\text{MPa})$$

②水灰比的计算和确定。按弯拉强度计算水灰比。由所给资料:水泥实测28d抗折强度$f_s=7.8$MPa。计算得到的混凝土配制弯拉强度$f_c=5.40$MPa,粗集料为碎石,代入公式(4-29)计算混凝土的水灰比W/C为:

$$\frac{W}{C} = \frac{1.5684}{f_c + 1.0097 - 0.3595\times f_s} = \frac{1.5684}{5.40+1.0097-0.3595\times7.8} = 0.43$$

耐久性校核。混凝土为高速公路路面所用,无抗冰冻性要求,查表4-25得最大水灰比为0.44,故按照强度计算的水灰比结果符合耐久性要求,取水灰比$W/C=0.43$,灰水比

$C/W = 2.32$。

③选用砂率 β_s。依据砂的细度模数和粗集料的种类,查表4-39,取值 $\beta_s = 33\%$。

④计算用水量 m_{wo}。由坍落度要求为 10~30mm,取 20mm,灰水比 $C/W = 2.32$,砂率 33%,代入式(4-30),计算单位用水量。

$$m_{wo} = 104.97 + 0.309S_L + 11.27(C/W) + 0.61\beta_s$$
$$= 104.97 + 0.309 \times 20 + 11.27 \times 2.32 + 0.61 \times 33$$
$$= 157(\text{kg/m}^3)$$

查表4-24,滑模摊铺机摊铺混凝土最大单位用水量为 160kg/m³,故取 $m_{wo} = 157\text{kg/m}^3$。

⑤计算水泥用量 m_{co}。将单位用水量 $m_{wo} = 157\text{kg/m}^3$,$C/W = 2.32$,则水泥用量代入式(4-33)计算单位水泥用量:

$$m_{co} = m_{wo}(C/W) = 157/0.43 = 365(\text{kg/m}^3)$$

查表4-25得满足耐久性要求的最小水泥用量为 300kg/m³,由此取计算水泥用量 365kg/m³。

⑥计算砂石材料用量 m_{so} 和 m_{go}。按密度法计算,混凝土单位质量取值为 2430kg/m³,将上面的计算结果代入式(4-17)得:

$$\begin{cases} 365 + 157 + m_{so} + m_{go} = 2430 \\ \dfrac{m_{so}}{m_{so} + m_{go}} = 0.33 \end{cases}$$

解得:$m_{so} = 630\text{kg/m}^3$;$m_{go} = 1278\text{kg/m}^3$。

或代入式(4-18)得

$$\begin{cases} \dfrac{365}{3100} + \dfrac{157}{1000} + \dfrac{m_{so}}{2640} + \dfrac{m_{go}}{2700} + 0.01 \times 1 = 1 \\ \dfrac{m_{so}}{m_{so} + m_{go}} = 0.33 \end{cases}$$

解得:$m_{so} = 632\text{kg/m}^3$;$m_{go} = 1284\text{kg/m}^3$。

验算:采用粗集料的振实密度(紧装堆积密度)ρ_{gh} 计算面层水泥混凝土中碎石的填充体积,以确保混凝土能够形成较高的嵌挤力,得:

$m_{go}/\rho_{gh} = 1284/1630 \times 100\% = 77.8\%$,超过70%,符合要求。

由此确定路面混凝土的初步配合比为 $m_{co} : m_{wo} : m_{so} : m_{go} = 365 : 157 : 632 : 1284$。

(2)其他

路面混凝土的基准配合比、试验室配合比、施工配合比内容与普通混凝土相同。

第二节 其他功能混凝土

一、抗渗混凝土

抗渗等级等于或大于 P6 级的混凝土,称为抗渗混凝土。

1. 抗渗混凝土特点

用抗渗混凝土与采用卷材防水相比较,抗渗混凝土具有以下特点:兼有防水和承重两种功能,能节约材料,加快施工速度;材料来源广泛,成本低廉;在结构物造型复杂的情况下,施工简便、防水性能可靠;渗漏水时易于检查,便于修补;耐久性好;可改善劳动条件。

抗渗混凝土通过提高混凝土的密实度,改善孔隙结构,从而减少渗透通道,提高抗渗性。常用的办法是掺用引气型外加剂,使混凝土内部产生不连通的气泡,截断毛细管通道,改变孔隙结构,从而提高混凝土的抗渗性。此外,减小水灰比,选用适当品种及强度等级的水泥,保证施工质量,特别是注意振捣密实、养护充分等,都对提高抗渗性能有重要作用。抗渗混凝土一般可分为普通抗渗混凝土、外加剂抗渗混凝土和膨胀水泥抗渗混凝土三大类。

2. 抗渗混凝土的原材料

根据《普通混凝土配合比设计规程》(JGJ 55—2011),抗渗混凝土的原材料应符合以下技术要求:

(1)水泥宜采用普通硅酸盐水泥。

(2)粗集料宜采用连续级配,其最大公称粒径不宜大于40mm,其含泥量不得超过1.0%,泥块含量不得大于0.5%。

(3)细集料宜采用中砂,含泥量不得大于3.0%,泥块含量不得大于1.0%。

(4)抗渗混凝土宜掺用外加剂和矿物掺合料,粉煤灰应采用F类,并不应低于Ⅱ级。

3. 抗渗混凝土配合比设计

根据《普通混凝土配合比设计规程》(JGJ 55—2011),抗渗混凝土配合比设计应符合下列规定:

(1)最大水胶比应符合表4-45的规定。

抗渗混凝土最大水胶比 表4-45

抗渗等级	最大水胶比	
	C20 ~ C30	C30 以上
P6	0.60	0.55
P8 ~ 12	0.55	0.50
P12 以上	0.50	0.45

(2)每立方米混凝土的胶凝材料用量不宜小于320kg。

(3)砂率不宜过小,为35% ~ 45%。

(4)配制抗渗混凝土要求的抗渗水压值应比设计值提高 0.2MPa。
(5)抗渗试验结果应符合下式要求：

$$P_t \geq \frac{P}{10} + 0.2 \tag{4-34}$$

式中：P_t——6 个试件中不少于 4 个未出现渗水时的最大水压值，MPa；
　　　P——设计要求的抗渗等级值。

(6)掺引气剂或引气型外加剂的抗渗混凝土，还应进行含气量试验，试验结果含气量应符合 3%～5% 的要求。

4. 抗渗混凝土的应用

抗渗混凝土主要用于水工工程、地下基础工程、屋面防水工程等。抗渗混凝土是以调整混凝土的配合比、掺外加剂或使用新品种水泥等方法提高自身的密实性、憎水性和抗渗性，使其满足抗渗压力大于 0.6MPa 的不透水性混凝土。

二、高强混凝土

强度不低于 C60 的混凝土称为高强混凝土。高强混凝土作为一种新的建筑材料，以其抗压强度高、抗变形能力强、密度大、孔隙率低的优越性，在高层建筑结构、大跨度桥梁结构以及某些特种结构中得到广泛的应用。

1. 组成材料技术要求

(1)水泥应选用硅酸盐水泥或普通硅酸盐水泥，用量不宜大于 500kg/m³。
(2)粗集料宜采用连续级配，其最大公称粒径不宜大于 25.0mm，针片状颗粒含量不宜大于 5.0%，含泥量不应大于 0.5%，泥块含量不应大于 0.2%。
(3)细集料的细度模数宜为 2.6～3.0，含泥量不应大于 2.0%，泥块含量不应大于 0.5%。
(4)宜采用减水率不小于 25% 的高性能减水剂。
(5)宜复合掺用粒化高炉矿渣粉、粉煤灰和硅灰等矿物掺合料，掺量宜为 25%～40%；粉煤灰等级不应低于 Ⅱ 级；对强度等级不低于 C80 的高强混凝土，宜掺用硅灰，掺量不宜大于 10%。

2. 高强混凝土的技术性能

采用高强混凝土，可以减小截面尺寸、减轻自重，因而可获得较大的经济效益，而且高强混凝土一般也具有良好的耐久性。

三、泵送混凝土

混凝土拌合物的坍落度不低于 100mm，并可在施工现场通过压力泵及输送管道浇筑的混凝土称为泵送混凝土。泵送混凝土已逐渐成为混凝土施工中一个常用的品种。它具有施工速度快、质量好、节省人工、施工方便等特点，并且它能一次连续水平运输和垂直运输，效率高、节约劳动力，因而近年来国内外应用广泛。

泵送混凝土拌合物必须具有较好的可泵性。所谓可泵性，即拌合物具有顺利通过管道、摩擦阻力小、不离析、不阻塞和黏聚性良好的性能。

1. 泵送混凝土的基本要求

(1)坍落度。泵送混凝土入泵时的坍落度一般应符合表4-46的要求。

混凝土入泵坍落度选用表   表4-46

泵送高度(m)	30以下	30~60	60~100	100以上
坍落度(mm)	100~140	140~160	160~180	180~200

(2)粗集料的最大粒径,如表4-47所示。

泵送混凝土的粗集料最大粒径   表4-47

粗集料品种	泵送高度(m)	最大公称粒径与输送管道之比	粗集料品种	泵送高度(m)	最大公称粒径与输送管道之比
碎石	<50	≤1:3	卵石	<50	≤1:2.5
	50~100	≤1:4		50~100	≤1:3
	>100	≤1:5		>100	≤1:4

坍落度和粗集料的最大粒径是配制泵送混凝土必须满足的最基本要求,它保证了混凝土的可泵送。

2. 泵送混凝土的其他要求

(1)水泥:拌制泵送混凝土应用硅酸盐水泥、普通硅酸盐水泥、矿渣硅酸盐水泥、粉煤灰硅酸盐水泥,胶凝材料用量不宜小于$300kg/m^3$。

(2)集料:泵送混凝土所用粗集料宜用连续级配,其针片状含量不宜大于10%,最大粒径与输送管径之比符合表4-47要求。细集料宜采用中砂,其通过公称直径为0.315mm筛孔的颗粒含量不宜少于15%。砂率宜为35%~45%。

(3)掺合料与外加剂:泵送混凝土应掺用泵送剂或减水剂,并宜掺用掺合料以改善混凝土的可泵性。

第三节 建筑砂浆

建筑砂浆是由胶凝材料、细集料和水按一定比例配制而成的一种建筑工程材料,在工程中起黏结、衬垫和传递应力的作用,是工程中用途和用量均较大的一种材料。根据所用胶凝材料的不同可分为水泥砂浆、石灰砂浆和混合砂浆,按用途不同可分为砌筑砂浆和抹面砂浆。

建筑砂浆主要用于以下几个方面:

(1)在结构工程中,把单块的砖、石、砌块等胶结起来构成砌体;

(2)在装配式结构中,砖墙的勾缝、大型墙板和各种构件的接缝;

(3)在装饰工程中,墙面、地面及梁柱结构等表面的抹面;

(4)天然石材、人造石材、瓷砖等的镶贴。

一、技术性质

(一)新拌砂浆的和易性

砂浆拌合物硬化前应具有良好的和易性,使之能铺成均匀的薄层,能与基层(底面)紧密黏结。新拌砂浆的和易性主要通过流动性和保水性评定,若两项指标都能满足,即为和易性良好。

1. 流动性

砂浆流动性也叫稠度,是指新拌砂浆在自重或外力作用下,易于产生流动的性质。用砂浆稠度仪测定,以稠度值(或沉入度)表示,单位 mm。即砂浆稠度仪上质量为 300g 的标准试锥自由下落,经 10s 沉入砂浆中的深度,沉入度愈大砂浆愈稀,表明流动性愈大。试验方法见试验篇第十一章试验三。

影响流动性的因素:掺入的外掺料及外加剂的品种、用量,胶凝材料的种类和用量,用水量以及细集料的种类、粗细程度及级配、颗粒形状等。水泥用量和用水量多,砂子级配好,棱角少,颗粒粗,则砂浆的流动性大。

砂浆的稠度试验

选用流动性适宜的砂浆,能提高施工效率,有利于保证施工质量。砂浆流动性的选择与砌体种类、施工方法以及天气情况等因素有关,对于多孔吸水的砌体材料和在干热天气下施工时,应使砂浆的流动性大些,对于密实不吸水的材料和湿冷天气施工时,应使其流动性小些,一般可根据施工操作经验来掌握,但应符合《砌筑砂浆配合比设计规程》(JGJ/T 98—2010)的规定,见表 4-48。

砌筑砂浆的施工稠度 表 4-48

砌体种类	施工稠度(mm)	砌体种类	施工稠度(mm)
烧结普通砖砌体、粉煤灰砖砌体	70~90	混凝土砖砌体、普通混凝土小型空心砌块砌体、灰砂砖砌体	50~70
烧结多孔砌体、烧结空心砖砌体、轻集料混凝土小型空心砌块砌体、蒸压加气混凝土砌块砌体	60~80	石砌体	30~50

2. 保水性

砂浆保水性是指新拌砂浆在运输和施工过程中保持水分不流失和各组分不分离的能力,用保水率表示。施工过程中要求各组成材料彼此不发生分离,不发生析水和泌水现象。保水性好的砂浆水分不易流失,易于摊铺成均匀密实的砂浆层;保水差的砂浆,在施工过程中容易泌水、分层离析、水分流失使流动性变坏,不易施工操作。同时由于水分易被砌体吸收,而影响水泥正常凝结和硬化,从而使砂浆强度降低。砌筑砂浆的保水率见表 4-49 要求。

砌筑砂浆的保水率(%) 表 4-49

砂浆种类	保水率	砂浆种类	保水率
水泥砂浆	≥80	预拌砂浆	≥88
水泥混合砂浆	≥84		

保水性也可用分层度表示,单位 mm。通常用砂浆分层度测定仪测定:将新拌砂浆装入分层度测定仪中,然后静置 30min 后,去掉上部 200mm 砂浆,将剩余的 100mm 砂浆再经搅拌后测试其稠度值,前、后两次稠度值的差值即为分层度。保水性良好的砂浆,其分层度值较小。但若过小,虽然上下无分层现象,保水性好,但这种情况往往是胶凝材料用量过多,或者砂过细,致使砂浆硬化后干缩较大,易发生干缩裂缝,尤其不宜作为抹面砂浆。

一般分层度值以 10~20mm 为宜,在此范围内砌筑或抹面均可使用。分层度大于 20mm 的砂浆,易产生离析,不便施工;但分层度小于 10mm 的砂浆硬化后产生干缩开裂,保水性不良,不宜采用。一般水泥砂浆的分层度不宜大于 30mm,水泥混合砂浆不宜超过 20mm。

保水性与胶凝材料的品种、用量有关,当用高强度等级水泥拌制低强度等级砂浆时,由于水泥用量少,保水性较差,可通过掺入适量石灰膏或其他外掺料来改善。

(二)硬化后砂浆性能——抗压强度

砂浆在圬工砌体中,主要是传递压力,所以要求砌筑砂浆应具有一定的抗压强度。砂浆立方体抗压强度是以边长 70.7mm × 70.7mm × 70.7mm 的正立方体试件,在标准条件下(温度 20℃ ±2℃,相对湿度 90% 以上)养护 28d,测其抗压强度。根据《砌筑砂浆配合比设计规程》(JGJ/T 98—2010)的规定,水泥砌筑砂浆的强度等级分为:M30、M25、M20、M15、M10、M7.5、M5 共 7 个等级,水泥混合砂浆强度等级可分为 M5、M7.5、M10、M15 共 4 个等级。

砂浆的立方体抗压强度试验

砂浆强度受砂浆本身的组成材料及配比的影响,同种在配比相同的情况下,砂浆的实际强度主要决定所砌筑基层材料的吸水性。

(三)黏结力

砂浆黏结力主要是指砂浆与基体的黏结强度的大小。黏结力是影响砌体抗剪强度、耐久性和稳定性,以及建筑物抗震能力和抗裂性的基本因素之一,与强度关系密切,一般认为强度愈高,黏结力愈大。同时黏结力还与基底表面的粗糙程度、洁净程度、润湿情况及施工养护条件等因素有关。在充分润湿、粗糙、洁净的表面上使用且养护良好的条件下,砂浆与基层黏结较好。

(四)耐久性

圬工砂浆经常受环境水的作用,除强度要求外,还应考虑其抗渗、抗冻、抗侵蚀等性能,提高耐久性主要通过提高其密实度实现。

二、砌筑砂浆

用于将砂、石、砌块等块体材料黏结为砌体的砂浆,称为砌筑砂浆,是目前用量最大的一种砂浆。砌筑砂浆在建筑砌体中起着结合作用,使砌块材料具有承载力,并将块体材料的连接处密封起来,以防止空气和潮湿的渗透;此外,砌筑砂浆还可以固定砌体中配制的钢筋、连接件和锚固螺栓等使之与砌体形成整体。在力学上,砌筑砂浆的作用主要是传递荷载、协调变形,而不是直接承受荷载。砌体的承载力不仅取决于砖、石、砌块等块体材料的性能,而且与砌筑砂浆的强度和黏结力有密切关系,因而砌筑砂浆是砌体的重要组成部分。常见类别包括水泥砂浆(水泥、细集料、水)和水泥混合砂浆(水泥、细集料、掺合料、水)。

(一)组成材料

1. 水泥

砌筑砂浆用水泥宜采用通用硅酸盐水泥或砌筑水泥,且应符合现行《通用硅酸盐水泥》(GB 175)和《砌筑水泥》(GB/T 3183)的规定。水泥的强度等级应根据砂浆品种及强度等级的要求进行选择。M15以下强度等级的砌筑砂浆宜选用32.5级通用硅酸盐水泥或砌筑水泥;M15以上强度等级的砌筑砂浆选用42.5级通用硅酸盐水泥。

2. 掺合料

(1)砌筑砂浆用石灰膏、电石膏。

①生石灰熟化成石灰膏时,应用孔径不大于3mm×3mm的网过滤,熟化时间不得少于7d;磨细生石灰粉的熟化时间不得少于2d。沉淀池中储存的石灰膏,应采取防止干燥、冻结和污染的措施。严禁使用脱水硬化的石灰膏。

②制作电石膏的电石渣应用孔径不大于3mm×3mm的网过滤,检验时应加热至70℃后至少保持20min,并应待乙炔挥发完后再使用。为了保证电石膏的质量,要求按规定过滤后方可使用。电石膏中乙炔含量大会对人体造成伤害,因此,按规定检验后才可使用。

③消石灰粉不得直接用于砌筑砂浆中。消石灰粉是未充分熟化的石灰,颗粒太粗,起不到改善和易性的作用,还会大幅度降低砂浆强度,因此规定不得使用。磨细生石灰粉必须熟化成石灰膏才可使用。严寒地区,磨细生石灰直接加入砌筑砂浆中属冬季施工措施。

(2)石灰膏、电石膏试配时的稠度,应为120mm±5mm。

(3)粉煤灰、粒化高炉矿渣粉、硅灰、天然沸石粉应分别符合现行《用于水泥和混凝土中的粉煤灰》(GB/T 1596)、《用于水泥和混凝土中的粒化高炉矿渣粉》(GB/T 18046)、《高强高性能混凝土用矿物外加剂》(GB/T 18736)和《天然沸石粉在混凝土和砂浆中应用技术规程》(JGJ/T 112)的规定。当采用其他品种矿物掺合料时,应有充足的技术依据,并应在使用前进行试验验证。

3. 砂

砌筑砂浆用砂宜选用中砂,并应符合现行《普通混凝土用砂、石质量及检验方法标准》(JGJ 52)的规定,且应全部通过4.75mm的筛孔。

4. 水

拌制砂浆用水与混凝土用水相同,符合现行《混凝土拌和用水标准》(JGJ 63)的规定。

5. 外加剂

为使砂浆具有良好的和易性和其他性能,可在砂浆中掺入外加剂(如引气剂、减水剂、保水剂、早强剂、缓凝剂、防冻剂等)。外加剂应符合国家现行有关标准的规定,引气型外加剂还应有完整的型式检验报告。

(二)配合比设计

1. 水泥混合砂浆配合比计算

1)计算设计试配强度 $f_{m,o}$(MPa)

$$f_{m,o} = kf_2 \tag{4-35}$$

式中:$f_{m,o}$——砂浆的试配强度,MPa,精确至 0.1MPa;
f_2——砂浆抗压强度平均值,MPa,精确至 0.1MPa;
k——系数,按表 4-50 取值。

砂浆强度标准差 σ 及 k 值　　　　表 4-50

施工水平	不同强度等级的砂浆强度标准差 σ(MPa)							k
	M5	M7.5	M10	M15	M20	M25	M30	
优良	1.00	1.50	2.00	3.00	4.00	5.00	6.00	1.15
一般	1.25	1.88	2.50	3.75	5.00	6.25	7.50	1.20
较差	1.50	2.25	3.00	4.50	6.00	7.50	9.00	1.25

表 4-50 中砂浆强度标准差 σ 的确定应符合下列规定:

(1)当有统计资料时,标准差应按下式计算:

$$\sigma = \sqrt{\frac{\sum_{i=1}^{n} f_{m,i}^2 - n u_{f_m}^2}{n-1}} \tag{4-36}$$

式中:$f_{m,i}$——统计周期内同一品种砂浆第 i 组试件的强度,MPa;
u_{f_m}——统计周期内同一品种砂浆 n 组试件强度的平均值,MPa;
n——统计周期内同一品种砂浆试件的总组数,$n \geq 25$。

(2)当不具有近期统计资料时,砂浆现场强度标准差可按表 4-50 取用。

2)水泥用量计算

(1)每立方米砂浆中的水泥用量按下式计算:

$$Q_C = \frac{1000(f_{m,o} - \beta)}{\alpha f_{ce}} \tag{4-37}$$

式中:Q_C——每立方米砂浆中的水泥用量,kg/m³,精确至 1kg/m³;
$f_{m,o}$——砂浆的试配强度,MPa,精确至 0.1MPa;
f_{ce}——水泥的实测强度,MPa,精确至 0.1MPa;
α、β——砂浆的特征系数,其中 $\alpha = 3.03$,$\beta = -15.09$。

(2)在无法取得水泥的实测强度值时,可按下式计算:

$$f_{ce} = \gamma_c f_{ce,k} \tag{4-38}$$

式中:$f_{ce,k}$——水泥强度等级对应的强度值,MPa;
γ_c——水泥强度等级的富余系数,宜按实际统计资料确定;无统计资料时可取 1.0。

3) 石灰膏用量计算

水泥混合砂浆的石灰膏用量应按下式计算：

$$Q_D = Q_A - Q_C \tag{4-39}$$

式中：Q_D——每立方米砂浆的石灰膏用量，kg/m^3，精确至 $1kg/m^3$；石灰膏使用时的稠度为 $120mm \pm 5mm$；

Q_C——每立方米砂浆的水泥用量，kg/m^3，精确至 $1kg/m^3$；

Q_A——每立方米砂浆中水泥和石灰膏的总质量，kg/m^3，精确至 $1kg/m^3$；可为 $350kg/m^3$。

4) 每立方米砂浆中的砂子用量

应按干燥状态(含水率小于 0.5%)的堆积密度值作为计算值(kg/m^3)。

5) 每立方米砂浆中用水量

根据砂浆稠度等要求可选用 210~310kg/m^3。

(1) 混合砂浆中的用水量，不包括石灰膏中的水。

(2) 当采用细砂或粗砂时，用水量分别取上限或下限。

(3) 稠度小于 70mm 时，用水量可小于下限。

(4) 施工现场气候炎热或干燥季节，可酌量增加用水量。

2. 水泥砂浆配合比选用

根据《砌筑砂浆配合比设计规程》(JGJ/T 98—2010)的规定，水泥砂浆材料用量可按表4-51选用。

每立方米水泥砂浆材料用量(kg/m^3) 表4-51

强度等级	水泥用量	砂子用量	用水量
M5	200~230	砂子的堆积密度值	270~330
M7.5	230~260		
M10	260~290		
M15	290~330		
M20	340~400		
M25	360~410		
M30	430~480		

注：1. M15 及 M15 以下强度等级水泥砂浆，水泥强度等级为 32.5 级；M15 以上强度等级水泥砂浆，水泥强度等级为 42.5级。

2. 当采用细砂或粗砂时，用水量分别取上限或下限。

3. 稠度小于 70mm 时，用水量可小于下限。

4. 施工现场气候炎热或干燥季节，可酌量增加用水量。

5. 试配强度应按公式(4-35)计算。

3. 水泥粉煤灰砂浆配合比选用

根据《砌筑砂浆配合比设计规程》(JGJ/T 98—2010)的规定，水泥粉煤灰砂浆材料用量可按表4-52选用。

每立方体水泥粉煤灰砂浆材料用量(kg/m³)　　　　表 4-52

强度等级	水泥和粉煤灰总量	粉煤灰用量	砂子用量	用水量
M5	210~240	粉煤灰掺量可占胶凝材料总量的15%~25%	砂子的堆积密度值	270~330
M7.5	240~270			
M10	270~300			
M15	300~330			

注:1. 表中水泥强度等级为 32.5 级。
　　2. 当采用细砂或粗砂时,用水量分别取上限或下限。
　　3. 稠度小于 70mm 时,用水量可小于下限。
　　4. 施工现场气候炎热或干燥季节,可酌量增加用水量。
　　5. 试配强度应按式(4-35)计算。

4. 配合比试配、调整与确定

(1)试配时应采用工程中实际使用的材料,按要求拌和。按计算或查表所得配合比进行试拌时,应测定砂浆拌合物的稠度和保水性,当不能满足要求时,应调整材料用量,直至符合要求为止,然后确定为试配时的砂浆基准配合比。

(2)试配时至少采用三个不同的配合比,其中一个为基准配合比,其他配合比的水泥用量应按基准配合比分别增加或减少 10%。在保证稠度、保水性合格的条件下,可对用水量或掺合料用量作相应调整。

(3)对三个不同的配合比进行调整后,按现行《建筑砂浆基本性能试验方法》(JGJ/T 70)的规定分别测定不同配合比砂浆的表观密度及强度,并应选定符合试配强度及和易性要求、水泥用量最低的配合比作为砂浆试配配合比。

(4)试配配合比尚应按下列步骤进行校正:

① 应根据试配配合比材料用量,按下式计算砂浆理论表观密度值:

$$\rho_t = Q_C + Q_D + Q_S + Q_W \tag{4-40}$$

式中:ρ_t——砂浆的理论表观密度值,kg/m³,应精确至 10kg/m³。

② 应按下式计算砂浆配合比校正系数 δ:

$$\delta = \frac{\rho_c}{\rho_t} \tag{4-41}$$

式中:ρ_c——砂浆的实测表观密度值,kg/m³,应精确至 10kg/m³。

③ 当砂浆的实测表观密度值与理论表观密度值之差的绝对值不超过理论值的 2%,可按上面第(3)条得出的试配配合比确定为砂浆设计配合比;当超过 2% 时,应按试配配合比中每项材料用量均乘以校正系数 δ 后,确定为砂浆设计配合比。

三、抹面砂浆

用于涂抹在建筑物表面,兼有保护基层和满足使用要求作用的砂浆称为抹面砂浆。按施工部位,抹面砂浆可分为室内和室外抹面砂浆两种。室内抹面包括顶棚、内墙面、踢脚板、墙裙、楼地面和楼梯等,室外抹面包括屋檐、压顶、窗台、阳台、雨篷、外墙面等。抹面砂浆与底面和空气接触面大,所以失去水分速度较快。抹面砂浆的主要技术要求不是抗压强度,而是和易性以及与基底材料的黏结力,因此在配合比设计时需要的胶凝材料多一些。

　　普通混凝土是道路路面、机场跑道、桥梁工程结构及其附属构造物的重要建筑材料之一。

　　普通混凝土的基本组成是胶凝材料、细集料、粗集料和水,为了改善混凝土的一些技术性质,有时掺加一些外加剂。普通混凝土的主要技术性质包括新拌混凝土的工作性(和易性)、硬化后混凝土的强度和变形以及混凝土的耐久性。新拌混凝土的工作性包括流动性、黏聚性和保水性三方面,可采用坍落度法和维勃稠度法来测定混凝土的流动性,并辅助一些直观观察等方法来评价黏聚性和保水性。混凝土强度主要有抗压强度、抗折强度、抗拉强度等。混凝土强度等级采用"立方体抗压强度标准值"来确定,是桥梁混凝土结构设计的最主要强度指标,而道路用混凝土强度指标则为抗折强度。

　　混凝土的耐久性包括抗冻性、抗渗性、耐磨性和碱集料反应等。混凝土耐久性与混凝土密实度关系密切,也与胶凝材料用量、水胶比有直接关系,在生产实践中极为重要,因此在混凝土配合比设计时,应按混凝土的使用条件对最大水胶比和最小胶凝材料用量进行校核。

　　混凝土的组成设计内容包括:组成材料的选择,配合比的计算等。主要设计参数有水胶比、单位用水量和砂率。计算出的配合比应经试拌、试验验证后方可确定。以立方体抗压强度为指标的桥梁用混凝土和以抗折强度为指标的路面用混凝土配合比计算,基本原理和计算步骤基本上是相同的,但具体参数选用上有所差别。

　　抗渗等级等于或大于P6级的混凝土,称为抗渗混凝土。抗渗混凝土主要用于水工工程、地下基础工程、屋面防水工程等。

　　砂浆在建筑结构中起黏结、传递应力、衬垫、防护和装饰作用。对砂浆的技术要求主要有施工和易性和抗压强度。

复习思考题

第四章　题库

第五章
CHAPTER FIVE
无机结合料稳定类材料

引言

路面基层是位于路面面层之下的结构层,用以承受由面层传递来的车轮垂直压力,并把它分布到下面的垫层或土基上,是整体公路的承重层。工程中按材料力学特性可分为柔性基层、刚性基层、半刚性基层。柔性基层,采用热拌或冷拌沥青混合料、沥青贯入式碎石以及不加任何结合料的纯粒料类等材料铺筑的基层,比如级配碎石、级配碎砾石,其特性为不易产生温缩和干缩开裂,可以有效抑制和减少沥青路面反射裂缝的产生,但面层不得不承受大部分弯矩和荷载,对面层要求很高;刚性基层,采用普通混凝土、碾压式混凝土、贫混凝土、钢筋混凝土、连续配筋混凝土等材料铺筑的路面基层,其特性为刚度大、强度高、稳定耐久、板体性好等;半刚性基层,采用无机结合料稳定土铺筑的能结成板体并具有一定抗弯强度的基层,如水泥稳定土、二灰稳定粒料等都属于半刚性基层,其特性为整体好、承载力高、刚度大、水稳定性好,可以减薄沥青面层厚度,节省工程造价。在我国已建成的高速公路和一级公路中,大多数路面采用了这种基层。

知识目标

1. 了解无机结合料稳定材料的基本特点及分类方法;
2. 熟悉无机结合料稳定材料的组成及各组成材料的技术要求;
3. 掌握无机结合料稳定材料的技术性质。

能力目标

1. 能正确选择合适的材料来配制无机结合料稳定材料;
2. 能进行无机结合料稳定材料的组成设计;
3. 能掌握无机结合料稳定材料强度的测定方法。

在各种粉碎或原状松散的土、碎(砾)石、工业废渣中,掺入适当数量的无机结合料(如水泥、石灰或工业废渣等)和水,经拌和得到的混合料在压实与养生后,得到的具有较高后期强度,整体性和水稳定性均较好的材料称为无机结合料稳定材料。

无机结合料稳定材料耐磨性差,不适宜作为路面的面层,常用作路面的基层和底基层。无机结合料稳定材料的刚度介于柔性路面材料和刚性路面材料之间,常称之为半刚性材料。以此修筑的基层或底基层亦称为半刚性基层或半刚性底基层。无机结合料稳定材料板体性好,具有一定的抗拉强度;稳定性好,抗冻性能强;强度和刚度随着龄期而增长;经济性好;但干缩温缩大,耐磨性差,抗疲劳性也稍差。

按照所用结合料的不同,无机结合料稳定材料分为:

(1)石灰稳定材料:以石灰为结合料,通过加水与被稳定材料共同拌和形成的混合料,包括石灰碎石土、石灰土等。

(2)水泥稳定材料:以水泥为结合料,通过加水与被稳定材料共同拌和形成的混合料,包括水泥稳定级配碎石、水泥稳定级配砾石、水泥稳定石屑、水泥稳定土、水泥稳定砂等。

(3)综合稳定材料:以两种或两种以上材料为结合料,通过加水与被稳定材料共同拌和形成的混合料,包括水泥石灰稳定材料、水泥粉煤灰稳定材料、石灰粉煤灰稳定材料等。

(4)工业废渣稳定材料:以石灰或水泥为结合料,以煤渣、钢渣、矿渣等工业废料为主要被稳定材料,通过加水拌和形成的混合料。

第一节 无机结合料稳定材料的组成材料

一、被稳定材料

1. 粗集料

用作被稳定材料的粗集料宜采用各种硬质岩石或砾石加工成的碎石,也可直接采用天然砾石。粗集料应符合表 5-1 中 Ⅰ 类规定,用作级配碎石的粗集料应符合表 5-1 中 Ⅱ 类规定。高速公路和一级公路极重、特重交通荷载等级基层的 4.75mm 以上粗集料应采用单一粒径的规格料;作为高速公路、一级公路底基层和二级及二级以下公路基层、底基层被稳定材料的天然砾石材料除宜满足表 5-1 的要求外,还应满足级配稳定、塑性指数不大于 9 的要求。

粗集料技术要求 表 5-1

指标	层次	高速公路和一级公路				二级及二级以下公路	
		极重、特重交通		重、中、轻交通			
		Ⅰ类	Ⅱ类	Ⅰ类	Ⅱ类	Ⅰ类	Ⅱ类
压碎值(%)	基层	≤22[①]	≤22	≤26	≤26	≤35	≤30
	底基层	≤30	≤26	≤30	≤26	≤40	≤35
针片状颗粒含量(%)	基层	≤18	≤18	≤22	≤18	—	≤20
	底基层	—	≤20	—	≤20	—	≤20

续上表

指标	层次	高速公路和一级公路				二级及二级以下公路	
		极重、特重交通		重、中、轻交通			
		Ⅰ类	Ⅱ类	Ⅰ类	Ⅱ类	Ⅰ类	Ⅱ类
0.075mm以下粉尘含量(%)	基层	≤1.2	≤1.2	≤2	≤2	—	—
	底基层	—	—	—	—	—	—
软石含量(%)	基层	≤3.0	≤3	≤5	≤5	—	—
	底基层	—	—	—	—	—	—

注：①对花岗岩石料，压碎值可放宽至25%。

基层、底基层的粗集料规格要求宜符合表5-2的规定。用作碎石或砾石的粗集料应采用具有一定级配的硬质石料，且不应含有黏土块、有机物等；级配碎石或砾石用作基层时，高速公路和一级公路公称最大粒径应不大于26.5mm，二级及二级以下公路公称最大粒径应不大于31.5mm；用作底层时，公称最大粒径应不大于37.5mm。

粗集料规格要求 表5-2

规格名称	工程粒径(mm)	通过下列筛孔(mm)的质量百分率(%)									公称粒径(mm)
		53	37.5	31.5	26.5	19.0	13.2	9.5	4.75	2.36	
G1	20~40	100	90~100	—	—	0~10	0~5	—	—	—	19~37.5
G2	20~30	—	100	90~100	—	0~10	0~5	—	—	—	19~31.5
G3	20~25	—	—	100	90~100	0~10	0~5	—	—	—	19~26.5
G4	15~25	—	—	100	90~100	—	0~10	0~5	—	—	13.2~26.5
G5	15~20	—	—	—	100	90~100	0~10	0~5	—	—	13.2~19
G6	10~30	—	100	90~100	—	—	0~10	0~5	—	—	9.5~31.5
G7	10~25	—	—	100	90~100	—	0~10	0~5	—	—	9.5~26.5
G8	10~20	—	—	—	100	90~100	—	0~10	0~5	—	9.5~19
G9	10~15	—	—	—	—	100	90~100	0~10	0~5	—	9.5~13.2
G10	5~15	—	—	—	—	100	90~100	40~70	0~10	0~5	4.75~13.2
G11	5~10	—	—	—	—	—	100	90~100	0~10	0~5	4.75~9.5

2. 细集料

细集料应洁净、干燥、无风化、无杂质，并有适当的颗粒级配。高速公路和一级公路用细集料技术要求应符合表5-3的要求。

细集料规格要求应符合表5-4的规定，其中对公称粒径0~3mm和0~5mm的细集料应分别严格控制粒径大于2.36mm和4.75mm的颗粒含量，对公称粒径3~5mm的细集料应严格控制粒径小于2.36mm的颗粒含量。在高速公路和一级公路中，细集料中粒径小于0.075mm的颗粒含量应不大于15%；二级及二级以下公路，细集料中粒径小于0.075mm的颗粒含量应不大于20%。

细集料技术要求　　　　表5-3

项目	水泥稳定①	石灰稳定	石灰粉煤灰综合稳定	水泥粉煤灰综合稳定
颗粒分析	满足组配要求			
塑性指数②	≤17	15~20	12~20	—
有机质含量	<2	≤10	≤10	<2
硫酸盐含量	≤0.25	≤0.8	—	≤0.25

注：①水泥稳定包括水泥石灰稳定。
②应测定粒径0.075mm以下材料的塑性指数。

细集料规格要求　　　　表5-4

规格名称	工程粒径（mm）	通过率(%)								公称粒径（mm）
		9.5	4.75	2.36	1.18	0.6	0.3	0.15	0.075	
XG1	3~5	100	90~100	0~15	0~5	—	—	—	—	2.36~4.75
XG2	0~3	—	100	90~100	—	—	—	—	0~15	0~2.36
XG3	0~5	100	90~100	—	—	—	—	—	0~20	0~4.75

级配碎石或砾石中的细集料可使用细筛余料，或专门轧制的细碎石集料；天然砾石或粗砂作为细集料时，其颗粒尺寸应满足工程需要，且级配稳定，超尺寸颗粒含量超过《公路路面基层施工技术细则》(JTG/T F20—2015)或实际工程的规定时应筛除。

二、无机结合料

1. 石灰

在土中掺加石灰可使土粒胶结成整体，密实性提高，水稳定性提高，强度提高。

在石灰剂量不大的情况下，钙质石灰稳定土高于镁质石灰稳定土的初期强度。在石灰剂量较大时，镁质石灰稳定土的后期强度优于钙质石灰稳定土。

石灰的技术指标应符合表3-1、表3-2的规定(见第三章第一节石灰的技术标准)。高速公路和一级公路用石灰应不低于Ⅱ级技术要求，二级及以下公路用石灰应不低于Ⅲ级技术要求。高速公路和一级公路的基层，宜采用磨细消石灰。二级以下公路使用等外石灰时，有效氧化钙含量应在20%以上，且混合料强度应满足要求。

2. 水泥

水泥在稳定土中的作用是与水反应后能大大降低土的塑性，增加土的强度和水稳定性。

强度等级为32.5或42.5的普通硅酸盐水泥等均可使用，所用水泥初凝时间大于180min，终凝时间应大于360min且不小于600min。在水泥稳定材料中掺加缓凝剂或早强剂时，应对混合料进行试验验证，缓凝剂和早强剂的技术要求也应符合现行规范的规定。

3. 粉煤灰

将粉煤灰加入土中既能起填充作用，与石灰反应的产物也起胶结作用，由此可达到稳定土强度、密实性和水稳定性的目的。干排或湿排的硅铝粉煤灰和高钙粉煤灰等均可用作基层或底基层的结合料，技术要求应符合表5-5的规定。

粉煤灰技术要求　　　　　　　表 5-5

检测项目	SiO_2、Al_2O_3 和 Fe_2O_3 总含量（%）	烧失量（%）	比表面积（cm^2/g）	0.3mm 筛孔通过率（%）	0.075mm 筛孔通过率（%）	湿粉煤灰含水率（%）
技术要求	>70	≤20	>2500	≥90	≥70	≤35

各等级公路的底基层、二级及二级以下公路基层使用的粉煤灰，通过率不满足表 5-5 要求时，应进行混合料强度试验，达到相关要求的强度指标时，方可使用。

三、水

符合现行标准要求的饮用水可直接作为基层、底基层材料拌和与养生用水，对拌和使用的非饮用水应进行水质检验，技术要求应符合表 5-6 规定。养生用水可不检验不溶物含量，其他指标应符合表 5-6 规定。

非饮用水技术要求　　　　　　　表 5-6

项次	项目	技术要求
1	pH 值	≥4.5
2	Cl^- 含量（mg/L）	≤3500
3	SO_4^{2-} 含量（mg/L）	≤2700
4	碱含量（mg/L）	≤1500
5	可溶物（mg/L）	≤10000
6	不溶物（mg/L）	≤5000
7	其他杂质	不应有漂浮的油脂和泡沫及明显的颜色和异味

四、材料分档与掺配

（1）材料分档应符合表 5-7 的规定。

材料分档要求　　　　　　　表 5-7

层位	高速公路和一级公路		二级及二级以下公路
	极重、特重交通	重、中、轻交通	
基层	≥5	≥4	≥3 或 4①
底基层	≥4	≥3 或 4①	≥3

注：①对一般工程可选择不少于 3 档备料，对极重、特重交通荷载等级且强度要求较高时，为了保证级配的稳定，宜选择不少于 4 档备料。

（2）公称最大粒径为 19mm、26.5mm 和 31.5mm 的无机结合料稳定碎石或砾石的备料规格宜符合表 5-8 规定。

（3）用于二级及二级以上公路基层和底基层的级配碎石或砾石，应由不少于 4 种规格的材料掺配而成。

（4）天然材料用于高速公路和一级公路的基层时，应筛分成表 5-2 中规定的规格，并按表 5-8 中的备料规格进行掺配。天然材料的规格不满足设计级配的要求时，可掺配一定比例的碎石或轧碎砾石。

（5）级配碎石或砾石类材料中宜掺加石屑、粗砂等材料。

不同粒径混合料的备料规格 表 5-8

公称最大粒径（mm）	类型	一档	二档	三档	四档	五档	六档
19	三档备料	XG3	G11	G8	—	—	—
	四档备料Ⅰ	XG2	XG1	G11	G8	—	—
	四档备料Ⅱ	XG3	G11	G9	G5	—	—
	四档备料Ⅲ①	XG3(1)	XG3(2)	G11	G8	—	—
	五档备料Ⅰ	XG2	XG1	G11	G9	G5	—
	五档备料Ⅱ①	XG3(1)	XG3(2)	G11	G9	G5	—
26.5	四档备料	XG3	G11	G8	G3	—	—
	五档备料Ⅰ	XG3	G11	G9	G5	G3	—
	五档备料Ⅱ	XG2	XG1	G11	G8	G3	—
	五档备料Ⅲ①	XG3(1)	XG3(2)	G11	G8	G3	—
	六档备料Ⅰ	XG2	XG1	G11	G9	G5	G3
	六档备料Ⅱ①	XG3(1)	XG3(2)	G11	G9	G5	G3
31.5	四档备料	XG3	G11	G8	G2	—	—
	五档备料Ⅰ	XG3	G11	G9	G5	G2	—
	五档备料Ⅱ	XG3	G11	G9	G4	G2	—
	五档备料Ⅲ①	XG3(1)	XG3(2)	G11	G8	G2	—
	六档备料Ⅰ	XG2	XG1	G11	G9	G5	G2
	六档备料Ⅱ①	XG3(1)	XG3(2)	G11	G9	G5	G2

注：①表中 XG3(1) 和 XG3(2) 为两种不同级配规格的 0~5mm 的细集料。

（6）级配碎石或砾石细集料的塑性指数应不大于12。不满足要求时，可加石灰、无塑性的砂或石屑掺配处理。

第二节 无机结合料稳定材料的技术性质

一、强度

在土中掺入的石灰或水泥，在最佳含水率下拌和均匀并压实，由于无机结合料与土发生的一系列物理、化学作用，无机结合料稳定材料逐渐形成较高强度。

1. 强度的测定方法

无机结合料稳定材料的强度采用7d无侧限抗压强度指标来表征，方法是按最佳含水率和工地要求达到的压实度计算出干密度及材料用量，将试件制成高径比为1:1的圆柱体，在标准养护条件（20℃±2℃，相对湿度在95%以上）下养护6d，并浸水24h，进行无侧限抗压强度试验，试验方法见试验篇第十二章试验四。

2. 影响因素

1) 土质

对于石灰稳定材料,塑性指数 15~20 的黏性土较适宜,其稳定的效果显著,强度也高。塑性指数过大的重黏土,难以粉碎和拌和,用石灰稳定易产生收缩裂缝。用水泥稳定则水泥用量过高,不经济。

对水泥稳定材料,可用各碎石、黏土、粉质土,但级配良好的碎石和砂砾效果最好,不但强度高,而且水泥用量少。

2) 结合料品种及用量

石灰的质量主要取决于其活性 $CaO + MgO$ 的含量,活性成分愈多,稳定的效果愈好。在相同剂量下,石灰细度愈大,石灰与土粒作用愈充分,反应进行得愈快,稳定效果也愈好。随着石灰剂量的增加,土的塑性、膨胀、吸水量减小,使土的密实度、强度、和易性等得到改善;但剂量超过一定范围后,强度反而降低。所以石灰稳定材料中石灰存在一个最佳剂量,常用黏性土及粉性土为 8%~14%,对砂性土则为 9%~16%。

对于水泥稳定材料,通常情况下,硅酸盐水泥的稳定效果好,而铝酸盐水泥较差。且随着水泥分散度的增加,其活性程度和硬化能力也有所增大,从而水泥稳定材料的强度也大大提高。水泥稳定材料的强度随水泥剂量的增加而增长,但过多的水泥用量,虽获得强度的增加,但不经济,效果也不一定显著,且容易开裂。

二灰稳定土中粉煤灰用量愈多,初期强度愈低,但后期增长幅度也愈大,若提高二灰稳定土的早期强度,可以掺加少量水泥或某些早强剂。

3) 含水率

无机结合料稳定材料在最佳含水率下压实得到较大干密度,强度也高。因此,施工时应尽可能达到最佳含水率,并注意养护中水分的蒸发,以保证被稳定材料中水泥的充分水化。

4) 密实度

无机结合料稳定材料的密实度愈大,强度愈高,受水的影响可能性愈小,施工时可通过改善土的级配和合适的施工工艺,严格控制混合料的压实度,以确保其密实度。

5) 养生条件

无机结合料稳定材料的强度发展需要适当的温度、湿度,它们必须在潮湿的条件下养生,同时养生温度愈高,强度增长愈快。

6) 施工时间

施工时间的长短主要是针对水泥稳定而言,水泥稳定材料从开始加水拌和到完全压实的时间要尽可能短,一般不要超过 6h,若时间太长,则水泥凝结,在碾压时,不但达不到压实度要求,而且会破坏已结硬水泥的胶凝作用,反而使水泥强度下降。

二、收缩特性

无机结合料稳定材料的强度在温度和湿度变化时容易产生裂缝。当采用其作沥青路面的基层时,这些裂缝易于反射到面层,造成路面产生裂缝,进而严重影响到沥青路面的使用性能。

1. 缩裂特性

1) 干缩

随着无机结合料稳定材料的强度不断形成,水分逐渐消耗以及蒸发,体积发生收缩。当收缩受到约束,会逐渐产生裂缝,称为干缩裂缝。影响因素主要有:

(1) 土的类别及粒料含量。土中的黏料含量愈多,稳定材料的干缩愈大,土的塑性愈大,即塑性指数愈大,干缩愈大。对于含细粒土较多的无机结合料稳定材料,常以干缩为主,而粒料增加,则可对干缩产生一定的抑制作用。

(2) 结合料的种类及剂量。通常石灰稳定材料比水泥稳定材料容易产生干缩裂缝。对于稳定细粒材料,三种稳定材料的干缩性大小排列顺序为:石灰土 > 水泥土及水泥石灰土 > 石灰粉煤灰土;对于稳定粒料类,干缩性大小排列顺序为:石灰稳定类 > 石灰粉煤灰稳定类 > 水泥稳定类。

为减小收缩,在满足强度要求的情况下,宜尽可能选择较低剂量的无机结合料。

(3) 养护条件。在养护初期,应保证无机结合料稳定材料表面潮湿,使稳定材料尽早成型,形成比较高的早期强度,可减轻其干缩裂缝。同时,随着龄期的增长,干缩也逐渐减小。

(4) 含水率和密实度。稳定材料制作时,含水率增加,其干缩应变也明显增大。密实程度愈大,干缩应变愈小。

2) 温缩

无机结合料稳定材料具有热胀冷缩性能,随着气温的降低,稳定材料会冷却产生收缩,一旦变形受到约束,即逐渐形成裂缝,称为温缩。实践表明:

(1) 石灰稳定材料比水泥稳定材料的温缩大。对于稳定细粒材料,三种稳定材料的温缩性大小排列顺序为:石灰土 > 石灰粉煤灰土 > 水泥土及水泥石灰土;对于稳定粒料类,温缩性大小排列顺序为:石灰稳定类 > 石灰粉煤灰稳定类 > 水泥稳定类。

(2) 细粒土比粗粒土的温缩大。原材料中砂粒以上颗粒的温度收缩系数较小,黏土的温度收缩系数较大,故细料土比粗粒土的温缩大。当采用稳定粒料作基层时,为减少基层材料的收缩性和减轻基层裂缝,集料中也不宜含有塑性指数小的土。

根据《公路路面基层施工技术细则》(JTG/T F20—2015)规定,无机结合料稳定细粒土,如水泥稳定土、水泥稳定石屑,强度可以满足技术要求,但是抗冲刷性和抗裂性不足,并不适用于基层。主要原因为无机结合料稳定细粒材料的干缩和温缩较明显,容易产生严重的收缩裂缝,此外,还具有遇水表层易软化、抗冲刷能力差等缺点。

(3) 掺加一定数量的粉煤灰可以降低无机结合料稳定材料的温缩系数。

(4) 无机结合料稳定材料的温缩系数随温度的降低而增大。

2. 缩裂的防治措施

1) 改善土质

稳定材料用土愈黏,则缩裂愈严重,所以采用黏性较小的土,或在黏性土中掺加砂土、粉煤灰等,以降低土的塑性指数。

2) 控制压实时的含水率及压实度

稳定材料因含水率过多产生的干缩裂缝显著,压实度小时产生的干缩比压实度大时严重,因此稳定材料压实时含水率比最佳含水率略小为好,并尽可能达到最佳压实效果。

3）掺加粗粒料

掺入一定数量（掺入量60%～70%）粗粒料，如砂、碎石、砾石等，使混合料满足最佳级配要求，可以提高其强度和稳定性，减少裂缝的产生，同时可以节约结合料和改善碾压时的拥挤现象。

4）加强初期养护

无机结合料稳定材料在成型初期，干缩比较大，因此要重视初期养护，保证稳定土表面潮湿，严禁干晒。

5）防止无机结合料稳定材料基层的缩裂反射到沥青路面的面层的措施

（1）设置沥青碎石或沥青灌入式联结层；

（2）设置碎石上基层：采用优质级配碎石作为基层，可有效地防止和减少半刚性基层收缩引起的反射裂缝。

三、抗疲劳性能

所谓疲劳是指在荷载反复作用下，材料的极限强度会随着作用次数的增加而降低的现象。材料从开始至出现疲劳破坏的荷载作用次数称为疲劳寿命。无机结合料稳定材料一般采用劈裂疲劳或小梁疲劳试验测定其抗疲劳性能。试验表明，石灰粉煤灰稳定材料的抗疲劳性能优于水泥砂砾。

在一定的应力水平条件下，材料疲劳寿命取决于材料的强度和刚度，强度愈大，刚度愈小，疲劳寿命愈长。

四、水稳定性和抗冻性

稳定类基层材料除具有适当的强度，能承受设计荷载以外，还应具备一定的水稳定性和冰冻稳定性，否则，稳定类基层由于面层开裂、渗水或者两侧路肩渗水将使稳定土含水率增加，强度降低，从而使路面过早破坏。在冰冻地区，冰冻将加剧这种破坏。评价材料的水稳定性和抗冻性可用浸水强度和冻融循环试验。影响水稳定性和冰冻稳定性的主要因素如下：

（1）土类：细土含量多、塑性指数大的土，水稳定性和抗冻性能差。

（2）稳定剂种类和剂量：石灰粉煤灰粒料和水泥粒料的水稳定性最好；当稳定剂剂量不足时，胶结作用弱，透水性大，强度达不到要求，其稳定性也差。

（3）密实度：密实度大时，透水能力降低，水稳定性增强。

（4）龄期：由于某些稳定剂如水泥、石灰或二灰的强度形成需要一定的时间，因此这类稳定材料的水稳定性随龄期的增长而增长。

第三节　无机结合料稳定材料的组成设计

无机结合料稳定材料组成设计的主要目的是：根据强度指标和使用性能要求，确定稳定土中组成材料的比例；根据击实试验确定稳定土的最大干密度和最佳含水率，作为工地现场进行质量控制的参考数据。所配制的稳定土各项使用性能应符合路面结构的设计要求,并能够准确地进行生产质量控制,易于摊铺与压实,比较经济。

一、强度要求

根据《公路路面基层施工技术细则》(JTG/T F20—2015),无机结合料稳定材料进行组成设计时,应采用7d无侧限抗压强度作为主要控制指标,高速公路和一级公路还应验证所用材料的7d无侧限抗压强度与90d或180d龄期弯拉强度的关系。各种无机结合料稳定材料抗压强度标准值R_d(按7d龄期)见表5-9。

无机结合料稳定材料的7d无侧限抗压强度标准值R_d(MPa)　　　　表5-9

结构层		公路等级	极重、特重交通	重交通	中、轻交通
水泥稳定材料	基层	高速公路和一级公路	5.0~7.0	4.0~6.0	3.0~5.0
		二级及二级以下公路	4.0~6.0	3.0~5.0	2.0~4.0
	底基层	高速公路和一级公路	3.0~5.0	2.5~4.5	2.0~4.0
		二级及二级以下公路	2.5~4.5	2.0~4.0	1.0~3.0
石灰粉煤灰稳定材料	基层	高速公路和一级公路	≥1.1	≥1.0	≥0.9
		二级及二级以下公路	≥0.9	≥0.8	≥0.7
	底基层	高速公路和一级公路	≥0.8	≥0.7	≥0.6
		二级及二级以下公路	≥0.7	≥0.6	≥0.5
水泥粉煤灰稳定材料	基层	高速公路和一级公路	4.0~5.0	3.5~4.5	3.0~4.0
		二级及二级以下公路	3.5~4.5	3.0~4.0	2.5~3.5
	底基层	高速公路和一级公路	2.5~3.5	2.0~3.0	1.5~2.5
		二级及二级以下公路	2.0~3.0	1.5~2.5	1.0~2.0
石灰稳定材料	基层	高速公路和一级公路	—		
		二级及二级以下公路	≥0.8①		
	底基层	高速公路和一级公路	≥0.8		
		二级及二级以下公路	0.5~0.7②		

注:①在低塑性材料(塑性指数小于7)地区,石灰稳定砾石土和碎石土的7d无侧限抗压强度就大于0.5MPa(100g平衡锥测液限)。
②低限值用于塑性指数小于7的黏性土,且低限值宜仅用于二级以下公路,高限值用于塑性指数大于7的黏性土。
1. 公路等级高或交通荷载等级高或结构安全性要求高时,推荐取上限强度标准。
2. 表中强度标准是指7d龄期无侧限抗压强度的代表值。
3. 石灰粉煤灰稳定材料强度不满足表中要求时,可添加混合料质量1%~2%的水泥。
4. 石灰土强度达不到表中规定的抗压强度标准时,可添加部分水泥,或改用另一种土,塑性指数过小的土不宜用石灰稳定,宜改用水泥稳定。

碾压贫混凝土应符合下列规定:7d龄期无侧限抗压强度应不低于7MPa,且宜不高于10MPa。水泥剂量宜不大于13%;需要提高材料强度时,应优化混合料级配,并验证混合料收缩性能、弯拉强度和模量等指标。

水泥稳定类材料强度要求较高时,宜采取控制原材料技术指标和优化级配设计等措施,不宜单纯通过增加水泥剂量来提高材料强度。石灰稳定砾石土或碎石土材料可仅对其中公称最大粒径小于4.75mm的石灰土进行7d龄期无侧限抗压强度验证,且无侧限抗压强度应不小于0.8MPa。

二、材料组成设计

无机结合料稳定材料组成设计应包括原材料检验、混合料的目标配合比设计、混合料生产配合比设计和施工参数确定4部分。其中生产配合比设计和施工参数确定均是在目标配合比设计后,借助于施工单位的拌和设备、摊铺和碾压设备,在进行试生产的基础上完成。本节主要介绍混合料的目标配合比设计方法。

1. 原材料检验

(1)土:检验含水率、液限、塑限、颗粒分析、有机质含量和硫酸盐含量等。

(2)砾石(碎石):检验含水率、级配、液限、塑限、毛体积相对密度和吸水率、压碎值、粉尘含量、针片状颗粒含量、软石含量等。

(3)细集料:检验含水率、级配、液限、塑限、毛体积相对密度和吸水率、有机质含量和硫酸盐含量等。

(4)石灰:检验含水率、有效钙镁含量、残渣含量。

(5)水泥:检验强度等级和初、终凝时间。

(6)粉煤灰:检验含水率、烧失量、细度、二氧化硅等氧化物含量。

2. 拟定混合料配合比,制备试件

水泥稳定材料的水泥剂量应以水泥质量占全部干燥被稳定材料质量的百分率表示;石灰稳定材料的石灰剂量应以石灰质量占全部干燥被稳定材料质量的百分率表示;石灰工业废渣混合料应采用质量配合比计算,以石灰:工业废渣:被稳定材料质量的百分率表示。

应根据当地材料的特点,通过原材料性能的试验评定,选择适宜的结合料类型,确定混合料配合比设计的技术标准。

(1)选择不少于5种不同结合料剂量,分别制备混合料,规范建议的剂量见表5-10~表5-13。

水泥稳定材料配合比试验推荐水泥试验剂量表　　　　表5-10

被稳定材料	条件		推荐试验剂量(%)
有级配的碎石或砾石	基层	$R_d \geq 5.0$MPa	5、6、7、8、9
		$R_d < 5.0$MPa	3、4、5、6、7
土、砂、石屑等		塑性指数<12	5、7、9、11、13
		塑性指数≥12	8、10、12、14、16
有级配的碎石或砾石	底基层	—	3、4、5、6、7
土、砂、石屑等		塑性指数<12	4、5、6、7、8
		塑性指数≥12	6、8、10、12、14
碾压混凝土	基层	—	7、8.5、10、11.5、13

水泥的最小剂量(%) 表5-11

土类	拌和方法	
	路拌法	集中厂拌法
中粒、粗粒材料	4	3
细粒材料	5	4

注:1. 粗粒材料是指公称最大粒径不小于26.5mm的材料。
　　2. 中粒材料是指公称最大粒径不小于16mm,且小于26.5mm的材料。
　　3. 细粒材料是指公称最大粒径小于16mm的材料。

石灰粉煤灰稳定材料和石灰煤渣稳定材料推荐比例 表5-12

材料类型	材料名称	使用层位	结合料间比例	结合料与被稳定材料间比例
石灰粉煤灰	硅铝粉煤灰的石灰粉煤灰类①	基层或底基层	石灰:粉煤灰 = 1:2 ~ 1:9	—
	石灰粉煤灰土	基层或底基层	石灰:粉煤灰 = 1:2 ~ 1:4②	石灰粉煤灰:细粒材料 = 30:70③ ~ 10:90
	石灰粉煤灰稳定级配碎石或砾石	基层	石灰:粉煤灰 = 1:2 ~ 1:4	石灰粉煤灰:被稳定材料 = 20:80 ~ 15:85④
石灰煤渣	石灰煤渣稳定材料	基层或底基层	石灰:煤渣 = 20:80 ~ 15:85	—
	石灰煤渣土	基层或底基层	石灰:煤渣 = 1:1 ~ 1:4	石灰煤渣:细粒材料 = 1:1 ~ 1:4⑤
	石灰煤渣稳定材料	基层或底基层	石灰:煤渣:被稳定材料 = (7~9):(26~33):(67~58)	

注:①CaO含量为2%~6%的硅铝粉煤灰。
　　②粉土以1:2为宜。
　　③采用此比例时,石灰与粉煤灰之比宜为1:2~1:3。
　　④石灰粉煤灰与粒料之比为20:80~15:85时,在混合料中,粒料形成骨架,石灰粉煤灰起填充孔隙和胶结作用,这种混合料称骨架密实式石灰粉煤灰粒料。
　　⑤混合料中石灰应不少于10%,可通过试验选取强度较高的配合比。

水泥粉煤灰稳定材料和水泥煤渣稳定材料推荐比例 表5-13

材料类型	材料名称	使用层位	结合料间比例	结合料与被稳定材料间比例
水泥粉煤灰	硅铝粉煤灰的水泥粉煤灰类①	基层或底基层	水泥:粉煤灰 = 1:3 ~ 1:9	—
	水泥粉煤灰土	基层或底基层	水泥:粉煤灰 = 1:3 ~ 1:5	水泥粉煤灰:细粒材料 = 30:70② ~ 10:90
	水泥粉煤灰稳定级配碎石或砾石	基层	水泥:粉煤灰 = 1:3 ~ 1:5	水泥粉煤灰:被稳定材料 = 20:80 ~ 15:85③

续上表

材料类型	材料名称	使用层位	结合料间比例	结合料与被稳定材料间比例
水泥煤渣	水泥煤渣稳定材料	基层或底基层	水泥:煤渣 = 5:95 ~ 15:85	—
	水泥煤渣土	基层或底基层	水泥:煤渣 = 1:2 ~ 1:5	水泥煤渣:细粒材料 = 1:2 ~ 1:5[④]
	水泥煤渣稳定材料	基层或底基层		水泥:煤渣:被稳定材料 = (3~5):(26~33):(71~62)

注:①CaO含量为2%~6%的硅铝粉煤灰。
②采用此比例时,水泥与粉煤灰之比宜为1:2~1:3。
③水泥粉煤灰与粒料之比为20:80~15:85时,在混合料中,粒料形成骨架,水泥粉煤灰起填充孔隙和胶结作用。
④混合料中水泥应不少于4%,可通过试验选取强度较高的配合比。

水泥、石灰综合稳定时,水泥用量占结合料总量不小于30%时,应按水泥稳定材料的技术要求进行组成设计,水泥和石灰的比例宜取60:40、50:50或40:60。水泥用量占结合料总量小于30%时,应按石灰稳定材料设计。

(2)采用重型击实法(或振动压实法)确定各种不同结合料剂量混合料的最佳含水率和最大干密度,试验方法见试验篇第十二章试验一。至少应做三个不同结合料剂量混合料的击实试验,即最小剂量、中间剂量和最大剂量。其他两个剂量混合料的最佳含水率和最大干密度用内插法确定。

(3)按规定压实度分别计算不同剂量的试件应有的干密度。

(4)按最佳含水率和计算得出的干密度制备试件。试件采用静压法成型,径高比应为1:1。无机结合料稳定细粒材料的试件直径应为100mm,无机结合料稳定中、粗粒材料的试件直径应为150mm,试验方法见试验篇第十二章试验二。进行强度试验时,作为平行试验的最少试件数量应不小于表5-14的规定。如试验结果的变异系数大于表中规定的值,则应重做试验或增加试件数量。

平行试验的最少试件数量　　　　表5-14

土类	变异系数		
	<10%	10%~15%	15%~20%
细粒材料	6	9	—
中粒材料	6	9	13
粗粒材料	—	9	13

无机结合料稳定材料的
压实性(一)试料准备

无机结合料稳定材料的
压实性(二)试验
步骤(甲法)

无机结合料稳定材料
无侧限抗压强度

3. 试件强度

试件在规定温度下保湿养生 6d(试验方法见试验篇第十二章试验三),浸水 24h 后,按《公路工程无机结合料稳定材料试验规程》(JTG 3441—2024)进行无侧限抗压强度试验。根据试验结果,按下式计算强度代表值 R_d^0:

$$R_d^0 = \bar{R} \cdot (1 - Z_\alpha C_V) \tag{5-1}$$

式中: Z_α ——标准正态分布表中随保证率或置信度 α 而变的系数,高速公路和一级公路应取保证率 95%,即 $Z_a = 1.645$;二级及二级以下公路应取保证率 90%,即 $Z_a = 1.282$;

$\bar{R}$ ——一组试验的强度平均值;

C_V ——一组试验的强度变异系数。

4. 选定结合料剂量

根据表 5-9 的强度标准,选定合适的结合料剂量,此剂量试件室内试验结果的强度代表值 R_d^0 应不小于强度标准 R_d,当 $R_d^0 < R_d$ 时,应重新进行配合比试验。

对水泥稳定材料,工地实际采用的水泥剂量应比室内试验确定的剂量多 0.5% ~ 1.0%。采用集中厂拌法施工时,可只增加 0.5%;采用路拌法施工时,宜增加 1%。

水泥稳定碎石配合比设计例题

【题目】 设计某地二级公路路面基层用水泥稳定碎石的配合比。

【设计要求】

水泥稳定碎石的设计 7d 无侧限抗压强度标准值为 3.8MPa,工地要求压实度为 98%,工地上采用集中厂拌法施工。

【原材料选用】

(1)水泥:普通硅酸盐水泥,强度等级为 42.5,水泥初凝时间 210min,终凝时间 395min,3d 抗折强度 5.1MPa,抗压强度 26.3MPa,能够满足《通用硅酸盐水泥》(GB 175—2023)的标准。

(2)集料:选用 4 种规格集料,1 号(9.5 ~ 31.5mm)、2 号(4.75 ~ 9.5mm)、3 号(2.36 ~ 4.75mm)、4 号(0 ~ 2.36mm)。通过试验得 1 号集料压碎值为 19.1%,针片状颗粒含量 6.4%;2 号集料针片状颗粒含量 8.5%。以上指标均符合规范要求,其筛分结果见表 5-15。

4 种集料筛分结果　　　　表 5-15

材料名称	筛孔尺寸(mm)							
	31.5	26.5	19	9.5	4.75	2.36	0.6	0.075
9.5 ~ 31.5mm 1 号	100	92.7	28.8	2.3	1.2	1.2	1.2	0.9
4.75 ~ 9.5mm 2 号	100	100	100	45.7	3.9	1.6	1.3	0.9

续上表

材料名称	筛孔尺寸（mm）							
	31.5	26.5	19	9.5	4.75	2.36	0.6	0.075
2.36～4.75mm 3号	100	100	100	100	78.6	25.4	9.5	5.7
0～2.36mm 4号	100	100	100	100	100	85.2	53	15.2

（3）集料合成级配计算。根据筛分结果，采用图解法计算出各种集料的用量，见表5-16，合成级配符合图纸设计规定的级配要求。

各种集料的比例 表5-16

集料类别	9.5～31.5mm	4.75～9.5mm	2.36～4.75mm	0～2.36mm
比例（%）	30	40	13	17

【设计计算】

（1）确定水泥剂量：查表5-8，选用3.5%、4.0%、4.5%、5.0%、5.5% 5种不同的水泥剂量，分别与掺配集料拌和成水泥稳定碎石。

（2）测定水泥稳定碎石的最佳含水率和最大干密度：采用重型击实法，测定5种不同水泥剂量的水泥稳定碎石的最佳含水率和最大干密度，试验结果见表5-17。

击实试验检测结果 表5-17

水泥碎石配合比	集料配合比	最佳含水率（%）	最大干密度（g/cm³）
3.5:100	30:40:13:17	4.6	2.275
4.0:100	30:40:13:17	5.1	2.295
4.5:100	30:40:13:17	5.4	2.314
5.0:100	30:40:13:17	5.8	2.326
5.5:100	30:40:13:17	6.2	2.337

（3）强度检验：根据上述混合料比例和确定的最大干密度、最佳含水率，制备压实度约为98%、规格为 $\phi150mm \times 150mm$ 的标准试件，试验按《公路工程无机结合料稳定材料试验规程》(JTG 3441—2024)进行，并按标准条件养生，测得强度见表5-18。

试件7d饱水抗压强度 表5-18

水泥碎石配合比	平均强度$\bar{R}$（MPa）	变异系数（%）	强度代表值R_d^0（MPa）	强度标准值R_d（MPa）	$R_d^0 \geq R_d$
3.5:100	3.6	7	3.2	3.0～3.5	否
4.0:100	3.8	6	3.4		否
4.5:100	4.2	4	4.0		是
5.0:100	5.1	3	4.9		偏高
5.5:100	5.4	3	5.1		偏高

(4)确定水泥的最佳剂量:从表 5-18 可得满足 $R_d^0 \geq R_d$ 的水泥最佳剂量为 4.5%,既符合技术质量要求,又符合经济性要求。根据施工条件,采用集中厂拌法,故工地上可采用的水泥剂量为 5.0%。

无机结合料稳定材料是指在粉碎的或原来松散的材料中,掺入足量无机结合料(如石灰、水泥、粉煤灰及其他工业废渣等)和水,经拌和得到的混合料,其在压实和养生后,整体性强,后期强度高、水稳定性好。主要用于各种路面的基层、底基层,因刚度较大,又被称为半刚性基层材料。

按其结合料的不同,无机结合料稳定材料可分为石灰稳定材料、水泥稳定材料、综合稳定材料及工业废渣稳定材料。

无机结合料稳定材料的主要技术要求为:强度、抗裂性及水稳定性,这些性能取决于结合料的质量与掺量、稳定土的种类、含水率、养生温度与湿度等。

无机结合料稳定材料的组成设计采用无侧限抗压强度为主要控制指标,设计内容包括原材料检验、混合料目标配合比设计、混合料生产配合比设计和施工参数确定 4 部分。

复习思考题

第五章 题库

第六章 CHAPTER SIX
沥青材料

 引言

沥青是一种防水防潮和防腐的有机胶凝材料,主要用于铺筑公路与建筑物的防水处理,制造油毡、枕木、电杆的防腐等。早在前1200年的古典时期,人们已经开始应用天然沥青,作为装饰品,为雕刻物添加颜色,还用在器皿和船的外面,并开始在黏土砖中使用。在公元前7世纪,沥青作为接缝材料和涂抹材料来装饰和加固华道,在道路工程中投入使用。1938年第一条被铺上沥青的道路出现,1842年浇注沥青被发明,并成功应用于道路工程施工中。1907年第一个沥青混合料构件投入使用,1923年沥青应用于水坝的密封中。

沥青黏度很大但是具有流动性,吉尼斯世界纪录认定的世界上持续时间最久的实验——沥青滴漏实验,将已固化的沥青放入玻璃漏斗中,让沥青液体向下流动,经过数十年的坚持观察,近期终于得出研究成果,沥青滴落的平均速度为9年一滴,这一研究于2005年获得"搞笑诺贝尔"物理奖,"研究,就是为了让人们先是大笑,而后促你思考。"

 知识目标

1. 掌握石油沥青材料的组成结构、工程性质、技术标准和评价指标的测定方法;
2. 熟悉改性沥青、乳化沥青、煤沥青的组成、性质及应用。

 能力目标

1. 能针对不同的工程环境,根据国家及交通行业技术标准正确评价和选择道路石油沥青;
2. 能根据现行试验规程的要求,正确完成道路石油沥青的各项常规试验。

沥青材料是由高分子碳氢化合物及其衍生物组成的、黑色或深褐色、不溶于水而几乎全溶于二硫化碳、四氯化碳的固体、半固体或液体状态的有机胶凝材料。

沥青按其来源不同,可分为地沥青和焦油沥青两大类,其分类见表6-1。

沥青材料具有良好憎水性能,几乎不溶于水,而且本身构造致密,具有良好防水性能;同时能抵抗一般酸、碱、盐类等侵蚀性液体的侵蚀,具有较好的抗腐蚀性;与矿物材料表面具有很好的黏结力,能紧密黏附于其表面;具有一定的塑性,能适应其基材的变形。因而可以广泛用于防水、防潮、道路和水利工程中。

沥青按照来源分类 表6-1

沥青分类		沥青来源
地沥青	天然沥青	石油在自然条件下,经地球物理因素的长期作用,轻质组分挥发和缩聚而成的沥青类物质,我国新疆克拉玛依等地有天然沥青
	石油沥青	石油原油经蒸馏提炼出各种轻质油(如汽油、煤油、柴油等)及润滑油以后的残留物,或将残留物经吹氧、调和等工艺进一步加工得到的产品
焦油沥青	煤沥青	由煤干馏所得的煤焦油,经再加工得到的沥青,即称煤沥青(俗称柏油)
	页岩沥青	由页岩焦油蒸馏后的残留物制取的沥青,页岩沥青的技术性质接近石油沥青,而按其生产工艺则接近焦油沥青

第一节 石油沥青

一、石油沥青的生产和分类

(一)石油沥青生产工艺

原油(从油井中开采出来的石油)经常压蒸馏后得到汽油、柴油、煤油后所剩的渣油为常压渣油,经减压蒸馏后得到减压渣油,这些渣油都属于低标号的慢凝液体沥青。为提高沥青的稠度,以慢凝液体沥青为原料,可以采用不同的工艺方法得到黏稠沥青。渣油经过再减蒸工艺,进一步深拔出各种重质油品,可得到不同稠度的直馏沥青;渣油经不同深度的氧化后,可以得到不同稠度的氧化沥青或半氧化沥青;渣油经不同程度地脱出沥青油,可得到不同稠度的溶剂沥青。除轻度蒸馏和轻度氧化的沥青属于高标号慢凝沥青外,其余沥青都属于黏稠沥青。有时为施工需要,希望在常温条件下具有较大的施工流动性,在施工完成后短时间内又能凝固而具有高的黏结性。为此在黏稠沥青中掺加煤油或汽油等挥发速度较快的溶剂,这种用快速挥发溶剂作为稀释剂的沥青,称为中凝液体沥青或快凝液体沥青。为得到不同稠度的沥青,也可以采用硬的沥青与软的沥青(黏稠沥青或慢凝液体沥青),以适当比例调配,称为调和沥青。为节约溶剂和扩大使用范围,可将沥青分散于有乳化剂的水中而形成沥青乳液,这种乳液亦称为乳化沥青。为更好地发挥石油沥青和煤沥青的优点,选择适当比例的煤沥青与石油沥青混合而成一种稳定的胶体,这种胶体称为混合沥青。石油沥青生产工艺流程如图6-1所示。

(二)石油沥青的分类

1. 按原油成分分类

原油根据关键馏和含硫量可分为石蜡基原油、环烷基原油、中间基原油,以及高硫原油、低

硫原油等,由不同基属原油炼制的石油沥青分为:

(1)石蜡基沥青:因原油中含有大量烷烃,沥青中含蜡量一般大于5%。因蜡在常温下以晶体存在,降低了沥青的黏结性和塑性。

(2)环烷基沥青:也称沥青基沥青,含有较多的环烷烃和芳香烃,因此沥青的芳香性高,含蜡量一般小于2%,黏结性和塑性较高。

(3)中间基沥青:也称混合基沥青,含烃类成分和沥青的性质一般介于石蜡基沥青和环烷基沥青之间。

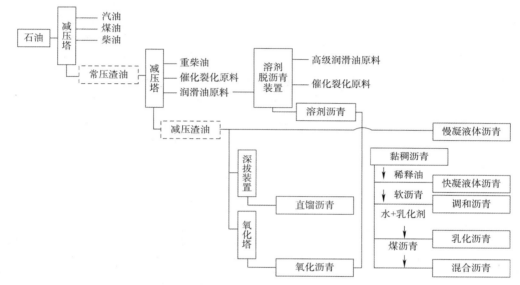

图 6-1　石油沥青生产工艺流程示意图

我国原油储量并不高,目前正在开采的油田中大部分为石蜡基原油,而进口油多为环烷基原油。

2. 按沥青在常温下的外观形态分类

(1)液体沥青:针入度值大于300(0.1mm),常温下为黏稠液体或液体状态。

(2)黏稠沥青:针入度为0~300(0.1mm),常温下为固体或半固体状态;其中针入度小于40(0.1mm)的为固体沥青,针入度为40~300(0.1mm)的为半固体沥青。

3. 按加工方法分类

(1)直馏沥青:原油经过常压蒸馏、减压蒸馏或深拔装置提取各种轻质及中质石油产品所余后可用作沥青的残渣,称为直馏沥青。

(2)氧化沥青:将常压或减压重油,或低稠度直馏沥青在250~300℃的高温下吹入空气,经数小时氧化可获得常温下为半固体或固体状的沥青,称氧化沥青。

(3)溶剂沥青:这种沥青是对含蜡量较高的重油采用溶剂萃取工艺,提炼出润滑油原料后所余残渣。

(4)调和沥青:用调和法生产沥青,通常先生产出软、硬两种沥青组分,然后根据需要调和出符合要求的沥青。

二、沥青的基本组成结构

(一)元素组成

石油沥青是由多种碳氢化合物及其非金属的衍生物组成的混合物,它的分子表达式为 $C_nH_{2n+a}+O_bS_cN_d$。化学组成主要是碳(80%~87%)、氢(10%~15%),其次是氧、硫、氮等(<3%),此外还含有一些微量金属元素,镍、钒、铁、镁、锰、钙、钠等,但含量都很少,为几个至几十个 ppm(百万分之一)。

(二)化学组分

由于沥青化学组成结构极为复杂,对其进行化学成分分析十分困难,同时化学组成还不能完全反映沥青的性质。因此,一般不做沥青的化学分析,而是从工程使用角度出发,将沥青分离为化学成分和物理性质相近,并与沥青技术性质又有一定联系的几个组,这些组即称为"组分"。《公路工程沥青及沥青混合料试验规程》(JTG E20—2011)规定有三组分和四组分两种分析方法。

1.三组分分析法

三组分分析法是将石油沥青分离为油分、树脂和沥青质三个组分,三个组分可利用沥青在不同有机溶剂中的选择性溶解分离出来,其组分性状见表6-2。

石油沥青三组分分析法的各组分性状　　　　表6-2

性状	外观特性	平均分子量	含量(%)	物化特性
油分	淡黄色透明液体	200~700	45~60	几乎溶于大部分有机溶剂,具有光学活性,常发现有荧光,相对密度为0.910~0.925
树脂	红褐色黏稠半固体	800~3000	15~30	温度敏感性高,熔点低于100℃,相对密度大于1.0
沥青质	深褐色固体粉末状微粒	1000~5000	5~30	加热不熔化而碳化,使沥青呈黑色,相对密度1.1~1.5

(1)油分。油分为淡黄色至红褐色的油状液体,是沥青中分子量最小和密度最小的组分,密度介于 0.7~1.0g/cm³ 之间。油分赋予沥青一定流动性,它能降低沥青的黏度和软化点,含量适当还能增大沥青的延度。

(2)树脂。树脂为黄色至黑褐色黏稠状物质(半固体),分子量比油分大,密度为 1.0~1.1g/cm³。树脂又分为中性树脂和酸性树脂。中性树脂赋予沥青良好的塑性、可流动性和黏结性,其含量增加,沥青的延度和黏结力等性能愈好。除中性树脂外,沥青树脂中还含有少量酸性树脂,它是沥青中的表面活性物质,它能改善石油沥青对矿物材料的浸润性,特别是提高了对碳酸盐类岩石的黏附性,并且增加了石油沥青的可乳化性。

(3)沥青质(地沥青质)。沥青质为深褐色至黑色固态无定形物质(固体粉末),分子量比树脂大,密度为 1.1~1.5g/cm³。沥青质是决定石油沥青温度敏感性、黏性的重要组成部分,其含量愈多,则软化点愈高,黏性愈大,即愈硬脆。

三组分分析法的优点是组分界限很明确,组分含量能在一定程度上说明它的工程性能,但是它的主要缺点是分析流程复杂、分析时间很长。

2. 四组分分析法

四组分分析法是将沥青分离为饱和分、芳香分、胶质和沥青质。其组分性状见表6-3。

石油沥青四组分分析法的各组分性状　　　　表6-3

性状	外观特性	平均相对密度	平均分子量	主要化学结构
饱和分	无色液体	0.89	625	烷烃、环烷烃
芳香分	黄色至红色液体	0.99	730	芳香烃、含S衍生物
胶质	棕色黏稠液体	1.09	970	多环结构，含S、O、N衍生物
沥青质	深棕色至黑色固体	1.15	3400	缩合环结构，含S、O、N衍生物

按照四组分分析法，各组分对沥青性质的影响，根据科尔贝特的研究认为：饱和分含量增加，可使沥青稠度降低（针入度增大）；胶质含量增大，可使沥青的延性增加；在有饱和分存在的条件下，沥青质含量增加，可提高沥青温度稳定性；胶质和沥青质的含量增加，可使沥青的黏度提高。

3. 含蜡量

石油沥青中常含有蜡，它会降低石油沥青的黏结性和塑性，增大对温度的敏感性（即温度稳定性差）。高温时，石蜡变软，导致沥青路面的高温稳定性降低，易出现车辙现象；另一方面，低温会使沥青变脆硬，导致路面低温抗裂性降低，易出现裂缝，且蜡会使石料与沥青之间的黏附性降低，使路面石子与沥青产生剥落，石蜡的存在还会降低沥青路面的抗滑性能，所以蜡是石油沥青的有害成分。蜡存在于石油沥青的油分中，如多蜡沥青经高温吹氧处理，蜡被氧化和蒸发，从而提高软化点，降低针入度，达到使用要求。

（三）石油沥青的结构

1. 胶体理论

现代胶体学说认为，在沥青中油分和树脂可以互相溶解，树脂能浸润沥青质。因此，石油沥青的结构是以沥青质为核心，周围吸附部分树脂和油分，构成胶团，无数胶团分散在油分中而形成胶体结构。在这个分散体系中，分散相为吸附部分树脂的沥青质，分散介质为溶有树脂的油分。根据沥青中各组分含量的不同，可形成不同的胶体结构类型，表现出不同的性质。

2. 胶体结构类型

根据石油沥青中各组分的化学组成和相对含量的不同，可以形成溶胶结构、凝胶结构、溶-凝胶结构三种不同的胶体结构，如图6-2所示。

（1）溶胶结构（液态）：当沥青中沥青质含量相对较少（例如10%以下），油分和树脂含量相对较高，只能构成少量的胶团，胶团之间的距离较大，沥青质周围吸附着较厚的树脂外膜，胶团之间的相互吸引力很小（甚至没有吸引力），胶团之间易于相对运动，这种胶体结构的沥青，称为溶胶结构沥青。溶胶结构沥青的特点是：流动性和可塑性较高，开裂后自行愈合能力较强，但对温度的敏感性强，即温度稳定性差，温度过高会流淌。通常，大部分直馏沥青和液体沥青多属溶胶结构类型。

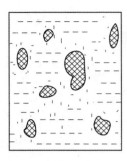
a)溶胶结构

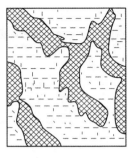
b)凝胶结构

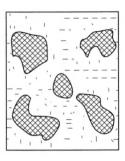
c)溶-凝胶结构

图 6-2　沥青胶体结构类型示意图

(2)凝胶结构(固态):当沥青质含量较多(例如30%以上),而油分和树脂较少时,胶团数量增多,胶团之间的距离随之减小,沥青质周围吸附的树脂外膜较薄,胶团靠近聚集,移动比较困难。这种胶体结构的沥青,称为凝胶结构沥青。凝胶结构沥青的特点是:弹性和黏性高,温度敏感性较小,开裂后自行愈合能力较差,流动性和塑性较低。在工程性能上,虽具有较好的温度稳定性,但低温变形能力较差。建筑石油沥青(氧化沥青)多属凝胶结构类型。

(3)溶-凝胶结构(半固态):沥青中沥青质和树脂含量适当,胶团距离相对较近,相互间保持一定的吸引力,形成一种介于溶胶型和凝胶型之间的结构,称为溶-凝胶结构。溶-凝胶结构沥青的性质也介于溶胶结构和凝胶结构之间。这类沥青的工程性能是:在高温时具有较低的温度敏感性,低温时又具有较好的变形能力。修筑现代化高等级沥青路面用的沥青,都属于这类胶体结构类型。

三、石油沥青的技术性质

(一)黏滞性

黏滞性是指沥青材料在外力作用下抵抗变形的能力。它是沥青材料最为重要的性质,也就是沥青的软硬、稀稠程度。其大小取决于沥青的化学组分及温度。沥青质含量较高,又含适量的树脂和少量油分时,则黏滞性较大。在一定温度范围内,当温度升高时,黏滞性随之降低,反之则增大。

1. 沥青的绝对黏度(亦称动力黏度)

当沥青黏度的大小等于剪应力与剪变率之比时,也称绝对黏度,以帕·秒(Pa·s)作为计量单位,反映了沥青在盛夏季节的耐热性能,黏度大的沥青在荷载作用下产生剪切变形较小,弹性恢复性能好,残留的永久塑性变形小,路面抵抗车辙能力强。通常可采用真空减压毛细管法测定,试验温度为60℃,真空度40kPa。

2. 沥青的相对黏度(亦称条件黏度)

工程上,对于半固体或固体的石油沥青的黏滞性用针入度指标表示,它反映了石油沥青抵抗剪切变形的能力;液体沥青的黏滞性用黏度(也称标准黏度)指标表示,它表征了液体沥青在流动时的内部阻力。

1)针入度

针入度是测定道路石油沥青黏滞性的常用技术指标,采用针入度仪测定,如图13-1所示。

沥青的黏滞性(一)准备工作　　　沥青的黏滞性(二)试验步骤

针入度是在规定温度和时间内,附加一定质量的标准针垂直贯入沥青试样的深度,以0.1mm表示。试验条件以 $P_{T,m,t}$ 表示,其中 T 是试验温度,m 是荷重,t 是贯入时间。试验方法见试验篇第十三章试验一。

《公路工程沥青及沥青混合料试验规程》(JTG E20—2011)规定,标准针与针连杆组合件总质量为(50±0.05)g,另加(50±0.05)g砝码一只,试验时总质量为(100±0.05)g,试验温度为25℃,标准针贯入时间为5s。例如某沥青在上述条件时测得针入度为65(0.1mm),可表示为:

$$P(25℃,100g,5s) = 65(0.1mm)$$

我国现行使用的道路石油沥青技术标准中,针入度是划分道路石油沥青技术等级的主要指标。在相同的试验条件下,针入度值愈大,表示沥青愈软,稠度愈小,黏度愈小。

2)黏度(黏滞度)

黏度是测定液体沥青黏滞性的常用技术指标,采用标准黏度计测定。

《公路工程沥青及沥青混合料试验规程》(JTG E20—2011)规定,液体状态的沥青材料,在标准黏度计中,于规定温度条件下(20℃、25℃、30℃或60℃),通过规定的流孔直径(3mm、4mm、5mm及10mm)(根据沥青种类和稠度来选择),流出50mL体积所需时间(s),以 $C_{T,d}$ 表示。其中 C 为黏度,T 为试验温度,d 为流孔直径。

在相同温度和流孔直径条件下,流出时间愈长,表示沥青黏度愈大,其标准黏度计如图6-3所示。液体沥青是采用黏度来划分等级的。

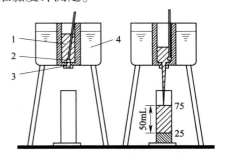

图6-3　液体沥青标准黏度计(尺寸单位:mm)
1-沥青试样;2-活动球杆;3-流孔;4-水

(二)塑性

沥青的塑性是指当其受到外力的拉伸作用时,所能承受的塑性变形的总能力。石油沥青的塑性与其组分有关,石油沥青中树脂含量较多,且其他组分含量又适当时,则塑性较大。同时温度和沥青膜层厚度也会影响沥青塑性,温度升高,则塑性增大;膜层愈厚,则塑性愈大,反之,膜层愈薄,则塑性愈小,当膜层薄至1μm时,塑性近于消失,即接近于弹性。

在常温下,塑性较好的沥青产生裂缝时,由于特有的黏塑性也可以自行愈合,故塑性还反映了沥青开裂后的自愈能力。沥青之所以能制造出性能良好的柔性防水材料,在很大程度上取决于沥青的塑性。沥青的塑性对冲击振动荷载有一定吸收能力,并能减少摩擦时的噪声,故沥青是一种优良的路面材料。

《公路工程沥青及沥青混合料试验规程》(JTG E20—2011)规定,沥青的塑性用延度来表征,用延度仪测定,如图13-3所示。延度是把沥青试样制成八字形标准试件在规定的拉伸速度(5cm/min)和规定温度(25℃)下拉断时的伸长长度,以cm为单位,如图6-4、图6-5所示。试验详见试验篇第十三章试验二。

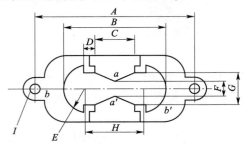

图6-4 延度试模　　　　　　图6-5 延度拉伸试验

延度值愈大,表示沥青塑性愈大,柔性和抗断裂性愈好。

沥青的低温延伸性(一)准备工作　　沥青的低温延伸性(二)试验步骤

(三)温度稳定性(感温性)

因沥青是一种高分子非晶态热塑性物质,故没有一定熔点。当温度升高时,沥青由固态或半固态逐渐软化,使沥青分子之间发生相对滑动,此时沥青就像液体一样发生了黏性流动,称为黏流态。与此相反,当温度降低时,沥青又逐渐由黏流态凝固为固态(或称高弹态),甚至变硬变脆(像玻璃一样硬脆称为玻璃态)。此过程反映了沥青随温度升降其黏滞性和塑性的变化。不同沥青,在相同的温度变化间隔里,各沥青黏滞性及塑性变化幅度各不相同。工程上要求沥青随温度变化而产生的黏滞性及塑性变化幅度应较小,即温度敏感性应较小,这样的沥青使用性能比较好。

沥青中含蜡量较多时,则会增加温度敏感性。一般多蜡沥青不能用于直接暴露于阳光和空气中的建筑工程,就是因为该沥青温度敏感性大,当温度不太高(通常60℃)时就发生流淌,在温度较低时又易变硬而开裂。

评价沥青温度敏感性的指标很多,常用的是以软化点来评价高温敏感性、以脆点来评价低温抗裂性和以针入度指数来评价温度敏感性的大小。

1. 高温敏感性用软化点表示

沥青软化点是反映沥青高温敏感性的重要指标。由于沥青材料从固态至液态有一定的温度间隔,故规定其中某一状态作为从固态转到黏流态(或某一规定状态)的起点,相应的温度称为沥青软化点。

《公路工程沥青及沥青混合料试验规程》(JTG E20—2011)规定,在沥青的常规试验方法中,软化点可采用环球软化点仪测定,如图13-5所示。沥青材料在规定尺寸的金属环内(图6-6),上置规定尺寸和质量的钢球,放于水或甘油中,以规定的升温速度(5℃/min ± 0.5℃/min)加热,使沥青软化,至钢球下落达规定距离(25.4mm)时的温度,以℃表示。试验方法见试验篇第十三章试验三。

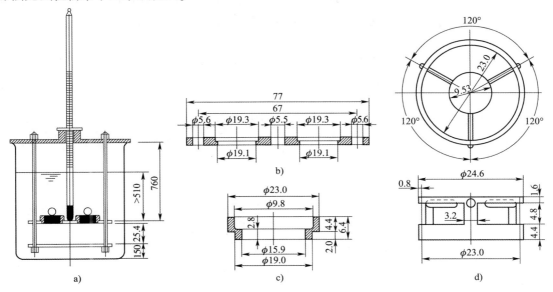

图6-6 沥青软化点仪示意图(尺寸单位:mm)

软化点愈高,表明沥青的耐热性愈好,即高温稳定性愈好,感温性愈小。

针入度是在规定温度下沥青的条件黏度,而软化点是沥青达到规定条件黏度时的温度,软化点既是反映沥青材料感温性的一个指标,也是沥青黏度的一种量度。

针入度、延度、软化点是评价黏稠石油沥青路用性能的最常用的经验指标,通称为"三大指标"。

沥青的温度稳定性(一)准备工作　　　沥青的温度稳定性(二)试验步骤

2. 低温抗裂性用脆点表示

脆点是指沥青材料由黏塑状态转变为固体状态达到条件脆裂时的温度。《公路工程沥青及沥青混合料试验规程》(JTG E20—2011)规定,采用弗拉斯脆点仪(图6-7)测定沥青脆点。脆点试验是将0.4g沥青涂在金属片上,置于有冷却设备的脆点仪内,摇动脆点仪的曲柄,使涂有沥青的金属片产生弯曲,随制冷温度降低,沥青薄膜温度逐渐降低,当沥青薄膜在规定弯曲条件下,产生断裂时的温度即为脆点。沥青脆点愈低,抗裂性愈好。

图6-7 弗拉斯脆点仪

在工程实践应用中,要求沥青具有较高的软化点和较低的脆点,否则沥青材料容易发生夏季流淌或冬季变脆甚至开裂等现象。

3. 针入度指数(PI)

针入度指数(PI)是一种沥青结合料的温度感应性指标,反映针入度随温度而变化的程度,由不同温度的针入度按规定方法计算得到,或通过沥青针入度和软化点在事先绘制的诺莫图上查找。它既能表征沥青的感温性,还能用来判别沥青的胶体结构类型。

1) 针入度温度感应性系数 A

前人经过大量试验得出,沥青针入度值的对数与温度具有线性关系(图6-8),即

$$\lg P = AT + K \tag{6-1}$$

式中:P——沥青针入度,0.1mm;
$\quad\quad A$——针入度温度感应性系数,由不同温度下针入度确定;
$\quad\quad K$——回归系数。

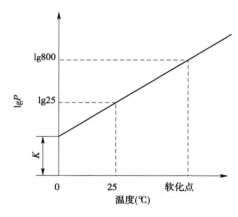

图6-8 针入度—温度关系图

2) 针入度指数(PI)的确定

(1) 实用公式:沥青的针入度指数 PI 可按下式计算:

$$PI = \frac{30}{1+50A} - 10 = \frac{20-500A}{1+50A} \tag{6-2}$$

(2) 根据针入度指数可将沥青划分为三种胶体结构类型,具体见表6-4。

沥青的针入度指数和胶体结构类型 表6-4

沥青针入度指数 PI	沥青胶体结构类型	沥青针入度指数 PI	沥青胶体结构类型	沥青针入度指数 PI	沥青胶体结构类型
< -2	溶胶结构	-2 ~ 2	溶-凝胶结构	> 2	凝胶结构

PI 与感温性之间的关系:PI 愈大,则材料温度稳定性愈高,温度敏感性小。

(四) 加热稳定性(大气稳定性)

沥青在加热、阳光、氧气和潮湿等因素长期作用下,会发生轻质馏分挥发、氧化、裂化、聚合等一系列物理及化学变化,使沥青的化学组分及性质发生改变。这种性质称为沥青大气稳定性。

在大气因素的综合作用下,沥青中的低分子量组分会向高分子量组分转化递变,即油分转化为树脂,树脂转化为沥青质,由于树脂转化为沥青质的速度要比油分转化为树脂的速度快得多,即沥青质含量显著增多,油分含量、树脂含量减少。因此沥青会变硬脆,即沥青发生"老化"现象。当沥青老化后,针入度减小,延度减小,软化点增大。

为了解沥青耐久性,《公路工程沥青及沥青混合料试验规程》(JTG E20—2011)规定,要进行沥青的加热质量损失和加热后残渣性质的试验,道路石油沥青采用沥青薄膜加热试验或旋转薄膜加热试验,液体石油沥青采用沥青蒸馏试验。

1. 沥青薄膜加热试验(TFOT)

将一定质量的沥青试样装入盛样皿中,使沥青成为厚约3.2mm的薄膜,在163℃的标准旋转薄膜烘箱(图6-9)中加热5h后,取出冷却,测定其质量变化,并按规定方法测定残留物的针入度、延度等技术指标。以沥青试样在加热蒸发前后的"质量变化"和"残留物针入度比"来评定。质量变化愈小,残留物针入度比愈大,则表示沥青大气稳定性愈好,亦即"老化"速度愈慢。

2. 沥青蒸馏试验

测定试样受热时,在规定温度(225℃、316℃、360℃)范围内蒸出的馏分含量以占试样体积百分率表示,如图6-10所示。每达到规定温度时读记量筒内馏分体积,计算各温度下馏分含量。

图6-9 旋转薄膜烘箱

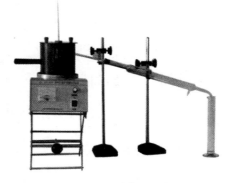

图6-10 沥青蒸馏试验

(五)安全性

沥青材料在使用时必须加热,当加热至一定温度时,沥青材料中挥发的油分蒸气与周围空气组成混合气体,此混合气体遇火焰则发生闪火。若继续加热,油分蒸气的饱和度增加,由于此种蒸气与空气组成的混合气体遇上火焰极易燃烧,而引起熔油车间发生火灾或导致沥青烧损,为此必须测定沥青的闪点和燃点。

闪点是指沥青加热时挥发出的可燃气体与空气组成的混合气体在规定条件下与火接触,第一次产生闪光时的沥青温度(℃)。燃点是指沥青加热时产生的混合气体与火接触,能形成持续5s以上燃烧时的温度(℃),一般与闪点相差10℃。

沥青与集料的黏附性水煮法（一）准备工作　　沥青与集料的黏附性水煮法（二）试验步骤　　沥青与集料的黏附性水浸法（一）准备工作　　沥青与集料的黏附性水浸法（二）试验步骤

图 6-11　克利夫兰开口杯式闪点仪

《公路工程沥青及沥青混合料试验规程》（JTG E20—2011）规定，测定沥青闪点和燃点采用克利夫兰开口杯式闪点仪，如图 6-11 所示。闪点和燃点是保证沥青加热质量和施工安全的一项重要指标。

（六）黏附性

黏附性是路面沥青重要性能之一，直接影响沥青路面的使用质量和耐久性。它反映了沥青裹覆石料后的抗水性，即受水侵害后沥青层抗剥落性。不仅与沥青的性质有密切关系，而且亦与集料性质有关。当采用一种固定沥青时，不同矿物成分的岩石的剥落度也有所不同。从碱性、中性直到酸性岩石，随着 SiO_2 含量的增加，剥落度亦随之增加。为保证沥青混合料的强度，在选用岩石时应优先考虑利用碱性岩石，当地缺乏碱性岩石必须采用酸性岩石时，可掺加各种抗剥落剂以提高沥青与岩石的黏附性。

对沥青与岩石的黏附性的试验方法，《公路工程沥青及沥青混合料试验规程》（JTG E20—2011）规定采用水煮法和水浸法，试验方法见试验篇第十三章试验四。

四、石油沥青的技术标准

（一）道路石油沥青的技术标准

1. 道路石油沥青分级

道路石油沥青分为 A 级、B 级、C 级三个等级，各自的适用范围应符合表 6-5 的规定。

道路石油沥青的适用范围　　　表 6-5

沥青等级	适用范围
A 级	各个等级的公路，适用于任何场合和层次
B 级	1. 高速公路、一级公路沥青下面层及以下的层次，二级及二级以下公路的各个层次； 2. 用作改性沥青、改性乳化沥青、稀释沥青的基质沥青
C 级	三级及三级以下公路的各个层次

2. 道路石油沥青标号

道路石油沥青按针入度划分为 160 号、130 号、110 号、90 号、70 号、50 号、30 号共 7 个标号，同时对各标号沥青的延度、软化点、闪点、含蜡量、薄膜加热试验等技术指标也提出相应的要求。具体要求见表 6-6（其中气候分区见表 7-8）。

沥青材料 | 第六章

表6-6 道路石油沥青技术要求

指标	单位	等级	沥青标号 160号①	130号①	110号	90号	70号②	50号	30号①	试验方法③
针入度(25℃,5s,100g)	0.1mm		140~200	120~140	100~120	80~100	60~80	40~60	20~40	T 0604
适用的气候分区④			注①	注①	2-1 2-2 3-2	1-1 1-2 1-3 2-2 2-3	1-3 1-4 2-2 2-3	1-4	注①	
针入度指数PI		A	-1.5~+1.0							T 0604
		B	-1.8~+1.0							
软化点(R&B) ≥	℃	A	38	40	43	45	46	49	55	T 0606
		B	36	39	42	43	44	46	53	
		C	35	37	41	42	43	45	50	
60℃动力黏度⑤ ≥	Pa·s	A	—	60	120	160	180	200	260	T 0620
10℃延度 ≥	cm	A	50	50	40	45	30	20	15	10	T 0605
		B	30	30	30	30	20	20	15	10	8	
15℃延度 ≥	cm	A,B	80	80	60	50	40	80	50	
		C	80	80	60	50	40	30	20	
蜡含量(蒸馏法) ≤	%	A	2.2							T 0615
		B	3.0							
		C	4.5							

续上表

指标		单位		沥青标号						试验方法[③]
				160号[①]	130号[①]	110号	90号	70号[②]	50号	30号[①]	
闪点	≥	℃		230			245		260		T 0611
溶解度	≥	%					99.5				T 0607
密度(15℃)		g/cm³		实测记录							T 0603
				TFOT(或RTFOT)后[⑥]							
质量变化	≤	%		±0.8							T 0610 或 T 0609
残留针入度比	≥	%	A	48	54	55	57	61	63	65	T 0604
			B	45	50	52	54	58	60	62	
			C	40	45	48	50	54	58	60	
残留延度(10℃)	≥	cm	A	12	12	10	8	6	4	—	T 0605
			B	10	10	8	6	4	2	—	
残留延度(15℃)	≥	cm	C	40	35	30	20	15	10	—	T 0605

注：①30号沥青仅适用于沥青稳定基层。130号和160号沥青除寒冷地区可直接在中低级公路上直接应用外，通常用作乳化沥青、稀释沥青、改性沥青的基质沥青。
②70号沥青可根据需要求供应商提供针入度范围为60～70或70～80的沥青，50号沥青可要求提供针入度范围为40～50或50～60的沥青。
③试验方法按照现行《公路工程沥青及沥青混合料试验规程》(JTG E20—2011)规定的方法执行。用于仲裁试验求取PI时的5个温度的针入度关系的相关系数不得小于0.997。
④气候分区见表7-8。
⑤经建设主管部门同意，表中PI值、60℃动力黏度、10℃延度可作为选择性指标，也可不作为施工质量检验指标。
⑥老化试验以TFOT为准，也可以RTFOT代替。

道路用液体石油沥青技术要求

表 6-7

试验项目		单位	快凝		中凝						慢凝						试验方法 JTG E20—2011
			AL(R)-1	AL(R)-2	AL(M)-1	AL(M)-2	AL(M)-3	AL(M)-4	AL(M)-5	AL(M)-6	AL(S)-1	AL(S)-2	AL(S)-3	AL(S)-4	AL(S)-5	AL(S)-6	
黏度	$C_{25,5}$	s	<20	—	<20	—	—	—	—	—	<20	—	—	—	—	—	T 0621
	$C_{60,5}$	s	—	5~15	—	5~15	16~25	26~40	41~100	101~200	—	5~15	16~25	26~40	41~100	101~200	
蒸馏体积	225℃前	%	>20	>15	<10	<7	<3	<2	—	—	—	—	—	—	—	—	T 0632
	315℃前	%	>35	>30	<35	<25	<17	<14	<8	<5	—	—	—	—	—	—	
	360℃前	%	>45	>35	<50	<35	<30	<25	<20	<15	<35	<35	<30	<25	<20	<15	
蒸馏后残留物性质	针入度 25℃	0.1mm	60~200	60~200	100~300	100~300	100~300	100~300	100~300	100~300	—	—	—	—	—	—	T 0604
	延度 25℃	cm	>60	>60	>60	>60	>60	>60	>60	>60	—	—	—	—	—	—	T 0605
	浮标度 (5℃)	s	—	—	—	—	—	—	—	—	<20	<20	<25	<20	<15	<5	T 0631
闪点 (TOC法)		℃	>30	>30	>65	>65	>65	>65	>65	>65	>70	>70	>100	>100	>120	>120	T 0633
含水率 ≤		%	0.2	0.2	0.2	0.2	0.2	0.2	0.2	0.2	0.2	0.2	0.2	0.2	0.2	2.0	T 0612

注：1. 本表引自《公路工程沥青路面施工技术规范》（JTG F40—2004）。
2. 黏度使用道路沥青黏度计测定，$C_{T,d}$ 的脚标第一个数字 T 代表温度（℃），第二个数字 d 代表流孔直径（mm）。
3. TOC法为泰格开口杯法。

同一品种的道路石油沥青材料,随着标号增大,则黏性减小(即针入度增大),塑性增大(即延度增大),温度敏感性增大(即软化点降低)。

(二)道路用液体石油沥青的技术标准

道路用液体石油沥青适用于透层、黏层及拌制冷拌沥青混合料。根据使用目的与场所,可选用快凝、中凝、慢凝三个等级。其技术要求见表6-7。

第二节　改性沥青

现代公路和道路发生许多变化:交通流量和行驶速度急剧增长,货运车的轴重不断增加,普遍实行分车道单向行驶。要求进一步提高路面抗流动性,即高温下抗车辙的能力;提高柔性和弹性,即低温下抗开裂的能力;提高耐磨耗能力和延长使用寿命。为提高沥青混合料的路用性能,必须对沥青加以改性,亦即改善沥青流变性能,改善沥青与集料的黏附性,改善沥青的耐久性。

改性沥青是指添加了橡胶、树脂、高分子聚合物、磨细了的胶粉等改性剂,或对沥青进行轻度氧化加工,从而使沥青的性能得到改善的沥青结合物。用它铺设的路面有良好的耐久性、抗磨性,实现高温不软化、低温不开裂。

一、改性沥青的种类及其特性

改性剂是指在沥青中加入的天然的或人工的有机或无机材料,可融、分散在沥青中,改善或提高沥青路面性能(与沥青发生反应或裹覆在集料)的材料。

从改性剂类型看,改性沥青分非聚合物改性沥青和聚合物改性沥青,而前者主要有填料、天然沥青、纤维、抗剥离剂、抗老化剂和抗氧化剂等,后者主要有热塑性弹性体、树脂类和橡胶类等。

1. 氧化改性

氧化也称吹制,是在250~300℃高温下将残留沥青或渣油吹入空气,通过氧化作用和聚合作用,使沥青分子变大,提高沥青的黏度和软化点,从而改善沥青使用性能。

2. 矿物填充料改性

为提高沥青的黏结能力和耐热性,降低沥青的温度敏感性,经常在石油沥青中加入一定数量的矿物填充料进行改性,常用的改性矿物填充料大多是粉状和纤维状的,主要是滑石粉、石灰石粉和石棉等。矿物填充料之所以能对沥青进行改性,是由于沥青对矿物填充料的湿润和吸附作用,沥青呈单分子状排列在矿物颗粒(或纤维)表面,形成结合力牢固的沥青薄膜。这部分沥青称为"结构沥青",具有较高的黏结性和耐热性,为形成恰当的结构沥青薄膜,掺入的矿物填充料数量要恰当,一般填充料的数量不宜少于15%。

3. 聚合物改性

聚合物(包括橡胶和树脂)同石油沥青具有较好的相溶性,可赋予石油沥青某些橡胶的特性,从而改善石油沥青的性能。聚合物改性的机理复杂,一般认为聚合物改变了体系的胶体结构,当聚合物的掺量达到一定的限度,形成聚合物的网络结构,将沥青胶团包裹。按改性材料的不同,将聚合物改性沥青分为 SBS 类(Ⅰ类)、SBR 类(Ⅱ类)和 EVA、PE 类(Ⅲ类)。

(1) SBS 改性沥青。目前使用最多的是苯乙烯-丁二烯-苯乙烯(SBS)改性沥青。它具有橡胶和塑料的优点,常温下具有橡胶的弹性,高温下又能像橡胶那样熔融流动,成为塑性材料。

SBS 对沥青的改性十分明显,能大大提高沥青的性能。SBS 改性沥青具有以下特点:

①温差较大的地区有很好的耐高温、抗低温能力;

②有较好的抗车辙能力,其弹性和韧性好;

③提高了路面的抗疲劳能力,特别是在大流量、超载严重的公路上具有良好的应变能力,可减少路面的永久变形;

④黏结能力特别强,能明显改善路面遇水后的抗拉能力,并极大地改善了沥青的水稳定性;

⑤提高了路面的抗滑能力;

⑥增强了路面的承载能力;

⑦减少路面因紫外线辐射而导致的沥青老化现象;

⑧减少因车辆渗漏柴油、机油和汽油而造成的破坏。

SBS 改性沥青是目前最成功和用量最大的一种改性沥青,在国内外已得到普遍应用。

(2) SBR 改性沥青。SBR 是一种丁苯橡胶,是世界上应用最广泛的改性剂之一。SBR 改性沥青最大特点为:

①有很好的耐高温、抗低温能力,适合高寒地区公路使用;

②有较好的抗车辙能力和抗水损能力;

③提高了路面的抗疲劳能力,具有优良的抗疲劳开裂性能。

(3) EVA 改性沥青。EVA 改性剂是乙烯-醋酸乙烯共聚物,具有改性效果显著、耐候性强、加工性能良好等综合性优点。EVA 改性沥青的特性为:有优良的热稳定性、低温性、弹性、柔韧性。

(4) PE 改性沥青。PE 是一种聚乙烯改性剂,PE 改性沥青的特性为:

①有很好的高温稳定性和抗老化性能;

②储存稳定性较差。

二、改性沥青的技术要求

道路改性沥青一般是指聚合物改性沥青,《公路沥青路面施工技术规范》(JTG F40—2004)规定,聚合物改性沥青的技术要求如表 6-8 所示。

三、改性沥青的应用

改性沥青可用作排水或吸音磨耗层及其下面的防水层;在路面上用作应力吸收膜中间层,

以减少反射裂缝,在重载交通道路的老路面上加铺薄和超薄沥青面层,以提高耐久性;在老路面上或新建一般公路上做表面处治,以恢复路面使用或减少养护工作量等。

聚合物改性沥青技术要求　　　　　　　　　　　　　　　　表 6-8

指标	单位	SBS 类（Ⅰ类）				SBR 类（Ⅱ类）			EVA、PE 类（Ⅲ类）				试验方法
		Ⅰ-A	Ⅰ-B	Ⅰ-C	Ⅰ-D	Ⅱ-A	Ⅱ-B	Ⅱ-C	Ⅲ-A	Ⅲ-B	Ⅲ-C	Ⅲ-D	
针入度（25℃,100g,5s）	0.1mm	>100	80~100	60~80	30~60	>100	80~100	60~80	>80	60~80	40~60	30~40	T 0604
针入度指数 PI ≥		−1.2	−0.8	−0.4	0	−1.0	−0.8	−0.6	−1.0	−0.8	−0.6	−0.4	T 0604
延度(5℃,5cm/min) ≥	cm	50	40	30	20	60	50	40	—				T 0605
软化点 $T_{R\&B}$ ≥	℃	45	50	55	60	45	48	50	48	52	56	60	T 0606
135℃ 运动黏度① ≤	Pa·s	3											T 0625 T 0619
闪点 ≥	℃	230				230			230				T 0611
溶解度 ≥	%	99				99			—				T 0607
25℃ 弹性恢复 ≥	%	55	60	65	75	—			—				T 0662
黏韧性 ≥	N·m	—				5			—				T 0624
韧性 ≥	N·m	—				2.5			—				T 0624
储存稳定性② 离析,48h 软化点差 ≤	℃	2.5				—			无改性剂明显析出、凝聚				T 0661
TFOT(或 RTFOT)后残留物													
质量变化 ≤	%	1.0											T 0610 或 T 0609
针入度比(25℃) ≥	%	50	55	60	65	50	55	60	50	55	58	60	T 0604
延度(5℃) ≥	cm	30	25	20	15	30	20	10	—				T 0605

注：①表中 135℃ 运动黏度可采用《公路工程沥青及沥青混合料试验规程》(JTG E20—2011)中的"沥青布氏旋转黏度试验方法(布洛克菲尔德黏度计法)"进行测定。若在不改变改性沥青物理力学性质并符合安全条件的温度下易于泵送和拌和,或经证明适当提高泵送和拌和温度时能保证改性沥青的质量,容易施工,可不要求测定。
②储存稳定性指标适用于工厂生产的成品改性沥青。现场制作的改性沥青对储存稳定性指标可不作要求,但必须在制作后,保持不间断的搅拌或泵送循环,保证使用前没有明显的离析。

第三节　乳化沥青

一、概述

乳化沥青是石油沥青与水在乳化剂、稳定剂的作用下经乳化加工制得的均匀的沥青产品,也称沥青乳液。按乳化沥青的使用方法,分为喷洒型(用 P 表示)及拌和型(用 B 表示)乳化沥青两大类。其主要优点为：

(1) 可以冷施工。乳化沥青用于筑路及其他用途时不需要加热，可以直接与集料拌和，或直接洒布，或喷涂于集料及其他物体表面，施工方便、节约能源、减少污染、改善劳动条件。同时减少了沥青的受热次数，缓解了沥青的热老化。

(2) 可以增强沥青与湿集料的黏附性及拌和均匀性，可节约10%～20%的沥青。

(3) 可延长施工季节，气温在5～10℃时仍可施工。

(4) 稳定性差，储存期不能超过半年，储存温度在0℃以上。

(5) 乳化沥青修筑路面，成型期较长。

(6) 可扩大沥青的用途。除了广泛地应用在道路工程外，还应用于建筑屋面及洞库防水、金属材料表面防腐、农业土壤改良及植物养生、铁路的整体道床、沙漠的固沙等方面。

二、组成材料

乳化沥青主要由沥青、乳化剂、稳定剂和水等组成。

1. 沥青

沥青是组成乳化沥青的主要材料，占45%～65%。在选择作为乳化沥青用的沥青时，首先要考虑它的易乳化性，一般采用针入度较大的沥青。

2. 乳化剂

乳化剂是形成乳化沥青的关键材料。沥青乳化剂是一种表面活性剂，其化学结构由亲油基和亲水基组成。这两个基团具有使互不相溶的沥青与水连接起来的特殊功能。在沥青、水分散体系中，乳化剂分子的亲油基吸引沥青微粒，此时以沥青微粒为固体核，乳化剂包裹在沥青颗粒表面形成吸附层。乳化剂的另一端与水分子吸引，形成一层水膜，它可机械地阻碍沥青颗粒的聚集。沥青乳化剂有阳离子型、阴离子型、两性离子型和非离子型。

3. 稳定剂

为使乳液具有良好的储存稳定性，以及在施工中喷洒或拌和机械作用下具有稳定性，必要时应加入适量的稳定剂。稳定剂可分为有机稳定剂和无机稳定剂。

4. 水

水是乳化沥青的主要组成部分，水在乳化沥青中起着润湿、溶解及化学反应的作用。水应当纯净，不含其他杂质，水的用量一般占35%～55%。

三、乳化沥青的形成机理

由于沥青与水这两种物质的表面张力相差较大，沥青分散于水中，会因表面张力的作用使已分散的沥青颗粒重新聚集结成团块。为使沥青能稳定均匀地存在于水中，必须使用乳化剂。沥青能均匀稳定地分散在乳化剂水溶液中的原因主要有以下几个方面。

1. 乳化剂降低界面能的作用

由于沥青与水的表面张力相差较大，在一般情况下是不能互溶的，当加入一定乳化剂后，乳化剂能规律地定向排列在沥青和水的界面上，由于乳化剂是一种表面活性物质，分子一端是亲水的,一端是亲油的,亲油的一端吸附沥青,亲水一端吸附于水,这样形成了吸附层,从而降低了沥青和水的表面张力差。

2. 界面膜的保护作用

乳化剂分子的亲油基吸附在沥青表面,在沥青与水界面形成界面膜,该界面膜有一定的强度,对沥青起保护作用,使其在相互碰撞时不易聚结。

3. 界面电荷稳定作用

乳化剂溶于水后发生离解,当亲油基吸附于沥青时,使沥青带有电荷,此时在沥青与水界面上形成扩散双电层,由于每个沥青都带相同电荷,且有扩散双电层的作用,故沥青与水的体系成为稳定体系。

四、乳化沥青的性质、应用及技术要求

1. 性质

乳化沥青在使用时,与砂石集料拌和成型后,在空气中逐渐脱水,水膜变薄,使沥青颗粒靠拢,将乳化剂薄膜挤裂而凝聚成连续的沥青黏结层,成膜后的乳化沥青具有一定的耐热性、黏结性、抗裂性、韧性及防水性。

2. 应用

乳化沥青适用于沥青表面处治路面、沥青贯入式路面、冷拌沥青混合料路面,修补裂缝,喷洒透层、黏层与封层等。乳化沥青的类型应根据使用目的、矿料种类、气候条件等选用。对酸性石料,当石料处于潮湿状态或在低温下施工时,宜采用阳离子乳化沥青;对碱性石料,当石料处于干燥状态,或与水泥、石灰、粉煤灰共同使用时,宜采用阴离子乳化沥青,其品种和适用范围宜符合表6-9。

乳化沥青品种及适用范围　　　　　　表6-9

分类	品种及代号	适用范围
阳离子乳化沥青	PC-1	表处、贯入式路面及下封层用
	PC-2	透层油及基层养生用
	PC-3	黏层油用
	BC-1	稀浆封层或冷拌沥青混合料用
阴离子乳化沥青	PA-1	表处、贯入式路面及下封层用
	PA-2	透层油及基层养生用
	PA-3	黏层油用
	BA-1	稀浆封层或冷拌沥青混合料用
非离子乳化沥青	PN-2	透层油用
	BN-1	与水泥稳定集料同时使用(基层路拌或再生)

3. 技术要求

《公路沥青路面施工技术规范》(JTG F40—2004)规定,乳化沥青的技术要求如表6-10所

示。在高温条件下宜采用黏度较大的乳化沥青,寒冷条件下宜使用黏度较小的乳化沥青。

道路用乳化沥青技术要求 表6-10

试验项目		单位	品种及代号										试验方法
			阳离子				阴离子				非离子		
			喷洒用			拌和用	喷洒用			拌和用	喷洒用	拌和用	
			PC-1	PC-2	PC-3	BC-1	PA-1	PA-2	PA-3	BA-1	PN-2	BN-1	
破乳速度			快裂	慢裂	快裂或中裂	慢裂或中裂	快裂	慢裂	快裂或中裂	慢裂或中裂	慢裂	慢裂	T 0658
粒子电荷			阳离子(+)				阴离子(−)				非离子		T 0653
筛上残留物(1.18mm筛) ≤		%	0.1				0.1				0.1		T 0652
黏度	恩格拉黏度计 E_{25}		2~10	1~6	1~6	2~30	2~10	1~6	1~6	2~30	1~6	2~30	T 0622
	道路标准黏度计 $C_{25,3}$	s	10~25	8~20	8~20	10~60	10~25	8~20	8~20	10~60	8~20	10~60	T 0621
蒸发残留物	残留分含量 ≥	%	50	50	50	55	50	50	50	55	50	55	T 0651
	溶解度 ≥	%	97.5				97.5				97.5		T 0607
	针入度(25℃)	dmm	50~200	50~300	50~150		50~200	50~300	45~150		50~300	60~300	T 0604
	延度(15℃) ≥	cm	40				40				40		T 0605
与粗集料的黏附性,裹覆面积 ≥			2/3			—	2/3			—	2/3	—	T 0654
与粗、细粒式集料拌和试验			—			均匀	—			均匀	—		T 0659
水泥拌和试验的筛上剩余 ≤		%	—				—				—	3	T 0657

续上表

试验项目	单位	品种及代号										试验方法
		阳离子				阴离子				非离子		
		喷洒用			拌和用	喷洒用			拌和用	喷洒用	拌和用	
		PC-1	PC-2	PC-3	BC-1	PA-1	PA-2	PA-3	BA-1	PN-2	BN-1	
常温储存稳定性: 1d ≤ 5d ≤	%	1 5				1 5				1 5		T 0655

注:1. P 为喷洒型,B 为拌和型,C、A、N 分别表示阳离子、阴离子、非离子乳化沥青。
2. 黏度可选用恩格拉黏度计或沥青标准黏度计之一测定。
3. 表中的破乳速度与集料的黏附性、拌和试验的要求与所使用的石料品种有关,质量检验时应采用工程上实际的石料进行试验,仅进行乳化沥青产品质量评定时可不要求此三项指标。
4. 储存稳定性根据施工实际情况选用试验时间,通常采用5d,乳液生产后能在当天使用时也可用1d的稳定性。
5. 当乳化沥青需要在低温冰冻条件下储存或使用时,尚需按 T 0656 进行 -5℃低温储存稳定性试验,要求没有粗颗粒、不结块。
6. 如果乳化沥青是将高浓度产品运到现场经稀释后使用时,表中的蒸发残留物等各项指标指稀释前乳化沥青的要求。

第四节 其他沥青

一、再生沥青

沥青的再生就是老化的逆过程。通常可掺入再生剂,如掺玉米油、润滑油等。掺再生剂后,使沥青质相对含量降低,且提高软沥青质对沥青质的溶解能力,改善沥青的相容性,提高沥青的针入度和延度,使其恢复或接近原来的性能。

沥青再生的机理目前有两种理论,一种理论是"相容性理论",该理论从化学热力学出发,认为沥青产生老化的原因是沥青胶体物系中各组分相容性的降低,导致组分间溶度参数差增大。如能掺入一定的再生剂使其溶度参数差减小,则沥青即能恢复到(甚至超过)原来的性质。另一种理论是"组分调节理论",该理论是从化学组分转化出发,认为由于组分的转化,沥青老化后,沥青质偏多,油分偏少,各组分间比例不协调,所以导致沥青路用性能降低,如能通过掺加再生剂调节其组分,则沥青将恢复原来的性质。

沥青再生技术的研究和推广,对降低建设成本、保护生态环境以及对我们国家的公路建设都有极大的意义,随着我国高等级沥青路面维修养护量不断增加,对沥青路面再生技术有必要加强理论研究,开发合适的再生剂,为再生旧料在实际工程中的大量应用奠定基础。

二、煤沥青

煤沥青是由煤干馏得到的煤焦油再经蒸馏加工制成的沥青。煤沥青与石油沥青相比,在技术性质上有许多差异:温度稳定性较低,气候稳定性较差,与矿质集料的黏附性较好,以及含对人体有害成分较多、臭味较重,防腐能力强。可见煤沥青的主要技术性质比石油沥青差,所以工程中较少使用,但它抗腐蚀性能好,故常用于地下防水层或作为防腐材料等。

石油沥青是以石油为原料经炼制加工后得到的一种有机胶凝材料,广泛用于道路路面结构工程中。

石油沥青是一种复杂的高分子化合物,其组分有三组分分析法(沥青质、树脂和油分)和四组分分析法(沥青质、胶质、芳香分和饱和分)两种方法。根据这些组分结构和含量不同,可将沥青分为溶胶结构、溶-凝胶结构和凝胶结构三种胶体结构,沥青胶体结构与沥青的路用性能有密切关系。

沥青材料应具备黏滞性、塑性、温度稳定性、加热稳定性等一系列特性。同时也介绍了相应测试方法,以便更好地应用沥青材料。

同时介绍了改性沥青、乳化沥青、再生沥青和煤沥青。

复习思考题

第六章 题库

第七章 CHAPTER SEVEN
沥青混合料

 引言

"道,蹈也,路,露也,人所践蹈而露见也。"由人践踏而形成的小径便是道路。商朝夯土筑路,并利用石灰稳定土壤,秦朝开辟驰道,汉朝开创了"丝绸之路",唐、宋、元、明、清均在过去的道路建设基础上有所提高。至20世纪五六十年代,我国的公路主要是砂石路,砂石料和黏土是最基本的路面材料,晴天扬土,雨天泥泞;在六十年代,大庆油田的开发,渣油作为结合料代替了黏土,石灰土基层加渣油表处成了最主要的路面结构形式;七八十年代,胜利油田生产出的道路沥青,形成了沥青碎石结构、贯入式路面或上拌下贯式路面。八十年代中期,随着沪嘉高速公路的问世,沥青混凝土路面成为高等级公路工程崭新的结构形式,而沥青混合料也成为了现代路面建筑中极为重要的一种材料。

 知识目标

1. 了解沥青混合料的特点和分类,理解强度形成原理,熟悉沥青混合料各组成材料技术性质;
2. 掌握沥青混合料的组成结构类型、技术性质及配合比设计所需技术指标;
3. 了解沥青玛琋脂碎石混合料及冷拌沥青混合料的特性。

 能力目标

1. 能正确地选择配制沥青混合料所用的原材料;
2. 能独立完成沥青混合料的配合比设计。

第一节 概述

沥青混合料是由经人工合理选择级配组成的矿质混合料(如碎石、石屑、砂等)与适量沥青材料拌和而成的混合料的总称。

一、沥青混合料的特点

沥青混合料作为高等级公路最主要的路面材料，它具有其他建筑材料无法比拟的优点，表现如下：

(1) 沥青混合料是一种弹-塑-黏性材料，它具有一定的高温稳定性和低温抗裂性。与水泥混凝土结构相比，它不需设置施工缝和伸缩缝，路面平整且有弹性，行车比较舒适。

(2) 沥青混合料路面有一定的粗糙度，雨天具有抗滑性。路面又能保证一定的平整度，路面为黑色，无强烈反光，行车比较安全。

(3) 与水泥混凝土结构相比，施工方便，速度快，养护期短，能即时开放交通。

(4) 沥青混合料路面可分期改造和再生利用。随着道路交通量的增大，可以对原有的路面拓宽和加厚。对旧有的沥青混合料，可以运用现代技术，再生利用，节约原材料。

(5) 晴天无尘，雨天不泞，便于汽车高速行驶。

当然沥青混合料也存在一些问题，如夏季高温时易软化，路面表层易产生车辙、波浪等现象；冬季低温时易脆裂，在车辆重复荷载作用下易产生裂缝；因老化现象会使路面表层产生松散开裂，引起路面破坏。

二、沥青混合料的分类

(1) 按制造工艺分类，可分为热拌沥青混合料、冷拌沥青混合料、再生沥青混合料等。

(2) 按材料组成及结构分类，可分为连续级配沥青混合料和间断级配沥青混合料。

(3) 按矿料级配组成及空隙率大小分类，可分为密级配沥青混合料、半开级配沥青混合料、开级配沥青混合料。

(4) 按公称最大粒径分类，可分为特粗式（公称最大粒径等于或大于31.5mm）、粗粒式（公称最大粒径26.5mm）、中粒式（公称最大粒径16mm或19mm）、细粒式（公称最大粒径9.5mm或13.2mm）、砂粒式（公称最大粒径小于9.5mm）沥青混合料。

热拌沥青混合料是沥青混合料中最典型的品种，其他各种沥青混合料均为由其发展而来的品种。

第二节 热拌沥青混合料

热拌沥青混合料是经人工组配的矿质混合料与沥青材料在专门设备中加热拌和而成，用保温运输工具运送至施工现场，并在热态下进行摊铺和压实的混合料，通称热拌热铺沥青混合料，简称热拌沥青混合料。

一、沥青混合料的组成结构和强度理论

(一)沥青混合料的组成结构

1. 组成结构理论

随着对沥青混合料组成结构研究的深入,目前对传统的理论提出两种互相对立的理论。

图 7-1 表面理论

(1)表面理论:按传统的理解,沥青混合料是由粗集料、细集料和填料经人工组配成密实的级配矿质骨架,此矿质骨架由稠度较稀的沥青结合料分布其表面,而将它们胶结成为一个具有强度的整体。这种理论认识可图解,如图 7-1 所示。

(2)胶浆理论:近代某些研究者从胶浆理论出发,认为沥青混合料是一种多级空间网状结构的分散系。它是以粗集料为分散相,分散在沥青砂浆的介质中的一种粗分散系;同样,砂浆是以细集料为分散相,分散在沥青胶浆介质中的一种细分散系;而胶浆又是以填料为分散相而分散在高稠度的沥青介质中的一种微分散系。这种理论认识可图解如图 7-2 所示。

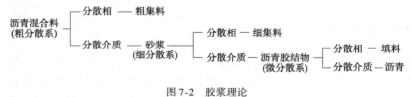

图 7-2 胶浆理论

2. 沥青混合料组成结构类型

沥青混合料由于各组成材料用量比例不同,压实后沥青混合料内部的矿料颗粒分布状态、剩余空隙率也会呈现出不同的特点,形成不同的组成结构,而不同组成结构特点的沥青混合料在使用时则会表现出不同的性质。

(1)悬浮密实结构。悬浮密实结构是指矿质集料由大到小组成连续密级配的沥青混合料[图 7-3a)]。这种结构由于细颗粒的数量较多,粗颗粒被细颗粒挤开,粗颗粒以悬浮状态位于细颗粒之间。这种结构的沥青混合料压实后密实度高,空隙率低,从而能够有效地阻止沥青混合料使用期间水的侵入,降低不利环境因素的直接影响,具有较好水稳定性、低温抗裂性和耐久性。但由于该结构混合料缺少骨架作用,在高温条件下,因沥青结合料黏度降低,易造成混合料产生过多的变形或形成车辙,导致沥青路面高温稳定性差。其力学特性为,黏聚力较大,内摩阻角较小,工程中常用的 AC 型密级配沥青混凝土是典型的悬浮密实结构。

(2)骨架空隙结构。骨架空隙结构的矿质集料属于连续开级配的沥青混合料[图 7-3b)]。这种结构粗颗粒较多,彼此之间紧密相连可形成嵌挤的骨架,但细颗粒的数量较少,不足以填满空隙。这种结构粗颗粒之间形成的骨架结构对混合料的强度和稳定性(特别是高温稳定性)起着重要作用,依靠骨架结构,能够有效地防止高温季节沥青混合料的变形,减缓沥青路面车辙的形成,因而具有较好的高温稳定性。但由于整个混合料缺少细颗粒部分,压实后留有较多的空隙,在使用过程中,水易于进入混合料中使沥青和矿料黏附性变差,不利的环境因素也会直接作用于混合料,造成沥青混合料低温开裂或引起沥青老化问题的发生,因而骨架空隙型沥青混合料会极大地影响到沥青混合料路面的耐久性。其力学特性为黏聚力较小,内摩阻角较大,工程中常用的开级配磨耗层沥青混合料 OGFC 是典型的骨架空隙结构。

(3)骨架密实结构。骨架密实结构的矿质集料属于间断密级配的沥青混合料[图 7-3c)],是上面两种结构形式的有机组合。由于矿质集料颗粒集中在级配范围的两端,缺少中间若干粒级的颗粒,较粗颗粒紧密相连形成嵌挤的骨架,又有足够的较细颗粒填充到骨架之间的空隙中去。这种结构的混合料中既有足够数量的粗颗粒形成骨架,对夏季高温防止沥青混合料变形、减缓车辙的形成起到积极的作用;同时又因具有数量合适的细颗粒以及沥青胶浆填充骨架空隙,形成高密实度的内部结构,不仅很好地提高了沥青混合料的抗老化性,而且在一定程度上还能减缓沥青混合料在冬季低温时的开裂现象,因而骨架密实结构兼具了上述两种结构优点,是一种优良的路用结构类型。其力学特性为黏聚力和内摩阻角均较大,沥青玛琋脂碎石混合料 SMA 是典型的骨架密实结构。

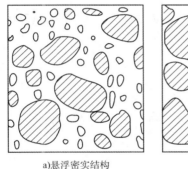  

a)悬浮密实结构　　　　　b)骨架空隙结构　　　　　c)骨架密实结构

图 7-3　沥青混合料的典型组成结构

(二)沥青混合料的强度理论

沥青路面结构破坏,主要是高温时抗剪强度降低、塑性变形增大而产生推挤、波浪、拥包等现象;低温时,塑性能力变差,使沥青路面易产生裂缝现象。沥青混合料的强度理论,主要是要求沥青混合料在高温时,必须具备一定的抗剪强度和抵抗变形的能力,称为高温强度和稳定性。

沥青混合料强度的研究,一般采用库仑理论:沥青混合料的抗剪强度 τ 决定于沥青混合料的内摩阻角 φ(指矿质集料在沥青混合料中分散程度不同而产生的内摩阻角)和黏聚力 c(指沥青与矿质集料间物理、化学交互作用而产生的黏聚力),如下式表示:

$$\tau = c + \sigma \cdot \tan\varphi \tag{7-1}$$

(三)影响沥青混合料抗剪强度的因素

试验表明:影响沥青混合料抗剪强度的因素可分为内因和外因。内因指组成材料及材料的技术性质;外因主要指温度。

1. 沥青材料

1)沥青的黏度

通常情况下,沥青的黏度愈大,沥青混合料抗剪强度愈高。

沥青黏度愈大,混合料的黏滞阻力也愈大,抵抗剪切变形的能力愈强,则混合料的黏聚力就愈大。

2)沥青用量

沥青与矿料交互作用后,沥青在矿料表面产生化学组分的重新排列,沥青在矿料表面形成一层吸附溶化膜,此膜以内的沥青为结构沥青;在结构沥青层之外的未与矿料发生交互作用的是自由沥青(图7-4)。

当沥青用量过少时,沥青不足以包裹矿料表面,矿料间不能完全地靠沥青薄膜联结,因而沥青混合料的黏聚力较小。随着沥青用量的增加,结构沥青的数量不断增多,混合料的黏聚力也不断提高,当沥青用量达到一定程度时,形成的结构沥青数量最多,混合料的黏结力达到最大。此时沥青用量为最佳沥青用量。随着沥青用量的继续增加,多余的沥青将矿料颗粒推开,在颗粒间形成未与矿料作用的自由沥青,混合料的黏聚力开始逐渐降低。当然,少量自由沥青的存在也是必要的,它可以增加沥青混合料的塑性,减少沥青路面的开裂。但当沥青用量过大时,自由沥青过多,沥青不仅是黏结剂,也起润滑作用,降低了粗集料间的相互密挤结构,降低混合料内摩阻力,如图7-5所示。

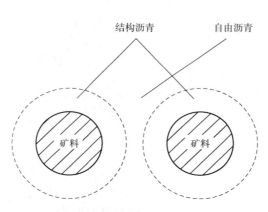

图7-4 沥青在沥青混合料中的状态

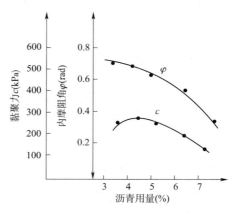

图7-5 沥青用量对沥青混合料强度的影响

2. 矿质材料

1)集料的性状与级配

集料颗粒表面的粗糙度和颗粒形状,对沥青混合料的强度有很大影响。集料表面愈粗糙、愈凸凹不平,制成的沥青混合料的强度愈高。集料颗粒的形状愈接近立方体,棱角愈多,混合料的强度较高。

间断密级配沥青混合料的内摩阻力大,而且具有较高的强度;连续级配的沥青混合料,因其粗集料较少,细集料较多,结构密实但不能形成骨架,它的内摩阻力较小,强度较低。

2)矿粉的品种与用量

碱性矿粉(如石灰石)与沥青亲和性良好,能形成较强的黏结性,而酸性矿粉与沥青亲和性较差,与沥青黏结性低。

矿粉用量的多少影响着沥青混合料的密实程度及黏结力,适量提高矿粉掺量,有利于提高沥青混合料强度。

3. 温度及形变速率

随温度升高,沥青黏度降低,沥青的黏聚力减小,而变形能力增强,同时抗滑性能降低。当温度降低时,可使混合料黏聚力提高,强度增加,变形能力降低。但温度过低会使沥青混合料路面开裂。由于加荷频率高,可使沥青混合料产生过大的应力和塑性变形,弹性恢复很慢,产生不可恢复的永久变形。

同时沥青混合料的抗剪强度与形变速率也有关。在其他条件相同的情况下,黏聚力随形变速率的增加而显著提高,而内摩阻角随形变速率的变化很小。

二、沥青混合料组成材料的技术性质

沥青混合料的组成材料包括沥青和矿质材料。矿质材料包括粗集料、细集料、填料。

1. 沥青

拌制沥青混合料用沥青材料的技术性质,随公路等级、气候条件、交通性质、沥青混合料的类型及在结构层中的层位及受力特点、施工条件等因素而异。对高速公路、一级公路夏季温度高、高温持续时间长、重载交通、山区及丘陵区上坡路段、服务区、停车场等行车速度慢的路段,尤其是汽车荷载剪应力大的层次,宜采用稠度大、60℃黏度大的沥青,也可提高高温气候分区的温度水平选用沥青等级;对冬季寒冷的地区或交通量小的公路、旅游公路宜选用稠度小、低温延度大的沥青;对温度日温差、年温差大的地区宜选用针入度指数大的沥青。当沥青标号不符合使用要求时,可采用不同标号的沥青掺配,但掺配后的技术指标应符合要求。在其他配料条件相同的情况下,较黏稠的沥青配制的混合料具有较高的力学强度和稳定性,但若稠度过高,则沥青混合料的低温变形能力较差,沥青路面容易产生裂缝。反之,在其他配料条件相同的条件下,采用稠度较低的沥青,虽然配制的混合料在低温时具有较好的变形能力,但在夏季高温时往往稳定性不足而使路面产生推挤现象。当高温要求与低温要求发生矛盾时应优先考虑满足高温性能的要求。通常是面层的上层宜用较稠的沥青,下层或连接层宜用较稀的沥青。对于渠化交通的道路,宜采用较稠的沥青。

2. 粗集料

用于沥青面层的粗集料指粒径大于 2.36mm 的碎石、破碎砾石、筛选砾石、矿渣等。

(1)粗集料应洁净、干燥、无风化、无杂质,并具有足够的强度和耐磨耗性,形状要接近正立方体,表面粗糙有棱角,针片状含量要控制。《公路沥青路面施工技术规范》(JTG F40—2004)规定,沥青面层用粗集料各项质量要求应符合表 7-1 要求,规格应符合表 7-2 要求。

(2)选用岩石应尽量选用碱性岩石。由于碱性岩石与沥青具有较强的黏附力,沥青混合料可得到较高的力学强度。在缺少碱性岩石的情况下,也可采用酸性岩石代替,宜掺加消石灰、水泥或用饱和石灰水处理后使用,必要时可同时在沥青中掺加耐热、耐水、长期性能好的抗剥落剂,也可采用改性沥青的措施,以增加混合料的黏聚力,使沥青混合料的水稳定性检验达到要求。具体要求见表 7-3。对于高速公路、一级公路沥青路面的表面层(或磨耗层)的粗集料的磨光值也要满足表 7-3 的规定。

沥青混合料用粗集料质量要求 表 7-1

指标		单位	高速公路及一级公路		其他等级公路	试验方法
			表面层	其他层次		
石料压碎值	≤	%	26	28	30	T 3016
洛杉矶磨耗损失	≤	%	28	30	35	T 3017
表观相对密度	≥	—	2.60	2.50	2.45	T 0304
吸水率	≤	%	2.0	3.0	3.0	T 0304
坚固性	≤	%	12	12	—	T 0314
针片状颗粒含量	≤	%	15	18	20	T 0312
其中粒径 >9.5mm	≤	%	12	15	—	
其中粒径 <9.5mm	≤	%	18	20	—	
水洗法 <0.075mm 颗粒含量	≤	%	1	1	1	T 0310
软石含量	≤	%	3	5	5	T 0320

注:1. 坚固性试验可根据需要进行。

2. 用于高速公路、一级公路时,多孔玄武岩表观密度可放宽至 2450kg/m³,吸水率可放宽至 3%,但必须得到建设单位的批准,且不得用于 SMA 路面。

3. 对 S14 即 3~5 规格的粗集料,针片状颗粒含量可不予要求,<0.075mm 含量可放宽到 3%。

3. 细集料

沥青面层的细集料指粒径小于 2.36mm 的天然砂、机制砂及石屑等。细集料应洁净、干燥、无风化、无杂质,并有适当的颗粒级配。通常采用粗砂、中砂,热拌沥青混合料的细集料宜采用优质的天然砂或机制砂。在缺砂地区,也可使用石屑,但高速公路、一级公路和城市快速路、主干路沥青混凝土面层及抗滑表层的石屑用量不宜超过天然砂及机制砂的用量。当一种细集料不能满足级配要求时,可采用两种或两种以上的细集料掺和使用。细集料应与沥青有良好的黏结能力。与沥青黏结性能很差的天然砂及用花岗岩、石英岩等酸性石料破碎的机制砂或石屑不宜用于高速公路、一级公路和城市快速路、主干路沥青面层。当需要使用时,应采取符合规定的抗剥离措施:

(1)用干燥的磨细消石灰或生石灰粉、水泥作为填料的一部分,其用量宜为矿料总量的 1%~2%。

(2)在沥青中掺加抗剥离剂。

(3)将粗集料用石灰浆处理后使用。

《公路沥青路面施工技术规范》(JTG F40—2004)规定,细集料各项质量要求应符合表 7-4 规定,沥青混合料用天然砂的规格见表 7-5,沥青混合料用机制砂或石屑规格见表 7-6。

4. 填料

沥青混合料的填料宜采用石灰岩或岩浆岩中碱性石料经磨细得到的矿粉。矿粉要求干燥、洁净,其质量应符合表 7-7 的要求。当采用水泥、石灰、粉煤灰作填料时,其用量不宜超过矿料总量的 2%。

沥青混合料用粗集料规格

表 7-2

规格	公称粒径 (mm)	通过下列筛孔（方孔筛,mm）的质量百分率(%)										
		63	53	37.5	31.5	26.5	19	13.2	9.5	4.75	2.36	0.6
S4	25~50	100	90~100	—	—	0~15	—	—	—	—	—	—
S5	20~40		100	90~100	—	—	0~15	—	—	—	—	—
S6	15~30			100	90~100	—	—	0~5	0~5	—	—	—
S7	10~30			100	90~100	—	—	0~15	—	0~5	—	—
S8	10~25				100	90~100	—	0~15	—	0~5	—	—
S9	10~20					100	90~100	—	0~15	0~5	—	—
S10	10~15						100	90~100	0~15	0~5	—	—
S11	5~15						100	90~100	40~70	0~15	0~5	—
S12	5~10							100	90~100	0~15	0~5	—
S13	3~10								90~100	40~70	0~20	0~5
S14	3~5								100	90~100	0~15	0~3

粗集料与沥青的黏附性、磨光值的技术要求　　　　　　　　　　　　　　　表 7-3

雨量气候区	1(潮湿区)	2(湿润区)	3(半干旱区)	4(干旱区)	试验方法
年降雨量(mm)	>1000	1000~500	500~250	<250	
粗集料的磨光值 PSV ≥ 高速公路、一级公路表面层	42	40	38	36	T 0321
粗集料与沥青黏附性 ≥ 高速公路、一级公路表面层 高速公路、一级公路其他层次 及其他等级公路的各个层次	5 4	4 4	4 3	3 3	T 0616 T 0663

沥青混合料用细集料质量要求　　　　　　　　　　　　　　　　　　　　表 7-4

项目		单位	高速公路、一级公路	其他等级公路	试验方法
表观相对密度	≥	—	2.50	2.45	T 0328
坚固性(>0.3mm 部分)	≥	%	12	—	T 0340
含泥量(<0.075mm 的部分)	≤	%	3	5	T 0330
砂当量	≥	%	60	50	T 0334
亚甲蓝值	≤	g/kg	25	—	T 0349
棱角性(流动时间)	≥	s	30	—	T 0345

沥青混合料用天然砂规格　　　　　　　　　　　　　　　　　　　　　　表 7-5

筛孔尺寸 (mm)	通过各筛孔的质量百分率(%)		
	粗砂	中砂	细砂
9.5	100	100	100
4.75	90~100	90~100	90~100
2.36	65~95	75~90	85~100
1.18	35~65	50~90	75~100
0.6	15~30	30~60	60~84
0.3	5~20	8~30	15~45
0.15	0~10	0~10	0~10
0.075	0~5	0~5	0~5

沥青混合料用机制砂或石屑规格　　　　　　　　　　　　　　　　　　表 7-6

规格	公称粒径 (mm)	水洗法通过各筛孔(mm)的质量百分率(%)							
		9.5	4.75	2.36	1.18	0.6	0.3	0.15	0.075
S15	0~5	100	90~100	60~90	40~75	20~55	7~40	2~20	0~10
S16	0~3	—	100	80~100	50~80	25~60	8~45	0~25	0~15

注:当生产石屑采用喷水抑制扬尘工艺时,应特别注意含粉量不得超过表中要求。

沥青混合料用矿粉质量要求 表7-7

项目		单位	高速公路、一级公路	其他等级公路	试验方法
表观密度 ≥		kg/m³	2500	2450	T 0352
含水率 ≤		%	1	1	T 0103 烘干法
粒度范围	<0.6mm	%	100	100	T 0351
	<0.15mm	%	90~100	90~100	
	<0.075mm	%	75~100	70~100	
外观			无团粒结块		—
亲水系数			<1		T 0353
塑性指数			<4		T 0354
加热安定性			实测记录		T 0355

粉煤灰作为填料使用时,其烧失量应小于12%,塑性指数应小于4%,其余质量要求与矿粉相同。粉煤灰的用量不宜超过填料总量的50%,并应经试验确认与沥青有良好的黏结力,沥青混合料的水稳性能应满足要求。高速公路、一级公路和城市快速路、主干路的沥青混凝土面层不宜采用粉煤灰作填料。

三、沥青混合料的技术性质

(一)沥青路面使用性能的气候分区

沥青混合料的技术性质与使用环境,如气温和湿度,关系密切。因此,在选择沥青材料的等级、进行沥青混合料配合比设计、检验沥青混合料的使用性能时,应考虑沥青路面工程的环境因素,尤其是温度和湿度条件。所以应按照不同的气候分区的特点对沥青混合料的技术性能提出相应要求。

沥青路面使用性能气候分区由一、二、三级区划组合而成,以综合反映该地区的气候特征,见表7-8。每个气候分区用3个数字表示:第一个数字代表高温分区,第二个数字代表低温分区,第三个数字代表雨量分区。数字愈小,表示气候分区因素对沥青路面影响愈严重。

沥青路面使用性能气候分区 表7-8

气候分区指标		气候分区			
按照高温指标	高温气候区	1	2	3	
	气候区名称	夏炎热区	夏热区	夏凉区	
	最热月平均最高气温(℃)	>30	20~30	<20	
按照低温指标	低温气候区	1	2	3	4
	气候区名称	冬严寒区	冬寒区	冬冷区	冬温区
	极端最低气温(℃)	<-37.0	-37.0~-21.5	-21.5~-9.0	>-9.0
按照雨量指标	雨量气候区	1	2	3	4
	气候区名称	潮湿区	湿润区	半干区	干旱区
	年降雨量(mm)	>1000	1000~500	500~250	<250

(二) 沥青混合料的技术性质

沥青混合料作为路面材料,在使用过程中要承受行驶车辆反复荷载和气候因素的长期作用,为保证耐久性、行车安全和舒适性,需具有一定的技术性质。

1. 高温稳定性

沥青混合料高温稳定性,是指沥青混合料在夏季高温(通常为60℃)条件下,经车辆荷载长期反复作用后,不产生车辙和波浪等病害的性能。

《公路沥青路面施工技术规范》(JTG F40—2004)规定,采用马歇尔稳定度试验(包括稳定度、流值)来评价沥青混合料高温稳定性;对高速公路、一级公路、城市快速路、主干路用沥青混合料,还应通过车辙试验检验其抗车辙能力。

1) 马歇尔稳定度试验

马歇尔稳定度试验是对标准击实的试件在规定的温度和速度等条件下受压,测定沥青混合料的稳定度和流值等指标所进行的试验。

稳定度(MS)是指沥青混合料标准尺寸试件在规定温度和加荷速度下,在马歇尔仪中最大的破坏荷载(kN),反映混合料的高温承载能力的指标,其值愈大,承载能力愈大。

流值(FL)是试件达到最大破坏荷载时的垂直变形(0.1mm 计),是反映混合料抗塑性变形能力的指标。其值过小表示变形能力较差,低温时易出现裂缝;其值过大表示变形能力过剩,热稳定性较差,高温时易产生推挤波浪等。

沥青混合料试件制作方法(击实法)(一)准备工作

沥青混合料试件制作方法(击实法)(二)拌制沥青混合料

沥青混合料试件制作方法(击实法)(三)成型方法

沥青混合料马歇尔稳定度试验

2) 车辙试验

车辙试验测定的是沥青混合料的动态稳定度。我国试验方法是用标准的成型方法(通常采用轮碾法),制成300mm×300mm×50mm 的沥青混合料试件,在60℃温度条件下,以一定荷载的轮子在同一轨迹上作一定时间的反复行走,形成一定的车辙深度,然后计算试件变形 1mm 所需试验车轮行走次数,即为动稳定度(DS),单位为次/mm。

《公路沥青路面施工技术规范》(JTG F40—2004)规定,对于高速公路和一级公路的公称最大粒径等于或小于19mm 的密级配沥青混合料(AC)及 SMA、OGFC 混合料,必须在规定的试验条件下进行车辙试验,并符合表7-9 的要求。

影响高温稳定性的因素很多,从组成材料的内因上看,主要取决于矿料颗粒的嵌挤作用和沥青黏滞性,影响因素有沥青用量、沥青黏度、矿料级配、集料的粒径和形状等。提高沥青路面的高温稳定性,可采用提高沥青混合料的黏聚力和内摩阻力的方法。增加粗集料的含量可以提高沥青混合料的内摩阻力;适当提高沥青黏度,控制沥青与矿料比值,严格控制沥青用量,可以提高沥青混合料的黏聚力;采用合适的集料级配,选取破碎坚硬粗糙、富有棱角的碱性集料有利于增强沥青混合料的高温稳定性。

沥青混合料车辙试验动稳定度技术要求　　　　表7-9

气候条件与技术指标	相应于下列气候分区所要求的动稳定度(次/mm)									试验方法
七月平均最高气温(℃)及气候分区	>30				20~30				<20		
	1. 夏炎热区				2. 夏热区				3. 夏凉区		
	1-1	1-2	1-3	1-4	2-1	2-2	2-3	2-4	3-2	
普通沥青混合料 ≥	800		1000		600		800		600	T 0719
改性沥青混合料 ≥	2400		2800		2000		2400		1800	
SMA混合料 非改性 ≥	1500									
SMA混合料 改性 ≥	3000									
OGFC 混合料	1500(一般交通路段)、3000(重交通量路段)									

2. 低温抗裂性

沥青混合料随温度降低,变形能力下降。路面由于低温而收缩,以及在行车荷载的作用下,产生裂缝,从而影响正常使用。因此沥青混合料不仅应具备高温稳定性,同时还要具有低温抗裂性,以保证路面在冬季低温时不产生裂缝。

沥青混合料低温裂缝是由混合料的低温脆化、低温缩裂和温度疲劳引起的。混合料的低温脆化是指其在低温条件下,变形能力降低;低温缩裂通常是材料本身的抗拉强度不足造成的;对于温度疲劳,可以模拟温度循环进行疲劳破坏。因此在沥青混合料组成设计中,应选用稠度相对较低、温度敏感性低、抗老化能力强的沥青,或选用橡胶改性沥青,适当增加沥青用量,可增强沥青混合料的柔韧性,防止或减少沥青路面的低温开裂。评价沥青混合料低温变形能力的常用方法之一是低温弯曲试验,通过梁型试件在-10℃时跨中加载方式,采用破坏强度、破坏应变和破坏劲度模量等指标,评价沥青混合料低温性能。

3. 耐久性

沥青混合料的耐久性是指其抵抗长时间自然因素(风、日光、温度、水分等)作用下,抗老化的能力,抗水损害的能力,以及在行车荷载反复作用下抗疲劳的能力。混合料老化主要指沥青受到空气中氧、水、紫外线等因素的作用,产生多种复杂的物理化学变化,逐渐使沥青混合料变硬、发脆,最终导致沥青混合料老化,产生裂纹或裂缝的病害;混合料水损害是指沥青混合料在水的侵蚀作用下,沥青从集料表面发生剥落而降低混合料的黏结强度,从而导致沥青路面出现脱离、松散,进而形成坑洞;混合料疲劳破坏是指沥青混合料路面在受到行车荷载的反复作用,或受到环境温度长时间交替变化产生的温度应力作用后,引起的微小且缓慢的性能劣化现象。

影响沥青混合料耐久性的因素很多,如沥青的化学性质、矿料的矿物成分、沥青混合料的组成结构(残留空隙率、沥青饱和度)等。沥青的化学性质及矿料的矿物成分直接影响到沥青与矿料之间的黏附性,故而影响了沥青混合料的耐久性;同时,不同的沥青混合料组成结构,其空隙率的大小不同,这是因为空隙率的大小与矿料级配、沥青材料用量以及压实程度等有关。从耐久性的角度希望混合料压实后空隙率尽量减少,以防止水分渗入和日光紫外线对沥青的老化作用等,但一般沥青混合料中均应残留一定的空隙,以备夏季高温时沥青材料膨胀。

沥青混合料的空隙率与水稳定性有关。空隙率大,且沥青与矿料黏附性差的混合料,在饱水后矿料与沥青黏附力降低,易发生剥落,引起路面早期破坏。此外,沥青路面的使用寿命与沥青混合料中的沥青用量有很大关系。当沥青用量较正常的用量减少时,则沥青膜变薄,混合料延伸能力降低,脆性增加;如沥青用量偏少,将使沥青混合料的空隙率增大,沥青膜暴露较多,加速沥青老化作用,同时增加了渗水率,加强了水对沥青的剥落作用。

因此,选用耐老化性能好的沥青,适当增加沥青用量,采用密实结构,都有利于提高沥青路面的耐久性。

我国现行规范采用空隙率、沥青饱和度和残留稳定度等指标表征沥青混合料的耐久性。并采用马歇尔稳定度试验、浸水劈裂试验、冻融劈裂试验、浸水车辙试验等检测沥青混合料的耐久性。

4. 抗滑性

用于高等级公路沥青路面,为保证汽车高速行驶的安全性,沥青路面的沥青混合料表面应具有一定的抗滑性。

沥青路面的抗滑性能与矿质集料的表面性质、混合料级配组成、沥青用量及含蜡量等因素有关。为提高路面抗滑性,配料时应选用表面粗糙,棱角丰富且坚硬、耐磨、抗磨光值大的碎石或破碎的碎砾石。《公路沥青路面施工技术规范》(JTG F40—2004)指明,沥青用量对抗滑性影响也非常敏感,沥青用量超过最佳用量的0.5%,即可使摩阻系数明显降低。

另外,含蜡量对沥青混合料抗滑性有明显影响,应选用含蜡量低的沥青,以免沥青表层出现滑溜现象。

5. 施工和易性

沥青混合料的施工和易性是指混合料在施工过程中是否容易拌和、摊铺和压实的性能。它主要取决于矿料级配、沥青品种及用量、施工环境条件等。

从混合材料来看,影响施工和易性的首先是混合料的级配情况和沥青用量。在间断级配的矿质混合料中,如粗细集料的颗粒尺寸相差过大,缺乏中间尺寸,混合料容易分层离析,出现粗集料集中在表面,细集料集中在底部的现象;如细集料太少,沥青层就不容易均匀地留在粗颗粒表面;如细集料过多,则使拌和困难。间断级配混合料的施工和易性较差。此外沥青用量较少,或矿粉用量过多时,混合料容易产生疏松,不易压实;反之沥青用量过多,或矿粉质量不好时,则容易使混合料黏结成块,不易摊铺。

沥青混合料的施工和易性还会受到施工条件的控制,如施工温度、拌和时间、拌和设备、摊铺机械和压实工具等。如施工温度不够,拌和时间不足,沥青混合料就难以拌和充分,不易达到所需的压实度,但温度偏高,则会引起沥青老化,严重时将会明显影响沥青混合料路用性能。

目前还没有成熟的方法和指标直接评价沥青混合料的施工和易性,通常是通过严格控制材料的组成和配合比,并采用经验的方法根据现场实际状况进行调控。

四、沥青混合料的技术指标

为评价沥青混合料技术性质,在沥青混合料配合比设计时要考虑以下几个技术指标。

（一）力学指标

1. 稳定度和残留稳定度

稳定度是评价沥青混合料高温稳定性的指标。其测定采用马歇尔稳定度试验,测得的最大荷载即为稳定度(MS),以 kN 计。

残留稳定度反映沥青混合料受水损害时抵抗剥落的能力,即水稳定性。浸水马歇尔稳定度试验方法与马歇尔稳定度试验基本相同,只是将试件在恒温水槽中保温 48h 后测定其稳定度,浸水后的稳定度与标准稳定度的百分比即为残留稳定度(MS_0)。

2. 流值

流值是评价沥青混合料抗塑性变形能力的指标。在马歇尔稳定度试验时,达到最大荷载时试件的垂直压缩变形值,即为流值(FL),以 0.1mm 计。

（二）物理指标

1. 毛体积密度

毛体积密度是指单位体积(含混合料的实体矿物成分及不吸收水分的闭口孔隙和能吸收水分的开口孔隙等颗粒表面轮廓线所包围的全部毛体积)压实沥青混合料的干质量。测定方法可采用：

（1）表干法:适用于较密实的吸水很少的试件；
（2）蜡封法:适用于吸水较多不能用表干法测定的试件；
（3）体积法:适用于吸水严重到完全透水,不能由表干法或蜡封法测定的试件。

压实沥青混合料密度（表干法）试验

2. 空隙率

空隙率是反映沥青混合料密实程度的指标,可用来评价混合料的耐久性。它是指压实沥青混合料中空隙的体积占沥青混合料总体积的百分率。空隙率大的沥青混合料,其抗滑性和高温稳定性都比较好,但其抗渗性和耐久性明显降低,对强度也有不利影响,所以沥青混合料要求有合理的空隙率。

3. 沥青饱和度

沥青饱和度也称沥青填隙度,即压实沥青混合料中沥青体积占矿料以外体积的百分率。饱和度过小,沥青难以充分裹覆矿料,影响沥青混合料的黏聚性,降低沥青混凝土的耐久性；饱和度过大,减少了沥青混合料的空隙率,妨碍夏季沥青体积膨胀,引起路面泛油,降低沥青混合料的高温稳定性。因此,沥青混合料应有适当的饱和度。

4. 矿料间隙率

压实沥青混合料试件内矿料部分以外的体积占试件总体积的百分率,即试件空隙率与沥青体积百分率之和。

五、沥青混合料的技术标准

《公路沥青路面施工技术规范》(JTG F40—2004)规定,热拌沥青混合料的技术要求如表 7-10、表 7-11 所示。

热拌沥青混合料马歇尔试验技术标准

表 7-10

试验项目		沥青混合料类型							
		密级配热拌沥青混合料(AC)						密级配沥青碎石(ATB)	沥青碎石(AM)	排水式开级配OGFC
		高速公路,一级公路,城市快速路,主干路				其他等级道路	行人道路			
		中轻交通	重交通夏炎热区	中轻交通	重交通夏热区及夏凉区					
击实次数(双面)次		75	75	75	75	50	50	75	50	50
空隙率 (%)	深90mm以内	3~5	4~6	2~4	3~5	3~6	2~4	3~6	6~10	≥18
	深90mm以下	3~6	3~6	2~4	3~6	3~6	—			
沥青饱和度(%)		见表7-11的要求						55~70	40~70	—
矿料间隙率(%) ≥		见表7-11的要求						≥11	—	—
稳定度(kN) ≥		8	8	8	8	5	3	7.5(15)	3.5	3.5
流值(mm)		2~4	1.5~4	2~4	2~4.5	2~4.5	2~5	1.5~4	—	—

密级配热拌沥青混合料的沥青饱和度与矿料间隙率的要求　　　　表7-11

试验项目			集料公称最大粒径(mm)					
			4.75	9.5	13.2	16.0	19.0	26.5
沥青饱和度(%)			70~85		65~75			55~70
在右侧设计空隙率时的矿料间隙率(%) ≥	空隙率(%)	2	15	13	12	11.5	11	10
		3	16	14	13	12.5	12	11
		4	17	15	14	13.5	13	12
		5	18	16	15	14.5	14	13
		6	19	17	16	15.5	15	14

六、沥青混合料配合比设计方法

《公路沥青路面施工技术规范》(JTG F40—2004)规定,沥青混合料是采用马歇尔试验进行配合比设计的方法,适用于密级配沥青混合料及沥青稳定碎石混合料。如采用其他方法设计沥青混合料时,应按《公路沥青路面施工技术规范》(JTG F40—2004)规定进行马歇尔试验及各项配合比设计检验,并报告不同设计方法的试验结果。

热拌沥青混合料的配合比设计应通过目标配合比设计、生产配合比设计及生产配合比验证三个阶段。这里主要讲述目标配合比设计,包括矿质混合料配合比设计和最佳沥青用量的确定。

热拌沥青混合料的目标配合比设计宜按图7-6的步骤进行。

(一)矿质混合料的配合比设计

矿质混合料配合比设计的目的,是选配一个具有足够密实度,并且有较高的内摩阻力的矿质混合料,通常是采用规范推荐的矿质混合料级配范围来确定。

1. 确定沥青混合料类型

热拌沥青混合料适用于各种等级公路的沥青路面。沥青混合料的类型,应根据工程要求、气候特点、交通条件、结构层功能等因素,结合沥青层厚度和当地实践经验,合理选择各结构层的沥青混合料类型。其分类按集料公称最大粒径、矿料级配、空隙率划分,见表7-12。

2. 确定工程设计级配范围

根据已确定的沥青混合料类型,采用规范推荐的矿质混合料范围来确定,见表7-13。也可根据研究成果和实践经验,选择其他类型的沥青混合料及相应的级配范围,经技术经济论证后确定。

3. 矿质混合料配合比的确定

1)组成材料的原始数据测定

根据现场取样,对粗集料、细集料和矿粉进行筛分试验,按筛分结果分别绘出各组成材料的筛分曲线。同时测出各组成材料的相对密度,以供计算物理常数备用。

2)拟定初始配合比

根据各组成材料的筛分试验资料,采用图解法或试配法(高速公路和一级公路沥青路面矿料配合比设计宜借助计算机的电子表格用试配法进行),在设计级配范围中,设计了3组初选配合比,确定符合级配范围的各组成材料用量比例,计算矿质混合料的合成级配。

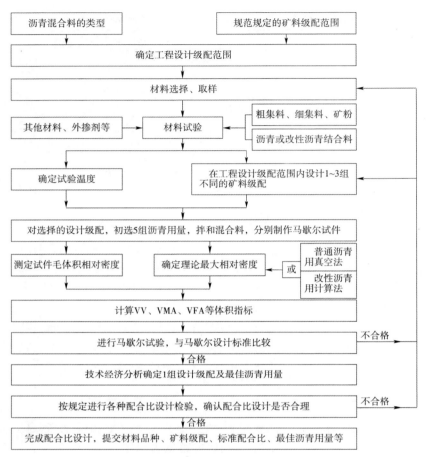

图 7-6　热拌沥青混合料目标配合比设计流程图

热拌沥青混合料种类　　表 7-12

混合料类型	密级配			开级配		半开级配	公称最大粒径（mm）	最大粒径（mm）
	连续级配	间断级配		间断级配		沥青稳定碎石		
	沥青混凝土	沥青稳定碎石	沥青玛琋脂碎石	排水式沥青磨耗层	排水式沥青碎石基层			
特粗式	—	ATB-40	—	—	ATPB-40	—	37.5	53.0
粗粒式	—	ATB-30	—	—	ATPB-30	—	31.5	37.5
	AC-25	ATB-25	—	—	ATPB-25	—	26.5	31.5
中粒式	AC-20	—	SMA-20	—	—	AM-20	19.0	26.5
	AC-16	—	SMA-16	OGFC-16	—	AM-16	16.0	19.0
细粒式	AC-13	—	SMA-13	OGFC-13	—	AM-13	13.2	16.0
	AC-10	—	SMA-10	OGFC-10	—	AM-10	9.5	13.2
砂粒式	AC-5	—	—	—	—	—	4.75	9.5
设计空隙率(%)	3~5	3~6	3~4	>18	>18	6~12	—	—

注：空隙率可按配合比设计要求适当调整。

沥青混合料矿料级配范围

表 7-13

级配类型		通过下列筛孔(mm)的质量百分数(%)													
		53.0	37.5	31.5	26.5	19	16	13.2	9.5	4.75	2.36	1.18	0.6	0.3	0.15	0.075
密级配沥青混合料 AC																
粗粒式	AC-25	100	90~100			75~90	65~83	57~76	45~65	24~52	16~42	12~33	8~24	5~17	4~13	3~7
中粒式	AC-20		100	90~100		90~100	78~92	62~80	50~72	26~56	16~44	12~33	8~24	5~17	4~13	3~7
	AC-16			100	90~100	100	90~100	76~92	60~80	34~62	20~48	13~36	9~26	7~18	5~14	4~8
细粒式	AC-13				100		100	90~100	68~85	38~68	24~50	15~38	10~28	7~20	5~15	4~8
	AC-10						100	90~100	100	45~75	30~58	20~44	13~32	9~23	6~16	4~8
砂粒式	AC-5							100	90~100	90~100	55~75	35~55	20~40	12~28	7~18	5~10
密级配沥青稳定碎石混合料 ATB																
特粗式	ATB-40	100	90~100	75~92	65~85	49~71	43~63	37~57	30~50	20~40	15~32	10~25	8~18	5~14	3~10	2~6
粗粒式	ATB-30		100	90~100	70~90	53~72	44~66	39~60	31~51	20~40	15~32	10~25	8~18	5~14	3~10	2~6
	ATB-25			100	90~100	60~80	48~68	42~62	32~52	20~40	15~32	10~25	8~18	5~14	3~10	2~6
半开级配沥青碎石混合料 AM																
中粒式	AM-20			100	90~100	90~100	60~85	50~75	40~65	15~40	5~22	2~16	1~12	0~10	0~8	0~5
	AM-16				100	90~100	90~100	60~85	45~68	18~40	6~25	3~18	1~14	0~10	0~8	0~5
细粒式	AM-13					100	90~100	90~100	50~80	20~45	8~28	4~20	2~16	0~10	0~8	0~6
	AM-10						100	90~100	100	35~65	10~35	5~22	2~16	0~12	0~9	0~6

续上表

级配类型		通过下列筛孔(mm)的质量百分数(%)														
		53.0	37.5	31.5	26.5	19	16	13.2	9.5	4.75	2.36	1.18	0.6	0.3	0.15	0.075
开级配沥青稳定碎石混合料 ATPB																
特粗式	ATPB-40	100	70~100	65~90	55~85	43~75	32~70	20~65	12~50	0~3	0~3	0~3	0~3	0~3	0~3	0~3
粗粒式	ATPB-30		100	80~100	70~95	53~85	36~80	26~75	14~60	0~3	0~3	0~3	0~3	0~3	0~3	0~3
	ATPB-25			100	80~100	60~100	45~90	30~82	16~70	0~3	0~3	0~3	0~3	0~3	0~3	0~3
开级配排水式磨耗层混合料 OGFC																
中粒式	OGFC-16				100		90~100	70~90	45~70	12~30	10~22	6~18	4~15	3~12	3~8	2~6
	OGFC-13					100		90~100	60~80	12~30	10~22	6~18	4~15	3~12	3~8	2~6
细粒式	OGFC-10						100		90~100	50~70	10~22	6~18	4~15	3~12	3~8	2~6
传统的 AC-Ⅰ型沥青混合料																
粗粒式	AC-30 Ⅰ		100	90~100	79~92	66~82	59~77	52~72	43~63	32~52	25~42	18~32	13~25	8~18	5~13	3~7
	AC-25 Ⅰ			100	90~100	75~90	62~80	53~73	43~63	32~52	25~42	18~32	13~25	8~18	5~13	3~7
中粒式	AC-20 Ⅰ				100	95~100	75~90	62~80	52~72	38~58	28~46	20~34	15~27	10~20	6~14	4~8
	AC-16 Ⅰ					100	95~100	75~90	58~78	42~63	32~50	22~37	16~28	11~21	7~15	4~8
细粒式	AC-13 Ⅰ						100	95~100	70~88	48~68	36~55	24~41	18~30	12~22	8~16	4~8
	AC-10 Ⅰ							100	95~100	55~75	38~58	26~43	17~33	10~24	6~16	4~9
砂粒式	AC-5 Ⅰ								100	95~100	55~75	35~55	20~40	12~28	7~18	5~10

3) 调整配合比

计算得出的合成级配应根据下列要求作必要的配合比调整：

(1) 通常情况下，合成级配曲线宜尽量接近设计级配中限，尤其应使 0.075mm、2.36mm 和 4.75mm 筛孔的通过率尽量接近设计级配范围中限。

(2) 对高速公路、一级公路、城市快速路和主干路等交通量大、车辆载重大的道路，宜偏向级配范围的下(粗)限；对一般道路、中小交通量和人行道路等宜偏向级配范围的上(细)限。

(3) 合成级配曲线应接近连续的或合理的间断级配，不得有过多的犬牙交错。当经过再三调整，仍有两个以上的筛孔超过级配范围时，必须对原材料进行调整或更换原材料重新设计。

(二) 确定沥青混合料的最佳沥青用量(或油石比)

沥青用量(即沥青含量)是指沥青混合料中沥青结合料质量与沥青混合料质量的百分比；油石比是指沥青混合料中沥青结合料质量与矿质混合料总质量的百分比。

《公路沥青路面施工技术规范》(JTG F40—2004)规定，采用马歇尔试验法确定最佳沥青用量，具体步骤如下：

1. 沥青混合料马歇尔试验

1) 制备试样

(1) 按确定的矿质混合料配合比，计算各种矿质材料的用量，称量各种集料和矿粉。

(2) 根据经验估计适宜沥青用量或油石比。以预估的沥青用量或油石比为中值，按一定间隔(对密级配沥青混合料通常为 0.5%；对沥青碎石混合料可适当缩小间隔为 0.3% ~ 0.4%)，取 5 个或 5 个以上不同油石比分别成型马歇尔试件。试验方法详见试验篇第十四章试验一。

2) 测定物理指标

按规定的试验方法测定试件的毛体积相对密度等，并计算空隙率、沥青饱和度和矿料间隙率等。试验方法详见试验篇第十四章试验三。

3) 测定力学指标

为确定沥青混合料的最佳沥青用量，应用马歇尔稳定度仪测定混合料的力学指标，如稳定度和流值。试验方法详见试验篇第十四章试验四。

2. 确定最佳沥青用量(简称 OAC)

(1) 绘制沥青用量(油石比)与物理-力学指标关系图(图 7-7)。以沥青用量或油石比为横坐标，以马歇尔试验的各项指标为纵坐标，将试验结果点入图中，连成圆滑的曲线。确定均符合规范规定的沥青混合料技术标准的沥青用量范围 OAC_{min} ~ OAC_{max} (选择的沥青用量范围必须涵盖设计空隙率的全部范围，并尽可能涵盖沥青饱和度的要求范围，使密度及稳定度曲线出现峰值)。如果没有涵盖设计空隙率的全部范围，试验必须扩大沥青用量范围重新进行。

(2) 根据试验曲线的走势，按下列方法确定沥青混合料的最佳沥青用量 OAC。

① 在图 7-7 中求取相应于密度最大值、稳定度最大值、目标空隙率(或中值)、沥青饱和度范围的中值的沥青用量 a_1、a_2、a_3、a_4。按下式取平均值作为 OAC_1。

$$OAC_1 = \frac{a_1 + a_2 + a_3 + a_4}{4} \tag{7-2}$$

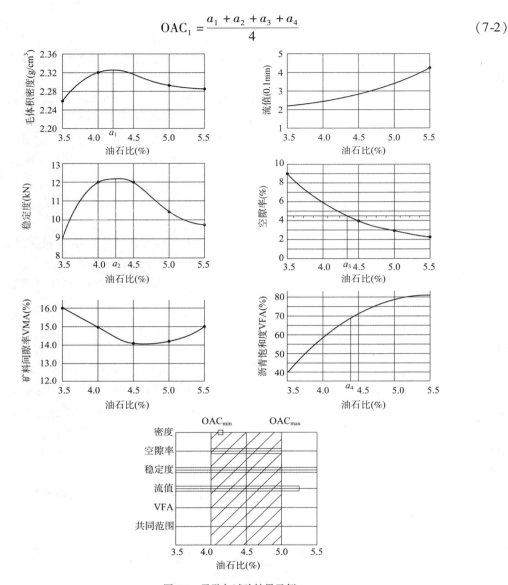

图 7-7 马歇尔试验结果示例

②如果所选择的沥青用量范围未能涵盖沥青饱和度的要求范围,按下式求取 3 者的平均值作为 OAC_1。

$$OAC_1 = \frac{a_1 + a_2 + a_3}{3} \tag{7-3}$$

③对所选择试验的沥青用量范围,密度或稳定度没有出现峰值(最大值经常在曲线的两端)时,可直接以目标空隙率所对应的沥青用量 a_3 作为 OAC_1,但 OAC_1 必须介于 $OAC_{min} \sim OAC_{max}$ 的范围内,否则应重新进行配合比设计。

(3)以各项指标均符合技术标准(不含 VMA)的沥青用量范围 $OAC_{min} \sim OAC_{max}$ 的中值作为 OAC_2。

$$OAC_2 = \frac{OAC_{min} + OAC_{max}}{2} \tag{7-4}$$

(4)通常情况下取 OAC_1 及 OAC_2 的中值作为计算的最佳沥青用量 OAC。

$$OAC = \frac{OAC_1 + OAC_2}{2} \tag{7-5}$$

图 7-7 中,$a_1 = 4.2\%$,$a_2 = 4.25\%$,$a_3 = 4.35\%$,$a_4 = 4.4\%$,$OAC_1 = 4.3\%$(由 4 个平均值确定);由图共同范围得出 $OAC_{min} = 4.0\%$,$OAC_{max} = 5.0\%$,得 $OAC_2 = 4.5\%$;由 OAC_1 和 OAC_2 得 $OAC = 4.4\%$。

(5)按上式计算的最佳沥青用量 OAC,从图 7-7 中得出所对应的空隙率和 VMA 值,检验是否能满足表 7-10 关于最小 VMA 值的要求,OAC 宜位于 VMA 凹形曲线最小值的贫油一侧。当空隙率不是整数时,最小 VMA 按内插法确定,并将其画入图 7-7 中。

(6)检查图 7-7 相应于此 OAC 的各项指标是否均符合马歇尔试验技术标准。

(7)根据实践经验和公路等级、气候条件、交通情况,调整确定最佳沥青用量 OAC。

①调查当地各项条件相接近的工程的沥青用量及使用效果,论证适宜的最佳沥青用量。检查计算得到的最佳沥青用量是否相近,如相差甚远,应查明原因,必要时重新调整级配,进行配合比设计。

②对炎热地区公路以及高速公路、一级公路的重载交通路段,山区公路的长大坡度路段,预计有可能产生较大车辙时,宜在空隙率符合要求的范围内将计算的最佳沥青用量减小 0.1%~0.5% 作为设计沥青用量。

③对寒区公路、旅游公路、交通量很少的公路,最佳沥青用量可以在 OAC 的基础上增加 0.1%~0.3%,以适当减小设计空隙率,但不得降低压实度要求。

3. 配合比设计检验

(1)对用于高速公路和一级公路的密级配沥青混合料,需在配合比设计的基础上按要求进行各种使用性能的检验,不符合要求的沥青混合料,必须更换材料或重新进行配合比设计。其他等级公路的沥青混合料可参照执行。

(2)高温稳定性检验:对公称最大粒径等于或小于 19mm 的混合料,按规定方法进行车辙试验,动稳定度应符合表 7-9 的要求。试验方法详见试验篇第十四章试验二、试验五。

对公称最大粒径大于 19mm 的密级配沥青混凝土或沥青稳定碎石混合料,由于车辙试件尺寸不能适用,不宜按《公路沥青路面施工技术规范》(JTG F40—2004)方法进行车辙试验和弯曲试验。如需要检验可加厚试件厚度或采用大型马歇尔试件。

(3)水稳定性检验:按规定的试验方法进行浸水马歇尔试验和冻融劈裂试验,残留稳定度及残留强度比均必须符合表 7-14 的规定。

(4)低温抗裂性能检验:对公称最大粒径等于或小于 19mm 的混合料,按规定方法进行低温弯曲试验,其破坏应变宜符合表 7-15 要求。

(5)渗水系数检验:利用轮碾机成型的车辙试件进行渗水试验检验的渗水系数宜符合表 7-16 要求。

(6)钢渣活性检验:对使用钢渣的沥青混合料,应按规定的试验方法检验钢渣的活性及膨胀性试验,钢渣沥青混凝土的膨胀量不得超过 1.5%。

沥青混合料水稳定性检验技术要求 表 7-14

气候条件与技术指标	相应于下列气候分区的技术要求(%)				试验方法
年降雨量(mm)及气候分区	>1000	500~1000	250~500	<250	
	1.潮湿区	2.湿润区	3.半干区	4.干旱区	
浸水马歇尔试验残留稳定度(%) ≥					
普通沥青混合料	80		75		T 0790
改性沥青混合料	85		80		
SMA 混合料	普通沥青	75				
	改性沥青	80				
冻融劈裂试验的残留强度比(%) ≥					
普通沥青混合料	75		70		T 0729
改性沥青混合料	80		75		
SMA 混合料	普通沥青	75				
	改性沥青	80				

注:表中 SMA 混合料是指沥青玛琋脂碎石混合料。

沥青混合料低温弯曲试验破坏应变技术要求 表 7-15

气候条件与技术指标	相应于下列气候分区所要求的破坏应变								试验方法
年极端最低气温(℃)及气候分区	<-37.0		-21.5~-37.0			-9.0~-21.5		>-9.0	
	1.冬严寒区		2.冬寒区			3.冬冷区		4.冬温区	
	1-1	2-1	1-2	2-2	3-2	1-3	2-3	1-4 2-4	
普通沥青混合料 ≥	2600		2300			2000			T 0715
改性沥青混合料 ≥	3000		2800			2500			

沥青混合料试件渗水系数的技术要求 表 7-16

级配类型		渗水系数要求(mL/min)	试验方法
密级配沥青混合料	≤	120	
SMA 混合料	≤	80	T 0730
OGFC 混合料	≥	实测	

注:表中 OGFC 是指大孔隙开级配排水式沥青磨耗层。

(7)根据需要,可以改变试验条件进行配合比设计检验,如按调整后的最佳沥青用量、变化最佳沥青用量 OAC±0.3%、提高试验温度、加大试验荷载、采用现场压实密度进行车辙试验,在施工后的残余空隙率(如7%~8%)的条件下进行水稳定性试验和渗水试验等,但不宜用规范规定的技术要求进行合格评定。

沥青混合料配合比设计例题

【题目】 试设计辽宁省某高速公路沥青混凝土路面用沥青混合料的配合比设计。

【原始资料】

(1)道路等级:高速公路;

(2)路面类型:沥青混凝土路面;
(3)结构层位:三层式沥青混凝土的下面层;
(4)气候条件:最高月平均气温29℃;
(5)材料性能:
①沥青材料:可供应道路石油沥青,经检验技术性能均符合要求。
②矿质材料:
a. 碎石、机制砂和石屑:石灰石轧制碎石,饱水抗压强度、洛杉矶磨耗率、黏附性等均符合要求。
b. 矿粉:石灰石磨细石粉,粒度范围符合技术要求,无团粒结块。

【设计要求】
(1)根据道路等级、路面类型和结构层位确定沥青混凝土的矿质混合料的级配范围。根据现有各种矿质材料的筛析结果,用电算法确定各种矿质材料的配合比。
(2)根据选定的矿质混合料设计方案,及相应的沥青用量预估值,通过马歇尔试验,确定最佳沥青用量。

【解】

(一)矿质混合料配合比设计

1. 确定矿质混合料类型及矿质混合料的级配范围

由题知道路等级为高速公路,路面类型为沥青混凝土路面,路面结构为三层式沥青混凝土下面层,按设计文件要求并考虑地区性,选择粗粒式(AC-25)沥青混凝土的矿质混合料级配范围,见表7-17。

矿质混合料要求级配范围　　　　表7-17

设计级配	筛孔尺寸(方孔筛)(mm)											
	31.5	26.5	19.0	16.0	13.2	9.5	4.75	2.36	1.18	0.6	0.3	0.15	0.075
下限	100.0	90.0	75.0	65.0	57.0	45.0	24.0	16.0	12.0	8.0	5.0	4.0	3.0
上限	100.0	100.0	90.0	83.0	76.0	65.0	52.0	42.0	33.0	24.0	17.0	13.0	7.0

2. 矿质混合料配合比计算

1)组成材料筛分试验

根据现场取样,碎石、石屑、砂和矿粉等原材料筛分结果列于表7-18。

组成材料筛分试验结果　　　　表7-18

矿质材料	筛孔尺寸(方孔筛)(mm)											
	31.5	26.5	19.0	16.0	13.2	9.5	4.75	2.36	1.18	0.6	0.3	0.15	0.075
19~26.5mm	100	91.4	2.5	0.5	0	0	0	0	0	0	0	0	0.0
16~19mm	100	100	93.3	53.5	0.9	0	0	0	0	0	0	0	0.0
13.2~16mm	100	100	100	99.6	83.9	2.3	0.1	0	0	0	0	0	0.0

续上表

矿质材料	筛孔尺寸(方孔筛)(mm)											
	31.5	26.5	19.0	16.0	13.2	9.5	4.75	2.36	1.18	0.6	0.3	0.15	0.075
9.5~13.2mm	100	100	100	99.9	97.1	47.6	0.7	0	0	0	0	0	0.0
4.75~9.5mm	100	100	100	100	100	99.4	2.9	0.2	0	0	0	0	0.0
2.36~4.75mm	100	100	100	100	100	100	99.6	10.8	0.1	0	0	0	0.0
1.18~2.36mm	100	100	100	100	100	100	100	99.4	56.9	5.3	0.1	0	0.0
0.075~1.18mm	100	100	100	100	100	100	100	100	100	92	50.3	23.1	0.0
矿粉	100	100	100	100	100	100	100	100	100	100	100	100	99.9
水泥	100	100	100	100	100	100	100	100	100	100	100	99.8	98.8

2)组成材料配合比计算

用电算法计算组成材料配合比,确定各种材料用量(表7-19),将表7-19计算的合成级配绘于矿质混合料级配范围,如图7-8所示。

从图7-8可以看出,计算结果的合成级配曲线接近级配范围中值。

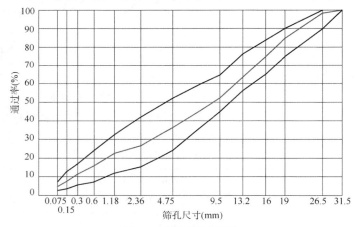

图7-8 矿料级配曲线图

(二)通过马歇尔试验,确定最佳沥青用量

1.试件成型

按级配称取矿料,采用5种沥青用量按设计的矿质混合料配合比,以0.5%间隔变化,分别按油石比3.5%、4.0%、4.5%、5.0%、5.5%成型5组试件,按表7-10规定每面各击实75次的方法成型。

2.马歇尔试验

1)物理指标测定

按上述方法成型的试件,经24h后测定其毛体积密度、计算空隙率、矿料间隙率、沥青饱和度等物理指标。矿质材料合成毛体积密度见表7-20。

沥青混合料矿料级配设计计算图表

表 7-19

沥青混合料类型：LAC-25 I

矿质材料	占比例(%)	通过下列筛孔孔径(mm)的质量百分率(%)												
		31.5	26.5	19.0	16.0	13.2	9.5	4.75	2.36	1.18	0.6	0.3	0.15	0.075
沥青混合料矿质组成材料(%)														
19~26.5mm		99.6	61.4	2.5	0.5	0.0	0.0	0.0	0.0	0.0	0.0	0.0	0.0	0.0
16~19mm		100.0	100.0	98.3	33.5	0.9	0.0	0.0	0.0	0.0	0.0	0.0	0.0	0.0
13.2~16mm		100.0	100.0	100.0	99.6	47.9	2.3	0.1	0.0	0.0	0.0	0.0	0.0	0.0
9.5~13.2mm		100.0	100.0	100.0	99.6	97.1	37.6	0.7	0.0	0.0	0.0	0.0	0.0	0.0
4.75~9.5mm		100.0	100.0	100.0	100.0	100.0	99.4	2.9	0.2	0.0	0.0	0.0	0.0	0.0
2.36~4.75mm		100.0	100.0	100.0	100.0	100.0	100.0	99.6	10.8	0.1	0.0	0.0	0.0	0.0
1.18~2.36mm		100.0	100.0	100.0	100.0	100.0	100.0	100.0	99.4	56.9	5.3	0.1	0.0	0.0
0.075~1.18mm		100.0	100.0	100.0	100.0	100.0	100.0	100.0	100.0	100.0	92.0	20.3	3.1	0.0
矿粉		100.0	100.0	100.0	100.0	100.0	100.0	100.0	100.0	100.0	100.0	100.0	100.0	99.9
水泥		100.0	100.0	100.0	100.0	100.0	100.0	100.0	100.0	100.0	100.0	100.0	99.8	98.8
各矿质材料所占比例(%)														
19~31.5mm	11	11.0	6.7	0.2	0.0	0.0	0.0	0.0	0.0	0.0	0.0	0.0	0.0	0.0
16~19mm	26	26.0	26.0	25.6	8.6	0.1	0.0	0.0	0.0	0.0	0.0	0.0	0.0	0.0
13.2~16mm	5	5.0	5.0	5.0	5.0	2.4	0.1	0.0	0.0	0.0	0.0	0.0	0.0	0.0
9.5~13.2mm	11	11.0	11.0	11.0	11.0	10.7	4.0	0.1	0.0	0.0	0.0	0.0	0.0	0.0
4.75~9.5mm	10	10.0	10.0	10.0	10.0	10.0	9.9	0.3	0.0	0.0	0.0	0.0	0.0	0.0
2.36~4.75mm	10	10.0	10.0	10.0	10.0	10.0	10.0	10.0	1.1	0.0	0.0	0.0	0.0	0.0
1.18~2.36mm	11	11.0	11.0	11.0	11.0	11.0	11.0	11.0	10.9	6.2	0.3	0.0	0.0	0.0
0.075~1.18mm	9	9.0	9.0	9.0	9.0	9.0	9.0	9.0	9.0	9.0	8.3	1.7	0.1	0.0
矿粉	5	5.0	5.0	5.0	5.0	5.0	5.0	5.0	5.0	5.0	5.0	5.0	5.0	5.0
水泥	2	2.0	2.0	2.0	2.0	2.0	2.0	2.0	2.0	2.0	2.0	2.0	2.0	2.0
混合料矿料合成级配		100.0	95.7	88.7	71.5	60.1	51.0	37.3	28.0	22.2	15.6	8.7	7.0	7.0
级配中值		100.0	97.5	90.0	69.0	60.0	49.5	36.0	26.0	19.0	14.0	10.0	7.5	3.0
工程设计级配范围 下限		100.0	95.0	90.0	69.0	60.0	49.5	36.0	26.0	19.0	14.0	10.0	7.5	5.0
工程设计级配范围 上限		100.0	100.0	93.0	76.0	67.0	56.0	42.0	32.0	24.0	18.0	13.0	10.0	7.0

AC-25 配合比合成毛体积密度计算			表 7-20
矿质材料	毛体积相对密度	配合比	合成毛体积相对密度
19~26.5mm	2.728	15	2.735
16~19mm	2.736	22	
16~13.2mm	2.729	5	
9.5~13.2mm	2.725	11	
4.75~9.5mm	2.731	10	
2.36~4.75mm	2.729	10	
1.18~2.36mm	2.726	10	
0.075~1.18mm	2.732	12	
矿粉	2.758	4	
水泥	3.068	1	

2) 力学指标测定

测定物理指标后的试件,在 60℃ 温度下测定其马歇尔稳定度和流值。结果汇总见表 7-21。根据当地最高月平均气温 29℃,属于夏热区,并且设计的是高速公路重交通的沥青混凝土,集料公称最大粒径为 26.5mm,根据表 7-10 和表 7-11 确定各指标的标准值,并汇总于表 7-22 中。

3) 马歇尔试验结果分析

(1) 绘制油石比与物理-力学指标关系图。根据表 7-21 马歇尔试验结果汇总表,绘制油石比与毛体积密度、空隙率、沥青饱和度、矿料间隙率、稳定度、流值的关系,如图 7-9 所示。

(2) 确定油石比最佳用量初始值 OAC_1。

由图 7-9 可得出相应于密度的最大值的油石比 $a_1 = 5.0\%$,相应于稳定度最大值的油石比 $a_2 = 5.0\%$,相应于规定空隙率范围(3%~6%)中值的油石比 $a_3 = 4.65\%$,相应于沥青饱和度范围(55%~70%)中值的油石比 $a_4 = 4.0\%$,计算 OAC_1,即

$$OAC_1 = (a_1 + a_2 + a_3 + a_4)/4 = 4.65\%$$

(3) 确定油石比最佳用量初始值 OAC_2。

由图 7-9,各指标符合沥青混合料技术指标的油石比的共同范围得 $OAC_{min} = 3.8\%$,$OAC_{max} = 4.7\%$,计算得 OAC_2,即

$$OAC_2 = (OAC_{min} + OAC_{max})/2 = 4.25\%$$

(4) 通常情况下取 OAC_1 和 OAC_2 的平均值作为油石比的最佳值 OAC,即

$$OAC = (OAC_1 + OAC_2)/2 = 4.45\%$$

(5) 由上式计算得出的最佳油石比(或沥青用量)OAC,从图 7-9 中得出对应的空隙率和矿料间隙率,满足表 7-10 和表 7-11 关于最小矿料间隙率的要求。

(6) 调整确定最佳沥青用量(油石比)。

根据地区及公路等级、交通量大小,可以适当调整最佳用量,同时还要检验沥青混合料抗车辙能力和水稳定性等技术性质。

表 7-21 马歇尔试验物理-力学指标测定结果

试件编号	油石比(%)	试件厚度(mm) 1	2	3	4	平均	空气中质量(g)	水中质量(g)	饱和面干质量(g)	表观相对密度	实测毛体积相对密度	理论最大相对密度	空隙率(%)	矿料间隙率(%)	沥青饱和度(%)	稳定度(kN)	流值(mm)
1	3.5	63.5	63.8	63.3	63.7	63.6	1202.98	709.07	1209.97	2.436	2.402	2.573	6.7	15.3	56.4	8.1	2.2
2	3.5	63.5	63.4	63.1	63.0	63.3	1204.28	710.05	1211.62	2.437	2.401	2.573	6.7	15.3	56.3	7.8	2.1
3	3.5	63.3	63.2	63.2	63.4	63.3	1205.70	711.34	1212.2	2.439	2.407	2.573	6.4	15.1	57.2	8.7	2.1
4	3.5	63.5	63.9	63.9	63.7	63.8	1203.76	710.88	1209.11	2.442	2.416	2.573	6.1	14.8	58.7	8.2	2.3
5	3.5	63.9	63.2	63.0	63.3	63.4	1204.3	710.14	1210.90	2.437	2.405	2.573	6.5	15.1	56.9	9.8	2.4
										2.438	2.406	2.573	6.5	15.1	57.1	8.5	2.2
1	4.0	63.1	63.9	63.4	63.1	63.4	1210.79	717.04	1215.97	2.452	2.427	2.565	5.4	14.6	63.2	9.5	2.8
2	4.0	62.6	62.7	63	62.5	62.7	1220.09	721.54	1225.2	2.447	2.422	2.565	5.6	14.8	62.4	9.3	2.9
3	4.0	63.2	63.5	63.4	63.6	63.4	1219.3	718.94	1221.00	2.437	2.429	2.565	5.3	14.6	63.5	11.0	2.3
4	4.0	63.8	63.5	64	64.3	63.9	1222.7	723.75	1229.05	2.451	2.420	2.565	5.7	14.9	62.0	10.0	3.0
5	4.0	63.8	63.7	63.7	63.9	63.8	1217.39	719.67	1224.72	2.446	2.410	2.565	6.0	15.2	60.4	10.1	2.8
										2.448	2.422	2.565	5.6	14.8	62.3	9.9	2.8
1	4.5	62.3	63.7	63.4	62.8	63.1	1228.99	725.09	1230.45	2.439	2.432	2.557	4.9	14.6	66.6	10.5	3.2
2	4.5	62.5	63.1	63.2	63.4	63.2	1228.12	724.53	1230.03	2.439	2.430	2.557	5.0	14.7	66.1	11.6	3.4
3	4.5	63.1	63.4	63.2	63.2	63.2	1228.65	725.38	1231.13	2.441	2.429	2.557	5.0	14.7	66.1	10.5	3.1
4	4.5	63.3	63	62.8	63.3	63.1	1226.89	724.56	1229.12	2.442	2.432	2.557	4.9	14.6	66.5	11.4	3.1
5	4.5	64.1	64.2	64.1	64.3	64.2	1229.77	728.68	1234.25	2.454	2.432	2.557	4.9	14.6	66.7	11.5	3.2
										2.443	2.431	2.557	4.9	14.7	66.4	11.1	3.2
1	5.0	63.3	63.5	63.4	63.8	63.5	1227.91	728.29	1229.0	2.458	2.452	2.549	3.8	14.2	73.3	11.5	3.3
2	5.0	63.9	63.2	63.3	63.9	63.6	1229.45	728.99	1230.6	2.457	2.451	2.549	3.8	14.2	73.0	11.7	3.5
3	5.0	63.3	63.9	63.7	63.1	63.5	1228.07	729.09	1230.48	2.461	2.449	2.549	3.9	14.3	72.6	11.7	3.5

续上表

试件编号	油石比(%)	试件厚度(mm)					空气中质量(g)	水中质量(g)	饱和面干质量(g)	表观相对密度	实测毛体积相对密度	理论最大相对密度	空隙率(%)	矿料间隙率(%)	沥青饱和度(%)	稳定度(kN)	流值(mm)
		1	2	3	4	平均											
4	5.0	63.3	63	62.7	63.1	63.0	1225.96	726.72	1226.53	2.456	2.453	2.549	3.8	14.2	73.4	10.8	3.5
5	5.0	64.1	63.8	63.9	63.1	63.7	1229.34	729.94	1230.64	2.462	2.455	2.549	3.7	14.1	73.9	12.1	3.5
1	5.5	63.5	63.4	63.3	63.4		1227.9	725.05	1225.76	2.459	2.452	2.549	3.8	14.2	73.2	11.6	3.4
2	5.5	63.1	63.6	63.2	63.7	63.4	1223.52	726.89	1227.0	2.442	2.452	2.541	3.5	14.5	75.9	10.1	4.1
3	5.5	63.2	63.5	63.1	63	63.2	1228.88	725.30	1226.73	2.464	2.447	2.541	3.6	14.7	74.6	10.3	3.8
4	5.5	63.3	63.5	63.2	63.2	63.3	1229.46	729.81	1231.96	2.440	2.451	2.541	3.6	14.5	75.5	10.7	3.8
5	5.5	63.7	64.1	63.9	63.4	63.8	1230.96	726.83	1229.33	2.461	2.448	2.541	3.6	14.6	75.0	10.2	3.7
											2.450	2.541	3.6	14.6	75.3	10.3	3.9

马歇尔试验物理-力学指标测定结果汇总表　　　　表7-22

试件编号	油石比(%)	实测毛体积相对密度	空隙率(%)	矿料间隙率(%)	沥青饱和度(%)	稳定度(kN)	流值(mm)
1	3.5	2.406	6.5	15.1	57.1	8.5	2.2
2	4.0	2.422	5.6	14.8	62.3	9.9	2.8
3	4.5	2.431	4.9	14.7	66.4	11.1	3.2
4	5.0	2.452	3.8	14.2	73.2	11.6	3.4
5	5.5	2.450	3.6	14.6	75.3	10.3	3.9
技术标准(JTG F40—2004)		—	3~6	不小于11	55~70	不小于8	2~4

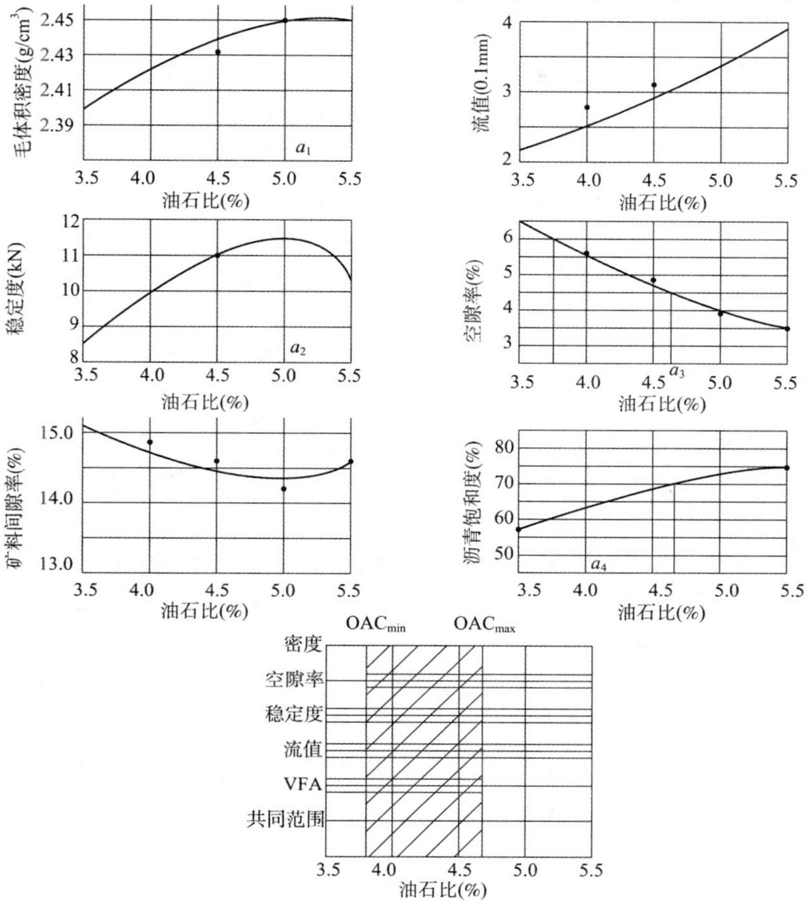

图 7-9 马歇尔试验结果关系图(例题)

图 7-9 中,$a_1 = 5.0\%$,$a_2 = 5.0\%$,$a_3 = 4.65\%$,$a_4 = 4.0\%$,$OAC_1 = 4.65\%$(由 4 个平均值确定);由图共同范围得出 $OAC_{min} = 3.8\%$,$OAC_{max} = 4.7\%$,得 $OAC_2 = 4.25\%$;由 OAC_1 和 OAC_2 得 $OAC = 4.45\%$。

第三节　其他沥青混合料

一、沥青玛琋脂碎石混合料(SMA)

沥青玛琋脂碎石混合料是由沥青结合料与少量纤维稳定剂、细集料以及多量的填料组成的沥青玛琋脂填充在间断级配粗集料骨架的间隙中,组成一体的沥青混合料,简称 SMA。它具有优良的路用性能,目前广泛用于高速公路,效果良好。

(一) 组成特点

SMA 是由沥青玛琋脂填充碎石骨架组成的混合料,具有以下特点:

(1) SMA 是一种间断级配的沥青混合料,5mm 以上粗集料,主要是 4.75～16mm 的比例高达 70%～80%,填料用量达 8%～13%,一般 0.075mm 的通过率高达 10%,粉胶比远远超出通常的 1.2 限制,由此形成的间断级配,很少使用细集料。最大粒径根据层厚通常为 9.5mm、13.2mm、16mm 或 19mm。

(2) 为加入较多的沥青,一方面增加矿料用量,同时使用纤维作为稳定剂。

(3) 沥青结合料用量多,黏结性要求高,希望选用针入度小、软化点高、温度稳定性好的沥青。最好采用聚合物改性沥青,以提高低温变形性能及与矿料的黏结力,防止沥青滴漏,减小感温性。

(4) SMA 的材料质量要求比普通沥青混凝土的高,粗集料必须特别坚硬,针片状颗粒少;细集料一般不用天然砂,最好采用坚硬人工砂;矿粉必须是磨细石灰石粉,最好不用回收粉尘。

(5) SMA 采用马歇尔试件的体积设计方法进行,马歇尔试件成型双面各击实 50 次,目标空隙率 2%～4%,稳定度和流值不是唯一可以接受或拒绝的指标,配合比设计还必须进行谢伦堡析漏试验及肯特堡飞散试验。

(6) SMA 施工与普通沥青混凝土相比,要适当延长拌和时间,提高施工温度,不宜用轮胎碾压密实等。

综合 SMA 的特点,可以归纳为"三多一少",即粗集料多、填料多、沥青多、细集料少,掺纤维增强剂,材料要求高,使用性能全面提高。

(二) 技术性质

沥青玛琋脂碎石混合料是当前国际上公认使用较多的一种抗变形能力强、耐久性较好的沥青面层混合料,同时由于沥青玛琋脂的黏结作用,低温变形性能和水稳定性也有较多的改善。同时混合料的空隙又很小,耐老化性能及耐久性都很好,从而全面提高了沥青混合料的路面性能。

(1) 抗车辙能力高:由于粗集料的良好嵌挤骨架,混合料有非常好的高温抗车辙能力。

(2) 优良的抗裂性能:由于采用优良性质的沥青结合料和较厚的沥青膜,混合料的抗裂性很好。

(3) 良好的耐久性:较厚的沥青膜能减少氧化、水分渗透、沥青剥落和集料破碎,从而使面层有较长的使用寿命。

(4) 较好的抗滑性能:矿质混合料形成间断级配,在矿料表面形成大孔隙,构造深度大,抗滑性能好。

(5) 摊铺和压实性能好:混合料中添加纤维稳定剂,使沥青结合料保持高黏度,其摊铺和压实效果较好。

(6) 能见度好:SMA 路面减少车灯反射、减少水雾,提高路面能见度。

(三)组成材料

1. 沥青

SMA 混合料采用的沥青较黏稠,以适应其高沥青含量的低流淌性。一般使用针入度等级 90 以下的道路石油沥青。在寒冷地区,采用此范围内较大针入度的沥青时,还应考虑其沥青改性。在其他地区,应使用较黏稠的沥青。SMA 的沥青用量比沥青混凝土的用量要高,这主要是由于混合料中的矿粉用量较高。

2. 矿料

用于 SMA 混合料的粗集料(4.75mm 以上的集料)应是高质量的轧制碎石,质地坚硬,具有棱角,表面粗糙,有良好嵌挤能力,以便更好地发挥其骨架间的摩擦作用及增强沥青与集料的黏结作用。严格限制软石含量,形状接近于立方体,针片状颗粒含量尽可能低。集料的力学性质(耐磨耗性、压碎性、磨光性等)要高于沥青混凝土的要求,而且还得尽量选择碱性集料,否则要采取有效的抗剥落措施。

细集料最好选择机制砂,应洁净、干燥、无风化、无杂质,并有一定的棱角。粗集料和细集料的技术要求还要符合表 7-1 和表 7-4 的规定。

填料必须采用石灰石等碱性岩石磨细的矿粉。矿粉的质量应满足普通热拌沥青混合料对矿粉的要求。

3. 稳定剂——纤维

稳定剂在 SMA 中的作用:一是稳定沥青,二是增加沥青混合料的抗拉强度和抗滑能力。沥青玛琋脂碎石混合料在没有纤维、沥青含量、矿粉用量大的情况下,沥青矿粉胶浆在运输摊铺过程中会产生流淌离析,或在成型后由于沥青膜厚而引起路面抗滑性差等现象。所以有必要加入纤维聚合物作为稳定剂。稳定剂包括纤维和聚合物两类,也可用橡胶粉。有机纤维目前主要采用松散的絮状木质素纤维,纤维的用量一般为集料质量的 0.3% ~0.6%。

(四)应用

目前,SMA 被广泛应用于高速公路、城市快速路、干线道路的抗滑表层、公路重交通路段、重载及超载多的路段、城市道路的公交汽车专用道、城市道路交叉口、公共汽车站、停车场、城镇地区需要降低噪声路段的铺装,特别是钢桥面铺装。

二、冷拌沥青混合料

冷拌沥青混合料也称常温沥青混合料,是指矿料与乳化沥青或液体沥青在常温状态下拌和、铺装的沥青混合料。

(一)冷拌沥青混合料的特点

(1)这种混合料存放在密闭的袋内,可储存几个月,甚至更长的时间,都能保持良好的疏松状态而不结成团块,即使结成团块,经拍打就能散开,可随时取料施工。

(2)混合料在路面坑洞中摊铺后,经过压实即能黏结成型而不松散,这就要求混合料具有良好的黏结性能和压实性。

正是由于冷拌沥青混合料具备这样的特性,因而所铺路面具有以下优点:

(1) 路面在行车作用下会逐渐压实,强度慢慢提高。如果在路面修补时,未能使用碾压设备,路面在使用过程中经行车碾压会逐渐密实。

(2) 由于在常温下施工,且使用简单工具即可进行坑洞修补,操作颇为方便。

(3) 冷拌沥青混合料预先在工厂生产并储存起来,随时可供使用,因而适合常年路面坑洞修补,或供路面开挖埋设管线后恢复路面使用。

(4) 经过碾压成型的冷拌沥青路面,具有与热拌沥青路面基本一样的使用性能,且冷拌沥青路面不易出现温度收缩裂缝。

(二) 组成材料

冷拌沥青混合料对矿料的要求与热拌沥青混合料大致相同。冷拌沥青混合料中的沥青可采用液体石油沥青、乳化沥青,也可采用改性乳化沥青,我国普遍采用乳化沥青。其用量应根据当地实践经验以及交通量、气候、石料情况、沥青标号、施工机械等条件确定,一般情况下较热拌沥青碎石混合料沥青用量可减少 15%~20%。

(三) 应用

冷拌沥青混合料适用于三级及三级以下公路的沥青面层、二级公路罩面层,以及各级公路沥青路面的基层、联结层或整平层。冷拌改性沥青混合料可用于沥青路面的坑槽冷补。冷拌沥青混合料宜采用密级配沥青混合料,当采用半开级配的冷拌沥青碎石混合料路面时应铺筑上封层。

三、再生沥青混合料

1. 概述

再生沥青混合料是指将废旧沥青混合料、再生剂、新集料、新沥青等材料按一定比例采用一定的技术重新拌和,形成具有一定路用性能的混合料,并用于铺筑路面面层或基层。再生沥青混合料有表面处治型再生混合料、再生沥青碎石及再生沥青混凝土三种形式;按集料最大粒径尺寸,可分成粗粒式、中粒式和细粒式三种;按施工温度可分成热拌再生沥青和冷拌再生沥青混合料两种。热拌再生沥青混合料由于在热态下拌和,旧油和新沥青处于熔融状态,经过机械搅拌,能够充分地混合,再生效果较好;而冷拌再生沥青混合料再生效果较差,成型期较长,通常限于低交通量的道路上使用。

2. 组成材料

再生沥青混合料由再生沥青和集料组成。再生沥青由旧沥青、添加剂以及新沥青材料组成,集料包括旧集料和新集料。沥青再生就是老化的逆过程。沥青老化就是沥青中化学组分含量比值失去平衡,胶体结构产生变化的现象,可以采用再生剂调节沥青(旧油)的化学组分,使其达到平衡。再生剂的作用在于:

(1) 调节旧油的黏度,使旧油过高的黏度降低,使过于脆硬的旧沥青混合料软化,以便于机械拌和,并同新的沥青、新的集料均匀混合。

(2) 使老化的旧油中凝聚的沥青质重新分解,调节沥青的胶体结构,从而达到改善沥青流变性质的目的。

3. 技术性能

(1) 再生沥青混合料必须具有足够的抗滑性和热稳定性。

(2) 再生沥青混合料具有良好的低温抗裂性,低温下较低的线收缩系数,较高的抗弯强度和较低的弯拉模量。

(3) 再生沥青路面有足够的防渗性。

(4) 再生沥青路面具有良好的耐久性。

(5) 尽可能地使用旧路面材料,最大限度节约沥青和砂石材料。

4. 再生沥青混合料配合比设计

(1) 确定旧路面材料掺配比例。

(2) 选择再生剂和新沥青材料并确定其用量。

(3) 选择砂石集料,确定新旧集料的配合比例。

(4) 检验再生沥青品质,并确定再生沥青混合料最佳油石比。

(5) 根据路用要求,检验再生沥青混合料的物理力学性质。

沥青混合料是由沥青和矿质混合料组成的复合材料,是现代高等级路面最主要的路面材料,由于其最能满足现代交通对路面的要求,因而广泛地应用于高速公路、城市快速路、主干路和其他公路。

沥青混合料按其矿料级配组成特点,可分为悬浮密实结构、骨架空隙结构和骨架密实结构,这三种不同结构具有不同的强度特征和稳定性。

沥青混合料强度主要参数有:黏聚力和内摩阻角。影响沥青混合料强度的内因主要有沥青材料、矿质材料及温度。

沥青混合料具备一定的高温稳定性、低温抗裂性、耐久性、抗滑性以及施工和易性,以适应车辆荷载及环境因素的作用。

沥青混合料组成材料的技术要求有:沥青材料应根据道路等级、交通特性、气候条件、施工方法等因素选择类型和标号。粗、细集料和填料的选择应满足相应的技术要求,组成的矿质混合料级配应符合规范的要求。

沥青混合料的配合比设计方法是马歇尔试验方法。其主要内容包括:矿料组成设计采取试算法或图解法或电算法解决各种材料用量;最佳沥青用量通过马歇尔试验得出的物理力学指标(包括密度、空隙率、沥青饱和度、矿料间隙率、稳定度和流值)初步确定,再进行水稳定性和抗车辙能力试验校核调整。

SMA 混合料是一种间断密级配的沥青混合料,具有较好的高温稳定性和低温抗裂性,在 SMA 中矿料形成骨架结构,玛蹄脂能密实地填充骨架空隙,路用性能很好。

冷拌沥青混合料由于能节约能源、保护环境、施工方便,是有发展前途的路面维修养护材料。

复习思考题

第七章 题库

第八章
CHAPTER EIGHT
建筑钢材

建筑用钢材是构成土木工程物质基础的四大类材料之一。17世纪70年代,人类开始应用生铁作建筑材料,到19世纪初发展到用熟铁建造桥梁、房屋等。19世纪中期,钢材的规格品种日益增多,强度不断提高,相应地连接等工艺技术也得到发展,为建筑结构向大跨重载方向发展奠定了基础,带来了土木工程的一次飞跃。19世纪50年代出现了钢筋混凝土,20世纪30年代,高强钢材的出现又推动了预应力混凝土的发展,开创了钢筋混凝土和预应力混凝土占统治地位的新的历史时期。与此同时,大力推广具有低碳、低合金、高强度、良好的韧性和可焊性以及耐腐蚀性等综合性能的低合金钢。低合金钢的产量在近30年来已大幅度增长,其中35%~50%用于房屋建筑和土木工程,主要为钢筋、钢结构用型材、板材。各种高效钢材,如热强化钢材、冷加工钢材、经济断面钢材以及镀层、涂层、复合、表面处理钢材等,已经在建筑业中使用,并取得明显的经济效益。

1. 了解建筑钢材的分类;
2. 熟练掌握建筑钢材技术性质及其测定方法;
3. 熟悉建筑中常用的建筑钢材的分类及其选用原则。

能按设计要求选用相应规格的钢材。

建筑钢材是指用于钢结构的各种型材(如圆钢、角钢、槽钢、工字钢等)、钢板、钢管和用于钢筋混凝土结构中的各种钢筋、钢丝等。钢材材质均匀密实,强度高,塑性和抗冲击韧性好,可焊可铆,便于装配。钢材广泛用于铁路、桥梁、建筑工程等各种结构工程中,是建筑工程极其重要的材料之一;但钢材也存在生产能耗大、成本高、易锈蚀、耐火性差等缺点。

第一节　钢的分类

钢与生铁的区分在于含碳量的大小。含碳量小于2.0%且含有害杂质较少的铁碳合金称为钢。含碳量大于2.0%的铁碳合金称为生铁。

钢材的品种繁多,通常按其化学成分、品质(杂质含量)、用途及冶炼时脱氧程度等进行分类。

1. 按化学成分分类

1)碳素钢:按照碳含量分类

(1)低碳钢:含碳量<0.25%;

(2)中碳钢:含碳量为0.25%~0.60%;

(3)高碳钢:含碳量>0.60%。

2)合金钢:按照掺入合金元素(一种或多种)的总量分类

(1)低合金钢:合金元素总含量<5.0%;

(2)中合金钢:合金元素总含量为5.0%~10%;

(3)高合金钢:合金元素总含量>10%。

建筑工程中,钢结构用钢和钢筋混凝土结构用钢,主要使用非合金钢中的低碳钢,及低合金钢加工成的产品。合金钢亦有少量应用。

2. 按品质(杂质含量)分类

(1)普通钢:含硫量≤0.050%;含磷量≤0.045%;

(2)优质钢:含硫量≤0.035%;含磷量≤0.035%;

(3)高级优质钢:含硫量≤0.025%;含磷量≤0.025%;

(4)特级优质钢:含硫量≤0.015%;含磷量≤0.025%。

3. 按用途分类

(1)结构钢:用于建筑结构、机械制造等,一般为低、中碳钢;

(2)工具钢:用于各种工具,一般为高碳钢;

(3)特殊钢:具有各种特殊物理化学性能的钢材,如弹簧钢、硅钢、航天专用钢等。

4. 按冶炼时脱氧程度分类

钢按冶炼时脱氧程度可分为沸腾钢、半镇静钢、镇静钢、特殊镇静钢。

由于桥梁结构需要承受车辆等荷载作用,同时需要经受各种大气因素的考验,对于桥梁用钢材要求具有高的强度、良好的塑性、韧性和可焊性。因此,桥梁建筑用钢材,钢筋混凝土用钢筋,就其分类来说,均属于结构钢;就其质量来说,均属于普通钢;按其含碳量的分类来说,均属于低碳钢。所以桥梁结构用钢和钢筋混凝土用钢属于碳素结构钢或低合金结构钢。

第二节　建筑钢材的技术性质

建筑钢材的技术性质主要包括力学性能（抗拉性能、塑性冲击韧性、耐疲劳性能和硬度）、工艺性能（冷弯性能和可焊接性能）和耐久性三方面。

一、力学性能

（一）抗拉性能

拉伸是建筑钢材的主要受力形式，抗拉性能是评价钢材力学性质和选用钢材的重要指标。一般可通过拉伸试验来测定，以屈服强度、抗拉强度和伸长率等指标来表示。从图8-1所示低碳钢受拉应力-应变关系中可看出，低碳钢从受拉到拉断，共经历了4个阶段：弹性阶段（$O \sim A$）、屈服阶段（$A \sim B$）、强化阶段（$B \sim C$）和颈缩阶段（$C \sim D$）。

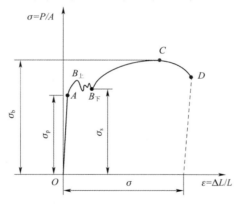

钢筋的拉伸试验

图8-1　低碳钢受拉应力-应变图

1. 弹性阶段（$O \sim A$ 段）

应力与应变成正比关系，应力增加，应变也增大。如果卸去外力，试件则恢复原状，这种能恢复原状的性质叫做弹性，这个阶段称为弹性阶段。弹性阶段最高点（A点）相对应的应力称为比例极限（或弹性极限），一般用 σ_p 表示。应力和应变的比值为常数，称为弹性模量，用 E 表示，即 $E = \sigma/\varepsilon$。弹性模量反映了钢材受力时抵抗弹性变形的能力，是钢材在受力条件下计算结构变形的重要指标。

2. 屈服阶段（$A \sim B$ 段）

当应力超过比例极限后，应力和应变不再成正比关系。这一阶段开始时的图形接近直线，后应力增加很小，而应变急剧地增长，就好像钢材对外力屈服一样，所以称为屈服阶段，即 $A \sim B$ 段。此时，钢材的性质由弹性转为塑性，如将拉力卸去，试件的变形不会全部恢复，不能恢复的变形称为塑性变形(即为残余变形)。这个阶段有两个应力极值点,即屈服上限($B_上$点对应的应力值)和屈服下限($B_下$点对应的应力值),由于$B_下$点对应的应力相对比较稳定,容易测定,因此将屈服下限$B_下$点称为屈服点,对应的应力值称为屈服强度,用σ_s表示。常用的碳素结构钢 Q235 的屈服极限σ_s不应低于 235MPa。

3. 强化阶段($B \sim C$ 段)

钢材经历屈服阶段后,由于内部组织变化,抵抗外力的能力又重新提高了,应力与应变的关系呈上升的曲线。此阶段称为强化阶段,对应于最高点 C 应力称为极限抗拉强度,用σ_b表示。极限抗拉强度是试件能承受的最大应力。Q235 钢σ_b为 370~500MPa。

屈服强度和极限抗拉强度是衡量钢材强度的两个重要指标。在结构设计时,要求构件在弹性变形范围内工作,即使少量的塑性变形也应力求避免,所以规定以钢材的屈服强度作为设计应力的依据。抗拉强度在结构设计中不能完全利用,但是屈服强度与抗拉强度的比(称为屈强比)却有一定的意义。屈强比愈小,反映钢材受力超过屈服点工作时的可靠性愈大,结构的安全性愈高。但是这个比值过小时,表示钢材的利用率偏低,不够合理。它最好在 0.60~0.75 之间。Q235 钢的屈强比为 0.47~0.63,普通低合金钢的屈强比在 0.65~0.75 之间。

4. 颈缩阶段($C \sim D$ 段)

当钢材强化达到最高点后,在试件薄弱处的截面将显著缩小,产生"颈缩现象",由于试件断面急剧缩小,塑性变形迅速增加,拉力也就随着下降,最后发生断裂。

(二) 塑性

塑性是钢材的一个重要性能指标。钢材的塑性通常用拉伸试验时的伸长率或断面收缩率来表示。

1. 伸长率

伸长率是指试件原始标距的伸长与原始标距之比。把试件断裂的两段拼起来,便可测得标距范围内的长度 L_1,L_1 减去标距长 L_0 就是塑性变形值,此值与原长 L_0 的比率称为伸长率 A,可按下式计算:

$$A = \frac{L_1 - L_0}{L_0} \times 100 \tag{8-1}$$

式中:A——试件断后伸长率,%;
L_0——试件的原始标距长度,mm;
L_1——试件拉断后标距长度,mm。

伸长率 A(%)是衡量钢材塑性的指标,它的数值愈大,表示钢材塑性愈大。塑性大,钢质软,结构塑性变形大,影响使用;塑性小,钢质硬脆,超载后易断裂破坏。塑性良好的钢材,偶尔超载,产生塑性变形,会使内部应力重新分布,不致由于应力集中而发生脆断。

用 A_5 和 A_{10} 分别表示 $L_0 = 5d_0$ 和 $L_0 = 10d_0$ 时的伸长率。对同一种钢材 $A_5 > A_{10}$。这是因为钢材中各段在拉伸的过程中伸长量是不均匀的,颈缩处的伸长率较大。

2. 断面收缩率

断面收缩率是指试件拉断后颈缩处横断面面积的最大缩减量与原始横断面面积之比的百

分率,可按下式计算:

$$Z = \frac{S_0 - S_1}{S_0} \tag{8-2}$$

式中:Z——断面收缩率,%;
S_0——试件原始截面面积,mm^2;
S_1——试件拉断后颈缩处的截面面积,mm^2。

伸长率和断面收缩率表示钢材断裂前经受塑性变形的能力。伸长率愈大或断面收缩率愈高,说明钢材塑性愈大。钢材塑性大,不仅便于进行各种加工,而且能保证钢材在建筑上的安全使用。

(三)冲击韧性

钢材的冲击韧性是指钢材抵抗冲击荷载而不破坏的能力。

钢材的冲击韧性试验是将标准弯曲试样置于冲击机的支架上,并使切槽位于受拉的一侧。试验时当试验机的重摆从一定高度自由落下时,试样中间V形缺口受冲击破坏后,试样吸收的能量等于重摆所做的功W,如图8-2所示。若试件在缺口处的最小横截面积为S,则冲击韧性为:

$$\alpha_k = \frac{W}{S} \tag{8-3}$$

式中:α_k——冲击韧性,J/cm^2。

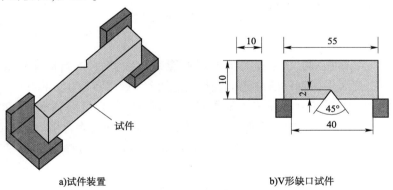

a)试件装置　　　　　　b)V形缺口试件

图8-2　冲击韧性试验(尺寸单位:cm)

α_k值愈大,表示钢材的冲击韧性愈大,钢材抵抗冲击荷载的能力愈强。钢材的冲击韧性对钢的化学成分、组织状态、冶炼和轧制质量,以及温度和时效等都较敏感。

(四)耐疲劳性

钢材受交变荷载反复作用,在应力低于其抗拉强度的情况下突然发生脆性断裂破坏的现象,称为疲劳破坏。钢材的疲劳破坏一般是由拉应力引起的,首先在局部开始形成细小断裂,随后由于微裂纹尖端的应力集中而使其逐渐扩大,直至突然发生瞬时疲劳断裂。疲劳破坏是在低应力状态下突然发生的,所以危害极大,往往造成灾难性的事故。

钢材的疲劳强度与很多因素有关,如组织结构、表面状态、合金成分、夹杂物和应力集中等。一般来说,钢材的抗拉强度高,其疲劳极限也较高。

(五) 硬度

钢材表面局部体积内,抵抗更硬物体压入产生塑性变形的能力,是衡量钢材软硬程度的一个指标。

我国现行标准测定钢材硬度的方法有:布氏硬度法、洛氏硬度法和维氏硬度法三种。

布氏硬度(HBW):用一直径为 D 的硬质合金球施加试验力压入试样表面,保持规定时间 10~15s 后卸除试验力,测量试样表面压痕的直径。布氏硬度法比较准确,但压痕较大,不宜用于成品检验。

洛氏硬度(HR):将特定尺寸、形状和材料的压头按规定分两级试验力压入试样表面,初试验力加载后,测量初始压痕深度。随后施加主试验力,在卸除主试验力后保持初试验力时测量最终压痕深度,洛氏硬度根据最终压痕深度和初始压痕深度的差值 h 及常数 N 和 S 计算得出。洛氏硬度法的压痕小,所以常用于判断工件的热处理效果。

维氏硬度(HV):将顶部两相对面夹角 136°正四棱锥体金刚石压头用试验力压入试样表面,保持规定时间 10~15s 后卸除试验力,测量试样表面压痕对角线长度。

二、工艺性能

良好工艺性能,可以保证钢材顺利通过各种加工,而使钢材制品的质量不受影响。冷弯、可焊接性能及冷加工均是建筑钢材的重要工艺性能。

(一) 冷弯性能

冷弯性能是指钢材在常温下承受弯曲变形的能力,以试验时的弯曲角度 α 和弯心直径 d 为指标表示。钢材的冷弯试验是通过直径(或厚度)为 a 的试件采用标准规定的弯心直径 d($d = na$,n 为整数),弯曲到规定的角度时(180°或 90°),检查弯曲处有无裂纹、断裂及起层等现象。若没有这些现象则认为冷弯性能合格。钢材冷弯时的弯曲角度愈大,弯心直径对试件厚度(或直径)的比值愈小,则表示对冷弯性能的要求愈高,如图 8-3、图 8-4 所示。

钢筋的弯曲试验

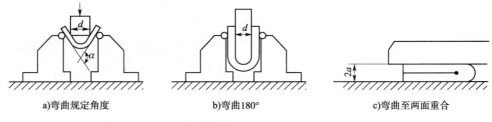

a) 弯曲规定角度　　　b) 弯曲180°　　　c) 弯曲至两面重合

图 8-3　钢材的冷弯示意图

(二) 可焊接性能

焊接是各种型钢、钢板、钢筋的重要连接方式,是指把两块金属局部加热,并使其接缝部分迅速呈熔融或半熔融状态,而牢固地连接起来。焊接的质量取决于焊接工艺、焊接材料及钢的可焊性能。

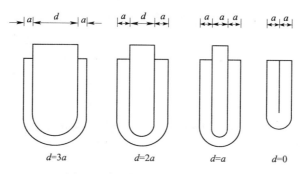

图 8-4 弯心直径与试件厚度的关系

钢材可焊性是指钢材是否适应通常的焊接方法与工艺的性能。可焊性好的钢材易用于一般的焊接方法和工艺施焊,在焊缝及其附近过热区不产生裂纹及硬脆倾向,焊接后钢材的力学性能,特别是强度不低于原有钢材。钢材可焊性好坏,主要取决于化学成分及其含量。随着钢材的含碳量、合金元素及杂质元素含量的增加,钢材的可焊性降低。低碳钢具有良好的可焊性。

(三) 冷加工

将钢材于常温下进行冷拉、冷拔或冷轧使其产生塑性变形,从而提高屈服强度和硬度,降低塑性、韧性,这个过程称为冷加工,即钢材的冷加工强化处理。

1. 冷拉

冷拉是指在常温条件下,以超过原来钢筋屈服强度的拉应力,强行拉伸钢筋,使钢筋产生塑性变形,然后缓慢卸去荷载,则当再度加载时,其屈服极限将有所提高,而其塑性变形能力有所降低的冷加工强化处理。钢筋经冷拉后,一般屈服强度可提高 20% ~ 30%,材质变硬,但屈服阶段变短,伸长率降低。钢筋的冷拉方法可采用控制应力和控制冷拉率两种方法。

2. 冷拔

将钢筋或钢管通过冷拔机上的孔模,拔成一定截面尺寸的钢丝或细钢管。孔模用硬质合金钢制成。孔模的出口直径比进口直径小,每次截面缩小为 10% 以下,可以多次冷拔。冷拔加工后的钢材表面光洁度高,提高强度的效果比冷拉好。直径愈细,强度愈高。冷拔低碳钢丝屈服强度可提高 40% ~ 60%。

3. 冷轧

冷轧是将圆钢在轧钢机上轧成断面形状规则的钢筋,可以提高其强度及与混凝土的黏结力。钢筋在冷轧时,纵向与横向同时产生变形,因而能较好地保持其塑性和内部结构的均匀性。

4. 冷加工时效

经冷加工处理后的钢筋,随着时间的延长,钢材的屈服强度、抗拉强度与硬度还会进一步提高,同时塑性和韧性继续降低的现象称为时效。时效是一个十分缓慢的过程,有些钢材即使没有经过冷加工,长期搁置后也会出现时效,但不如冷加工之后表现明显。钢材冷加工后,由于产生塑性变形,使时效大大加快。

钢材冷加工后的时效处理方法有以下两种:

在常温下存放 15～20d,称为自然时效,适用于低强度钢材。

加热至 100～200℃后保持一定时间(1～2h),称为人工时效,适用于强度较高、自然时效效果不明显的钢材。

三、耐久性

钢材的耐久性一定程度上影响或决定了钢结构构件、钢筋混凝土结构和预应力混凝土结构的使用质量和使用寿命。钢材的耐久性通常包括耐腐蚀性和耐热性。

(一)耐腐蚀性

钢材表面与周围介质发生作用而引起破坏的现象称作腐蚀(锈蚀)。钢材腐蚀的现象普遍存在,如在大气中生锈,特别是当环境中有各种侵蚀性介质或湿度较大时,情况就更为严重。腐蚀不仅使钢材有效截面积均匀减小,还会产生局部锈蚀,引起应力集中;腐蚀会显著降低钢材的强度、塑性、韧性等力学性能。

1. 腐蚀的类型

根据钢材与环境介质的作用原理,腐蚀可分为化学腐蚀和电化学腐蚀。

(1)化学腐蚀。化学腐蚀是指钢材与周围的介质(如氧气、二氧化碳、二氧化硫和水等)直接发生化学作用,生成疏松的氧化物而引起的腐蚀。在干燥环境中化学腐蚀的速度缓慢,但在温度高和湿度较大时腐蚀速度大大加快,干湿交替环境下腐蚀更为厉害,在干燥环境下腐蚀速度缓慢。

(2)电化学腐蚀。电化学腐蚀是由于钢材本身组成上的原因和杂质的存在,在表面介质的作用下,由于各成分电极电位的不同,形成微电池,结果铁元素失去电子成为 Fe^{2+} 离子进入介质溶液,与溶液中的 OH^- 离子结合生成 $Fe(OH)_2$,进一步反应生成结构疏松的铁氧化物。

钢材在大气中的腐蚀,实际上是化学腐蚀和电化学腐蚀共同作用所致,但以电化学腐蚀为主。

影响钢材腐蚀的主要因素有环境湿度、氧,介质中的酸、碱、盐,钢材的化学成分及表面状况等。

2. 腐蚀的危害

钢材锈蚀后,在其表面局部会出现坑槽。对于钢结构中的钢材,锈蚀使钢材的受力截面减小,应力集中,承载力和疲劳强度均降低,尤其是冲击韧性大幅度下降,容易产生脆断现象。混凝土中的钢筋锈蚀后,会产生较大的体积膨胀而出现顺筋开裂现象。

3. 防止钢材腐蚀的措施

(1)科学储存。堆放钢材的场地宜通风、干燥。成品钢材在使用前尽量保持密封状态,保护好钢材的防护包装;也可在钢材表面涂刷防锈剂以避免或减轻钢材的锈蚀。

(2)合理选用,严格检验。根据设计要求和工程环境特点选用钢材,必要情况下可选用耐候钢。耐候钢即耐大气腐蚀的钢,是在碳素钢和低合金钢中加入少量铜、铬、镍、钼等合金元素而制成的一种合金钢,其防腐的原理是在大气作用下,其表面能形成一种致密的防腐保护层,起到耐腐蚀作用。

(3)制作保护层。用耐腐蚀性好的金属以电镀或喷镀的方法覆盖在钢材表面,提高钢材的耐腐蚀能力,如镀锌、镀锡、镀铜和镀铬等;还可以在钢材表面用非金属材料作为保护膜,与环境介质隔离,以避免或减缓腐蚀,如喷涂涂料、搪瓷和塑料等。

(4)提高钢筋混凝土的质量。在混凝土设计中,一方面要选择耐腐蚀性强的水泥品种,增强混凝土的抗环境侵蚀能力,例如在二氧化碳浓度高的工业区,应采用硅酸盐水泥或普通硅酸盐水泥;另一方面,应严格控制最大水胶比,确保混凝土结构的密实性。此外,混凝土施工中要加强振捣,确保混凝土结构的密实度,减少外界有害杂质的侵入;要保证钢筋外侧混凝土保护层的厚度。提供对钢筋起保护作用的碱性环境,慎重选择和使用含氯盐的外加剂,并可使用钢筋阻锈剂,如亚硝钠等,以提高钢材的耐锈蚀能力。

(二)耐热性

建筑钢材属于耐燃不耐火材料。耐火试验与火灾案例表明,建筑物失火后,若火场的温度很高,则在很短的时间里,建筑物就会出现整体坍塌、毁坏等现象。这是由于在火场高温持续作用下,钢材的强度急剧降低、变形急剧增大。

1. 强度降低

普通低碳钢在200~300℃温度条件下,抗拉强度达到最大值;随着温度的不断升高,其弹性模量、屈服强度和极限强度均显著下降,应变急剧增大;达到600℃时,钢材基本上失去承载能力,而建筑物火灾的火场温度为800~1000℃,因此,处于火灾高温下的裸露钢结构在10~15min时自身就会失去支撑能力。

一般建筑钢材的临界使用温度为540℃左右,在火灾高温下,当无保护层时,裸露的钢梁的耐火极限只有0.15h。

2. 变形速率加大

建筑钢材在一定温度和应力作用时,随时间的推移会发生缓慢的塑性变形,即蠕变。普通低碳钢在300~350℃时,蠕变速率增大;合金钢则在400~450℃时,蠕变速率增大。由于钢材的热导率很大,受热后升温速度很快,在较短的时间内产生较大的变形。

钢材的防火处理方法以包裹法为主,即采用绝热或隔热材料,形成对热流较强的阻抗作用,降低钢结构的升温速率。如用防火涂料、不燃性板材或混凝土和砂浆等将钢材构件包裹起来,起到提高钢材耐热侵蚀能力的作用。

第三节 建筑常用钢材的性质及应用

一、常用钢种

建筑结构使用的钢材主要由碳素结构钢、优质碳素结构钢、低合金高强度结构钢和合金结构钢等加工而成。

1. 碳素结构钢

《碳素结构钢》(GB/T 700—2006)规定,牌号由代表屈服点的字母、屈服点数值、质量等级符号、脱氧方法等4部分按顺序组成。其中以"Q"代表屈服点;屈服点数值共分195MPa、215MPa、235MPa和275MPa 4种;质量等级根据硫、磷等杂质含量由多到少,分别以A、B、C、D符号表示;脱氧方法以F表示沸腾钢、b表示半镇静钢、Z和TZ表示镇静钢和特殊镇静钢,Z和TZ在钢的牌号中予以省略。随着牌号的增大,对钢材屈服强度和抗拉强度的要求增大,对伸长率的要求降低。

例如:Q235A.F表示屈服点为235MPa的A级沸腾钢。

随着牌号的增大,其含碳量增加,强度提高,塑性和韧性降低,冷弯性能逐渐变差。同一牌号内质量等级愈高,钢材的质量愈好,如Q235C、Q235D级优于Q235A、Q235B级。

碳素结构钢的牌号、等级和化学成分应符合表8-1规定。

碳素结构钢的牌号、等级和化学成分 表8-1

牌号	等级	厚度(或直径)(mm)	化学成分(%) C	Si	Mn	P	S	脱氧方法
Q195	—	—	0.12	0.30	0.50	0.035	0.040	F、Z
Q215	A	—	0.15	0.35	1.20	0.045	0.050	F、Z
Q215	B	—	0.15	0.35	1.20	0.045	0.045	F、Z
Q235	A	—	0.22	0.35	1.40	0.045	0.050	F、Z
Q235	B	—	0.20①	0.35	1.40	0.045	0.045	F、Z
Q235	C	—	0.17	0.35	1.40	0.040	0.040	Z
Q235	D	—	0.17	0.35	1.40	0.035	0.035	TZ
Q275	A	—	0.24	0.35	1.50	0.045	0.050	F、Z
Q275	B	≤40	0.21	0.35	1.50	0.045	0.045	Z
Q275	B	>40	0.22	0.35	1.50	0.045	0.045	Z
Q275	C	—	0.20	0.35	1.50	0.040	0.040	Z
Q275	D	—	0.20	0.35	1.50	0.035	0.035	TZ

注:①经需方同意,Q235B的碳含量可不大于0.22%。

碳素结构钢的力学性能见表8-2。弯芯直径见表8-3。

钢结构中,主要应用的是碳素钢Q235。还有其他几种碳素结构钢常用于工程中。

Q195——强度不高,塑性、韧性、加工性能与可焊接性能较好,主要用于轧制薄板和盘条等。

Q215——与Q195钢基本相同,其强度稍高,大量用作管坯、螺栓等。

Q235——强度适中,有良好的承载性,又具有较好的塑性和韧性,可焊性和可加工性也较好,是钢结构常用的牌号,大量制作成钢筋、型钢和钢板用于建造房屋和桥梁等。Q235良好的塑性可保证钢结构在超载、冲击、焊接、温度应力等不利因素作用下的安全性,因而Q235能满足一般钢结构用钢的要求。Q235-A一般用于只承受静荷载作用的钢结构,Q235-B适用于承受动荷载焊接的普通钢结构,Q235-C适用于承受动荷载焊接的重要钢结构,Q235-D适用于低温环境使用的承受动荷载焊接的重要钢结构。

碳素结构钢的力学性能

表 8-2

牌号	等级	屈服点 (N/mm²) 钢材厚度(直径)(mm) ≥					抗拉强度 (N/mm²)	伸长率(%) 钢材厚度(直径)(mm) ≥					冲击试验	
		≤16	16~40	40~60	60~100	100~150	150~200		≤40	40~60	60~100	100~150	>150	温度(℃)	V形冲击功(纵向)(J) ≥
Q195	—	195	185	—	—	—	—	315~430	33	—	—	—	—	—	—
Q215	A	215	205	195	185	175	165	335~450	31	30	29	27	26	—	—
	B													+20	27
Q235	A	235	225	215	215	195	185	370~500	26	25	24	22	21	—	—
	B													+20	27
	C													—	
	D													-20	
Q275	A	275	265	255	245	225	215	410~540	22	21	20	18	17	—	—
	B													+20	27
	C													—	
	D													-20	

碳素结构钢的弯芯直径 表 8-3

牌号	试样方向	冷弯试验 $B=2a^①$, 180°	
		钢材厚度(或直径)^②(mm)	
		≤60	>60~100
		弯心直径 d	
Q195	纵	0	—
	横	0.5a	
Q215	纵	0.5a	1.5a
	横	a	2a
Q235	纵	a	2a
	横	1.5a	2.5a
Q275	纵	1.5a	2.5a
	横	2a	3a

注:①B 为试样宽度,a 为钢材厚度(直径)。
②钢材厚度(或直径)大于 100mm 时,弯曲试验由双方协商确定。

Q275——强度、硬度较高,耐磨性较好,但塑性、冲击韧性和可焊性差,不宜在建筑结构中使用,主要用于制造轴类、农具、耐磨零件和垫板等。

2. 优质碳素结构钢

根据《优质碳素结构钢》(GB/T 699—2015)规定,优质碳素结构钢根据锰含量的不同可分为:普通锰含量(锰含量<0.8%)钢和较高锰含量(锰含量 0.7%~1.2%)钢两组。优质碳素结构钢成本较高,仅用于重要结构的钢铸件及高强度螺栓等。

优质碳素结构钢的钢材一般以热轧状态供应,硫、磷等杂质含量比普通碳素钢低,其他缺陷限制也较严格,所以性能好,质量稳定。

优质碳素结构钢的牌号用两位数字表示,它表示钢中平均含碳量的万分数。如 45 号钢,表示钢中平均含碳量为 0.45%。数字后若有"锰"字或"Mn",则表示属较高锰含量的钢,否则为普通锰含量钢。如 35Mn 表示平均含碳量 0.35%,含锰量为 0.7%~1.0%。若是沸腾钢或半镇静钢,还应在牌号后面加"沸"(或 F)或"半"(或 b)。

优质碳素结构钢的性能主要取决于含碳量。含碳量高,则强度高,但塑性和韧性降低。在建筑工程中,30~45 号钢主要用于重要结构的钢铸件和高强度螺栓等,45 号钢用作预应力混凝土锚具,65~80 号钢用于生产预应力混凝土用钢丝和钢绞线。

优质碳素结构钢主要化学成分及力学性能见表 8-4。

3. 低合金高强度结构钢

低合金高强度结构钢是一种在碳素钢的基础上添加总量小于 5%合金元素的钢材,具有强度高、塑性和低温冲击韧性好、耐锈蚀等特点。低合金高强度结构钢的牌号表示方法为:屈服强度-质量等级,它以屈服强度划分成 4 个等级:Q355、Q390、Q420、Q460,质量也分为 5 个等级:F、E、D、C、B。合金元素的强化作用,使低合金高强度结构钢不但具有较高的强度,且具有较好的塑性、韧性和可焊性。低合金高强度结构钢广泛应用于钢结构和钢筋混凝土结构中,特别是大型结构、重型结构、大跨度结构、高层建筑、桥梁工程、承受动力荷载和冲击荷载的结构。

优质碳素结构钢主要化学成分及力学性能　　　　表8-4

序号	牌号	试样毛坯尺寸(mm)	主要化学成分(质量分数)(%)			力学性能 ≥				
			C	Si	Mn	抗拉强度(MPa)	下屈服强度(MPa)	断后伸长率(%)	断面收缩率(%)	冲击吸收能量(J)
1	08	25	0.05~0.11	0.17~0.37	0.35~0.65	325	195	33	60	—
2	10	25	0.07~0.13	0.17~0.37	0.35~0.65	335	205	31	55	—
3	15	25	0.12~0.18	0.17~0.37	0.35~0.65	375	225	27	55	—
4	20	25	0.17~0.23	0.17~0.37	0.35~0.65	410	245	25	55	—
5	25	25	0.22~0.29	0.17~0.37	0.50~0.80	450	275	23	50	71
6	30	25	0.27~0.34	0.17~0.37	0.50~0.80	490	295	21	50	63
7	35	25	0.32~0.39	0.17~0.37	0.50~0.80	530	315	20	45	55
8	40	25	0.37~0.44	0.17~0.37	0.50~0.80	570	335	19	45	47
9	45	25	0.42~0.50	0.17~0.37	0.50~0.80	600	355	16	40	39
10	50	25	0.47~0.55	0.17~0.37	0.50~0.80	630	375	14	40	31
11	55	25	0.52~0.60	0.17~0.37	0.50~0.80	645	380	13	35	—
12	60	25	0.57~0.65	0.17~0.37	0.50~0.80	675	400	12	35	—
13	65	25	0.62~0.70	0.17~0.37	0.50~0.80	695	410	10	30	—
14	70	25	0.67~0.75	0.17~0.37	0.50~0.80	715	420	9	30	—
15	75	试样	0.72~0.80	0.17~0.37	0.50~0.80	1080	880	7	30	—
16	80	试样	0.77~0.85	0.17~0.37	0.50~0.80	1080	930	6	30	—
17	85	试样	0.82~0.90	0.17~0.37	0.50~0.80	1130	980	6	30	—
18	15Mn	25	0.12~0.18	0.17~0.37	0.70~1.00	410	245	26	55	—
19	20Mn	25	0.17~0.23	0.17~0.37	0.70~1.00	450	275	24	50	—
20	25Mn	25	0.22~0.29	0.17~0.37	0.70~1.00	490	295	22	50	71
21	30Mn	25	0.27~0.34	0.17~0.37	0.70~1.00	540	315	20	45	63
22	35Mn	25	0.32~0.39	0.17~0.37	0.70~1.00	560	335	18	45	55
23	40Mn	25	0.37~0.44	0.17~0.37	0.70~1.00	590	355	17	45	47
24	45Mn	25	0.42~0.50	0.17~0.37	0.70~1.00	620	375	15	40	39
25	50Mn	25	0.48~0.56	0.17~0.37	0.70~1.00	645	390	13	40	31
26	60Mn	25	0.57~0.65	0.17~0.37	0.70~1.00	690	410	11	35	—
27	65Mn	25	0.62~0.70	0.17~0.37	0.90~1.20	735	430	9	30	—
28	70Mn	25	0.67~0.75	0.17~0.37	0.90~1.20	785	450	8	30	—

4. 合金结构钢

合金结构钢共有 86 个牌号,按冶金质量分为优质钢、高级优质钢和特级优质钢。

合金结构钢主要用于轧制各种型钢、钢板、钢管、铆钉、螺栓、螺帽及钢筋,特别是用于各种重型结构、大跨度结构、高层结构等。

二、钢结构用钢

钢结构用钢主要是热轧成形的钢板和型钢等;薄壁轻型钢结构中主要采用薄壁型钢、圆钢和小角钢;钢材所用的母材主要是普通碳素结构钢及低合金高强度结构钢。

1. 热轧型钢

常用的型钢有:工字钢、H 型钢、T 型钢、槽钢、等边角钢、不等边角钢等。型钢由于截面形式合理,材料在截面上分布对受力最为有利,且构件间连接方便,所以是钢结构中采用的主要钢材。型钢的规格通常以反映其断面形状的主要轮廓尺寸来表示。

1)工字钢

工字钢是截面为工字形、腿部内侧有 1:6 斜度的长条钢材,也称为钢梁,其规格用腰高度来表示,如工 30#,表示腰高为 300mm 的工字钢。工字钢广泛应用于各种建筑结构和桥梁,主要用于承受横向弯曲(腹板平面内受弯)的杆件,但不宜单独用作轴心受压构件或双向弯曲的构件。

2)热轧 H 型钢和剖分 T 型钢

H 型钢由工字钢发展而来,优化了截面的分布。与工字钢相比,H 型钢具有翼缘宽、侧向刚度大、抗弯能力强、翼缘两表面相互平行、连接构件方便、省劳力、重量轻、节省钢材等优点。H 型钢分为宽翼缘 H 型钢(HK)、窄翼缘 H 型钢(HZ)以及 H 型钢桩(HU)。H 型钢截面形状经济合理,力学性能好,常用于要求承载力大、截面稳定性好的大型建筑(如高层建筑)。T 型钢由 H 型钢对半剖分而成。

3)热轧普通槽钢

槽钢是截面为凹槽形、腿部内侧有 1:10 斜度的长条钢材。规格以"腰高度×腿宽度×腰厚度"(mm)或"腰高度#"(cm)表示。同一腰高的槽钢,若有几种不同的腿宽和腰厚,则在其后标注 a、b、c 表示该腰高度下的相应规格。槽钢的规格范围为 5# ~ 40#。槽钢可用作承受轴向力的杆件、承受横向弯曲的梁以及联系杆件,主要用于建筑钢结构、车辆制造等。

4)角钢

角钢俗称角铁,是两边互相垂直呈角形的长条钢材。有等边角钢和不等边角钢之分。等边角钢的两个边宽相等,其规格以边宽×边宽×边厚的毫米数表示。不等边角钢的两个边宽不等,其规格以长边宽×短边宽×边厚的毫米数表示。角钢可按结构的不同需要组成各种不同受力构件,也可作构件之间的连接件,广泛用于各种建筑结构和工程结构中。

2. 冷弯薄壁型钢

冷弯薄壁型钢是一种经济的截面轻型薄壁钢材,通常由厚度为 2 ~ 6mm 的薄钢板冷弯或模压而成,从截面形状分,有开口、半闭口和闭口的,主要品种有:冷弯等边角钢、冷弯不等边角钢、冷弯等边槽钢、冷弯不等边槽钢、冷弯内卷边槽钢、冷弯外卷边槽钢、冷弯 Z 型钢、冷弯卷边 Z 型钢。

冷弯型钢由于壁薄、刚度好,能高效地发挥材料的作用,单位质量的截面系数高于热轧型钢。在同样负荷下,可减轻构件质量、节约材料。冷弯型钢用于建筑结构可比热轧型钢节约金属、方便施工、降低综合费用。

3. 钢管和钢板材

1) 钢管

钢结构中常用热轧无缝钢管和焊接钢管。钢管在相同截面积下,刚度较大,因而是中心受压杆的理想截面;流线型的表面使其承受风压小,用于高耸结构十分有利。在建筑结构上钢管多用于制作桁架、塔桅等构件,也可用于制作钢管混凝土。钢管混凝土是指在钢管内浇筑混凝土而形成的构件,可使构件承载力大大提高,且具有良好的塑性和韧性,经济效果显著,施工简单、工期短。钢管混凝土可用于厂房柱、构架柱、地铁站台柱、塔柱和高层建筑等。

2) 钢板材

钢板材包括钢板、花纹钢板和彩色涂层钢板等。

钢板是矩形平板状的钢材,可直接轧制成或由宽钢带剪切而成,按轧制方式分为热轧钢板和冷轧钢板。钢板规格表示方法为宽度×厚度×长度(mm)。钢板分厚板(厚度>4mm)和薄板(厚度≤4mm)两种。厚板主要用于结构,薄板主要用于屋面板、楼板和墙板等。在钢结构中,单块钢板不能独立工作,必须用几块板组合成工字形、箱形等结构来承受荷载。

花纹钢板是在钢板表面轧有防滑凸纹,主要用于平台、过道及楼梯等的铺设。

彩色涂层钢板是在基板表面漆有聚酯、硅改性聚酯、高耐久性聚酯等,主要用于建筑内、外墙面或顶面的面层。

三、混凝土结构用钢

混凝土具有较高的抗压强度,但抗拉强度很低。用钢筋增强混凝土,可大大扩展混凝土的应用范围,而混凝土又对钢筋起保护作用。混凝土和钢有良好的黏结性,以及相似的线膨胀系数,两者可以很好地共同工作,承担作用及荷载。混凝土结构用钢主要有热轧钢筋、冷拉热轧钢筋、冷拔热轧钢筋、冷拔低碳钢丝、冷轧带肋钢筋、冷轧扭钢筋、热处理钢筋、预应力混凝土用钢丝及钢绞线、混凝土用钢纤维。这里主要介绍热轧钢筋、冷轧带肋钢筋、预应力混凝土用钢丝及钢绞线、混凝土用钢纤维。

1. 热轧钢筋

热轧钢筋主要用于钢筋混凝土和预应力混凝土结构的配筋,是土木建筑工程中使用量最大的钢材品种之一。是经热轧成型并自然冷却的成品钢筋,由低碳钢和普通合金钢在高温状态下压制而成。热轧钢筋具有一定的强度,即屈服点及抗拉强度,它是结构设计的主要依据。同时为了满足结构变形,以及加工成型等要求,热轧钢筋还应具有良好的塑性、韧性、可焊性和与混凝土间的黏结性能。

热轧钢筋分为热轧光圆钢筋和热轧带肋钢筋。热轧光圆钢筋,牌号由HPB与下屈服强度构成,有300一个级别;热轧带肋钢筋,俗称螺纹钢,分为普通热轧钢筋和细晶体热轧钢筋两类,按照下屈服强度分为335、400、500三个级别。普通热轧钢筋,牌号由HCR与下屈服强度构成。细晶体热轧钢筋,牌号由HCRF和下屈服强度构成。根据《钢筋混凝土用钢 第1部分:热轧光圆钢筋》(GB/T 1499.1—2017)和《钢筋混凝土用钢 第2部分:热轧带肋钢筋》

（GB/T 1499.2—2018）规定，各个等级钢筋应符合表8-5规定。

热轧钢筋的力学性能和工艺性能　　　　　　　　　　　　　表8-5

国标编号	表面形状	牌号	下屈服强度(MPa)	抗拉强度(MPa)	断后伸长率(%)	最大力总延伸率(%)	冷弯 弯曲角度(°)	冷弯 公称直径(mm)	冷弯 弯芯直径/弯曲压头直径(mm)
			≥						
GB/T 1499.1—2017	光圆	HPB300	300	420	25	10		6~22 偶数	d
GB/T 1499.2—2018	带肋	HRB400 HRBF400	400	540	16	7.5	180	6~25 28~40 >40~50	$4d$ $5d$ $6d$
		HRB400E HRBF400E			—	9.0			
		HRB500 HRBF500	500	630	15	7.5		6~25 28~40 >40~50	$6d$ $7d$ $8d$
		HRB500E HRBF500E			—	9.0			
		HRB600	600	730	14	7.5		6~25 28~40 >40~50	$6d$ $7d$ $8d$

2. 冷轧带肋钢筋

冷轧带肋钢筋使用低碳热轧圆盘条经冷轧或冷拔减径后，在其表面冷轧成三面有肋的钢筋。它克服肋冷拉、冷拔钢筋握裹力低的缺点，同时具有和冷拉、冷拔相近的强度，因此在中、小型预应力混凝土结构构件和普通混凝土结构构件中得到了愈来愈广泛的应用。其牌号由CRB和抗拉强度最小值构成，冷轧带肋钢筋的力学性能和工艺性能应符合《冷轧带肋钢筋》（GB/T 13788—2017）规定，具体见表8-6。

3. 预应力混凝土用钢丝及钢绞线

根据《预应力混凝土用钢丝》（GB/T 5223—2014）规定，预应力混凝土用钢丝是用优质碳素结构钢经冷拔或再经回火等工艺处理制成，该种钢丝按加工状态分为冷拉钢丝和消除应力钢丝两类，其代号为冷拉钢丝-WCD、低松弛级钢丝-WLR。钢丝按外形可分为光圆、螺旋肋、刻痕三种，其代号为光圆钢丝-P、螺旋肋钢丝-H、刻痕钢丝-I。经低温回火消除应力后钢丝的塑性比冷拉钢丝要高。刻痕钢丝是经压痕轧制而成，刻痕后与混凝土握裹力大，可减少混凝土裂缝。根据《预应力混凝土用钢丝》（GB/T 5223—2014）规定，上述钢丝应符合表8-7、表8-8规定。

根据《预应力混凝土用钢绞线》（GB/T 5224—2014）规定，预应力混凝土用钢绞线是由冷拉光圆钢丝及刻痕钢丝捻制而成。根据结构分为8类：用两根钢丝捻制，代号1×2；用三根钢丝捻制，代号1×3；用三根刻痕钢丝捻制，代号1×3I；用七根钢丝捻制的标准型，代号1×7；用六根刻痕钢丝和一根光圆中心钢丝捻制，代号1×7I；用七根钢丝捻制又经模拔，代号(1×7)C；用十九根钢丝捻制的1+9+9西鲁式，代号1×19S；用十九根钢丝捻制的1+6+6/6瓦林吞式,代号 $1\times19W$。

冷轧带肋钢筋的力学性能和工艺性能　　　　　表 8-6

分类	牌号	规定塑性延伸强度 $R_{p0.2}$(MPa) ≥	抗拉强度 R_m(MPa) ≥	$R_m/R_{p0.2}$ ≥	断后伸长率(%) ≥		弯曲试验① 180°	反复弯曲次数	应力松弛率(初始应力相当于公称抗拉强度70%时) 1000h(%) ≤
					A	A_{100mm}			
普通钢筋混凝土用	CRB550	500	550	1.05	11.0	—	$D=3d$	—	—
	CRB600H	540	600		14.0	—	$D=3d$	—	—
	CRB680H②	600	680		14.0	—	$D=3d$	4	5
预应力混凝土用	CRB650	585	650		—	4.0	—	3	8
	CRB800	720	800		—	4.0	—	3	8
	CRB800H	720	800		—	7.0	—	4	5

注:① D 为弯心直径,d 为钢筋公称直径。
　② 当该牌号钢筋作为普通钢筋混凝土用钢筋使用时,对反复弯曲和应力松弛不做要求;当该牌号钢筋作为预应力混凝土用钢筋使用时应进行反复弯曲试验代替180°弯曲试验,并检测松弛率。

压力管道用冷拉钢丝的力学性能　　　　　表 8-7

公称直径 (mm)	公称抗拉强度 (MPa)	最大力的特征值 (kN)	最大力的最大值 (kN)	0.2%屈服力 (kN) ≥	每210mm扭矩的扭转次数 N ≥	断面收缩率 (%) ≥	氢脆敏感性能负载为70%最大力时,断裂时间 ≥	应力松弛性能初始力为最大力70%时,1000h应力松弛率(%) ≤
4.00	1470	18.48	20.99	13.86	10	35	75	7.5
5.00		28.86	32.79	21.65	10	35		
6.00		41.56	47.21	31.17	8	30		
7.00		56.57	64.27	42.42	8	30		
8.00		73.88	83.93	55.41	7	30		
4.00	1570	19.73	22.24	14.80	10	35		
5.00		30.82	34.75	23.11	10	35		
6.00		44.38	50.03	33.29	8	30		
7.00		60.41	68.11	45.31	8	30		
8.00		78.91	88.96	59.18	7	30		
4.00	1670	20.99	23.50	15.74	10	35		
5.00		32.78	36.71	24.59	10	35		
6.00		47.21	52.86	35.41	8	30		
7.00		64.26	71.96	48.20	8	30		
8.00		83.93	93.99	62.95	6	30		

续上表

公称直径（mm）	公称抗拉强度（MPa）	最大力的特征值（kN）	最大力的最大值（kN）	0.2%屈服力（kN）≥	每210mm扭矩的扭转次数 N ≥	断面收缩率（%）≥	氢脆敏感性能负载为70%最大力时，断裂时间 ≥	应力松弛性能初始力为最大力70%时，1000h应力松弛率（%）≤
4.00	1770	22.25	24.76	16.69	10	35	75	7.5
5.00		34.75	38.68	26.06	10	35		
6.00		50.04	55.69	37.53	8	30		
7.00		68.11	75.81	51.08	6	30		

消除应力光圆及螺旋肋钢丝的力学性能 表8-8

公称直径（mm）	公称抗拉强度（MPa）	最大力的特征值（kN）	最大力的最大值（kN）	0.2%屈服力（kN）≥	最大力总伸长率（L_0 = 200mm）（%）≥	反复弯曲性能 弯曲次数（次/180°）≥	反复弯曲性能 弯曲半径（mm）	应力松弛性能 初始力相当于实际最大力的百分数（%）	应力松弛性能 1000h应力松弛率（%）≤
4.00	1470	18.48	20.99	16.22	3.5	3	10	70 80	2.5 4.5
4.80		26.61	30.23	23.35		4	15		
5.00		28.86	32.78	25.32		4	15		
6.00		41.56	47.21	36.47		4	15		
6.25		45.10	51.24	39.58		4	20		
7.00		56.57	64.26	49.64		4	20		
7.50		64.94	73.78	56.99		4	20		
8.00		73.88	83.93	64.84		4	20		
9.00		93.52	106.25	82.07		4	25		
9.50		104.19	118.37	91.44		4	25		
10.0		115.45	131.16	101.32		4	25		
11.0		139.69	158.70	122.59		—	—		
12.0		166.26	188.88	145.90		—	—		
4.00	1570	19.73	22.24	17.37		3	10		
4.80		28.41	32.03	25.00		4	15		
5.00		30.82	34.75	27.12		4	15		
6.00		44.38	50.03	39.06		4	15		
6.25		48.17	54.31	42.39		4	20		
7.00		60.41	68.11	53.16		4	20		
7.50		69.36	78.20	61.04		4	20		
8.00		78.91	88.96	69.44		4	20		

续上表

公称直径（mm）	公称抗拉强度（MPa）	最大力的特征值（kN）	最大力的最大值（kN）	0.2%屈服力（kN）≥	最大力总伸长率(L_0=200mm)（%）≥	反复弯曲性能 弯曲次数（次/180°）≥	反复弯曲性能 弯曲半径（mm）	应力松弛性能 初始力相当于实际最大力的百分数（%）	应力松弛性能 1000h应力松弛率（%）≤
9.00	1570	99.88	112.60	87.89		4	25		
9.50		111.28	125.46	97.93		4	25		
10.0		123.31	139.02	108.51		4	25		
11.0		149.20	168.21	131.30		—	—		
12.0		177.57	200.19	156.26		—	—		
4.00	1670	20.99	23.50	18.47	3.5	3	10	70 80	2.5 4.5
5.00		32.78	36.71	28.85		4	15		
6.00		47.21	52.86	41.54		4	15		
6.25		51.24	57.38	45.09		4	20		
7.00		64.26	71.96	56.55		4	20		
7.50		73.78	82.62	64.93		4	20		
8.00		83.93	93.98	73.86		4	20		
9.00		106.25	118.97	93.50		4	25		
4.00	1770	22.25	24.76	19.58		3	10		
5.00		34.75	38.68	30.58		4	15		
6.00		50.04	55.69	44.03		4	15		
7.00		68.11	75.81	59.94		4	20		
7.50		78.20	87.04	68.81		4	20		
4.00	1860	23.38	25.89	20.57		3	10		
5.00		36.51	40.44	32.13		4	15		
6.00		52.58	58.23	46.27		4	15		
7.00		71.57	79.27	62.98		4	20		

钢绞线与混凝土的黏结力较好。表8-9列出了1×7结构钢绞线所要求的性能，其他规格可查阅国标。

4. 混凝土用钢纤维

钢纤维是钢材料经一定工艺制成的、能随机分布于混凝土中短而细的纤维。在混凝土中掺入钢纤维，能大大提高混凝土的抗冲击强度和韧性，显著改善其抗裂、抗剪、抗弯、抗拉、抗疲劳等性能。

钢纤维按原材料分类，类别和代号为碳素结构钢（代号CA）、合金结构钢（代号AL）、不锈钢（代号ST）、其他钢（代号OT）；按生产工艺分类，类别为Ⅰ类-钢丝冷拉型、Ⅱ类-钢板剪切型、Ⅲ类-钢锭铣削型、Ⅳ类-钢丝削刮型、Ⅴ类-熔抽型；按成型方式分类，类别为黏结成排型

(代号G)、单根散状型(代号L)。《混凝土用钢纤维》(GB/T 39147—2020)规定,钢纤维公称抗拉强度和等级见表8-10。

1×7结构钢绞线力学性能　　　　　表8-9

钢绞线结构	钢绞线公称直径(mm)	公称抗拉强度(MPa)	整根钢绞线的最大力(kN) ≥	整根钢绞线最大力的最大值(kN) ≤	0.2%屈服力(kN) ≥	最大力总伸长率(L_0≥500mm)(%) ≥	应力松弛性能 初始负荷相当于实际最大力的百分数(%)	1000h应力松弛率(%) ≤
1×7	15.20(15.24)	1470	206	234	181	对所有规格 3.5	对所有规格 70 80	对所有规格 2.5 4.5
		1570	220	248	194			
		1670	234	262	206			
	9.50(9.53)	1720	94.3	105	83.0			
	11.10(11.11)		128	142	113			
	12.70		170	190	150			
	15.20(15.24)		241	269	212			
	17.80(17.78)		327	365	288			
	18.90	1820	400	444	352			
	15.70	1770	266	296	234			
	21.60		504	561	444			
	9.50(9.53)	1860	102	113	89.8			
	11.10(11.11)		138	153	121			
	12.70		184	203	162			
	15.20(15.24)		260	288	229			
	15.7		279	309	246			
	17.80(17.78)		355	391	311			
	18.90		409	453	360			
	21.60		530	587	466			
	9.50(9.53)	1960	107	118	94.2			
	11.10(11.11)		145	160	128			
	12.70		193	213	170			
	15.20(15.24)		274	302	241			
1×7I	12.70	1860	184	203	162			
	15.20(15.24)		260	288	229			
1×7C	12.70	1860	208	231	183			
	15.20(15.24)	1820	300	333	264			
	18.0	1720	384	428	338			

钢纤维公称抗拉强度和等级　　　　　　　表 8-10

等级	400 级	700 级	1000 级	1300 级	1700 级
公称抗拉强度（MPa）	400～<700	700～<1000	1000～<1300	1300～<1700	≥1700

　　钢材是建筑工程中最重要的金属材料。钢材具有强度高、塑性及韧性好、可焊可铆、易于加工、便于装配等优点，被广泛应用于各种领域。

　　建筑钢材的技术性能主要包括力学性能、工艺性能和耐久性。力学性能有抗拉性能、塑性、冲击韧性、耐疲劳性能和硬度等；工艺性能有冷弯性能、可焊接性能及冷加工等。低碳钢的拉伸破坏过程分为弹性、屈服、强化和颈缩 4 个阶段，屈服强度和极限抗拉强度是衡量钢材强度的两个重要指标；伸长率和断面收缩率是衡量钢材塑性的指标。钢材的耐久性包括耐腐蚀性和耐热性，钢材最大缺点是易生锈，钢材的锈蚀有化学锈蚀和电化学锈蚀。防止锈蚀的方法有保护层法和制成合金法。钢材的防火处理方法以包裹法为主。

　　建筑钢材可分为结构用型钢和钢筋混凝土用钢筋、钢丝。钢筋混凝土用钢材包括热轧钢筋、预应力混凝土用热处理钢筋、冷轧带肋钢筋、预应力混凝土用钢丝和钢绞线等。这些钢筋强度高，塑性也好。在工程实际中应合理选用钢材规格和品种。

（复习思考题）

第八章　题库

PART 2 | 第二篇
试验篇

第九章 砂石材料试验
CHAPTER NINE

试验一 岩石颗粒密度试验

1. 目的、要求和适用范围

岩石的颗粒密度是评价岩体稳定性、确定围岩压力等必需的参数。本试验采用比重瓶法，适用于各类岩石。

2. 仪器设备

(1) 手锤、粉碎机、瓷研钵、玛瑙研钵。

(2) 磁铁。

(3) 筛：孔径 0.25mm。

(4) 比重瓶及漏斗(图 9-1)：短颈比重瓶，容积 100mL。

(5) 天平(图 9-2)：分度值 0.001g。

(6) 煮沸设备(如砂浴电炉，图 9-3)或真空抽气设备。

(7) 恒温水槽(图 9-4)：灵敏度 ±1℃。

图 9-1　比重瓶及漏斗

图 9-2　电子天平

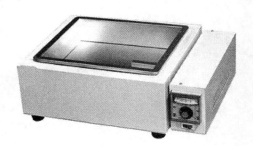

图 9-3　砂浴电炉

(8)烘箱(图 9-5):能使温度控制在 105～110℃。
(9)干燥器(图 9-6):内装氯化钙或硅胶等干燥剂。

图 9-4　恒温水槽　　　　　　图 9-5　烘箱　　　　　　图 9-6　干燥器

(10)温度计:量程 0～50℃,分度值 0.5℃。
(11)瓷皿、滴管等。

3. 试验准备

将代表性岩石试样用手锤敲成约 5mm 角砾,再放入粉碎机内粉碎成岩粉,并使岩粉全部通过 0.25mm 筛孔,用磁铁吸岩粉中铁屑。

对含有磁性矿物的岩石,应采用瓷研钵或玛瑙研钵粉碎岩样,并使岩粉全部通过 0.25mm 筛孔。

将制备好的岩粉放在瓷皿中,置于 105～110℃ 的烘箱中烘至恒量,烘干时间应不少于 6h,然后再置于干燥器中冷却至室温备用。

4. 试验步骤

(1)用四分法取岩粉两份,每份岩粉质量约 15g(m_1)。

(2)将称量后的岩粉 m_1 装入烘干的比重瓶内,并注入排除气体的试液(蒸馏水或煤油)至比重瓶容积的一半处,摇动比重瓶,使岩粉分散。对含有可溶盐、亲水性黏土矿物、有机质的岩石,应使用煤油作试液,其他岩石可使用蒸馏水作试液。

(3)用蒸馏水作试液时,可采用沸煮法或真空抽气法排除气体;用煤油作试液时,必须用真空抽气法排除气体。采用沸煮法排除气体时,沸煮后加热时间应不少于 1h;采用真空抽气法排除气体时,真空压力表读数宜为当地大气压力,抽气应抽至无气泡逸出为止,但抽气时间不得小于 1h。

(4)将经过排除气体的试液注入比重瓶中近满,然后置于恒温水槽内。使瓶内温度稳定,上部悬液澄清。

(5)塞好瓶塞,使多余试液自瓶塞毛细孔中溢出,擦干瓶外壁,称比重瓶、试液和岩粉总质量(m_3),并测定瓶内悬液的温度,准确至 0.5℃。

(6)洗净比重瓶,注入经排除气体并与试验同温度的试液至比重瓶内,按本试验第(3)(4)(5)条规定称比重瓶和试液的总质量(m_2)。

(7)称量准确至 0.001g。

5. 结果整理

(1)按下式计算岩石颗粒密度值(精确 0.01g/cm³):

$$\rho_s = \frac{m_1}{m_1 + m_2 - m_3} \cdot \rho_{wt} \tag{9-1}$$

式中：ρ_s——岩石颗粒密度，g/cm^3；

m_1——烘干岩粉质量，g；

m_2——比重瓶与试液的总质量，g；

m_3——密度瓶、试液与岩粉的总质量，g；

ρ_{wt}——与试验同温度试液的密度，g/cm^3，蒸馏水的密度由表9-1查得，煤油的密度由试验测定。

蒸馏水在不同温度下的密度 表9-1

温度(℃)	0.0	0.1	0.2	0.3	0.4	0.5	0.6	0.7	0.8	0.9	差数
5	0.9999919	0.9999902	0.9999883	0.9999842	0.9999842	0.9999819	0.9999795	0.9999769	0.9999741	0.9999712	1
6	0.9999681	0.9999649	0.9999616	0.9999581	0.9999544	0.9999506	0.9999467	0.9999426	0.9999384	0.9999340	1
7	0.9999295	0.9999248	0.9999200	0.9999150	0.9999099	0.9999046	0.9998992	0.9998936	0.9998879	0.9998821	2
8	0.9998762	0.9998701	0.9998638	0.9998574	0.9998509	0.9998442	0.9998374	0.9998305	0.9998234	0.9998162	3
9	0.9998088	0.9998013	0.9997936	0.9997859	0.9997780	0.9997699	0.9997617	0.9997534	0.9997450	0.9997364	5
10	0.9997277	0.9997189	0.9997099	0.9997008	0.9996915	0.9996820	0.9996724	0.9996627	0.9996529	0.9996428	6
11	0.9996328	0.9996225	0.9996121	0.9996017	0.9995911	0.9995803	0.9995694	0.9995585	0.9995473	0.9995361	2
12	0.9995247	0.9995132	0.9995016	0.9994898	0.9994780	0.9994660	0.9994538	0.9994415	0.9994291	0.9994166	0
13	0.9994040	0.9993913	0.9993784	0.9993655	0.9993524	0.9993391	0.9993258	0.9993123	0.9992987	0.9992850	1
14	0.9992712	0.9992572	0.9992432	0.9992290	0.9992147	0.9992003	0.9991858	0.9991711	0.9991564	0.9991415	1
15	0.9991265	0.9991113	0.9990961	0.9990608	0.9990653	0.9990497	0.9990340	0.9990182	0.9990023	0.9989862	2
16	0.9989701	0.9989538	0.9989374	0.9989209	0.9989043	0.9988876	0.9988707	0.9988538	0.9988367	0.9988175	6
17	0.9988022	0.9987849	0.9987673	0.9987497	0.9987319	0.9987141	0.9986961	0.9986781	0.9986599	0.9986416	9
18	0.9986232	0.9986046	0.9985861	0.9985673	0.9985485	0.9985295	0.9985105	0.9984913	0.9984720	0.9984326	14
19	0.9984331	0.9984136	0.9983938	0.9983740	0.9983541	0.9983341	0.9983140	0.9982937	0.9982733	0.9982529	18
20	0.9982323	0.9982117	0.9981909	0.9981701	0.9981490	0.9981280	0.9981068	0.9981695	0.9980641	0.9980426	22
21	0.9980210	0.9979993	0.9979775	0.9979556	0.9979335	0.9979114	0.9978892	0.9978869	0.9978444	0.9973219	25
22	0.9977993	0.9977765	0.9977537	0.9977308	0.9977077	0.9976846	0.9976613	0.9976380	0.9976145	0.9975918	27
23	0.9975674	0.9975437	0.9975198	0.9974959	0.9974718	0.9974477	0.9974435	0.9973991	0.9973717	0.9973502	29
24	0.9973256	0.9973009	0.9972760	0.9972511	0.9972261	0.9972010	0.9971758	0.9971505	0.9971250	0.9970995	30
25	0.9970739	0.9970432	0.9970225	0.9969966	0.9969706	0.9969445	0.9969184	0.9968921	0.9963657	0.9968393	31
26	0.9968128	0.9967861	0.9967594	0.9967326	0.9967057	0.9966726	0.9966515	0.9966243	0.9965970	0.9965696	30
27	0.9965241	0.9965146	0.9964869	0.9964591	0.9964313	0.9964033	0.9963753	0.9963472	0.9963190	0.9962907	29
28	0.9962623	0.9962338	0.9962052	0.9961766	0.9961478	0.9961190	0.9961901	0.9960610	0.9960319	0.9960027	28
29	0.9959735	0.9959440	0.9959146	0.9958850	0.9958554	0.9950257	0.9957958	0.9957659	0.9957359	0.9957059	25

续上表

温度(℃)	0.0	0.1	0.2	0.3	0.4	0.5	0.6	0.7	0.8	0.9	差数
30	0.9956756	0.9956454	0.9956151	0.9955846	0.9955541	0.9955235	0.9954928	0.9954620	0.9954312	0.9954002	23
31	0.9953692	0.9953380	0.9953068	0.9952755	0.9952442	0.9952127	0.9951812	0.9951495	0.9951178	0.9950861	20
32	0.9950542	0.9950222	0.9949901	0.9949580	0.9959258	0.9948935	0.9948612	0.9948286	0.9947961	0.9947635	19
33	0.9947308	0.9946980	0.9946651	0.9946321	0.9945991	0.9945660	0.9945328	0.9944995	0.9944661	0.9944327	17
34	0.9943991	0.9943655	0.9943319	0.9942981	0.9942643	0.9942303	0.9941963	0.9941622	0.9941280	0.9940938	16
35	0.9940594	0.9940251	0.9949906	0.9949560	0.9949214	0.9948867	0.9948518	0.9948170	0.9947820	0.9947470	16

(2)精度要求与允许误差:以两次试验结果的算术平均值作为测定值,如两次试验结果之差大于 0.02g/cm³ 时,应重新取样进行试验。

6. 注意事项

(1)通过漏斗装入岩粉时,勿使岩粉损失,每次加入少量岩粉,避免漏斗颈堵塞。

(2)装入岩粉后,应当充分排除比重瓶中的气泡。

(3)本试验的关键是恒温水槽的温度和天平的精度。

> 复习思考题
>
> (1)岩石颗粒密度试验的目的是什么?试验的主要仪具有哪些?
>
> (2)简述岩石颗粒密度的试验步骤。试验时应注意哪些事项?
>
> (3)岩石颗粒密度试验过程中,比重瓶中的空气未排尽,对试验结果有何影响?

复习思考题答案

试验二 岩石块体密度试验

1. 目的和适用范围

岩石块体密度根据岩石含水状态可分为烘干块体密度、饱和块体密度和天然块体密度。

岩石块体密度试验方法可分为量积法、水中称量法和蜡封法。量积法适用于能制备成规则试件的各类岩石;水中称量法适用于除遇水崩解、溶解和干缩湿胀外的其他各类致密型岩石;蜡封法适用于不能用量积法或直接在水中称量进行试验的岩石。

2. 仪器设备

(1)切石机、钻石机、磨石机、砂轮机等试件加工设备。

(2)天平:分度值不低于 0.01g。

(3)烘箱(图 9-5):能使温度控制在 105~110℃。

(4)游标卡尺(图 9-7):分度值不低于 0.02mm。

(5)水中称量装置(图 9-8)。

(6)石蜡及融蜡设备。

图 9-7 游标卡尺　　　　图 9-8 水中称量装置

3. 试件制备

(1)量积法试件制备应符合下列规定：
①试件尺寸应大于岩石最大矿物颗粒直径的 10 倍，最小尺寸不宜小于 50mm。
②试件可采用圆柱体、方柱体或立方体。
(2)水中称量法试件制备应符合下列规定：
①试件可采用规则或不规则形状。
②试件尺寸应大于组成岩石最大颗粒粒径的 10 倍。
③每个试件质量不宜小于 150g。
(3)蜡封法试件制备应符合下列规定：
①将岩样制成边长或直径 40~60mm 的浑圆状或近似立方体。
②测定天然密度的试件，应在岩样拆封后，在设法保持天然湿度的条件下，迅速制件、称量和密封。
(4)测干密度时，每组试验试件数量为 3 个；用蜡封法测天然密度或饱和密度时，每组试验试件数量为 5 个。

4. 试验步骤

(1)量积法试验步骤。
①量测试件的直径或边长：用游标卡尺量测试件两端和中间三个断面上互相垂直的两个方向的直径或边长，按平均值计算截面积。
②量测试件的高度：用游标卡尺量测试件两端面周边对称的四点和中心点的五个高度，计算高度平均值。
③测定干密度时，应将加工好的试件放入烘箱内，控制在 105~110℃ 温度下烘 24h，取出放入干燥器内冷却至室温，称试件烘干后的质量 m_d；测定饱和密度时，应将加工好的试件预先强制饱和，再取出并沾去表面水分称量试件强制饱和后的质量 m_{sa}。
④试件强制饱和可采用煮沸法或真空抽气法。当采用煮沸法时，容器内的水面应始终高于试件，煮沸时间应不少于 6h，经煮沸的试件，应放置在原容器中冷却至室温备用；当采用真空抽气法时，容器内的水面应始终高于试件，真空压力表读数宜为当地气压值，抽气至无气泡逸出为止，但抽气时间不应少于 4h，经真空抽气的试件，应放置在原容器中，在大气压力下静置至少 4h 备用。

⑤本试验称量精确至 0.01g;长度量测精确至 0.02mm。

(2)水中称量法试验步骤。

①水中称量法测定岩石块体干密度、天然密度、饱和密度的前期试验步骤应符合量积法第③条的规定;试件饱和方法应符合第④条的规定。

②经煮沸法或真空抽气法饱和的试件置于水中称量装置上,在试验用水中称量 m_w。

③本试验称量精确至 0.01g。

(3)蜡封法试验步骤。

①蜡封法测定岩石块体干密度、天然密度的前期试验步骤应符合量积法第③条的规定。

②将试件系上细线,置于温度为 60℃左右的熔蜡中 1~2s,使试件表面均匀涂上一层蜡膜,其厚度约 1mm,当试件上蜡膜有气泡时,应用热针刺穿并用蜡液涂平。待冷却后称蜡封试件质量 m_1。

③将蜡封试件置于试验用水中称量 m_2。

④取出试件,应擦干表面水分后再次称量。当浸水后的蜡封试件质量增加时,应重做试验。

⑤天然密度试件在剥除密封蜡膜后,测定岩石含水率。

⑥本试验称量精确至 0.01g。

5. 结果整理

(1)量积法岩石块体密度按下列公式计算:

$$\rho_0 = \frac{m_0}{AH} \tag{9-2}$$

$$\rho_{sa} = \frac{m_{sa}}{AH} \tag{9-3}$$

$$\rho_d = \frac{m_d}{AH} \tag{9-4}$$

式中:ρ_0——天然密度,g/cm³;

ρ_{sa}——饱和密度,g/cm³;

ρ_d——干密度,g/cm³;

m_0——试件烘干前的质量,g;

m_{sa}——试件强制饱和后的质量,g;

m_d——试件烘干后的质量,g;

A——试件截面面积,cm²;

H——试件高度,cm。

(2)水中称量法岩石块体密度按下列公式计算:

$$\rho_0 = \frac{m_0}{m_{sa} - m_w} \cdot \rho_w \tag{9-5}$$

$$\rho_s = \frac{m_{sa}}{m_{sa} - m_w} \cdot \rho_w \tag{9-6}$$

$$\rho_d = \frac{m_d}{m_{sa} - m_w} \cdot \rho_w \tag{9-7}$$

式中：m_w——试件强制饱和后在试验用水中的质量，g；
ρ_w——试验用水的密度，g/cm³，可取 1g/cm³。

（3）蜡封法岩石块体密度按下列公式计算：

$$\rho_0 = \frac{m_0}{\dfrac{m_1 - m_2}{\rho_w} - \dfrac{m_1 - m_0}{\rho_N}} \qquad (9\text{-}8)$$

$$\rho_d = \frac{m_d}{\dfrac{m_1 - m_2}{\rho_w} - \dfrac{m_1 - m_d}{\rho_N}} \qquad (9\text{-}9)$$

式中：m_1——蜡封试件质量，g；
m_2——蜡封试件在试验用水中的质量，g；
ρ_N——石蜡的密度，g/cm³。

（4）岩石块体密度、饱和密度换算成岩石块体干密度时，应按列公式计算：

$$\rho_d = \frac{\rho_0}{1 + 0.01 w_0} \qquad (9\text{-}10)$$

$$\rho_d = \frac{\rho_{sa}}{1 + 0.01 w_{sa}} \qquad (9\text{-}11)$$

式中：w_0——岩石天然含水率，%；
w_{sa}——岩石饱和含水率，%。
计算结果精确至 0.01g/cm³。

6. 注意事项

（1）要对试件进行编号，避免试验中出现数据混淆。
（2）称量试件水中质量时，应使试件处于水的中间部位。
（3）擦拭浸水试件表面的水分时，不得使用干纱布。

> **复习思考题**
> （1）岩石块体密度试验的目的是什么？试验的主要仪具有哪些？水中称量法适用于哪些岩石块体密度的测定？
> （2）简述用水中称量法测定岩石块体密度的试验步骤及注意事项。

复习思考题答案

试验三　石料单轴抗压强度试验

1. 目的和适用范围

单轴抗压强度试验是测定规则形状岩石在无侧限条件下，受轴向压力作用破坏时单位面积上所承受的载荷，主要用于岩石的强度分级和岩性描述。

本试验适用于能制成规则试件的各类岩石。

2. 仪器设备

（1）压力试验机或万能试验机（图9-9）。

（2）钻石机、切石机、磨石机等岩石试件加工设备（图9-10）。

图9-9　压力机　　　　　图9-10　切割机

（3）烘箱、干燥箱、游标卡尺、直角尺及水池等。

3. 试样准备

（1）试件可用岩心或岩块加工制成。在采取、运输岩样或制备试件时应避免产生人为裂隙。对于各向异性的岩石，应按要求的方向制备试件；对于干缩湿胀和遇水崩解的岩石，应采用干法制备试件。

（2）试件尺寸：

①岩石试验采用圆柱体作为标准试件，直径为50mm±2mm，高度与直径之比为2.0。

②砌体工程用的石料试验，采用立方体试件，边长取70mm±2mm。

③混凝土集料试验，采用圆柱体或立方体试件，边长或直径取50mm±2mm。

（3）试件的含水状态可根据需要选择烘干状态、天然状态、饱和状态、冻融循环后状态、干湿循环后状态。

（4）单独测定单轴抗压强度时，不同状态每组试件为6个；当测定软化系数时，烘干状态和饱和状态下的试件个数分别为3个。

4. 试验步骤

（1）用游标卡尺量取试件尺寸，对立方体试件在顶面和底面上各量取其边长，以各个面上相互平行的两个边长的算术平均值计算其承压面积；对于圆柱体试件在底面分别测量两个相互正交的直径，并以其各自的算术平均值分别计算底面和顶面的面积，取其顶面和底面面积的算术平均值作为计算抗压强度所用的截面积A。测量精确至0.1mm。

（2）按岩石强度性质，选定合适的试验机，将试件置于试验机的承压板中央，对正上、下承压板，不得偏心。承压板边长不大于2倍试件边长，垫板面积等于或略小于承压板，厚度为2~3cm。

（3）开动材料试验机，使试件端面与上、下承压板接触均匀密合，然后在试件周围挂上铁丝网或有机玻璃防护罩。

(4)以 0.5~1.0MPa/s 的速率进行加荷,直到破坏,记录破坏荷载 P 及加载过程中出现的现象。对于软质岩应适当降低加载速率。

(5)试验结束后,应描述试件的破坏形态。

5. 结果整理

(1)标准试件的岩石单轴抗压强度 R 和软化系数分别按下式计算。

$$R = \frac{P}{A} \tag{9-12}$$

式中:R——岩石的单轴抗压强度,MPa;

P——试件破坏时的极限荷载,N;

A——试件的截面积,mm^2。

$$K_p = \frac{R_c}{R_d} \tag{9-13}$$

式中:K_p——软化系数;

R_c——岩石饱和状态下的单轴抗压强度平均值,MPa;

R_d——岩石烘干状态下的单轴抗压强度平均值,MPa。

(2)精度要求与允许误差:单轴抗压强度试验结果取算术平均值,并取三位有效数字。有显著层理的岩石,应分别报告垂直与平行层理方向的试验结果及各向异性指标。

软化系数计算值精确至 0.01,每个状态的 3 个试件应平行测定,取算术平均值;3 个值中最大值与最小值之差不应超过平均值的 30%,否则,应另取第 4 个试件,并在 4 个试件中取最接近的 3 个值的平均值作为试验结果,同时在报告中将 4 个值全部给出。

6. 注意事项

(1)试验过程中,按要求制备岩石试件。

(2)用游标卡尺量取试件尺寸时,对立方体试件在顶面和底面上,以各个面上相互平行的两个边长进行测量;对于圆柱体试件在底面分别测量两个相互正交的直径。

(3)试验时注意加载速率 0.5~1.0MPa/s。

> 复习思考题
> (1)岩石单轴抗压强度试验的目的是什么?试验的主要仪具有哪些?
> (2)简述强度的试验步骤及注意事项。
> (3)软化系数计算时如何取值?

复习思考题答案

试验四 粗集料的筛分试验

1. 目的与适用范围

测定粗集料(包括碎石、砾石、矿渣等)的颗粒组成。水泥混凝土用粗集料可采用干筛法筛分；沥青混合料、粒料材料、无机稳定类材料等用粗集料应采用水洗法筛分。对于轻集料应采用干筛法筛分。

2. 仪器设备

（1）试验筛（图9-11）：根据需要选用规定的标准筛。尺寸（mm）：75、63、53、37.5、31.5、26.5、19、16、13.2、9.5、4.75、2.36、1.18、0.6、0.3、0.15、0.075 的方孔筛。

（2）摇筛机。

（3）天平：感量不大于称量质量的0.1%。

（4）其他：烘箱、盛水容器、温度计、金属盘、铲子、毛刷、搅棒等。

3. 试验准备

（1）将样品缩分至表9-2要求的试样两份，105℃±5℃烘箱中烘干至恒重，并冷却至室温。

图9-11　集料标准筛及摇筛机

粗集料筛分试验的试样质量表　　　表9-2

公称最大粒径(mm)	75	63	53	37.5	31.5	26.5	19	16	9.5	4.75
一份试样质量(kg) ≥	25	17.0	11.0	6.5	5.0	4.0	2.0	1.5	1.0	0.5

4. 试验步骤

1）干筛法

（1）取一份试样，称其总质量（m_0）。

（2）将试样移入按筛孔大小从上到下组合的套筛（附筛底）上，盖上筛盖后采用摇筛机或人工筛分约10min。

（3）试样经套筛筛分一定时间后，取下各号筛，加筛底和筛盖后再逐个进行人工补筛。人工筛分时，需使集料在筛面上同时有水平方向及上下方向的不停顿的运动，使小于筛孔的集料通过筛孔。将通过的颗粒并入下一号筛，并和下一号筛中的试样一起过筛，顺序进行，直至各号筛全部筛完为止。

（4）人工补筛时应筛至每分钟各号筛的分计筛余量变化小于试样总质量的0.1%；

将单个筛（含筛底和筛盖），一只手拿着筛子（含筛底和筛盖），使筛面稍微倾斜；将筛子一侧斜向上猛力敲击另一只手的掌根，每分钟约150次；同时每25次旋转一次筛面，每次旋转约60°。

（5）各号筛的分计筛余量不得超过以下确定的剩留量，否则应将该号筛上的筛余试样分成两小份或数小份，分别进行筛分，并以其筛余量之和作为该号筛的分计筛余量。

①对于筛孔小于4.75mm的试验筛，剩留量（kg）为7kg/m²×筛框面积（m²）；

②对于筛孔为4.75mm或以上试验筛，剩留量（kg）为2.5kg/(mm·m²)×筛孔直径（mm）×筛框面积（m²）；

③对于轻集料，剩留量为筛上满铺一层时试样的质量。

（6）当筛余颗粒粒径大于19mm时，筛分过程中允许用手指拨动颗粒，但不得逐颗塞过筛孔。当筛上的颗粒粒径大于37.5mm时，可采用人工转动颗粒逐个确定其可通过的最小筛孔，但不得逐颗塞过筛孔。

(7)称取每号筛的分计筛余量(m_i)和筛底质量($m_{底}$)。

2)水洗法

(1)取一份干燥试样,称其总质量(m_0)。将试样移入盛水容器中摊平,加入水至高出试样150mm。根据需要可将浸没试样静置一定时间,便于细粉从大颗粒表面分离。普通集料浸没水中不使用分散剂。特殊情况下,如沥青混合料抽提得到的集料混合料等可采用分散剂,但应在报告中说明。

(2)根据集料粒径选择4.75mm、0.075mm,或2.36mm、0.075mm组成一组套筛,其底部为0.075mm试验筛。试验前筛子的两面应先用水润湿。

(3)用搅棒充分搅动试样,使细粉完全脱离颗粒表面、悬浮在水中,但应注意试样不得破碎或溅出容器。搅动后立即将浑浊液缓缓倒入套筛上,滤去小于0.075mm的颗粒。倾倒时避免将粗颗粒一起倒出而损坏筛面。

(4)采用水冲洗等方法,将两只筛上颗粒并入容器中。再次加水于容器中,重复(3)中的步骤,直至浸没的水目测清澈为止。

(5)将两只筛上及容器中的试样全部回收到一个金属盘中。当容器和筛上沾附有集料颗粒时,在容器中加水、搅动使细粉悬浮在水中,并快速全部倒入套筛上;再将筛子倒扣在金属盘上,用少量的水并辅以毛刷将颗粒刷落入金属盘中。待细粉沉淀后,泌去金属盘中的水,注意不要散失颗粒。

(6)将金属盘连同试样一起置于105℃±5℃烘箱中烘干至恒重,称取水洗后的干燥试样总质量($m_{洗}$)。

(7)将回收的干燥集料按干筛法步骤进行筛分,称取每号筛的分计筛余量(m_i)和筛底质量($m_{底}$)。

5. 结果整理

1)干筛法筛分结果的计算

(1)试样的筛分损耗率按下式计算,准确至0.01%。

$$P_s = \frac{m_0 - m_{底} - \sum m_i}{m_0} \times 100 \qquad (9\text{-}14)$$

式中:P_s——试样的筛分损耗率,%;
  　m_0——筛分前的干燥试样总质量,g;
  　m_i——各号筛上的分计筛余量,g;
  　　i——依次为0.075mm、0.15mm…至集料最大粒径的排序;
  　$m_{底}$——筛底质量,g。

(2)试样的各号筛分计筛余率按式(2-7)计算,准确至0.01%。

(3)试样的各号筛筛余率 A_i 为该号筛及以上各号筛的分计筛余率之和,准确至0.01%。

(4)试样的各号筛通过率 P_i 为100减去该号筛的筛余率,准确至0.1%。

2)水筛法筛分结果的计算

(1)试样的筛分损耗率按下式计算,准确至0.01%。

$$P_س = \frac{m_洗 - m_底 - \sum m_i}{m_洗} \times 100 \tag{9-15}$$

式中：P_s——试样的筛分损耗率，%；

$m_洗$——水洗后的干燥试样总质量，g；

m_i——各号筛上的分计筛余量，g；

i——依次为 0.075mm、0.15mm…至集料最大粒径的排序；

$m_底$——筛底质量，g。

（2）试样的各号筛分计筛余率按下式计算，准确至 0.01%。

$$P'_i = \frac{m_i}{m_0 - (m_洗 - m_底 - \sum m_i)} \times 100 \tag{9-16}$$

式中：P'_i——各号筛上的分计筛余率，%；

m_0——筛分前的干燥试样总质量，g。

（3）试样的各号筛筛余率 A_i 为该号筛及以上各号筛的分计筛余率之和，准确至 0.01%。

（4）试样的各号筛通过率 P_i 为 100 减去该号筛的筛余率，准确至 0.1%。

3）精度要求与允许误差

取两份试样的各号筛通过率的算术平均值作为试验结果，准确至 0.1%。

一份试样的筛分损耗率应不大于 0.5%。0.075mm 通过率重复性试验的允许误差为 1%。

6．注意事项

（1）试验前检查各号筛是否按从大到小的顺序排列，筛分过程中应防止试样损失。

（2）当筛余颗粒的粒径大于 19mm 时，筛分过程中允许用手指轻轻拨动颗粒，但不得逐颗塞过筛孔；当筛上的颗粒粒径大于 37.5mm 时，可采用人工转动颗粒逐个确定其可通过的最小筛孔，但不得逐颗塞过筛孔。

（3）人工补筛时应筛至每分钟各号筛的分计筛余量变化小于试样总质量的 0.1%，并按规定方法确认。

（4）在水洗过程中，注意不要散失集料颗粒。

复习思考题

（1）粗集料筛分试验的目的是什么？试验仪具有哪些？水泥混凝土用粗集料筛分时标准筛的规格是多少？

（2）简述水泥混凝土用粗集料干筛法试验步骤。筛分前如何取样？

（3）粗集料筛分试验时应注意哪些事项？某个同学进行粗集料的筛分试验时，将粒径大于 19mm 的颗粒逐个塞过筛孔，这种做法是否正确？你认为应如何处理？

（4）在粗集料的筛分试验中，当按筛孔大小顺序逐个进行手筛时，筛至何时为止？筛分后可确定哪些筛分参数？

复习思考题答案

试验五　细集料的筛分试验

1. 目的与适用范围

测定细集料的颗粒组成、计算细度模数。

对水泥混凝土、水泥砂浆用细集料可采用干筛法进行筛分试验，也可用水洗法进行筛分试验；当0.075mm通过率大于5%时，宜采用水洗法进行筛分试验。对沥青混合料、无机结合料粒料材料及无机稳定材料用细集料应采用水洗法进行筛分试验。

2. 仪器设备

(1) 标准筛(图9-11)：根据集料粒级选用不同孔径的方孔筛，带筛底、筛盖。

(2) 天平：称量不小于1kg，感量不大于0.1g。

(3) 摇筛机(图9-11)。

(4) 烘箱：恒温105℃±5℃。

(5) 其他：盛水容器、金属盘、铲子、毛刷、搅棒等。

3. 试验准备

将样品缩分至表9-3要求质量的试样两份，置于105℃±5℃烘箱中烘干至恒重，冷却至室温备用。

细集料筛分试验的试样质量　　　表9-3

公称最大粒径(mm)	4.75	≤2.36
一份试样的最小质量(g)	500	300
轻集料一份试样的最小体积(L)	0.3	

注：特细砂试样的最小质量可减少为100g。

4. 试验步骤

1) 干筛法试验步骤

(1) 取一份干燥试样，称取试样总质量(m_0)。

(2) 按本章试验四中干筛法试验步骤进行筛分，称量每号筛的分计筛余量(m_i)和筛底质量($m_底$)。

2) 水洗法试验步骤

(1) 取一份干燥试样，称取试样总质量(m_0)。

(2) 按本章试验四中水洗法试验步骤进行水洗、烘干、筛分，称取水洗后的干燥试样总质量($m_洗$)、每号筛的分计筛余量(m_i)和筛底质量($m_底$)。

5. 结果整理

(1) 试样的筛分损耗率、分计筛余率、筛余率和通过率按照本章试验四中的方法计算。

(2)试样的细度模数按式(2-10)计算,准确至0.01。
3)精度要求与允许误差
若一份试样的筛分损耗率大于0.5%,其试验结果无效。
取两份试样的各号筛通过率的算术平均值作为样品通过率的试验结果,准确至0.1%。
取两份试样的细度模数的算术平均值作为样品细度模数试验结果,准确至0.1。
一份试样的筛分损耗率应不大于0.5%;0.075mm通过率重复性试验的允许误差为1%;细度模数重复性试验的允许误差为0.2。

6.注意事项
(1)试验前检查各号筛是否按从大到小的顺序排列,筛分过程中应防止试样损失。
(2)人工补筛时,应检查是否筛至每分钟各号筛的分计筛余量变化小于试样总质量的0.1%。
(3)检查一份试样的筛分损耗率是否不大于0.5%。
(4)两次平行试验所得的细度模数之差不大于0.2。

> 复习思考题
> (1)细集料筛分试验的目的是什么?应有哪些试验仪具?水泥混凝土用砂筛分时标准筛的规格是多少?
> (2)简述水泥混凝土用细集料干筛法试验步骤。筛分前如何取样?试验时应注意哪些事项?两次平行试验后,结果如何处理?
> (3)在细集料的筛分试验中,当按筛孔大小顺序逐个进行手筛时,筛至何时为止?筛分后可确定哪些筛分参数?如何确定所测定的砂样的粗细程度?
> 复习思考题答案

试验六 粗集料密度及吸水率试验(网篮法)

1.目的与适用范围
本方法适用于测定粗集料的表观相对密度、表干相对密度、毛体积相对密度、表观密度、表干密度、毛体积密度以及吸水率,为混凝土配合比设计提供原始数据。

2.仪器设备
(1)天平或浸水天平(图9-8):可悬挂吊篮测定集料的水中质量,感量不大于称量质量的0.1%。
(2)吊篮:耐锈蚀材料制成,直径、高度不小于150mm的网篮,四周及底部用1~2mm的筛网或密集孔眼;或者耐锈蚀材料制成,直径不小于200mm、孔径不大于1.18mm的筛网。
(3)溢流水槽:有溢流孔,能够使水面保持恒定高度。
(4)烘箱:恒温在105℃±5℃。

(5)吸湿软布:纯棉制毛巾,或纯棉的汗衫布等。

(6)标准筛:孔径为4.75mm、2.36mm的方孔筛。

(7)恒温水槽:恒温23℃±2℃。

(8)其他:温度计、刷子、盛水容器(如搪瓷盘)等。

3. 试验准备

(1)将样品用4.75mm试验筛(对于3~5mm、3~10mm集料,采用2.36mm试验筛)充分过筛,取筛上颗粒缩分至表9-4要求质量的试样两份。

粗集料密度及吸水率(网篮法)试验的试样质量　　　　　　表9-4

公称最大粒径(mm)	4.75	9.5	13.2	16	19	26.5	31.5	37.5	53	63	75
每一份试样的最小质量(kg)	0.5	1.0	1.0	1.1	1.3	1.8	2.0	2.5	4.0	5.5	8.0

(2)将试样浸泡在水中,借助金属丝刷将试样颗粒表面洗刷干净,经多次漂洗至水清澈为止。清洗过程中不得散失颗粒。

(3)样品不得采用烘干处理。经过拌和楼等加热后的样品,试验之前,应室温条件下放置不少于12h。

4. 试验步骤

(1)试样浸水:取试样一份装入干净的盛水容器中,注入洁净的水,水面至少应高出试样20mm,轻轻地搅动试样,排除附着在试样上的气泡。浸水24h±0.5h(可在室温下浸水后,再移入23℃±2℃恒温水槽继续浸水。其中恒温水槽浸水不少于2h)。

(2)天平调零:将吊篮挂在天平的吊钩上,浸入溢流水槽中,向水槽中加水至吊篮完全浸没,吊篮顶部至水面距离不小于50mm。用上、下升降吊篮的方法排除气泡,吊篮每秒升降约一次,升降25次,升降高度约25mm,且吊篮不得露出水面。也可以采用其他方法去除气泡。向水槽中加水至水位达到溢流孔位置;待天平读数稳定后,将天平调零。试验过程中水槽水温稳定在23℃±2℃。

(3)称试样水中质量:将试样移入吊篮中,按照第(2)步骤相同方法排除气泡。待水槽中水位达到溢流孔位置、天平读数稳定后,称取试样水中质量(m_w)。

(4)擦饱和面干状态:提起吊篮、稍沥干水后,将试样完全移至拧干的软布上,用另外一条软布在试样表面搓滚、吸走颗粒表面及颗粒之间的自由水,至颗粒表面自由水膜消失、看不到发亮的水迹,即为饱和面干状态。对较大粒径的粗集料,宜逐颗擦干颗粒表面自由水,此时拧湿毛巾时不要太用劲,防止拧得太干。

(5)称试样表干质量:擦拭时,既要将颗粒表面自由水擦掉,又不能至颗粒内部水(开口孔隙中吸收的水)散失,因此对擦拭完成的试样,立即称量饱和面干质量(m_f)。如果擦拭过干,则放入水中浸泡约30min,再次擦拭。

(6)烘干,称试样干质量:将试样置于金属盘中,105℃±5℃烘干至恒重,冷却至室温后称取试样烘干质量(m_a)。

(7)试验过程中不得丢失试样。

(8)当仅测定表观相对密度和表观密度时,可省去第(4)、(5)步骤。

(9)当仅测定吸水率时,可省去(2)、(3)步骤,按(1)浸水24h±0.5h后,将试样从容器中取出稍沥干水后,直接按照(4)~(7)要求试验。

(10)当一份试样较多时,可分成两小份或数小份,按照以上步骤分别试验,然后合并计算。

5. 结果整理

(1)集料表观相对密度 γ_a、表干相对密度 γ_c、毛体积相对密度 γ_b 分别按式(9-17)、式(9-18)、式(9-19)计算,准确至 0.001。

$$\gamma_a = \frac{m_a}{m_a - m_w} \quad (9\text{-}17)$$

$$\gamma_s = \frac{m_f}{m_f - m_w} \quad (9\text{-}18)$$

$$\gamma_b = \frac{m_a}{m_f - m_w} \quad (9\text{-}19)$$

式中:γ_a——集料的表观相对密度,无量纲;
γ_s——集料的表干相对密度,无量纲;
γ_b——集料的毛体积相对密度,无量纲;
m_a——集料的烘干质量,g;
m_f——集料的表干质量,g;
m_w——集料的水中质量,g。

(2)集料的表观密度(视密度)ρ_a、表干密度 ρ_s、毛体积密度 ρ_b 按式(9-20)~式(9-22)计算,准确至 0.001g/m³。

$$\rho_a = \gamma_a \times \rho_T \quad (9\text{-}20)$$

$$\rho_s = \gamma_s \times \rho_T \quad (9\text{-}21)$$

$$\rho_b = \gamma_b \times \rho_T \quad (9\text{-}22)$$

式中:ρ_a——集料的表观密度,g/cm³;
ρ_s——集料的表干密度,g/cm³;
ρ_b——集料的毛体积密度,g/cm³;
ρ_T——试验温度 T 时水的密度,g/cm³,按表9-5取用。

不同温度时水的密度　　　　表9-5

水温(℃)	15	16	17	18	19	20
水的密度(ρ_T)(g/cm³)	0.99913	0.99897	0.99880	0.99862	0.99843	0.99822
水温(℃)	21	22	23	24	25	
水的密度(ρ_T)(g/cm³)	0.99802	0.99779	0.99756	0.99733	0.99702	

(3)集料的吸水率按下式计算,精确至 0.01%。

$$w_x = \frac{m_f - m_a}{m_a} \times 100 \quad (9\text{-}23)$$

式中:w_x——粗集料的吸水率,%。

(4)精度要求与允许误差。

取两份试样的测定值算术平均值作为试验结果,相对密度准确至 0.001,密度准确至

0.001g/cm³,吸水率准确至0.01%。

相对密度重复性试验的允许误差为0.020;吸水率重复性试验的允许误差为0.20%。

6.注意事项

(1)要用缩分法取样,每次试验应满足一份试样最小质量的要求。

(2)试样的各项称量应在15~25℃范围内进行。

(3)在测定水中质量时,要注意排除气泡。

(4)擦饱和面干状态时,既要将颗粒表面自由水擦掉,又不能至颗粒内部水(开口孔隙中吸收的水)散失,并擦拭完成的试样,立即称量饱和面干质量。

> **复习思考题**
>
> (1)用什么方法测定粗集料的表观密度?试述粗集料表观密度试验的目的和主要仪具有哪些?
>
> (2)简述粗集料表观密度的试验步骤。试验前用什么方法取样?试验时应注意哪些事项?
>
> (3)若粗集料试样的烘干质量为2000g,试样浸水24h后在水中重为1266g,粗集料的表观密度为多少?(试验温度为22℃)。

复习思考题答案

试验七 粗集料密度及吸水率试验(容量瓶法)

1.目的与适用范围

(1)本方法适用于容量瓶法测定粗集料的表观相对密度、表干相对密度、毛体积相对密度、表观密度、表干密度、毛体积密度,以及粗集料的吸水率。

(2)本方法不适用于公称最大粒径大于37.5mm粗集料密度和吸水率的测定。

2.仪器设备

(1)天平:感量不大于称量质量的0.1%。

(2)容量瓶(图9-12):1000~5000mL,并带瓶塞。

(3)烘箱:能控温在105℃±5℃。

(4)标准筛:4.75mm、2.36mm的方孔筛。

(5)恒温水槽:恒温23℃±2℃。

(6)其他:温度计、金属盘、刷子、吸湿软布等。

3.试验准备

图9-12 容量瓶

(1)将样品用4.75mm试验筛(对于3~5mm、3~10mm集料,采用2.36mm试验筛)充分过筛,取筛上颗粒缩分至表9-6要求质量的试样两份。

(2)将试样浸泡在水中,借助金属丝刷将试样颗粒表面洗刷干净,经多次漂洗至水清澈为止。清洗过程中不得散失颗粒。

(3)样品不得采用烘干处理。经过拌和楼等加热后的样品,试验之前,应室温条件下放置不少于12h。

粗集料密度及吸水率(容量瓶法)试验的试样质量 表9-6

公称最大粒径(mm)	4.75	9.5	13.2	16	19	26.5	31.5	37.5
一份试样的最小质量(kg)	0.5	1.0	1.0	1.1	1.3	1.8	2.0	2.5

4.试验步骤

(1)根据试样体积选择合适的容量瓶,其容积不小于试样体积的2倍。取一份试样,倾斜容量瓶,将试样移入容量瓶中。

(2)向容量瓶中注入洁净的水至水面高出试样表面不少于20mm,上下、左右摇晃容量瓶,完全排除附着在试样上的气泡。盖上瓶塞,浸水24h±0.5h(可在室温下浸水后,再移入23℃±2℃恒温水槽继续浸水。其中恒温水槽浸水不少于2h)。

(3)浸水完成后,再次上下、左右摇晃容量瓶,排除附着在试样上的气泡。向瓶中加23℃±2℃水至水面凸出瓶口,然后盖上瓶塞。擦干瓶外的水分后,称取试样、水、瓶及瓶塞的总质量(m_2)。

(4)倾倒出容量瓶中水,并将试样倒入金属盘中。清空容量瓶后,立即重新装入23℃±2℃水至水面凸出瓶口,盖上容量瓶塞。擦干瓶外的水分后,称取水、瓶及瓶塞的总质量(m_1)。

(5)将金属盘中试样稍微沥干,按照试验六中(4)、(5)步骤将颗粒表面自由水拭干,至饱和面干状态,立即称取饱和面干试样质量(m_f)。

(6)将试样105℃±5℃烘干至恒重,冷却至室温后称取试样烘干质量(m_a)。

(7)当仅测定表观相对密度和表观密度时,可省去(5)步骤。

(8)当仅测定吸水率时,可省去(3)、(4)步骤,按(2)将试样浸水24h±0.5h,取出稍沥干水后,直接按照(5)、(6)要求试验。

(9)当一份试样较多时,可分成两小份或数小份,按照以上步骤分别试验,然后合并计算。

5.结果整理

(1)集料的表观相对密度γ_a、表干相对密度γ_s、毛体积相对密度γ_b按式(9-24)、式(9-25)、式(9-26)计算,精确至0.001。

$$\gamma_a = \frac{m_a}{m_a + m_1 - m_2} \tag{9-24}$$

$$\gamma_s = \frac{m_f}{m_f + m_1 - m_2} \tag{9-25}$$

$$\gamma_b = \frac{m_a}{m_f + m_1 - m_2} \tag{9-26}$$

式中:γ_a——集料的表观相对密度,无量纲;

γ_s——集料的表干相对密度,无量纲;

γ_b——集料的毛体积相对密度,无量纲;

m_a——集料的烘干质量,g;

m_1——水、瓶及瓶塞(玻璃片)的总质量,g;

m_2——集料、水、瓶及瓶塞(玻璃片)的总质量,g;

m_f——集料的表干质量,g。

(2)集料的表观密度 ρ_a、表干密度 ρ_s、毛体积密度 ρ_b 按式(9-27)、式(9-28)、式(9-29)计算,精确至 0.001g/cm^3。

$$\rho_a = \gamma_a \times \rho_T \qquad (9\text{-}27)$$
$$\rho_s = \gamma_s \times \rho_T \qquad (9\text{-}28)$$
$$\rho_b = \gamma_b \times \rho_T \qquad (9\text{-}29)$$

式中:ρ_a——集料的表观密度,g/cm^3;

ρ_s——集料的表干密度,g/cm^3;

ρ_b——集料的毛体积密度,g/cm^3;

ρ_T——试验温度 T 时水的密度,g/cm^3,按表9-5取用。

(3)集料的吸水率 w_x 按式(9-30)计算,精确至0.01%。

$$w_x = \frac{m_f - m_a}{m_a} \times 100 \qquad (9\text{-}30)$$

式中:w_x——集料的吸水率,%。

(4)精度要求与允许误差。

取两份试样的测定值算术平均值作为试验结果,相对密度准确至0.001,密度准确至 0.001g/cm^3,吸水率准确至0.01%。

相对密度和密度重复性试验的允许误差为0.030;相对密度和密度重复性试验的允许误差为0.30%。

6.注意事项

(1)要用缩法取样,每次试验应满足一份试样最小质量的要求。

(2)试样的各项称量应在15~25℃范围内进行。

(3)称取试样、水、瓶及瓶塞的总质量时,要先擦干瓶外的水分。

(4)擦饱和面干状态时,既要将颗粒表面自由水擦掉,又不能至颗粒内部水(开口孔隙中吸收的水)散失,并擦拭完成的试样,立即称量饱和面干质量。

(5)当一份试样较多时,可分成两小份或数小份,分别试验,然后合并计算。

复习思考题

(1)容量瓶法测定粗集料的密度,适用范围是什么?试述试验时主要仪具有哪些?

(2)容量瓶法测定粗集料的密度试验,可测得哪几个密度?试验过程中应注意哪些事项?

复习思考题答案

试验八　粗集料的堆积密度及空隙率试验

1.目的与适用范围

本方法适用于测定粗集料的松散堆积密度、振实堆积密度和捣实堆积密度以及空隙率。

本方法不适用于测定公称最大粒径大于 37.5mm 粗集料的捣实堆积密度,此时可用振实堆积密度替代。

2. 仪器设备

(1)天平:感量不大于称量质量的 0.1%。

(2)容量筒:耐腐蚀的金属圆筒,内表面光滑,顶部边缘光滑、水平,且与底部平行,其尺寸应符合表 9-7 的要求。

容量筒的尺寸要求 表 9-7

公称最大粒径 (mm)	容量筒容积 (L)	容量筒尺寸(mm)			筒壁厚度 (mm)
		内径	净高	底厚	
≤16	3	155±2	160±2	≥5.0	≥2.5
19~26.5	10	205±2	305±2	≥5.0	≥2.5
31.5~37.5	15	255±5	295±5	≥5.0	≥3.0
53~75	30	355±5	305±5	≥5.0	≥3.0

(3)平头铁锹、铲子。

(4)烘箱:恒温 105℃ ±5℃。

(5)振动台:频率为 3000 次/min ±200 次/min,负荷下的振幅为 0.35mm,空载时的振幅为 0.5mm。

(6)捣棒:直径 16mm,长度 600mm、一端为圆头的钢棒。

(7)其他:温度计、直尺、玻璃片及直径 25mm 圆钢筋。

3. 试验准备

(1)将样品缩分出试样两份,每一份试样的质量应满足填满容量筒所需质量的 120% ~ 150%;105℃ ±5℃烘干至恒重,并冷却至室温。

(2)当测定捣实状态下的粗集料骨架间隙率时,应按配合比中比例取各档粗集料混合成集料混合料,充分混合、搅拌均匀,筛除其中粗集料骨架分界筛孔以下颗粒后缩分试样两组,每组两份。

(3)粗集料骨架分界筛孔通常为 4.75mm、2.36mm 和 1.18mm,如 SMA-13、SMA-16、SMA-20 混合料为 4.75mm,SMA-10 混合料为 2.36mm,而 SMA-5 混合料为 1.18mm。

4. 试验步骤

1)松散堆积密度

将容量筒在试验室平台上水平放置。取试样一份,用平头铁锹(或铲子)将试样从容量筒正上方 50mm 处徐徐倒入,让试样自由下落,当容量筒四周溢满时,即停止加料。用直尺等将多余的试样沿筒口中心线向两个相反方向刮平,并以合适的颗粒填入凹陷空隙,使表面稍凸起部分和凹陷部分的体积大致相等;此时不应触动容量筒,且不得挤压容量筒表面集料。称取试样和容量筒总质量(m_2)。

2)振实堆积密度

(1)人工振实法。

取试样一份,分三层装入容量筒。装完第一层后,在容量筒底垫放一根直径为 25mm 钢筋,按住筒左右交替颠击地面各25下;然后装入第二层,用同样的方法振实(但容量筒底所垫钢筋的方向应与第一层放置方向垂直);再装入第三层,按照同样方法振实。待三层试样装填完毕后,按照1)步骤再加试样至容量筒四周溢满。用直尺等将多余的试样沿筒口中心线向两个相反方向刮平,并以合适的颗粒填入凹陷空隙,使表面稍凸起部分和凹陷部分的体积大致相等;此时不应触动容量筒,且不得挤压容量筒表面集料。称取试样和容量筒总质量(m_2)。

(2)振动台振实法。

按1)步骤,将装满试样的容量筒放在振动台上,振动3min。按照同样方法加试样至容量筒四周溢满。用直尺等将多余的试样沿筒口中心线向两个相反方向刮平,并以合适的颗粒填入凹陷空隙,使表面稍凸起部分和凹陷部分的体积大致相等;此时不应触动容量筒,且不得挤压容量筒表面集料。称取试样和容量筒总质量(m_2)。

3)捣实密度

(1)将容量筒在试验室平台上水平放置。取试样一份,分三层装入容量筒,每层装入高度约为容量筒1/3高度。装完第一层后,用捣棒由边至中均匀捣实25次。然后再装入第二层,用捣棒均匀地捣实25次。

(2)再装入第三层,装料时应该至容量筒四周溢满,用同样方法捣实。每层捣实时,捣棒深度约至该层位的底部;在捣实第一层时,不要太用力至捣棒敲到容量筒底部;捣实第二、三层时,用力可大一些,捣棒应贯入该层位的底部但是不要贯入下层中。

(3)第三层捣实完成后,按照1)步骤加试样至容量筒四周溢满。用直尺等将多余的试样沿筒口中心线向两个相反方向刮平,并以合适的颗粒填入凹陷空隙,使表面稍凸起部分和凹陷部分的体积大致相等;此时不应触动容量筒,且不得挤压容量筒表面集料。称取试样和容量筒总质量(m_2)。

4)容量筒容积的标定

(1)称取洁净、干燥的容量筒质量(m_0)。

(2)在容量筒顶部边缘涂抹薄薄的油脂。称取洁净、干燥的容量筒和玻璃片的质量(m_1)。

(3)用23℃±2.0℃水装满容量筒至稍微溢出,用玻璃片沿容量筒表面迅速滑行,紧贴上部边缘水面,玻璃片与水面之间不得有空隙。擦干玻璃片上部及容量筒外壁的水,称取容量筒、玻璃片和水的总质量(m_3)。同时,快速测定容量筒中水的温度T。

5.结果整理

(1)容量筒的容积按下式计算,准确至0.1cm³。

$$V = \frac{m_3 - m_1}{\rho_T} \tag{9-31}$$

式中:V——容量筒的容积,mL;

m_1——容量筒和玻璃片总质量,g;

m_3——容量筒、玻璃片和水总质量,g;

ρ_T——温度T时水的密度,g/cm³,按表9-5选用。

(2)集料的堆积密度(包括松散堆积密度、振实堆积密度和捣实堆积密度)按下式计算,精

确至 0.001g/cm^3。

$$\rho_{bl} = \frac{m_2 - m_0}{V} \tag{9-32}$$

式中：ρ_{bl}——集料的堆积密度，t/m^3；
m_0——容量筒的质量，g；
m_2——容量筒与集样的总质量，g。

（3）集料的空隙率按下式计算，准确至 0.1%。

$$V_c = \left(1 - \frac{\rho_{bl}}{\rho_a}\right) \times 100 \tag{9-33}$$

式中：V_c——集料的空隙率，%；
ρ_a——集料的表观密度，kg/m^3。

注：当粗集料用于沥青路面时，采用粗集料的毛体积密度。

（4）试样的捣实状态下粗集料骨架间隙率按下式计算，准确至 0.01%。

$$VCA_{DRC} = \left(1 - \frac{\rho_{bl}}{\rho_b}\right) \times 100 \tag{9-34}$$

式中：VCA_{DRC}——捣实状态下的粗集料骨架间隙率，%；
ρ_{bl}——粗集料骨架的捣实堆积密度，g/cm^3；
ρ_b——粗集料骨架的毛体积密度，g/cm^3。

（5）精度要求与允许误差：取两份试样测定值的算术平均值作为试验结果，堆积密度准确至 0.001g/cm^3，空隙率准确至 0.1%。粗集料骨架间隙率准确至 0.01%。
堆积密度重复性试验的允许误差为 0.025g/cm^3。

6. 注意事项

（1）用四分法取样，每次试样的质量应满足填满容量筒所需质量的 120%~150%。
（2）测定自然堆积密度时，用平头铁锹（或铲子）将试样从容量筒正上方 50mm 处徐徐倒入，让试样自由下落。
（3）加试样至容量筒四周溢满。用直尺等将多余的试样沿筒口中心线向两个相反方向刮平，并以合适的颗粒填入凹陷空隙，使表面稍凸起部分和凹陷部分的体积大致相等；此时不应触动容量筒，且不得挤压容量筒表面集料。
（4）测定捣实密度时，每层捣实时，捣棒深度约至该层位的底部；在捣实第一层时，不要太用力至捣棒敲到容量筒底部；捣实第二、三层时，用力可大一些，捣棒应贯入该层位的底部但是不要贯入下层中。

复习思考题

（1）简述标定容量筒容积的方法。
（2）加试样至容量筒四周溢满后，如何处理？
（3）人工振实法测定振实密度时，分几层装入试样，如何进行振实？
（4）测定捣实密度时，分几层装入试样，如何进行捣实？

复习思考题答案

试验九　细集料表观密度试验(容量瓶法)

1. 目的与适用范围

本方法适用于用容量瓶法测定细集料的表观密度和表观相对密度。

2. 仪器设备

(1)天平:称量不小于1kg,感量不大于0.1g。

(2)容量瓶(图9-13):500mL。

(3)烘箱:能控温在105℃±5℃。

(4)恒温水槽:恒温23℃±2℃。

(4)烧杯:500mL。

(5)其他:试验筛、洁净水、干燥器、金属盘、铝制料勺、温度计等。

3. 试验准备

将样品缩分至约325g的试样两份。

图9-13　锥形容量瓶

注:浸泡之前样品不得采用烘干处理;经过拌和楼等加热、干燥后的样品,试验之前,应在室温条件下放置不少于12h。

4. 试验步骤

(1)称试样,装瓶:将试样装入预先放入部分水的容量瓶中,再加水至约450mL刻度处。

(2)排气,浸水:通过旋转、翻转容量瓶或玻璃棒搅动消除气泡。用滴管滴水使黏附在瓶内壁上颗粒进入水中,塞紧瓶塞,浸水静置24h±0.5h(可在室温下静置一段时间后、移入23℃±2℃恒温水槽继续浸水,其中恒温水槽浸水不少于2h)。

注:消除气泡不少于15min,此时会产生气泡聚集在瓶颈,可用纸巾尖端浸入瓶中粘除或使用少于1mL的异丙醇来分散,操作时手与瓶之间应垫毛巾。

(3)称瓶、水、试样总质量:再通过旋转、翻转容量瓶或玻璃棒搅动消除气泡。用滴管加23℃±2℃水,使水面与瓶颈500mL刻度线平齐,擦干瓶颈内部及瓶外附着水分,称其总质量(m_2)。

(4)洗瓶,加清水,称瓶和水质量:将水和试样移入金属盘中,用水将容量瓶冲洗干净,一并倒入金属盘中;向容量瓶内注入23℃±2℃温度的水至瓶颈500mL刻度线平齐,擦干瓶颈内部及瓶外附着水分,称其总质量(m_1)。

(5)烘干试样,称质量:待细粉沉淀后,泌去金属盘中的水,注意不要散失细粉。将金属盘连同试样放入105℃±5℃的烘箱中烘干至恒重、冷却至室温后,称取试样烘干质量(m_0)。

5. 结果整理

(1)细集料的表观相对密度按下式计算,准确至0.001。

$$\gamma_a = \frac{m_0}{m_0 + m_1 - m_2} \tag{9-35}$$

式中：γ_a——集料的表观相对密度，无量纲；

m_0——集料的烘干质量，g；

m_1——水及容量瓶的总质量，g；

m_2——试样、水及容量瓶的总质量，g。

(2)细集料的表观密度按下式计算，精确至 0.001g/cm^3。

$$\rho_a = \gamma_a \times \rho_T \tag{9-36}$$

式中：ρ_a——细集料的表观密度，g/cm^3；

ρ_T——试验温度 T 时水的密度，g/cm^3，按表9-5选用。

(3)精度要求与允许误差：取两份试样的相对密度、密度的算术平均值作为试验结果，分别准确至 0.001 和 0.001g/cm^3。

相对密度和密度重复性试验的允许误差为 0.02。

6. 注意事项

(1)试样浸泡之前不得采用烘干处理；经过拌和楼等加热、干燥后的样品，试验之前，应在室温条件下放置不少于12h。

(2)试样装入容量瓶中时，要防止试样损失。装入试样后，要充分排气。

(3)两次加水要至瓶颈的同一刻度线，并以凹液面为准。

(4)水温要控制在 15～25℃ 之间。

(5)消除气泡不少于15min，此时会产生气泡聚集在瓶颈，可用纸巾尖端浸入瓶中粘除或使用少于1mL的异丙醇来分散，操作时手与瓶之间应垫毛巾。

> 复习思考题
> (1)用什么方法测定细集料的表观密度？试述细集料表观密度试验的目的和主要仪具？
> (2)简述细集料表观密度的试验步骤。试验前用什么方法取样？试验时应注意哪些事项？
>
>
> 复习思考题答案

试验十　细集料密度及吸水率试验

1. 目的与适用范围

(1)本方法适用于用坍落筒法测定细集料的毛体积相对密度、表观相对密度、表干相对密度。

(2)本方法适用于用坍落筒法测定细集料处于饱和面干状态时的吸水率。

(3)本方法适用于用坍落筒法测定细集料的毛体积密度、表观密度、表干密度。

2. 仪器设备

(1)天平:称量小于1kg,感量不大于0.1g。

(2)饱和面干试模(图9-14):上口径40mm±3mm,下口径90mm±3mm,高75mm±3mm的金属坍落筒。

(3)捣棒(图9-14):金属棒,直径25mm±3mm,质量340g±15g。

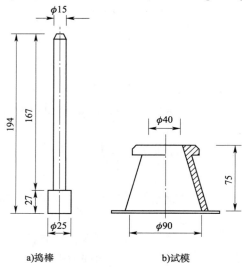

图9-14 饱和面干试模及其捣棒(尺寸单位:mm)

(4)试验筛:孔径为4.75mm、0.075mm的方孔筛。

(5)烧杯:500mL。

(6)容量瓶:500mL。

(7)烘箱:能控温在105℃±5℃。

(8)恒温水槽:恒温23℃±2℃。

(9)其他:盛水容器、洁净水、干燥器、手提式吹风机、金属盘、铝制料勺、玻璃棒、温度计等。

3. 试验准备

(1)将样品筛除4.75mm以上颗粒,缩分至约600g子样两份,按照本章试验四粗集料水洗法筛分试验中(2)~(6)步骤,将0.075mm以下颗粒洗除、至漂洗水目测清澈为止。

注:浸泡之前样品不得采用烘干处理;经过拌和楼等加热、干燥后的样品,试验之前,应在室温条件下放置不少于12h。

(2)将清洗后子样移入盛水容器;注入水,使水面高出集料颗粒表面不少于20mm,静置24h±0.5h(可在室温下静置后,然后移入23℃±2℃恒温水槽继续浸水,其中恒温水槽浸水不少于2h)。

(3)细心地倒去子样颗粒上部的水,但不得将细粉部分倒走,并用吸管吸去余水。

(4)取一份子样移入金属盘、摊开,手持吹风机在集料颗粒上方缓缓移动、均匀对表面吹入暖风,并不停翻拌,使集料表面水均匀蒸发,直至按(7)检验达到饱和面干状态。

注:注意吹风不得使细粉损失或颗粒表面过热。

(5)将饱和面干试模置于光滑、无吸湿性平面上。将集料颗粒充分翻拌、冷却至室温后,松散地一次装入饱和面干试模,用捣棒在集料颗粒表面均匀轻捣25次,捣棒端面距集料表面距离不超过5mm,使之完全靠自重自由落下,捣完后刮平模口,如留有空隙亦不必再装满。

(6)徐徐垂直提起试模,如集料颗粒保留锥形没有坍落,则说明集料颗粒尚含有表面自由水,应继续按上述方法用暖风干燥、装模、轻捣,重复试验直至集料颗粒达到饱和面干状态为止。如试模提起后集料坍落过多,则说明已过于干燥,此时应将子样均匀洒水约5mL,经充分拌匀,并静置于加盖容器中30min后,再按上述方法进行试验,至达到饱和面干状态为止。

(7)判断饱和面干状态的标准:对于天然砂,宜以"在集料中心部分上部成为约2/3的圆锥体,即约坍塌1/3"为标准状态[图9-15中d)状态];对机制砂和石屑,宜以"当移去试模第一次出现坍落"为标准状态[图9-15中d)~e)状态]。

a)无坍落,保留原形状

b)侧面轻微坍落,尚留有部分完整侧面

c)明显坍落,出现尖顶

d)已坍落,尚可见尖顶

e)完全坍落,表面呈曲面

图9-15 细集料不同坍落状态示意图

4. 试验步骤

(1)称饱和面干试样:立即称取饱和面干试样300g±5g(m_3)为一份试样。

(2)装瓶,加水,排气:容量瓶中预先放入部分23℃±2℃水;将称取的试样迅速放入容量瓶中,勿使集料颗粒散失,再加23℃±2℃水至约450mL刻度处,通过旋转、翻转容量瓶或玻璃棒搅动消除气泡。

(3)称试样、水、瓶总质量:消除气泡后,加23℃±2℃水至500mL刻度处,塞紧瓶塞,擦干瓶外壁附着水分,称其总量(m_2)。

(4)洗瓶,加满瓶水,称水和瓶总质量:倾倒容量瓶部分水,注意不得散失细粉;将试样移入金属盘中,用水将容量瓶冲洗干净,冲洗水一并倒入金属盘中;立即向容量瓶内注入23℃±2℃(注入水温与试样浸泡水温差不大于2℃)水至瓶颈500mL刻度线,塞紧瓶塞,擦干瓶外壁附着水分,称其总质量(m_1)。

(5)烘干试样,称质量:待细粉沉淀后,泌去金属盘中的水,注意不要散失细粉。将金属盘连同试样放入105℃±5℃的烘箱中烘干至恒重、冷却至室温后,称取烘干集料颗粒质量(m_0)。

(6)按以上方法取第二份试样进行试验。

5. 结果整理

(1)细集料的表观相对密度γ_a、表干相对密度γ_s、毛体积相对密度γ_b分别按式(9-37)、式(9-38)、式(9-39)计算,精确至0.001。

$$\gamma_a = \frac{m_0}{m_0 + m_1 - m_2} \tag{9-37}$$

$$\gamma_s = \frac{m_3}{m_3 + m_1 - m_2} \tag{9-38}$$

$$\gamma_b = \frac{m_0}{m_3 + m_1 - m_2} \tag{9-39}$$

上述式中：γ_a——集料的表观相对密度，无量纲；

γ_s——集料的表干相对密度，无量纲；

γ_b——集料的毛体积相对密度，无量纲；

m_0——集料的烘干质量，g；

m_1——水、瓶的总质量，g；

m_2——饱和面干集料、水、瓶的总质量，g；

m_3——饱和面干集料的质量，g。

（2）细集料的表观密度 ρ_a、表干密度 ρ_s、毛体积密度 ρ_b 按式（9-40）、式（9-41）、式（9-42）计算，精确至 0.001g/cm^3。

$$\rho_a = \gamma_a \times \rho_T \tag{9-40}$$

$$\rho_s = \gamma_s \times \rho_T \tag{9-41}$$

$$\rho_b = \gamma_b \times \rho_T \tag{9-42}$$

式中：ρ_a——集料的表观密度，g/cm^3；

ρ_s——集料的表干密度，g/cm^3；

ρ_b——集料的毛体积密度，g/cm^3；

ρ_T——试验温度 T 时水的密度，g/cm^3；按表 9-5 取用。

（3）细集料的吸水率按下式计算，精确至 0.01%。

$$w_x = \frac{m_3 - m_0}{m_0} \times 100 \tag{9-43}$$

式中：w_x——集料的吸水率，%；

m_3——饱和面干试样质量，g；

m_0——烘干试样质量，g。

（4）如需以饱和面干状态的试样为基准计算细集料的吸水率时，细集料的饱和面干吸水率按下式计算，精确至 0.01%，但需在报告中注明。

$$w'_x = \frac{m_3 - m_0}{m_3} \times 100 \tag{9-44}$$

式中：w'_x——集料的饱和面干吸水率，%；

m_3——饱和面干集料质量，g；

m_0——烘干集料质量，g。

（5）精度要求与允许误差。

取两份试样的相对密度、密度的算术平均值作为试验结果，分别准确至 0.001、0.001g/cm^3；取两份试样吸水率的算术平均值作为试验结果，准确至 0.01%。

相对密度重复性试验的允许误差为0.03;吸水率重复性试验的允许误差为0.3%。

6. 注意事项

(1) 试样浸泡之前不得采用烘干处理;经过拌和楼等加热、干燥后的样品,试验之前,应在室温条件下放置不少于12h。

(2) 饱和面干状态采用手持吹风机在集料颗粒上方缓缓移动、均匀对表面吹入暖风,并不停翻拌,使集料表面水均匀蒸发,吹风不得使细粉损失或颗粒表面过热。

(3) 判断饱和面干状态的标准:对于天然砂,宜以"在集料中心部分上部成为约2/3的圆锥体,即约坍塌1/3";对机制砂和石屑,宜以"当移去试模第一次出现坍落"为标准状态。

(4) 待细粉沉淀后,泌去金属盘中的水,注意不要散失细粉。

> 复习思考题
> (1) 简述坍落筒法测集料密度试验的适用范围。
> (2) 细集料密度的试验,判断饱和面干状态的标准是什么?
> (3) 坍落筒法测集料密度试验可测定哪些指标?
>
>
> 复习思考题答案

试验十一 细集料堆积密度及空隙率试验

1. 目的与适用范围

本方法适用于测定细集料松散堆积密度、振实紧装堆积密度及空隙率。

2. 仪器设备

(1) 天平:称量不小于5kg,感量不大于1g。

(2) 容量筒:金属圆筒,内径108mm±2mm,净高109mm±2mm,筒壁厚不小于2mm,筒底厚不小于5mm,容积约为1L。

(3) 标准漏斗(图9-16)。

(4) 烘箱:能控温在105℃±5℃。

(5) 试验筛:孔径为4.75mm的方孔筛。

(6) 其他:φ10mm钢筋、料勺、直尺、金属盘等。

3. 试验准备

将样品缩分至约2500g的试样两份,105℃±5℃烘干至恒重,并冷却至室温。

4. 试验步骤

(1) 松散堆积密度

将试样装入漏斗中,打开底部的活动门,使试样流入容量筒中,当容量筒四周溢满时,即停止加料。也可直接用料

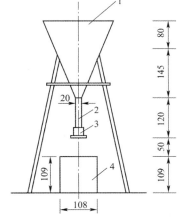

图9-16 标准漏斗(尺寸单位:mm)
1-漏斗;2-20mm管子;3-活动门;4-容量筒

勺装料,从容量筒正上方 50mm 处将试样徐徐倒入,让试样自由下落,至容量筒四周溢满时停止。用直尺等将多余的试样沿筒口中心线向两个相反方向刮平,并以合适的颗粒填入凹陷空隙,使表面稍凸起部分和凹陷部分的体积大致相等;此时不应触动容量筒,且不得挤压容量筒表面集料。称取试样和容量筒总质量(m_2)。

(2)振实堆积密度

将试样分相等的质量两层装入容量筒。装完一层后,在容量筒底垫放一根直径为 10mm 的钢筋,将容量筒按住,左右交替颠击地面各 25 下,然后再装入第二层。第二层装满后用同样方法振实(但容量筒底所垫钢筋的方向应与第一层放置方向垂直)。两层装完并振实后,直接用料勺装料,从容量筒正上方 50mm 处将试样徐徐倒入,让试样自由下落,至容量筒四周溢满时停止。用直尺等将多余的试样沿筒口中心线向两个相反方向刮平,并以合适的颗粒填入凹陷空隙,使表面稍凸起部分和凹陷部分的体积大致相等;此时不应触动容量筒,且不得挤压容量筒表面集料。称取试样和容量筒总质量(m_2)。

(3)容量筒容积的标定

①称取洁净、干燥的容量筒的质量(m_0)。

②在容量筒顶部边缘涂抹薄薄的油脂,以防止加水时边缘高度不一致至盖玻璃片时无法清除空气。称取洁净、干燥的容量筒和玻璃片的质量(m_1)。

③用 23℃±2.0℃ 水装满容量筒至稍微溢出,用玻璃片沿容量筒表面迅速滑行,紧贴上部边缘水面,玻璃片与水面之间不得有空隙。擦干玻璃片上部及容量筒外壁的水,称取容量筒、玻璃片和水的总质量(m_3)。同时,快速测定容量筒中水的温度。

5. 结果整理

(1)容量筒的容积按式(9-31)计算,准确至 0.1cm³。

(2)试样的堆积密度(包括松散堆积密度、振实堆积密度)按式(9-32)计算,准确至 0.001g/cm³。

(3)集料的空隙率按式(9-33)计算,精确至 0.1%。

(4)精度要求与允许误差:

取两份试样堆积密度的算术平均值作为试验结果,准确至 0.001g/cm³;取两份试样空隙率的算术平均值作为试验结果,准确至 0.1%。

堆积密度重复性试验的允许误差为 0.035g/cm³。

6. 注意事项

(1)试样装至容量筒四周溢满时停止。用直尺等将多余的试样沿筒口中心线向两个相反方向刮平,并以合适的颗粒填入凹陷空隙,使表面稍凸起部分和凹陷部分的体积大致相等。

(2)测定细集料松散堆积密度时,从装料起到称量前,不许碰动容量筒,以免影响试样的质量。

(3)测定振实堆积密度时,试样分相等的质量两层装入容量筒。装完一层后,在容量筒底垫放一根直径为 10mm 的钢筋,将容量筒按住,左右交替颠击地面各 25 下,然后再装入第二层。第二层装满后用同样方法振实(但容量筒底所垫钢筋的方向应与第一层放置方向垂直)。

> **复习思考题**
> (1) 简述标定容量筒容积的方法。
> (2) 加试样至容量筒四周溢满后，如何处理？
> (3) 测定振实堆积密度时，分几层装入试样，如何进行振实？

复习思考题答案

试验十二　粗集料含泥量及泥块含量试验

1. 目的与适用范围

本方法适用于测定粗集料的含泥量及 4.75mm 以上泥块含量。

2. 仪器设备

(1) 天平：感量不大于称量质量的 0.1%。
(2) 烘箱：能恒温 105℃ ±5℃。
(3) 标准筛：孔径为 4.75mm、2.36mm 和 1.18mm 的方孔筛。
(4) 盛水容器：浸泡试样用容器，不锈钢的金属盆或塑料桶等，容积足够大，试验时不至试样溅出。
(5) 其他：金属盘、毛刷等。

3. 试验准备

将样品缩分至表 9-8 要求质量的试样两份，105℃ ±5℃烘干至恒重，并冷却至室温。注意防止丢失细粉及压碎所含泥块。

粗集料含泥量及泥块含量试验的试样质量　　　　　　表 9-8

公称最大粒径(mm)	4.75	9.5	13.2	16	19	26.5	31.5	37.5	53	63	75
一份试样的最小质量(kg)	0.75	1.0	1.0	1.0	3.0	3.0	5.0	5.0	7.5	10.0	15.0

4. 试验步骤

1) 含泥量试验步骤

(1) 称试样，浸泡：称取试样一份(m_0)装入容器内，加水至水面高出试样 150mm，并充分搅拌均匀，然后浸泡 24h。根据集料粒径选择 4.75mm、0.075mm 或 2.36mm、0.075mm 组成一组套筛，其底部为 0.075mm 试验筛。试验前筛子的两面应先用水润湿。

(2) 淘洗，滤去小于 0.075mm 的颗粒：用手在水中淘洗颗粒，使尘屑、黏土与较粗颗粒分开，并使之悬浮于水中；淘洗后立即将浑浊液缓缓倒入套筛上，滤去小于 0.075mm 的颗粒。倾倒时不得将粗颗粒一起倒出而损坏筛面。

(3) 重复筛洗：采用水冲洗等方法，将两只筛上颗粒并入盛水容器中。再次加水于盛水容器中，重复(2)步骤，直至浸没的水目测清澈为止。

(4) 回收试样：将两只筛上及容器中的试样全部回收到一个金属盘中。当容器和筛上沾附有集料颗粒时，在容器中加水、搅动使细粉悬浮在水中，并快速全部倒入套筛上；再将筛子倒扣在金属盘上，用少量的水并助以毛刷将颗粒刷落入盘中。待细粉沉淀后，泌去金属盘中的水，注意不要散失细粉。

(5) 烘干试样、称取质量：将金属盘连同试样一起置 105℃±5℃ 烘箱中烘干至恒重，冷却至室温后称取试样的质量 (m_1)。

2) 泥块含量试验步骤

(1) 取样、过筛、称质量：取试样一份，用 4.75mm 筛将试样过筛，称出筛上试样质量 (m_2)。

(2) 浸泡，捻压试样：将试样在容器中摊平，加水使水面高出试样 150mm，并充分搅拌均匀；浸泡 24h±0.5h 后把全部水放出，用手捻压逐个颗粒，将泥块碾碎。捻压时将颗粒放在大拇指与食指之间捻压，不得用指甲挤压或在硬表面手指按压或颗粒与颗粒之间挤压等方式至颗粒破碎。

(3) 冲洗试样：将试样放到 2.36mm 筛上，一边用力摇动筛子一边用水冲洗，直至洗出的水目测清澈为止。

(4) 试样烘干，称质量：将 2.36mm 筛上试样装入金属盘，置于 105℃±5℃ 烘箱中烘干至恒重，冷却至室温后称取试样的质量 (m_3)。

5. 结果整理

(1) 试样的含泥量，按下式计算，精确至 0.1%。

$$Q_n = \frac{m_0 - m_1}{m_0} \times 100 \tag{9-45}$$

式中：Q_n——试样的含泥量，%；
  m_0——试验前烘干试样质量，g；
  m_1——试验后烘干试样质量，g。

(2) 试样泥块含量，按下式计算，精确至 0.1%。

$$Q_k = \frac{m_2 - m_3}{m_2} \times 100 \tag{9-46}$$

式中：Q_k——试样泥块含量，%；
  m_2——4.75mm 筛上试样质量，g；
  m_3——试验后 2.36mm 筛上烘干试样质量，g。

(3) 精度要求与允许误差：

取两份试样测定值的算术平均值作为试验结果，准确至 0.1%。

含泥量重复性试验的允许误差为 0.2%；泥块含量重复性试验的允许误差为 1.0%。

6. 注意事项

(1) 在整个试验过程中，应注意防止丢失细粉及压碎所含泥块。

(2) 泥块含量试验中，捻压时将颗粒放在大拇指与食指之间捻压，不得用指甲挤压或在硬表面手指按压或颗粒与颗粒之间挤压等方式至颗粒破碎。

> 复习思考题
> (1)简述粗集料含泥量试验步骤。
> (2)捻压试样时的注意事项是什么?

复习思考题答案

试验十三　细集料含泥量试验(筛洗法)

1. 目的与适用范围

(1)本方法适用于测定天然砂中粒径小于0.075mm的尘屑、淤泥和黏土的含量。
(2)本方法不适用于机制砂、石屑及特细砂等细集料。

2. 仪器设备

(1)天平:称量不小于1kg,感量不大于0.1g。
(2)烘箱:能恒温105℃±5℃。
(3)标准筛:孔径0.075mm、1.18mm的方孔筛。
(4)其他:盛水容器、金属盘、毛刷等。

3. 试验准备

将样品缩分至约400g的试样两份,105℃±5℃烘干至恒重,并冷却至室温。

4. 试验步骤

(1)取样,浸泡:称取一份试样(m_0)装入盛水容器内摊平,加水至水面高出试样150mm,并充分搅拌均匀,然后浸泡2h。

(2)淘洗试样:用手在水中淘洗颗粒,使尘屑、淤泥和黏土与试样颗粒分开并使之悬浮于水中;缓缓地将浑浊液倒入1.18mm及0.075mm的套筛上,滤去小于0.075mm的细粉;试验前筛子的两面应先用水湿润,在整个试验过程中,应注意避免试样颗粒丢失。

注:不得直接将试样放在0.075mm筛上用水冲洗,或者将试样放在0.075mm筛上后在水中淘洗,以避免造成试样颗粒丢失。

(3)重复筛洗:采用水冲洗等方法,将两只筛上颗粒并入盛水容器中。再次加水于盛水容器中,重复上述(2)步骤,直到洗出的水目测清澈为止。

(4)回收试样:将两只筛上及盛水容器中的试样全部回收到一个金属盘中。当盛水容器和筛上黏附有集料颗粒时,在盛水容器中加水、搅动使细粉悬浮在水中,并快速全部倒入套筛上;再将筛子倒扣在金属盘上,用少量的水并助以毛刷将颗粒刷落入盘中。待细粉沉淀后,泌去金属盘中的水,注意不要散失细粉。

(5)烘干试样、称取质量:将金属盘连同试样一起置于105℃±5℃烘箱中烘干至恒重,冷却至室温后称取试样的质量(m_1)。

5. 结果整理

(1)细集料的含泥量按下式计算,精确至0.1%。

$$Q_n = \frac{m_0 - m_1}{m_0} \times 100 \tag{9-47}$$

式中:Q_n——试样的含泥量,%;

m_0——试验前烘干试样质量,g;

m_1——试验后烘干试样质量,g。

(2)精度要求与允许误差。

取两份试样测定值的算术平均值作为试验结果,准确至0.1%。含泥量重复性试验的允许误差为0.5%。

6. 注意事项

(1)不得直接将试样放在0.075mm筛上用水冲洗,或者将试样放在0.075mm筛上后在水中淘洗,以避免造成试样颗粒丢失。

(2)待细粉沉淀后,泌去金属盘中的水,注意不要散失细粉。

> 复习思考题
> (1)简述细集料含泥量试验过程。
> (2)试验过程中应注意哪些事项?

复习思考题答案

试验十四 粗集料针片状颗粒含量试验(规准仪法)

1. 目的与适用范围

本方法主要适合于测定水泥混凝土用粗集料针、片状颗粒含量。本方法测定的针状颗粒是指最大长度与该颗粒相应粒级的平均粒径之比大于2.4的颗粒,片状颗粒是指最大厚度与该颗粒相应粒级的平均粒径之比小于0.4的颗粒。

2. 仪器设备

(1)水泥混凝土集料针状规准仪和片状规准仪见图9-17和图9-18,片状规准仪的钢板基板厚度3mm,尺寸应符合表9-9的要求。

图9-17 针状规准仪

图9-18 片状规准仪

粒级划分及其相应的规准仪间距或孔宽　　　　　　　　表 9-9

粒级(mm)	4.75~9.5	9.5~16	16~19	19~26.5	26.5~31.5	31.5~37.5
针状规准仪立柱之间的间距(mm)	17.1	30.6	42.0	54.6	69.6	82.8
片状规准仪的孔宽(mm)	2.8	5.1	7.0	9.1	11.6	13.8

（2）天平：感量不大于称量质量的 0.1%。

（3）试样筛：根据集料粒级选用不同孔径的方孔筛。

（4）其他：卡尺、金属盘等。

3. 试验准备

将样品用 4.75mm 试验筛充分过筛，取筛上颗粒缩分至表 9-10 要求质量的试样一份，烘干或室内风干。

粗集料针状和片状颗粒含量试验的试样质量　　　　　　　　表 9-10

公称最大粒径(mm)	9.5	13.2	16	19	26.5	31.5	37.5	53	63	75
一份试样的最小质量(kg)	0.2	0.4	0.5	1.0	1.7	3.0	5.0	12.0	20.0	28.0

4. 试验步骤

（1）取一份试样，称量质量（m_0）。根据表 9-9 所规定的粒级按粗集料干筛法进行充分筛分。

（2）针、片状颗粒鉴定：按表 9-9 所规定的粒级分别用规准仪逐颗检验。凡颗粒长度大于针状规准仪上相应间距的，为针状颗粒；凡颗粒厚度小于片状规准仪上相应孔宽的，为片状颗粒。

（3）对于公称最大粒径大于 37.5mm 的试样，可采用卡尺逐颗检验，卡尺卡口设定宽度应符合表 9-11 的规定。

37.5mm 以上颗粒粒级划分及其相应的卡尺卡口设定宽度　　　　　　　　表 9-11

粒级(mm)	37.5~53	53~63	63~75
检验针状颗粒的宽度(mm)	108.6	139.2	165.6
检验片状颗粒的宽度(mm)	18.1	23.2	27.6

（4）称针状和片状颗粒总质量：称量由各粒级挑出的针状颗粒和片状颗粒的总质量（m_1）。

5. 结果整理

试样针片状颗粒含量按下式计算，精确至 0.1%。

$$Q_{e+f} = \frac{m_1}{m_0} \times 100 \tag{9-48}$$

式中：Q_{e+f}——试样的针片状颗粒含量，%；

m_1——试样中针状颗粒与片状颗粒的总质量，g；

m_0——试样总质量，g。

6. 注意事项

（1）试验过程中按规定的粒级分别用规准仪逐颗检验。凡颗粒长度大于针状规准仪上相应间距的，为针状颗粒；凡颗粒厚度小于片状规准仪上相应孔宽的，为片状颗粒。

（2）对于公称最大粒径大于 37.5mm 的试样，可采用卡尺逐颗检验，卡尺卡口设定宽度应符合表 9-11 的规定。

复习思考题
(1) 简述规准仪法试验过程?
(2) 本试验方法如何定义针片状颗粒?
(3) 粗集料中针片状颗粒含量过高,对混凝土有何影响?

复习思考题答案

试验十五 粗集料针片状颗粒含量试验(游标卡尺法)

1. 目的与适用范围

本方法主要适合于用卡尺法测定沥青混合料、无结合料粒料材料和无机稳定材料用粗集料针片状颗粒含量。本方法测定的针片状颗粒,是指用最大长度与最小厚度之比大于3的颗粒。当采用其他比例时,应在试验报告中注明。

2. 仪器设备

(1) 标准筛:根据集料粒级选用不同孔径的方孔筛。
(2) 卡尺:可采用常规游标卡尺,精密度为0.1mm;也可选用固定比例卡尺,或其他规定比例卡尺。
(3) 天平:感量不大于称量质量0.1%。

3. 试验准备

将样品用4.75mm试验筛充分过筛,取筛上颗粒缩分至表9-10要求质量的试样两份,且每份试样不少于100颗,烘干或室内风干。

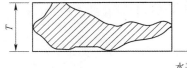

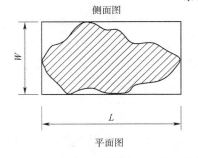

图9-19 颗粒尺寸示意图

4. 试验步骤

(1) 称取试样:取一份试样称取质量(m_0)。
(2) 目测颗粒:将试样平摊于试验台上,用目测挑出接近立方体的颗粒。
(3) 平放颗粒:将疑似针片状颗粒平放在桌面上呈一稳定的状态。平面图中垂直于颗粒长度方向的两个切割颗粒表面的平行平面之间最大距离为颗粒长度L;垂直于宽度方向的两个切割颗粒表面的平行平面之间最大距离为颗粒宽度W;侧面图中垂直于颗粒厚度方向的两个切割颗粒表面的平行平面之间最大距离为颗粒厚度T。各尺寸满足$L \geq W \geq T$。颗粒尺寸示意见图9-19。
(4) 用卡尺测量:用游标卡尺测量颗粒的平面图中轮廓长度L及侧面图中轮廓长度T。当$L/T \geq 3$时判断该颗粒为针片状颗粒。

(5)当采用固定比例卡尺时,调整比例卡尺,使比例卡尺 L 方向尺间隙正好与颗粒长度方向轮廓尺寸相等,固定卡尺;检查颗粒厚度方向轮廓尺寸是否够通过比例卡尺 E 方向尺间隙,如果能够通过,则判定该颗粒为针片状颗粒。

(6)按照以上方法逐颗判定所有集料是否为针片状颗粒。称取所有针片状颗粒质量(m_1),称取所有非针片状颗粒质量(m_2)。

5. 结果整理

(1)试样的损耗率按下式计算,准确至0.1%。

$$P_s = \frac{m_0 - m_1 - m_2}{m_0} \times 100 \quad (9\text{-}49)$$

式中:P_s——试样的损耗率,%;
m_0——试验前的干燥试样总质量,g;
m_1——试样中针状片状颗粒的总质量,g;
m_2——试样中非针状片状颗粒的总质量,g。

(2)试样的针片状颗粒含量按下式计算,准确至0.1%。

$$Q_{e\&f} = \frac{m_1}{m_1 + m_2} \times 100 \quad (9\text{-}50)$$

式中:$Q_{e\&f}$——试样的针片状颗粒含量,%。

(3)精度要求与允许误差。

取两份试样的针片状颗粒含量的算术平均值作为试验结果,准确至0.1%。

若两份试样的针片状颗粒含量之差超过平均值的20%,应追加一份试样进行试验,直接取三份试样的针片状颗粒含量的算术平均值作为试验结果,准确至0.1%。

筛分损耗率应不大于0.5%。

6. 注意事项

若两份试样的针片状颗粒含量之差超过平均值的20%,应追加一份试样进行试验,直接取三份试样的针片状颗粒含量的算术平均值作为试验结果,准确至0.1%。

> 复习思考题
> (1)测定粗集料的针片状颗粒含量的试验方法有哪些?适用范围如何规定?
> (2)两种测定方法如何定义针片状颗粒?

复习思考题答案

试验十六 粗集料压碎值试验

1. 目的与适用范围

本方法适用于测定粗集料压碎值,以评价集料的抗破碎能力。

2. 仪器设备

(1)压碎值试模(图9-20):由内径150mm±0.3mm、高度125~128mm,两端开口的钢制圆形试筒、压柱和底板组成。

图9-20 压碎值试模

(2)金属棒:直径16mm±1mm,长600mm±5mm,一端加工成半球形。

(3)天平:称量不小于5kg,感量不大于1g。

(4)标准筛:筛孔尺寸13.2mm、9.5mm、2.36mm方孔筛各一个。

(5)压力机(图9-9):量程500kN,同时应能10min±30s均匀加载到400kN,4min±1min均匀加载到200kN。压力机应设有防护网。

(6)金属筒:圆柱形,内径112.0mm±1mm,高179.5mm±1mm,容积1767cm³;此容积相当于压碎值试筒中装料至100mm位置时容积。

(7)其他:金属盘、毛刷、橡胶锤等。

3. 试验准备

(1)将样品用13.2mm和9.5mm标准筛过筛,取9.5~13.2mm粒级缩分至约3000g试样3份。对于结构物水泥混凝土用粗集料,可剔除9.5~13.2mm粒级中的针、片状颗粒后,再缩分至约3000g的试样3份。

(2)将试样浸泡在水中,借助金属丝刷将颗粒表面洗刷干净,经多次漂洗至水清澈为止。沥干,置于105℃±5℃烘箱中烘干至表面干燥,烘干时间不超过4h,然后冷却至室温。温度敏感性再生材料等,可采用40℃±5℃烘干。

(3)取一份试样,分3次等量装入金属筒中。每次装料后,将表面整平,用金属棒半球面端从试样表面上50mm高度处自由下落均匀夯击试样,应在试样表面均匀分布夯击25次。最后一次装料时,应装料至溢出,夯击完成后用金属棒将表面刮平。金属筒中试样用减量法称取质量(m'_0)后,予以废弃。

4. 试验步骤

(1)称取试样:取一份试样,从中取质量为m'_0±5g试样一份,称取其质量,记为m_0。

(2)装试样:将试筒安放在底板上,将称取质量的试样分3次等量装入试模中按上文中3(3)方法夯击,最后将表面整平。

(3)加压柱:将装有试样的试筒安放在压力机上,同时将压柱放到试筒内压在试样表面,注意压柱不得在试筒内卡住。

(4)施加荷载:操作压力机,均匀地施加荷载,并在10min±30s内加到400kN,然后立即卸除荷载。对于结构物水泥混凝土用粗集料,可在3~5min内加到200kN,稳压5s后卸载,但应在报告中予以注明。

(5)取出试样:从压力机上取下试筒,将试样移入金属盘中;必要时使用橡胶锤敲击试筒外壁便于试样倒出;用毛刷清理试筒上的集料颗粒一并移入金属盘中。

(6)筛分试样:按粗集料筛分试验中干筛法,采用2.36mm试验筛充分过筛。

(7)称取质量:称取2.36m筛上集料质量(m_1)和2.36mm筛下集料质量(m_2)。

(8)取另外一份试样,按照以上步骤进行试验。

5. 结果整理

(1)试样的损耗率按下式计算,准确至0.1%。

$$P_s = \frac{m_0 - m_1 - m_2}{m_0} \times 100 \qquad (9\text{-}51)$$

式中:P_s——试样的损耗率,%;

m_0——试验前的干燥试样总质量试验前的干燥试样总质量,g;

m_1——试样的2.36mm筛上质量,g;

m_2——试样的2.36mm筛下质量,g。

(2)试样压碎值按下式计算,精确至0.1%。

$$ACV = \frac{m_2}{m_1 + m_2} \times 100 \qquad (9\text{-}52)$$

式中:ACV——试样压碎值,%。

(3)精度要求和允许误差:取两份试样的压碎值算术平均值作为测定结果,准确至1%。试样的损耗率应不大于0.5%;压碎值重复性试验的允许误差为平均值的10%。

6. 注意事项

(1)将压柱放到试筒内压在试样表面,注意压柱不得在试筒内卡住。

(2)操作压力机时,要均匀地施加荷载,并在10min±30s内加到400kN,然后立即卸除荷载。

(3)对于结构物水泥混凝土用粗集料,施加荷载时,可在3~5min内加到200kN,稳压5s后卸载,并应在报告中予以注明。

> 复习思考题
> (1)试验时如何确定试样质量?
> (2)试验过程中,试模中如何装料?如何施加荷载?

复习思考题答案

试验十七 粗集料磨耗试验(洛杉矶法)

1. 目的与适用范围

本方法适用于测定粗集料洛杉矶磨耗值,以评价集料抵抗摩擦、撞击的能力。

2. 仪器设备

(1)洛杉矶磨耗试验机:如图2-1所示。

①圆筒内径711mm±5mm、内侧长508mm±5mm、壁厚12.0mm±0.5mm。

②投料口:在圆筒表面宽度为150mm±3mm的开口,带可开启、关闭的钢盖,通过紧固螺

栓和橡胶垫与钢筒紧闭密封,钢盖的宽度约为190mm。

③隔板:矩形钢板,向圆筒轴心凸出尺寸为89mm±2mm,厚度为25mm±1mm,长度方向应足够长,其端面离圆筒内侧间隙不大于2.5mm。

④电机:转速为30~33r/min。

⑤转数计数器:自动记录、显示圆筒旋转次数。

(2)钢球:单个钢球直径为45.6~47.6mm,质量为390~445g,一组钢球大小稍有不同,平均直径约为46.8mm、平均质量为420g,以便按要求组合成符合要求的总质量。

(3)台秤:感量不大于称量质量的0.1%。

(4)标准筛:根据集料规格选用不同孔径的方孔筛,以及筛孔为1.7mm的方孔筛一个。

(5)烘箱:恒温105℃±5℃。

(6)其他:金属盘、毛刷等。

3. 试验准备

(1)将样品缩分得到一组子样。将子样浸泡在水中,借助金属丝刷将颗粒表面洗刷干净,经多次漂洗至水目测清澈为止。沥干,置于105℃±5℃烘箱中烘干至表面干燥,烘干时间不超过4h,然后冷却至室温。温度敏感性再生材料等,可采用40℃+5℃烘干。

(2)从表9-12中根据最接近的粒级组成选择试验筛,将烘干的子样筛分出不同粒级。

4. 试验步骤

(1)将圆筒内部清理干净。按表9-12要求,选择规定数量及总质量的钢球放入圆筒中。

(2)按表9-12要求,称量不同粒级颗粒,组成一份试样。当某一粒级颗粒含量较多时需要缩分至要求质量的颗粒。称取试样总质量(m_1)后装入圆筒中,盖好试验机盖子、紧固密封。

(3)将转数计数器调零,按表9-12要求设定转动次数。开动试验机,以30~33r/min转速转动至要求的次数。

粗集料洛杉矶试验条件　　　　　　　　　　　　　　　　　　　　表9-12

粒度类别	粒级组成(mm)	一份试样中各粒级颗粒质量(g)	一份试样总质量(g)	钢球数量(个)	钢球总质量(g)	转动次数(r)	适用的粗集料规格	
							规格	公称最大粒径(mm)
A	26.5~37.5 19.0~26.5 16.0~19.0 9.5~16.0	1250±25 1250±25 1250±10 1250±10	5000±10	12	5000±25	500		
B	19.0~26.5 16.0~19.0	2500±10 2500±10	5000±10	11	4580±25	500	S6 S7 S8	15~30 10~30 10~25
C	9.5~16.0 4.75~9.5	2500±10 2500±10	5000±10	8	3330±20	500	S9 S10 S11 S12	10~20 10~15 5~15 5~10

续上表

粒度类别	粒级组成（mm）	一份试样中各粒级颗粒质量(g)	一份试样总质量（g）	钢球数量（个）	钢球总质量（g）	转动次数（r）	适用的粗集料规格 规格	公称最大粒径(mm)
D	2.36~4.75	5000±10	5000±10	6	2500±15	500	S13 S14	3~10 3~5
E	63~75 53~63 37.5~53	2500±50 2500±50 5000±50	10000±100	12	5000±25	1000	S1 S2	40~75 40~60
F	37.5~53 26.5~37.5	5000±50 5000±25	10000±75	12	5000±25	1000	S3 S4	30~60 25~50
G	26.5~37.5 19~26.5	5000±25 5000±25	10000±50	12	5000±25	1000	S5	20~40

注：1. 粒级组成中 16mm 可用 13.2mm 代替。
2. A 级适用于未筛碎石混合料及水泥混凝土用集料。
3. C 级中，对于 S12 可仅采用 5000g 的 4.75~9.5mm 粒级颗粒；S9 及 S10 可仅采用 5000g 的 9.5~16mm 粒级颗粒。
E 级中，对于 S2 中可采用等质量的 53~63mm 粒级颗粒代替 63~75mm 粒级颗粒。
4. 当样品中某一个粒级颗粒含量小于 5% 时，可以取等质量的最近粒级颗粒或相邻两个粒级各取 50% 代替。

(4) 打开试验机盖子，将钢球及所有试样移入金属盘中；从试样中捡出钢球。

(5) 按粗集料筛分试验的干筛法，将试样用 1.7mm 方孔筛充分过筛，然后将筛上试样用水冲干净、沥干，置于 105℃±5℃烘箱中烘干至恒重、室温冷却后称量质量(m_2)。

注：温度敏感性再生材料等，烘干温度采用 40℃±5℃。

5. 结果整理

(1) 粗集料洛杉矶磨耗值按下式计算，精确至 0.1%。

$$LA = \frac{m_1 - m_2}{m_1} \times 100 \qquad (9\text{-}53)$$

式中：LA——粗集料洛杉矶磨耗值，%；
m_1——试样前试样总质量，g；
m_2——试验后在 1.7mm 筛上干燥试样质量，g。

(2) 精度要求与允许误差：取两份试样的洛杉矶磨耗值的算术平均值作为试验结果，准确至 0.1%。

对于 A~D 粒度，洛杉矶磨耗值重复性试验的允许误差为 2%；对于 E~G 粒度，洛杉矶磨耗值重复性试验的允许误差为 4%。

6. 注意事项

(1) 试验前清洗样品，并放入烘箱中烘干表面。烘干时间不超过 4h，然后冷却至室温。

(2) 试验后按粗集料筛分试验的干筛法，将试样用 1.7mm 方孔筛充分过筛，然后将筛上试样用水冲干净、沥干，在 105℃±5℃烘箱中烘干、室温冷却后称量。

复习思考题

(1) 简述集料磨耗试验的目的与适用范围。

(2) 试验前如何准备试样?

(3) 磨耗过程中,试验机转动次数及转动速率如何规定?磨耗后试样如何处理?

复习思考题答案

第十章 水泥物理力学性质试验

试验一 水泥细度检验方法(筛析法)

1. 适用范围

本方法适用于通用硅酸盐水泥、道路硅酸盐水泥及指定采用本方法的其他品种水泥与矿物掺合料。

本方法是采用 45μm 筛对水泥试样进行筛析试验,用筛网上所得筛余物的质量占试样原始质量的百分率来表示水泥样品的细度。

2. 仪器设备

(1)试验筛:由圆形筛框和筛网组成,分负压筛和水筛两种,负压筛为 45μm 方孔筛,并附有透明筛盖,筛盖与筛上口应有良好的密封性。筛网应紧绷在筛框上,筛网和筛框接触处,应用防水胶密封,防止水泥嵌入。

(2)负压筛析仪(图 10-1):由旋风筒、负压源、收尘系统、筛座、控制指示仪和负压筛盖组成。负压筛析仪由筛座、负压筛、负压源及收尘器等组成,其中筛座由转速为 30r/min ± 2r/min 的喷气嘴、负压表、控制板、微电机及壳体等部分构成。筛析仪负压可调范围为 4000~6000Pa。喷气嘴上口平面与筛网之间距离为 2~8mm。

(3)天平:最大称量为 100g,分度值不大于 0.01g。

3. 试验准备

水泥样品应充分拌匀,通过 0.9mm 方孔筛,记录筛余物情况,要防止过筛时混进其他粉体。

图 10-1 水泥负压筛析仪

4. 试验步骤

1)负压筛法

(1)称试样:称取试样 10g,称取试样精确至 0.01g。

(2)调节负压:筛析试验前,应把负压筛放在筛座上,盖上筛盖,接通电源,检查控制系统,调节负压至4000~6000Pa范围内。

(3)筛析试样,称筛余物质量:试样置于洁净的负压筛中,盖上筛盖,放在筛座上,开动筛析仪连续筛析120s,在此期间如有试样附着在筛盖上,可轻轻地敲击,使试样落下。筛毕,用天平称量筛余物质量,精确至0.01g。

(4)当工作负压小于4000Pa时,应清理吸尘器内水泥,使负压恢复正常。

2)水筛法

(1)组装套筛:筛析试验前,调整好水压及水筛架的位置,使其能正常运转。喷头底面和筛网之间距离为35~75mm。

(2)称试样,冲洗,烘干,称筛余物质量:称取试样50g,置于洁净的水筛中,立即用淡水冲洗至大部分细粉通过后,放在水筛架上,用水压为0.05MPa±0.02MPa的喷头连续冲洗180s。筛毕,用少量水把筛余物冲至蒸发皿中,等水泥颗粒全部沉淀后,小心倒出清水,烘干并用天平称取筛余物质量,精确至0.01g。

(3)试验筛的清洗:试验筛必须保持洁净,筛孔通畅,使用10次以后要进行清洗。金属框筛、铜丝网筛清洗时应用专门的清洗剂,不可用弱酸浸泡。

5. 结果整理

(1)水泥试样筛余百分数按下式计算,结果精确至0.1%。

$$F = \frac{R_s}{m} \times 100 \tag{10-1}$$

式中:F——水泥试样的筛余百分数,%;

R_s——水泥筛余物的质量,g;

m——水泥试样的质量,g。

修正系数的测定,应按下面附录A进行。

附录A 水泥试验筛的标定方法

(1)用一种已知45μm标准筛筛余百分数的粉状试样(该试样不受环境影响,筛余百分数不发生变化)作为标准样;按本方法的试验步骤,测定标准样在试验筛上的筛余百分数。

(2)试验筛修正系数,按式(A-1)计算:

$$C = \frac{F_n}{F_t} \tag{A-1}$$

式中:C——试验筛修正系数;

F_n——标准样给定的筛余百分数,%;

F_t——标准样在试验筛上的筛余百分数,%。

计算结果精确至0.01。

注:修正系数C超出0.80~1.20范围时,试验筛应予以淘汰,不得使用。

(3)水泥试样筛余百分数结果修正,按式(A-2)计算:

$$F_c = CF \tag{A-2}$$

式中：F_c——水泥试样修正后的筛余百分数，%；
　　　C——试验筛修正系数；
　　　F——水泥试样修正前的筛余百分数，%。
结果计算精确至0.1%。

(2)精度要求和允许误差：以两次平行试验结果(经修正系数修正)的算术平均值为测定值，结果精确至0.1%；当两次筛余结果相差大于0.3%时，试验数据无效，需重新试验。

负压筛法与水筛法测定的结果发生争议时，以负压筛法为准。

6.注意事项

(1)当工作负压小于4000Pa时，应清理吸尘器内的水泥。
(2)筛析时如有试样附着在筛盖上，可轻轻地敲击筛盖使试样落下。

复习思考题
(1)检测水泥细度的方法有几种？
(2)简述负压筛法测定水泥细度试验的步骤。

复习思考题答案

试验二　水泥标准稠度用水量、凝结时间、安定性试验

1. 适用范围

标准稠度用水量是指水泥净浆达到规定稠度(标准试杆沉入净浆距底板6mm±1mm)时的加水量，以水泥质量百分率表示。

测定标准稠度用水量的目的在于水泥净浆凝结时间和安定性的测定结果具有可比性。

凝结时间是指水泥从加水开始，到水泥浆失去可塑性所需时间。

安定性表征水泥硬化后体积变化均匀程度的物理指标。

本方法适用于通用硅酸盐水泥、道路硅酸盐水泥以及指定采用本方法的其他品种水泥。

2. 仪器设备

(1)水泥净浆搅拌机(图10-2)。

(2)标准维卡仪(图10-3)：标准稠度测定用试杆，有效长度为50mm±1mm，由直径为10mm±0.05mm的圆柱形耐腐蚀金属制成。与试杆联结的滑动杆表面应光滑，能靠重力自由下落，滑动部分的总质量为300g±1g。

盛水泥净浆的试模由金属制成，试模为深40mm±0.2mm、顶内径65mm±0.5mm、底内径

75mm±0.5mm 的截顶圆锥体。每只试模应配备一个边长或直径约 100mm、厚度为 4~5mm 的平板玻璃底板或金属底板。

测定凝结时间时用试针。试针由钢制成,其有效长度初凝针为 50mm±1mm、终凝针为 30mm±1mm、直径为 1.13mm±0.05mm 的圆柱体。

图 10-2　水泥净浆搅拌机　　　　图 10-3　维卡仪

(3)雷氏夹膨胀测定仪(图 10-4):标尺最小刻度为 0.5mm。

(4)雷氏夹(图 10-5):铜质材料制成,当一根指针的根部先悬挂在一根金属丝或尼龙丝上,另一根指针的根部挂上 300g 质量的砝码时,两根指针的针尖距离应在 17.5mm±2.5mm 范围以内,去掉砝码后针尖的距离能恢复至挂砝码前的状态。

(5)沸煮箱(图 10-6):有效窑为 410mm×240mm×310mm,内有算板。能在 30min±5min 内将箱内的试验用水由室温升至沸腾并可保持沸腾状态 3h 以上。

图 10-4　雷氏夹膨胀测定仪　　　图 10-5　雷氏夹　　　　图 10-6　沸煮箱

(6)量水器:分度值为 0.5mL。

(7)天平:量程不小于 1000g,感量为不大于 1g。

(8)湿气养护箱:温度 20℃±1℃,相对湿度>90%。

(9)其他:玻璃板、小刀等。

3. 试验材料与环境要求

(1)将水泥试样拌匀,过 0.9mm 方孔筛并记录筛余物情况。

(2)试验用水必须是洁净的淡水,有争议时可用蒸馏水。

(3)试验室的温度为 20℃±2℃,相对湿度>50%。

(4)水泥试样、拌和用水、仪器和用具的温度应与试验室内室温一致。

4. 试验步骤

1)标准稠度用水量的测定

(1)试验前必须做到:

①维卡仪的金属棒能自由滑动。
②调整至试杆接触玻璃板时指针对准零点。
③搅拌机运行正常。

(2) 水泥净浆的拌制。用水泥净浆搅拌机搅拌，搅拌锅和搅拌叶片先用湿布擦过，将拌和水倒入搅拌锅内，然后在 5~10s 内小心将称好的 500g 水泥加入水中，防止水和水泥溅出；拌和时，先将锅放在搅拌机的锅座上，升至搅拌位置，启动搅拌机，低速搅拌 120s，停 15s，同时将叶片和锅壁上的水泥浆刮入锅中间，接着高速搅拌 120s 停机。

(3) 标准稠度测定。拌和结束后，立即取适量水泥净浆一次性将其装入已置于玻璃底板上的试模中，浆体超过试模上端，用宽约 25mm 的直边刀轻轻拍打超出试模部分的浆体 5 次以排除浆体中的孔隙，然后在试模上表面约 1/3 处，略倾斜于试模分别向外轻轻锯掉多余净浆，再从试模边沿轻抹顶部一次，使净浆表面光滑。在锯掉多余净浆和抹平的操作过程中，注意不要压实净浆。抹平后迅速将试模和底板移到维卡仪上，并将其中心定在试杆下，降低试杆直至与水泥净浆表面接触，拧紧螺钉 1~2s 后，突然放松，使试杆垂直自由地沉入水泥净浆中。在试杆停止沉入或释放试杆 30s 时记录试杆距底板之间的距离，升起试杆后，立即擦净。

整个操作应在搅拌后 90s 内完成。以试杆沉入净浆并距底板 6mm±1mm 的水泥净浆为标准稠度净浆。其拌和水量为该水泥的标准稠度用水量(P)，按水泥质量的百分率计，结果精确至 1%。

当试杆距玻璃板小于 5mm 时，应适当减水；当试杆距玻璃板大于 7mm 时，应适当加水，并重复水泥浆的拌制和上述过程。

(4) 结果整理：

$$P = \frac{V\rho_w}{500} \times 100 \qquad (10\text{-}2)$$

式中：P——标准稠度用水量，%；
V——用水量，mL；
ρ_w——水的密度，g/cm^3，见表 9-1；
500——水泥试样的质量，g。

2) 凝结时间的测定

(1) 测定前准备工作：调整凝结时间测定仪的试针接触玻璃板时，指针对准零点。

(2) 试件的制备：以标准稠度净浆一次装满试模，振动数次刮平后，立即放入湿气养护箱中。记录水泥全部加入水中的时间作为凝结时间的起始时间。

(3) 初凝时间的测定：试件在湿气养护箱中养护至加水后 30min 时进行第一次测定。测定时，从湿气养护箱中取出试模放到试针下，降低试针与水泥净浆表面接触。拧紧螺钉 1~2s 后，突然放松，试针垂直自由地沉入水泥净浆，观察试针停止沉入或释放试针 30s 时指针的读数。

临近初凝时，每隔 5min（或更短时间）测一次。当试针沉至距离底板 4mm±1mm 时，为水泥初凝状态。水泥全部加入水中至达到初凝状态所经历时间为水泥的初凝时间，用"min"表示。

达到初凝时应立即重复测一次，当两次结论相同时才能定为达到初凝状态。

(4) 终凝时间的测定：在完成初凝时间测定后，立即将试模连同浆体以平移的方式从玻璃板取下，翻转 180°。直径大端向上、小端向下放在玻璃板上，再放入湿气养护箱中继续养护并换上终凝试针。

临近终凝的时间时15min(或更短时间)测定一次,当试针沉入试体0.5mm时,即环形附件开始不能在试体上留下痕迹时,为水泥达到终凝状态。由水泥全部加入水中至达到终凝状态所经历的时间为水泥的终凝时间,用"min"表示。

达到终凝时需要在试体另外两个不同点测试,结论相同时才能确定达到终凝状态。

(5)测定时应该注意:在最初测定的操作时应轻轻扶持金属柱,使其徐徐下降,以防止试针撞弯,但是结果以自由下落为准;在整个测试过程中试针沉入的位置至少要距离试模内壁10mm,每次测定不能让试针落入原针孔,每次测试完毕须将试针擦净并将试模放回湿气养护箱内,整个测试过程要防止试模振动。

3)安定性的测定——雷氏法

(1)准备工作:每个试样需要成型两个试件,每个雷氏夹需配备两个边长或直径约80mm、厚度4~5mm的玻璃板,凡与水泥净浆接触的玻璃板和雷氏夹内表面都要涂上一薄层油。

(2)试件成型:将预先准备好的雷氏夹放在已稍涂油的玻璃板上,并立即将已制好的标准稠度净浆一次装满雷氏夹,装浆时一只手轻轻扶持雷氏夹,另一只手用宽约25mm的直边小刀在浆体表面轻轻插捣3次,然后抹平,盖上稍涂油的玻璃板,接着立即将试件移至湿气养护箱内养护24h±2h。

(3)沸煮:调整好沸煮箱内的水位,使之在整个沸煮过程中都能没过试件,不许中途添补试验用水,同时又能保证在30min±5min内升至沸腾。取出雷氏夹,脱去玻璃板取下试件,先测量雷氏夹指针尖端间的距离(A),精确到0.5mm,接着将试件放入沸煮箱水中的试架上,指针朝上,试件之间互不交叉,然后在30min±5min内加热至沸腾并恒沸180min±5min。

(4)结果判别:沸煮结束后,立即放掉沸煮箱中的热水,打开箱盖,待箱体冷却至室温,取出试件进行判别。测量雷氏夹指针尖端的距离(C),准确至0.5mm,当两个试件煮后增加距离($C-A$)的平均值不大于5.0mm时,即认为该水泥安定性合格;当两个试件煮后增加距离($C-A$)的平均值大于5.0mm时,应用同一样品立即重做一次试验。以复检结果为准。

5. 注意事项

(1)净浆搅拌前,要用湿布擦拭搅拌锅和搅拌叶片,且不能有水存留。

(2)将水和水泥加入搅拌锅内时,要注意加料顺序。

(3)测定凝结时间过程中,在最初测定时,应用手轻轻扶持金属柱,使其徐徐下降,以防试针撞弯,但结果以自由下落为准。

(4)测定凝结时间过程中,试针沉入的位置至少要距试模内壁10mm,每次测定不能让试针落入原针孔;每次测试完毕须将试针擦净并将试模放回养护箱内,整个测试过程要防止试模振动。

(5)安全性检测前,要先检验雷氏夹指针间距离是否合格。

复习思考题

(1)何谓水泥标准稠度用水量?水泥的标准稠度是不是检验水泥质量的必要指标?测定它的意义何在?

(2)用什么方法测定水泥标准稠度用水量?简述水泥标准稠度用水量试验主要仪具有哪些。试验时应注意哪些事项?

(3) 如何判断水泥净浆是否达到了标准稠度？如超出范围怎样调整？

(4) 水泥凝结时间试验的试验目的是什么？试验过程注意事项有哪些？试验中初凝和终凝时间的判定标准是什么？

(5) 水泥凝结时间试验对水泥净浆有何要求？试验时应注意哪些事项？

(6) 某同学进行水泥凝结时间试验，他将水泥全部加入水中的时间为 8 时 30 分，经测定 12 时 45 分水泥达到初凝状态，14 时 15 分水泥达到终凝状态，请问初凝时间和终凝时间各为多少？

(7) 水泥体积安定性可用什么方法检验？安定性试验的标准法叫什么方法？这种方法可以检验出由什么因素造成的体积安定性不良？

(8) 简述水泥安定性试验的测定方法。如何判别水泥的安定性是否合格？安定性不合格的水泥应如何处理？

复习思考题答案

试验三　水泥胶砂强度检验方法（ISO 法）

1. 目的与适用范围

本方法用于测定水泥实际强度，以确定水泥强度等级。

本方法适用于通用硅酸盐水泥、道路硅酸盐水泥以及指定采用本方法的其他品种水泥。

2. 仪器设备

(1) 水泥胶砂搅拌机（图 10-7）：行星式，搅拌叶片和搅拌锅作相反方向转动。

(2) 试模及振实台（图 10-8）：试模为可装卸的三联模，由隔板、端板、底座等组成，截面为 40mm×40mm×160mm 的棱形；振实台，使用时固定于混凝土基座上，座高约 400mm，混凝土的体积约 $25m^3$，质量约 600kg。

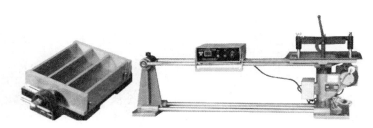

图 10-7　水泥胶砂搅拌机　　　　　　　　图 10-8　试模及振实台

(3) 天平：量程不小于 2000g，感量不大于 1g。

(4)抗折强度试验机(图10-9):一般采用杠杆式。

(5)胶砂抗压试验机(图10-10):量程在200～300kN为宜,可以按2400N/s±200N/s速率加荷;抗压夹具应由硬质钢材制成,受压面积为40mm×40mm。

图10-9　杠杆式抗折试验机　　　　图10-10　胶砂抗压试验机

3. 试验材料与环境

(1)水泥试样从取样到试验要保持24h以上,注意储存时防潮;试验用砂为ISO标准砂;试验用水为饮用水,仲裁试验时用蒸馏水。

(2)试件成型试验室应保持试验室温度为20℃±2℃、相对湿度>50%。

(3)养护箱或雾室温度为20℃±1℃、相对湿度>90%,养护水的温度为20℃±1℃。

4. 试验步骤

1)胶砂试件的制备

(1)水泥与ISO标准砂的质量比为1∶3,水灰比为0.5。火山灰质硅酸盐水泥、粉煤灰硅酸盐水泥、复合硅酸盐水泥和掺火山灰质混合材料的流动度小于180mm时,应以0.01整倍数递增的方法将水灰比调整至胶砂流动度不小于180mm为止。

(2)每成型三条试件需称量的材料及用量为:水泥450g±2g,ISO标准砂1350g±5g,水225mL±1mL。

(3)搅拌:将搅拌锅和叶片用湿抹布润湿,将水加入锅中,再加入水泥,把锅放在固定架上,上升至固定位置,将标准砂倒入下料漏斗中,然后立即开动机器,低速搅拌30s后,在第二个30s开始的同时均匀地将砂子加入。再高速搅拌30s。停拌90s,在第1个15s内用一胶皮刮具将叶片和锅壁上的胶砂,刮入锅中间。再高速继续搅拌60s。各个搅拌阶段,时间误差应在±1s以内。

2)试件的制备

(1)将试模擦净,四周的模板与底座的接触面上应涂油,紧密装配,防止漏浆,内壁均匀地刷一薄层机油。

(2)用振实台成型:将空试模和模套固定在振实台上,用一个适当勺子直接从搅拌锅里将胶砂分两层装入试模,装第一层时,每个槽里约放300g胶砂,用大播料器垂直架在模套顶部沿每个模槽来回一次,将料层播平,接着振实60次。再装入第二层胶砂,用小播料器播平,再振实60次。移走模套,并用刮尺以90°的角度架在试模顶的一端,然后沿试模长度方向以横向锯割动作慢慢向另一端移动,一次将超过试模部分的胶砂刮去,并用同一直尺将试体表面抹平。在试模上作标记或加字条标明试件相对于振实台的位置。

3）试件的养护

（1）脱模前的处理和养护：将试模放入养护箱养护，养护箱内算板必须水平。水平放置时刮平面应朝上。

（2）脱模：对于 24h 龄期的，应在破型试验前 20min 内脱模。对于 24h 以上龄期的，应在成型后 20~24h 内脱模。脱模时要非常小心，应防止试件损伤。硬化较慢的水泥允许延期脱模，但须记录脱模时间。

（3）水中养护：试件脱模后即放入水槽中养护，试件之间间隙或试件上表面的水深不得小于 5mm。每个养护池中只能养护同类水泥试件，并应保持恒定水位，不允许养护期间全部换水。除 24h 龄期或延迟 48h 脱模的试件外，任何到龄期的试体应在试验（破型）前 15min 从水中取出。抹去试体表面沉积物，并用湿布覆盖至试验为止。

（4）试体的龄期：试体龄期是从水泥加水搅拌开始算起。不同龄期强度试验在下列时间里进行：

龄期	试验时间
——24h	24h ± 15min
——48h	48h ± 30min
——72h	72h ± 45min
——7d	7d ± 2h
——28d	28d ± 8h

4）抗折强度测定

（1）以中心加荷法测定抗折强度。采用杠杆式抗折试验机试验时，试件放入前，应使杠杆呈水平状态。试件放入后调整夹具，使杠杆在试件折断时尽可能地接近水平位置。

（2）抗折试验加荷速度为 50N/s ± 10N/s，直至折断。并保持两个半截棱柱处于潮湿状态直至抗压试验。

（3）抗折强度 R_f 按下式进行计算，精确至 0.1MPa。

$$R_f = \frac{1.5 F_f L}{b^3} \tag{10-3}$$

式中：R_f——抗折强度，MPa；

F_f——破坏荷载，N；

L——支撑圆柱中心距，mm；

b——试件断面正方形的边长，mm，取 40mm。

（4）取三块试件抗折强度测定值的算术平均值，结果精确至 0.1MPa。当 3 个强度值中有超出平均值 ±10% 的，应剔除后再取平均，以平均值作为抗折强度试验结果。

5）抗压强度测定

（1）抗折试验后的两个断块应立即进行抗压强度试验。抗压试验须用抗压夹具进行，试件受压面为试件成型时的两个侧面，面积为 40mm×40mm。试验前应清除试件受压面与加压板间的砂粒或杂物。试件底面靠紧夹具定位销，并使夹具对准压力机压板中心。

压力机加荷速度应控制在 2400N/s ± 200N/s 的速率范围内，在接近破坏时更应严格掌握。

(2) 抗压强度 R_c 按下式进行计算，精确至 0.1 MPa。

$$R_c = \frac{F_c}{A} \tag{10-4}$$

式中：R_c——抗压强度，MPa；
  F_c——破坏荷载，N；
  A——受压面积，mm^2，为 40mm×40mm。

(3) 精度要求及允许误差：取六个抗压强度测定值的算术平均值，结果精确至 0.1 MPa。如六个测定值中有一个超出平均值的 ±10%，就应剔除后以剩下五个结果平均。如果五个值中再有超过它们平均数 ±10% 的，则此组试件无效。

5. 注意事项

(1) 胶砂试验制备时，要注意加料顺序。

(2) 试件的制备组装试模时，要紧密装配，防止漏浆。

(3) 脱模前养护时不应将试模放在其他试模上，脱模后养护时随时加水保持适当的恒定水位，不允许在养护期间全部换水。养护池只养护同类型的水泥试件。

(4) 强度的测定要以试体的侧面为受折面和受压面。抗压强度试验时，试体的底面靠紧夹具定位销，使夹具对准压力机压板中心，应严格控制加荷速度。

> **复习思考题**
>
> (1) 水泥胶砂强度试验的目的是什么？胶砂试件的成型用哪些试验仪具？水泥胶砂强度试验需哪些材料？配合比是多少？制作一组胶砂试件，各种材料的用量为多少？试件的尺寸是多少？
>
> (2) 简述水泥胶砂试件的成型方法。
>
> (3) 水泥胶砂搅拌时的加料顺序如何？胶砂试件成型前对试模如何处理？分几次将胶砂装入试模？每次装入多少？如何播料和刮平？
>
> (4) 水泥胶砂强度试件成型的试验室温度和相对湿度是多少？试件成型后，脱模前和脱模后应如何养护？胶砂试件的制备及养护应注意哪些事项？
>
> (5) 水泥胶砂强度的测定用哪些试验仪具？简述抗折强度和抗压强度的测定方法及试验注意事项。
>
> (6) 水泥胶砂抗压强度测定时，试件的受压面积是多少？受压前对试体如何处理？受压时对试体受压面有何要求？加荷速度对试验结果有何影响？
>
> (7) 如何评定水泥胶砂试件的抗折强度和抗压强度？
>
> (8) 某一组水泥胶砂强度试件的抗折试验数据为 6.8MPa、6.4MPa、7.8MPa，请对该组试件的抗折试验结果作出评定。
>
> (9) 请对下面一组水泥胶砂抗压强度的试验结果进行评定：40.8MPa、41.3MPa、42.5MPa、43.6MPa、43.6MPa、46.7MPa。

复习思考题答案

第十一章 CHAPTER ELEVEN
普通混凝土及砂浆试验

试验一　普通混凝土拌合物稠度试验

(一)水泥混凝土拌合物的拌和方法

1. 目的与适用范围

拌制混凝土拌合物,用来测定其工作性及强度试件的制备。

本方法适用于普通水泥混凝土拌合物的拌和与现场取样,也适用于轻质水泥混凝土、防水水泥混凝土、碾压水泥混凝土等其他特种水泥混凝土的拌和与现场取样。

2. 仪器设备、材料

(1)强制式搅拌机(图11-1)。
(2)磅秤:最大量程不小于50kg,感量不大于5g。
(3)天平:最大量程不小于2000g,感量不大于1g。
(4)其他:拌板、铁铲、量水器、方盘、抹布等。
(5)材料应放置在温度20℃±5℃的室内,且时间不得少于24h。

图11-1　强制式搅拌机

3. 试验步骤

1)人工拌和

(1)润湿,称料:清除拌板、铁铲上粘着的混凝土,并用湿布润湿,然后按配合比计算结果取各种材料,分别装在各容器中。

(2)干拌砂和水泥:将称好的砂置于拌板上,然后倒上所需数量的水泥,用铲子拌和至呈均一颜色为止。

(3)加粗集料,拌匀:加入所需数量的粗集料,并将全部拌合物加以拌和,使粗集料在整个干拌合物中分配均匀为止。

(4) 分两次加水,翻拌均匀:将该拌合物收集成细长或椭圆形的堆,在堆的中心仔细扒一凹穴,将所需水的一半注入凹穴中,仔细拌和材料与水,不使水流散,重新将材料堆集成堆,并将剩下的水渐渐加入,继续用铲将混凝土进行拌和,来回翻拌至少10遍。

(5) 从试样制备完毕到开始做各项性能试验,不宜超过5min(不包括成型试件)。

2) 机械拌制

(1) 按计算结果将所需材料分别称好,装在各容器中。

(2) 使用拌和机前,应先用少量砂浆进行涮膛,再刮出涮膛砂浆,以避免正式拌和混凝土时,水泥浆黏附筒壁损失。涮膛砂浆的水灰比及砂灰比,与正式混凝土相同。拌和量宜为拌和机最大容量的1/4~3/4。

(3) 将称好的各种原材料,往拌和机按顺序加入粗集料、细集料和水泥。开动拌和机,将材料拌和均匀,在拌和过程中,将水徐徐加入,全部加料的时间不宜超过2min。水全部加入后,继续拌和2min,然后将拌合物倒出在拌和板上,再经人工翻拌1~2min,使拌合物均匀一致。

所得的混凝土拌合物,可供做工作性试验或水泥混凝土强度试验用。混凝土拌和机及拌板在使用后必须立即仔细清洗。

(二) 普通混凝土拌合物稠度试验(坍落度仪法)

1. 目的与适用范围

坍落度是表示混凝土拌合物稠度的一种指标,测定坍落度的目的是判定混凝土的稠度是否满足设计要求,作为配合比调整的依据。

本方法适用于坍落度大于10mm,集料最大料径不大于31.5mm的水泥混凝土的坍落度的测定。

2. 仪器设备

(1) 坍落筒及标尺(图11-2):坍落筒为铁板制成的截头圆锥筒,厚度不小于1.5mm,内侧平滑,在筒上方约2/3高度处有两个把手,近下端两侧焊有两个踏脚板,保证坍落筒可以稳定操作。

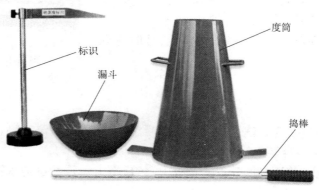

图11-2 坍落筒及标尺

(2) 捣棒:直径为16mm,长度约600mm,具有半球形端头的钢质圆棒。

(3) 其他:钢尺、小铲、镘刀和钢平板等。

3. 试验步骤

（1）清洗坍落筒：试验前将坍落筒内外洗净，放在水湿润过的平板上（平板吸水时应垫以塑料布），踏紧脚踏板。

（2）装混凝土拌合物：将试样分三层装入筒内，每层装入高度稍大于筒高的1/3，用捣棒在每一层的截面上均匀插捣25次，插捣在全部面积上进行，沿螺旋线由边缘至中心。插捣底层时插至底部，插捣其余两层时，应插透本层并插入下层20~30mm，插捣需垂直向下（边缘部分除外）不得冲击。在插捣顶层时，装入的拌合物应高出坍落筒，随插捣过程随时添加拌合物，当顶层插捣完毕后，将捣棒用锯和滚的动作，以清除多余的拌合物，用抹刀抹平筒口，刮净筒底周围的拌合物，而后立即垂直地提取坍落筒，提筒在3~7s内完成，并使拌合物不受横向和扭力作用。从开始装筒到提出坍落筒的全过程，不应超过150s。

（3）将坍落筒放在锥体混凝土试样一旁，筒顶平放木尺，用小钢尺量出木尺底面至试样顶面最高点的垂直距离，即为该混凝土拌合物的坍落度，以mm计，精确至1mm。

（4）当混凝土试件的一侧发生崩坍或一边剪切破坏，则应重新取样另测。如果第二次仍发生上述情况，则表示该混凝土工作性不良。

（5）当混凝土拌合物的坍落度大于160mm时，用钢尺测量混凝土扩展后最终的最大直径和最小直径，在这两个直径之差小于50mm的条件下，用其算术平均值作为坍落扩展度值，否则此次试验无效。

（6）用目测方法测定混凝土拌合物的其他性质。

①棍度：按插捣时难易程度评定，分"上""中""下"三级。

"上"：表示插捣容易；

"中"：表示插捣时稍有石子阻滞感觉；

"下"：表示很难插捣。

②黏聚性：观测拌合物各组分相互黏聚情况。

用捣棒在已坍落的混凝土锥体侧面轻打，如锥体逐渐下沉，表示黏聚性良好；如锥体突然倒坍、部分崩裂或发生石子离析现象，表示黏聚性不好。

③保水性：指水分从拌合物中析出情况，分"多量""少量""无"三级。

"多量"：表示提筒后，有较多水分从底部析出；

"少量"：表示提筒后，有少量水分从底部析出；

"无"：表示提筒后，没有水分从底部析出。

4. 结果整理

混凝土拌合物坍落度和坍落扩展度值以mm为单位，测量精确到1mm，结果修约至最接近5mm。

5. 注意事项

（1）混凝土拌和过程中，采用人工拌和时要注意加料顺序，拌和过程中不得让水分流失，要控制拌和时间。拌和后要使拌合物均匀一致。

（2）从试样制备完毕到开始做各项性能试验不宜超过5min（不包括成型试件）。

（3）坍落度试验时，先要用湿布擦净坍落筒，防止试验中的水分损失，插捣注意插捣方式和评定棍度,控制好从装料至提筒的时间,整个过程在150s内完成。

(4)测试拌合物性质时,应在拌和后5min内进行试验。

(5)若坍落度不能满足设计要求,或黏聚性和保水性不好,应调整配合比,重新拌和测定,直至符合要求为止,提出基准配合比。

①坍落度小于设计要求,应把拌合物收集起来,保持水胶比不变,增加胶浆用量,如一次调整不符合要求,作废,再调时重新称料拌和检验,通常普通混凝土,每增减2%～5%胶浆,坍落度增减10mm。

②坍落度大于设计要求,拌合物作废,保持水胶比不变,减少胶浆用量。重新称料拌和检验。

③黏聚性和保水性不好,调整砂率:砂少,增加砂率,加砂,重新称料拌和;黏聚性差,砂多,减少砂率,加石子,重新称料拌和检验。

复习思考题

(1)普通混凝土拌合物的拌制方法有哪几种?简述人工拌制时注意事项。

(2)采用人工拌制水泥混凝土时,拌和前应对仪具进行怎样的处理?拌和时的加料顺序如何?

(3)坍落度试验的目的和适用范围是什么?主要的试验仪具有哪些?

(4)坍落度试验时,试验前需要对仪具进行怎样的处理?如何装料、插捣、提筒和量取坍落度?说明气温和风力对坍落度测定值的影响。

(5)在坍落度试验的同时,可用目测方法评定混凝土拌合物的哪些性质?如何评定?

(6)简述混凝土拌合物流动性调整的一般做法。黏聚性和保水性不好时,应如何调整?工作性合格后,可以确定混凝土的什么配合比?

复习思考题答案

试验二　普通混凝土立方体抗压强度试验

(一)试件成型与养护方法

1. 目的与适用范围

工作性合格的混凝土拌合物,为检验其强度,必须制备标准试件。

本方法适用于普通水泥混凝土立方体抗压强度试件制作。

2. 仪器设备

(1)试模(图11-3):标准尺寸为150mm×150mm×150mm。

(2)振动台(图11-4)。

(3)捣棒。

图 11-3 试模

图 11-4 振动台

3. 试验步骤

(1)将试模内部涂敷一层矿物油或其他脱模剂,然后将拌好的混凝土拌合物装入试模中,并使其稍高出模顶,紧接着实行捣实工作。

(2)混凝土捣实工作可采用下列方式:

①振捣法:当坍落度小于 25mm 时,可采用 ϕ25mm 的插入式振捣棒成型。将混凝土拌合物一次装入试模,装料时应用抹刀沿各试模壁插捣,并使混凝土拌合物高出试模口;振捣时振捣棒距底板 10~20mm,且不要接触底板。振捣直到表面出浆为止,且应避免过振,以防止混凝土离析,一般振捣时间为 20s。振捣棒拔出时要缓慢,拔出后不得留有孔洞。用刮刀刮去多余的混凝土,在临近初凝时,用抹刀抹平。试件抹面与试模边缘高低差不得超过 0.5mm。

②振动法:当坍落度大于 25mm 且小于 90mm 时,用标准振动台成型。将试模放在振动台上夹牢,防止试模自由跳动,将拌合物一次装满试模并稍有富余,开动振动台至混凝土表面出现乳状水泥浆时为止,振动过程中随时添加混凝土使试模常满,记录振动时间(为维勃秒数的 2~3 倍,一般不超过 90s)。振动结束后,用金属直尺沿试模边缘刮去多余混凝土,用抹刀将表面初次抹平,待试件收浆后,再次用抹刀将试件仔细抹平,试件表面与试模边缘的高低差不得超过 0.5mm。

③插捣法:当坍落度大于 90mm 时,用人工成型。混凝土分厚度大致相等的两层装入试模,捣固时沿螺旋方向从边缘向中心均匀地插捣。插捣底层时,捣棒应到达模底,插捣上层时,捣棒应贯穿上层后插入下层 20~30mm 处,插捣时应用力将捣棒压下,保持捣棒垂直,不得冲击,每层插捣次数 100cm^2 截面积内不得少于 12 次。捣完一层后用橡胶锤轻轻击打试模外端面 10~15 下,以填平插捣过程留下的孔洞。试件抹面与试模边缘的高低差不得超过 0.5mm。

(3)拆模:试件成型后应用湿布覆盖表面,以防止水分蒸发,并在室温 20℃±5℃、相对湿度大于 50% 的情况下静放 1~2 昼夜,然后拆模,并作外观检查和编号。对有缺陷的试件应除去,或加工补平。

(4)养护:将完好试件放入标准养护室进行养护,标准养护条件为温度 20℃±2℃、相对湿度大于 95%。试件宜放在铁架或木架上,彼此间距至少 10~20mm,试件表面应保持一层水膜并避免直接用水冲淋。在缺乏标准养护室时,混凝土试件允许在温度 20℃±2℃ 的饱和氢氧化钙溶液中养护。标准养护龄期为 28d(以搅拌加水开始),非标准的龄期为 1d、3d、7d、60d、90d、180d。

(二)普通混凝土抗压强度试验

1. 目的与适用范围

本方法可用于确定水泥混凝土的强度等级,作为评定水泥混凝土品质的主要指标。本方法适用于各类水泥混凝土立方体试件的抗压强度试验。

图 11-5　压力试验机

2. 仪器设备

(1)压力试验机(图 11-5):上下压板平整并有足够刚度,可以均匀地连续加荷卸荷,可以保持固定荷载。

(2)一组 3 个同条件制作、养护和同龄期的混凝土试块。

3. 试验步骤

(1)取出试件,先检查其尺寸及形状,相对两面应平行,量出棱边长度,精确至 1mm。试件受力截面积按其与压力机上下接触面的平均值计算。在破型前,保持试件原有湿度,在试验时擦干试件。

(2)以成型时侧面为上下受压面,试件中心与压力机几何对中,按规定的速度加荷:强度等级小于 C30 的混凝土时,取 0.3~0.5MPa/s 的加荷速度;强度等级 C30~C60 的混凝土时,取 0.5~0.8MPa/s 的加荷速度;强度等级大于 C60 的混凝土时,取 0.8~1.0MPa/s 的加荷速度。

当试件接近破坏而开始变形时,应停止调整试验机油门,直至试件破坏,记下破坏极限荷载 F。

4. 结果整理

(1)混凝土立方体抗压强度 f_{cu} 按下式计算,精确至 0.1MPa。

$$f_{cu} = \frac{F}{A} \tag{11-1}$$

式中:f_{cu}——混凝土立方体抗压强度,MPa;

F——极限荷载,N;

A——受压面积,mm^2。

(2)精度要求及允许误差:

①以三个试件测值的算术平均值为测定值。三个测值中的最大值或最小值中如有一个与中间值之差超过中间值的 15% 时,则取中间值为测定值;如最大值和最小值与中间值之差均超过中间值的 15%,则该组试验结果无效。

②混凝土强度等级小于 C60 时,用非标准试件的抗压强度应乘以尺寸换算系数(表 11-1),并应在报告中注明。

抗压强度尺寸换算系数表　　表 11-1

试件尺寸(mm×mm×mm)	100×100×100	150×150×150	200×200×200
换算系数 k	0.95	1.00	1.05
集料最大粒径(mm)	31.5	40	63

③当混凝土强度等级大于或等于 C60 时,宜采用 150mm×150mm×150mm 标准试件,使用非标准试件时,换算系数由试验确定。

5. 注意事项

(1)浇制试件时,应在拌和后 15min 内装入试模。从开始拌和到测试性质直至浇制试件,整个过程应在20min内完成。

(2)试件抹面与试模边缘的高低差,不得超过0.5mm。

(3)加压时必须以试件的侧面作为受压面。

(4)试件应连续均匀地加荷,严格控制加荷速度。

> 复习思考题
> (1)简述普通混凝土抗压强度试验的目的、主要仪器设备。
> (2)普通混凝土抗压强度试件的标准尺寸是多少?抗压强度试验时,应注意哪些事项?
> (3)如何评定普通混凝土的抗压强度?请对下面两组普通混凝土抗压强度的试验结果进行评定:
>   A组:22.7MPa、23.9MPa、26.8MPa。
>   B组:16.8MPa、22.3MPa、26.5MPa。
> (4)测定强度时如何控制加荷速度?当加荷速度过快或过慢时,强度值会有什么变化?

复习思考题答案

试验三 水泥砂浆试验

(一)试样制备

1.目的

拌制新拌砂浆,用来测定其和易性及强度试件的制备。

2.仪器设备

(1)砂浆搅拌机(图11-1)。

(2)砂浆稠度仪。由试锥、圆锥筒和支座三部分组成,如图11-6所示。试锥高度为145mm、锥底直径为75mm,试锥连同滑杆的质量应为300g±2g;圆锥筒为钢板制成的密闭圆锥,筒高为180mm,锥筒上口内径为150mm,体积约为1060mL;支座分底座、支架及刻度盘三个部分。

(3)钢制捣棒:直径为10mm、长为350mm,端部为半球形。

(4)秒表等辅助工具。

3.试验准备

(1)试验室内温度应控制在20℃±5℃,相对湿度不小于50%。砂浆拌和用原材料应放置试验室内至少24h。

(2)砂应过9.5mm的方孔筛,4.75mm筛上分计筛余率不超过10%,且砂料应翻拌均匀;

图11-6 砂浆稠度仪

水泥及掺合料不允许有结块,使用前应用 0.9mm 过筛。

(3)砂料应为干燥状态,含水率不超过 0.2%。

4. 砂浆拌和

(1)将砂浆搅拌锅清洗干净,并保持锅内润湿;按照配合比,先拌制不少于 30% 容量同配比砂浆,使搅拌机内壁挂浆,将剩余料卸出。

(2)将称好的砂料、水、水泥及外掺料等依次倒入机内,立即开动搅拌机,搅拌时间不应少于 120s。掺有掺合料和外加剂的砂浆,其搅拌时间不应少于 180s。一次拌和量不宜少于搅拌机容量的 30%,不宜大于搅拌机容量的 70%。

5. 砂浆稠度试验

(1)擦拭仪器:将圆锥筒和试锥表面用湿布擦干净,并用少量润滑油轻擦滑杆,然后将滑杆上多余的油用吸油纸擦净,使滑杆能自由滑动。

(2)装砂浆:将拌好的砂浆一次性装入砂浆筒中,装至距筒口约 10mm,用捣棒自圆锥筒中心至边缘插捣 25 次,然后用木锤在圆锥筒周围距离大致相等的四个不同部位轻轻敲击 5~6 次,使砂浆表面平整,然后移置于稠度仪底座上。

(3)调接触,读 H_0:调节试锥滑杆的固定螺栓,缓慢向下移动滑杆,当试锥尖端与砂浆表面刚接触时,拧紧固定螺栓,使齿条测杆下端刚接触滑杆上端,读出刻度盘上的读数 H_0(精确至 1mm)。

(4)锥体下沉,读 H_1,计算稠度:拧开固定螺栓,同时计时,10s 后立即拧紧固定螺栓,将齿条测杆下端接触滑杆上端,从刻度盘上读数 H_1、H_0 和 H_1 的差值,即为砂浆的稠度值,记作 S_1,精确至 1mm。

(5)重复测定:圆锥筒内的砂浆只允许测定一次稠度,重复测定时,应重新取样测定。

6. 结果整理

以两次平行试验测值的算术平均值作为试验结果,精确至 1mm;如两次测定值之差大于 10mm 应重新试验。

(二)分层度试验

1. 适用范围

本方法适用于测定砂浆拌合物在运输及停放时内部组分的稳定性。

2. 仪器设备

(1)分层度筒(图 11-7):内径 150mm ± 1mm,上节净高 200mm,下节带底净高 100mm。用金属板制成,上、下连接处需加宽到 3~5mm,并设有密封橡胶垫圈。

(2)其他设备同砂浆稠度试验。

3. 试验步骤

(1)规定进行砂浆制备和稠度测定,砂浆稠度记为 S_1,精确

图 11-7 分层度筒

至 1mm。

(2)装砂浆：将砂浆拌合物一次装入分层度筒内，待装满后，用木锤在容器周围距离大致相等的四个不同部位轻轻敲击 1~2 下，如砂浆沉落到低于筒口，则应随时添加，然后刮去多余的砂浆并用抹刀抹平，同时开始计时。

(3)静置后，测稠度：静置 30min 后，用上节 200mm 砂浆放入砂浆搅拌机内搅拌 1min，刮浆后废掉，随即将剩余的 100mm 砂浆倒出放在拌和锅内拌和 2min，再按(一)的规定，搅拌砂浆并测试稠度，记为 S_2，精确至 1mm。

4.结果整理

砂浆的分层度值，按式(11-2)计算：

$$S_0 = S_1 - S_2 \tag{11-2}$$

以两次平行试验测值的算术平均值作为试验结果，若两次试验值之差大于 10mm，则重新试验。

(三)立方体抗压强度试验

1.目的与适用范围

测定硬化后砂浆抗压强度，来确定砂浆强度等级，本方法适用于各类水泥砂浆 70.7mm × 70.7mm × 70.7mm 的立方体试件。

2.仪器设备

(1)压力试验机(图 11-5)。

(2)试模(图 11-8)：70.7mm × 70.7mm × 70.7mm 立方体三联模。

(3)其他：捣棒、垫板、钢尺等。

图 11-8　砂浆试模

3.试件制作及养护

(1)涂刷机油：制作砌筑砂浆试件时，试模内壁事先涂刷薄层机油或脱模剂。

(2)注满砂浆：向试模内一次注满砂浆，用捣棒均匀由外向里按螺旋方向插捣 25 次，为了防止低稠度砂浆插捣后可能留下孔洞，允许用油灰刀沿模壁插数次，使砂浆高出试模顶面 6~8mm。

(3)抹平：当砂浆表面开始出现麻斑状态时(15~30min)，将高出部分的砂浆沿试模顶面削去抹平。

(4)养护：试件制作后应在温度为 20℃ ±5℃、湿度大于 50% 的环境下，停置一昼夜(24h±2h)；当气温较低时，可适当延长时间，但不应超过两昼夜。应对试件进行编号并拆模。试件拆模后，应在标准养护条件下继续养护至 28d，然后进行试压。

(5)标准养护的条件：

①水泥混合砂浆：标准养护的条件为温度 20℃ ±2℃、相对湿度 60%~80%。

②水泥砂浆和微沫砂浆：标准养护的条件为温度 20℃ ±2℃、相对湿度 90% 以上。

③养护期间，试件彼此间隔 10mm 以上。

4. 试验步骤

(1)检查外观、测尺寸:试件从养护地点取出后,应尽快进行试验,以免试件内部的温度、湿度发生显著变化。先将试件擦拭干净,检查其外观,并测量尺寸,精确至1mm。如果实测尺寸与公称尺寸之差不超过1mm,按公称尺寸进行计算。

(2)安放试件:将试件安放在试验机的下压板正中间,试件的承压面应与成型时的顶面垂直,试件中心应与试验机下压板(或下垫板)中心对准。

(3)开机:开动试验机,当上压板与试件(或下垫板)接近时,如有明显偏斜,应调整球座,使接触面均衡受压。

(4)加荷至试件破坏:承压试验应连续而均匀加荷,加荷速度为0.3~0.5MPa/s(砂浆强度不大于5MPa时,取下限为宜),当试件接近破坏而开始迅速变形时,停止调整试验机油门,直至试件破坏,然后记录破坏荷载。

5. 结果整理

(1)单个试件的抗压强度按下式计算,精确0.1MPa。

$$f_{m,cu} = \frac{F_u}{A} \tag{11-3}$$

式中:$f_{m,cu}$——砂浆立方体抗压强度,MPa;

F_u——破坏荷载,N;

A——试件承压面积,mm^2。

(2)精度要求及允许误差:以3个试件的算术平均值作为该组试件的抗压强度。当3个试件的最大或最小值与中间值的差超过中间值的15%时,以中间值为该组试件的抗压强度。当两个测试值与中间值的差值均超过中间值的15%时,该组试验结果无效。

6. 注意事项

(1)圆锥筒内的砂浆只允许测定一次稠度,重复测定时,应重新取样测定。

(2)将砂浆拌合物一次装入分层度筒内,装满后,用木锤在容器周围距离大致相等的四个不同部位轻轻敲击1~2下,如砂浆沉落到低于筒口,则应随时添加,然后刮去多余的砂浆并用抹刀抹平,同时开始计时。

(3)砂浆强度制件时,向试模内一次注满砂浆,应用捣棒均匀由外向里按螺旋方向插捣25次,为了防止低稠度砂浆插捣后可能留下孔洞,可用油灰刀沿模壁插数次,使砂浆高出试模顶面6~8mm。

(4)砂浆强度试件在养生过程中,要注意养生条件。

复习思考题

(1)砂浆的和易性包括哪些方面的内容?如何测定?

(2)如何确定砂浆的强度等级?

(3)砂浆强度试验时,如何施加荷载?

复习思考题答案

第十二章
CHAPTER TWELVE
无机结合料稳定类材料试验

试验一　无机结合料稳定材料击实试验

1. 适用范围

(1) 本方法适用于不同级配形式和细、中、粗粒式水泥稳定材料(在水泥水化前)、石灰稳定材料及石灰(或水泥)粉煤灰稳定材料的击实试验,以确定其最佳含水率和最大干密度。

(2) 试验集料的公称最大粒径宜控制在 37.5mm 以内。

(3) 试验方法类别。本试验方法分为三类,各类击实方法的主要参数列于表 12-1。

试验方法类别　　　　　　　　　　　　　　　表 12-1

类别	锤的质量 (kg)	锤击面直径(cm)	落高 (mm)	试筒尺寸			锤击层数	每层锤击次数	平均单位击实功(J)	容许公称最大粒径(mm)
				内径(mm)	高(mm)	容积(mL)				
甲	4.5	5.0	450	100	127	997	5	27	2.687	19.0
乙	4.5	5.0	450	152	170	2177	5	59	2.687	19.0
丙	4.5	5.0	450	152	170	2177	3	98	2.677	37.5

2. 仪器设备

(1) 击实筒:小型,内径 100mm、高 127mm 的金属圆筒,套环高 50mm,底座;大型,内径 152mm、高 170mm 的金属圆筒,套环高 50mm,直径 151mm 和高 50mm 的筒内垫块,底座。

(2) 多功能自控电动击实仪(图 12-1):击锤的底面直径 50mm,总质量 4.5kg。击锤在导管内的总行程为 450mm。可设置击实次数,并保证击锤自由垂直落下,落高应为 450mm,锤迹均匀分布于试样面。

(3) 电子天平:量程不小于 4000g,感量 0.01g。

(4) 电子天平:量程不小于 15kg,感量 0.1g。

(5) 方孔筛:孔径 53mm、37.5mm、26.5mm、19mm、4.75mm、2.36mm 的筛各 1 个。

(6) 量筒:50mL、100mL 和 500mL 的量筒各 1 个。

(7) 直刮刀:长 200~250mm、宽 30mm 和厚 3mm,一侧开口的直刮刀,用以刮平和修饰粒料大试件的表面。

(8) 刮土刀:长 150~200mm、宽约 20mm 的刮刀,用以刮平和修饰小试件的表面。

(9) 工字形刮平尺:30mm×50mm×310mm,上下两面和侧面均刨平。

(10) 拌和工具:约 400mm×600mm×70mm 的长方形金属盘、拌和用平头小铲等。

(11) 脱模器(图 12-2)。

图 12-1 击实仪和击实筒　　　图 12-2 脱模器

(12) 其他用具:测定含水率用的铝盒、烘箱、游标卡尺等。

3. 试验准备

(1) 将具有代表性的风干试样(必要时,也可以在 50℃ 烘箱内烘干)用木锤捣碎或用木碾碾碎。土团均应捣碎到能通过 4.75mm 的筛孔。但应注意不使粒料的单个颗粒破碎或不使其破碎程度超过施工中拌和机械的破碎率。

(2) 将已捣碎的具有代表性的土过 4.75mm 筛备用(用甲法或乙法做试验)。

(3) 如试料中含有粒径大于 4.75mm 的颗粒,则先将试料过 19mm 筛;如存留在 19mm 筛上的颗粒的含量不超过 10%,则过 26.5mm 筛,留作备用(用甲法或乙法做试验)。

(4) 如试料中粒径大于 19mm 的颗粒含量超过 10%,则将试料过 37.5mm 筛;如果存留在 37.5mm 筛上的颗粒的含量不超过 10%,则过 53mm 的筛备用(用丙法做试验)。

(5) 每次筛分后,均应记录超尺寸颗粒的百分率 P。

(6) 在预定做击实试验的前一天,取有代表性的试料测定其风干含水率。对于细粒土,试样应不少于 100g;对于中粒土,试样应不少于 1000g;对于粗粒土的各种集料,试样应不少于 2000g。

(7) 在试验前用游标卡尺准确测量试模的内径、高和垫块的厚度,以计算试筒的容积。

4. 试验步骤

1) 准备工作

在试验前应将试验所需要的各种仪器设备准备齐全,测量设备应满足精度要求;调试击实仪器,检查其运转是否正常。

2)甲法

(1)取样:将已筛分的试样用四分法逐次分小,至最后取出 10~15kg 试料。再用四分法将已取出的试料分成 5~6 份,每份试料的干质量为 2.0kg(对于细粒土)或 2.5kg(对于各种中粒土)。

(2)预定含水率:预定 5~6 个不同含水率,依次相差 0.5%~1.5%[①],且其中至少有两个大于和两个小于最佳含水率。

注①:对于中、粗粒土,在最佳含水率附近取 0.5%,其余取 1%。对于细粒土,取 1%,但对于黏土,特别是重黏土,可能需要取 2%。

(3)按预定含水率制备试样:将 1 份试料平铺于金属盘内,将事先计算得的该份试料中应加的水量均匀地喷洒在试料上,用小铲将试料充分拌和到均匀状态(如为石灰稳定材料、石灰粉煤灰综合稳定材料、水泥粉煤灰综合稳定材料和水泥石灰综合稳定材料,可将石灰、粉煤灰和试料一起拌匀),然后装入密闭容器或塑料口袋内浸润备用。

浸润时间要求:黏质土 12~24h,粉质土 6~8h,砂类土、砂砾土、红土砂砾、级配砂砾等可以缩短到 4h 左右,含土很少的未筛分碎石、砂砾和砂可缩短到 2h。浸润时间一般不超过 24h。

应加水量可按式(12-1)计算。

$$m_w = \left(\frac{m_n}{1+0.01w_n} + \frac{m_c}{1+0.01w_c}\right) \times 0.01w - \frac{m_n}{1+0.01w_n} \times 0.01w_n - \frac{m_c}{1+0.01w_c} \times 0.01w_c \tag{12-1}$$

式中:m_w——混合料中应加的水量,g;

m_n——混合料中素土(或集料)的质量,g,其原始含水率为 w_n,即风干含水率,%;

m_c——混合料中水泥或石灰的质量,g,其原始含水率为 w_c,%;

w——要求达到的混合料的含水率,%。

(4)拌和试样:将所需要的稳定剂(如水泥)加到浸润后的试样中,并用小铲、泥刀或其他工具充分拌和到均匀状态。水泥应在土样击实前逐个加入。加有水泥的试样拌和后,应在 1h 内完成下述击实试验。拌和后超过 1h 的试样,应予作废(石灰稳定材料和石灰粉煤灰稳定材料除外)。

(5)试件击实:试筒套环与击实底板应紧密联结。将击实筒放在坚实地面上,用四分法取制备好的试样 400~500g(其量应使击实后的试样等于或略高于筒高的 1/5)倒入筒内,整平其表面并稍加压紧,然后将其安装到多功能自控电动击实仪上,设定所需锤击次数,进行第 1 层试样的击实。第 1 层击实完后,检查该层高度是否合适,以便调整以后几层的试样用量。用刮土刀或螺丝刀将已击实层的表面"拉毛",然后重复上述做法,进行其余 4 层试样的击实。最后一层试样击实后,试样超出筒顶的高度不得大于 6mm,超出高度过大的试件应该作废。

(6)取下套环,试样刮平,称质量:用刮土刀沿套环内壁削挖(使试样与套环脱离)后,扭动并取下套环。齐筒顶细心刮平试样,并拆除底板。如试样底面略突出筒外或有孔洞,则应细心刮平或修补。最后用工字形刮平尺齐筒顶和筒底将试样刮平。擦净试筒的外壁,称其质量 m_1。

(7)推出试样,测定含水率:用脱模器推出筒内试样,从试样内部从上至下取两个有代表性的样品(可将脱出试件用锤打碎后,用四分法采取),测定其含水率,计算至 0.1%。两个试样的含水率的差值不得大于1%。所取样品的数量见表12-2(如只取一个样品测定含水率,则样品的质量应为表列数值的两倍)。擦净试筒,称其质量 m_2。

测稳定材料含水率的样品质量　　　　　表 12-2

公称最大粒径(mm)	样品质量(g)	公称最大粒径(mm)	样品质量(g)
2.36	约50	19	约300

烘箱的温度应事先调整到110℃±1℃,待温度恒定后将试件放入烘干。

(8)按本方法(3)~(7)的步骤进行其余含水率下稳定材料的击实和测定工作。凡已用过的试样,一律不再重复使用。

3)乙法

在缺乏内径10cm的试筒时,以及需要与承载比等试验结合起来进行时,采用乙法进行击实试验。本法更适用于公称最大粒径接近19mm的集料。

(1)将已过筛的试料用四分法逐次分小,至最后取出约30kg试料。再用四分法将所取的试料分成5~6份,每份试料的干质量约为4.4kg(细粒土)或5.5kg(中粒土)。

(2)以下各步的做法与甲法的(2)~(8)相同,但应先将垫块放在筒内底板上,然后加料并击实。所不同的是,每层需取制备好的试样约900g(对于水泥或石灰稳定细粒土)或1100g(对于稳定中粒土),每层的锤击次数为59次。

4)丙法

(1)将已过筛的试料用四分法逐次分小,至最后取约33kg试料。再用四分法将所取的试料分成6份(至少要5份),每份质量约5.5kg(风干质量)。

(2)预定5~6个不同含水率,依次相差0.5%~1.5%。在估计最佳含水率左右可只差0.5%~1%。

注:对于水泥稳定类材料,在最佳含水率附近取0.5%;对于石灰、二灰稳定类材料,根据具体情况在最佳含水率附近取1%。

(3)同甲法(3)。

(4)同甲法(4)。

(5)将试筒、套环与夯击底板紧密地联结在一起,并将垫块放在筒内底板上。击实筒应放在坚实地面上,取制备好的试样1.8kg左右,其量应使击实后的试样略高于筒高的1/3(高出1~2mm),倒入筒内,整平其表面,并稍加压紧。然后将其安装到多功能自控电动击实仪上,设定所需锤击次数,进行第1层试样的击实。第1层击实完后检查该层的高度是否合适,以便调整以后两层的试样用量。用刮土刀或螺丝刀将已击实的表面"拉毛",然后重复上述做法,进行其余两试样的击实。最后一层试样击实后,试样超出试筒顶的高度不得大于6mm。超出高度过大的试件应该作废。

(6)用刮土刀沿套环内壁削挖(使试样与套环脱离),扭动并取下套环。齐筒顶细心刮平试样,并拆除底板,取走垫块。擦净试筒的外壁,称其质量 m_1。

(7)用脱模器推出筒内试样。从试样内部由上至下取两个有代表性的样品(可将脱出试件用锤打碎后,用四分法采取),测定其含水率,计算至0.1%。两个试样的含水率的差值不得大于1%。所取样品的数量应不少于700g,如只取一个样品测定含水率,则样品的数量应不少于1400g。烘箱的温度应事先调整到110℃±1℃,以使放入的试样能立即在110℃±1℃的温度下烘干。擦净试筒,称其质量 m_2。

(8)按本方法(3)~(7)进行其余含水率下稳定材料的击实和测定。凡已用过的试料,一律不再重复使用。

5. 结果整理

1)稳定材料湿密度计算

按式(12-2)计算每次击实后稳定材料的湿密度。

$$\rho_w = \frac{m_1 - m_2}{V} \tag{12-2}$$

式中:ρ_w——稳定材料的湿密度,g/cm³;

m_1——试筒与湿试样的总质量,g;

m_2——试筒的质量,g;

V——试筒的容积,cm³。

2)稳定材料干密度计算

按式(12-3)计算每次击实后稳定材料的干密度。

$$\rho_d = \frac{\rho_w}{1 + 0.01w} \tag{12-3}$$

式中:ρ_d——试样的干密度,g/cm³;

w——试样的含水率,%。

3)制图

(1)以干密度为纵坐标、含水率为横坐标,绘制含水率-干密度曲线。曲线必须为凸形的,试验点不足以连成完整的凸形曲线,则应该进行补充试验。

(2)将试验各点采用二次曲线方法拟合曲线,曲线的峰值点对应的含水率及干密度即为最佳含水率和最大干密度。

4)超尺寸颗粒的校正

当试样中大于规定最大粒径的超尺寸颗粒的含量为5%~30%时,按下列各式对试验所得最大干密度和最佳含水率进行校正(超尺寸颗粒的含量小于5%时,可以不进行校正)。

注:超尺寸颗粒的含量少于5%时,它对最大干密度的影响位于平行试验的误差范围。

(1)最大干密度按式(12-4)校正。

$$\rho'_{dmax} = \rho_{dmax}(1 - 0.01p) + 0.9 \times 0.01pG'_a \tag{12-4}$$

式中:ρ'_{dmax}——校正后的最大干密度,g/cm³;

ρ_{dmax}——试验所得的最大干密度,g/cm³;

p——试样中超尺寸颗粒的百分率,%;

G'_a——超尺寸颗粒的毛体积相对密度。

(2)最佳含水率按式(12-5)校正。

$$w'_{opt} = w_{opt}(1 - 0.01p) + 0.01pw_a \tag{12-5}$$

式中:w'_{opt}——校正后的最佳含水率,%;

w_{opt}——试验所得的最佳含水率,%;

p——试样中超尺寸颗粒的百分率,%;
w_a——超尺寸颗粒的吸水量,%。

5) 精度要求与允许误差

应做两次平行试验,取两次试验的平均值作为最大干密度和最佳含水率。两次重复性试验最大干密度的差不应超过 $0.0200g/cm^3$(稳定细粒材料)和 $0.0400g/cm^3$(稳定中粒材料和粗粒材料),最佳含水率的差不应超过 0.50%(最佳含水率小于 10%)和 1.00%(最佳含水率大于 10%)。超过上述规定值,应重做试验,直到满足精度要求。

混合料密度计算应保留小数点后 4 位,含水率应保留小数点后 2 位。

6. 注意事项

(1) 将土样风干,必要时,也可以在 50℃ 烘箱内烘干,再用木锤捣碎或用木碾碾碎。土团均应捣碎到能通过 4.75mm 的筛孔。但应注意不使粒料的单个颗粒破碎或不使其破碎程度超过施工中拌和机械的破碎率。

(2) 在备料过程中,根据不同颗粒含量,确定所用试验筛筛孔尺寸。

(3) 预定含水率时,对于中、粗粒土,在最佳含水率附近取 0.5%,其余取 1%;对于细粒土,取 1%,但对于黏土,特别是重黏土,可能需要取 2%。

(4) 浸润时间要求,黏质土 12~24h,粉质土 6~8h,砂类土、砂砾土、红土砂砾、级配砂砾等可以缩短至 4h 左右,含土很少的未筛分碎石、砂砾和砂可缩短到 2h。浸润时间一般不超过 24h。

(5) 击实过程中,第 1 层击实完后,检查该层高度是否合适,以便调整以后各层的试样用量。用刮土刀或螺丝刀将已击实层的表面"拉毛";最后一层试样击实后,试样超出筒顶的高度不得大于 6mm,超出高度过大的试件应该作废。

(6) 从试样内部由上至下取两个有代表性的样品(可将脱出试件用锤打碎后,用四分法采取),测定其含水率。

> **复习思考题**
> (1) 试验过程中,应注意哪些事项?
> (2) 简述甲法试验过程。
> (3) 结果整理中,精度有何要求?

复习思考题答案

试验二 无机结合料稳定材料试件制作方法(圆柱形)

1. 适用范围

本方法适用于无机结合料稳定材料径高比为 1:1 的圆柱形试件的静压成型,对于径高比为 1∶1.5 或 1∶2 试件的静压成型,在增加试模高度的前提下亦可参考本方法。

2. 仪器设备

(1)方孔筛:孔径 53mm、37.5mm、31.5mm、26.5mm、4.75mm 和 2.36mm 的筛各 1 个。

(2)试模:粗粒材料,试模内径 150mm、壁厚 10mm,高应满足放入上下垫块后余 150mm;中粒材料,试模内径 100mm、壁厚 10mm,高应满足放入上下垫块后余 100mm;细粒材料,试模内径 50mm、壁厚 10mm,高应满足放入上下垫块后余 50mm。

(3)电动脱模器(图 12-2)。

(4)压力试验机(图 11-5):量程不小于 2000kN,行程、速度可调。

(5)钢板尺:量程 200mm 或 300mm,最小刻度 1mm。

(6)游标卡尺:量程 200mm 或 300mm。

(7)电子天平:量程不小于 15kg,感量 0.1g;量程不小于 4000g,感量 0.01g。

3. 试验准备

(1)试件的径高比一般为 1∶1,根据需要也可成型 1∶1.5 或 1∶2 的试件。试件的成型根据需要的压实度水平,按照体积标准,采用静力压实法制备。

(2)将具有代表性的风干试料(必要时,可以在 50℃烘箱内烘干),用木锤和木碾捣碎,但应避免破坏粒料的原粒径。按照公称最大粒径的大一级筛,将土过筛并进行分类。

(3)在预定做试验的前一天,取有代表性的试料测定其风干含水率。对于细粒材料,试样应不少于 100g;对于中粒材料,试样应不少于 1000g;对于粗粒材料,试样应不少于 2000g。

(4)按照本章试验一确定无机结合料稳定材料的最佳含水率和最大干密度。

(5)根据击实结果,称取一定质量的风干试料,其质量随试件大小而变。对于 ϕ50mm×50mm 的试件,1 个试件需干试料 180~210g;对于 ϕ100mm×100mm 的试件,1 个试件需干试料 1700~1900g;对于 ϕ150mm×150mm 的试件,1 个试件需干土试料 5700~6000g。

对于细粒材料,一次可称取 6 个试件的料;对于中粒材料,一次宜称取一个试件的料;对于粗粒材料,一次只称取一个试件的料。

(6)将准备好的试料分别装入塑料袋中备用。

4. 试验步骤

(1)准备试模、试筒及垫块:调试成型所需要的各种设备,检查是否运行正常;将成型用的模具擦拭干净,并涂抹机油。成型中、粗粒土时,试模筒的数量应与每组试件的个数相配套。上下垫块应与试模筒相配套,上下垫块能够刚好放入试筒内上下自由移动(一般来说,上下垫块直径比试筒内径小约 0.2mm)且上下垫块完全放入试筒后,试筒内未被上下垫块占用的空间体积能满足径高比为 1∶1 的设计要求。

(2)根据试验目的和被稳定材料粒径成型相应数量的试件。

(3)称取土样、水:根据击实结果和无机结合料的配合比按式(12-1)计算每份料的加水量、无机结合料的质量。

(4)拌料、闷料:将称好的试料放在长方盘(约 400mm×600mm×70mm)内,向试料中加水拌料、闷料。石灰稳定材料、水泥和石灰综合稳定材料、石灰粉煤灰综合稳定材料、水泥粉煤灰综合稳定材料,可将石灰或粉煤灰和试料一起拌和,将拌和均匀后的混合料放在密闭容器或塑料袋(封口)内浸润备用。

对于细粒材料(特别是黏性土),浸润时的含水率应比最佳含水率小 3%;对于中粒材料和粗粒材料,可按最佳含水率加水;对于水泥稳定类材料,加水量应比最佳含水率小 1%~2%。

注:应加的水量可按式(12-1)计算。

浸润时间要求为:黏质土 12~24h,粉质土 6~8h,砂类土、砂砾土、红土砂砾、级配砂砾等可以缩短到 4h 左右,含土很少的未筛分碎石、砂砾及砂可以缩短到 2h。浸润时间一般不超过 24h。

(5)加入结合料并拌和:在试件成型前 1h 内,加入预定数量的结合料并拌和均匀。在拌和过程中,应将预留的水(对于细粒材料为 3%,对于水泥稳定类为 1%~2%)加入试样中,使混合料达到最佳含水率。拌和均匀的加有水泥的混合料应在 1h 内按下述方法制成试件,超过 1h 的混合料应该作废。其他结合料稳定材料,混合料虽不受此限,但也应尽快制成试件。

(6)采用压力试验机制件:将试模配套的下垫块放入试模的下部,但外露 20mm 左右。将称量的规定数量 m_2 的稳定材料混合料分 2~3 次灌入试模中,每次灌入后用夯棒轻轻均匀插实。如制取 φ50mm×50mm 的小试件,则可以将混合料一次倒入试模中,然后将与试模配套的上垫块放入试模内,也应使其外露 20mm 左右(即上、下垫块露出试模外的部分应该相等)。

(7)加压:将整个试模(连同上、下垫块)放到压力试验机上,以 1mm/min 的加载速率加压,直到上下压柱都压入试模为止。维持压力 2min。

(8)脱模:解除压力后,取下试模,并放到脱模器上将试件顶出。用水泥稳定有黏结性的材料(如黏质土)时,制件后可以立即脱模;用水泥稳定无黏结性细粒材料时,最好过 2~4h 再脱模;对于中、粗粒材料的无机结合料稳定材料,也最好过 2~6h 脱模。

(9)取出试件:在脱模器上取试件时,应用双手抱住试件侧面的中下部,然后沿水平方向轻轻旋转,待感觉到试件移动后,再将试件轻轻捧起,放置到试验台上。切勿直接将试件向上拔起。

(10)称试件的质量,测高度:称试件的质量 m_2,小试件精确至 0.01g,中试件精确至 0.01g,大试件精确至 0.1g;用游标卡尺测量试件高度 h,精确至 0.1mm。检查试件的高度和质量,不满足成型标准的试件作为废件。

(11)试件称量后应立即放在塑料袋中封闭,并用潮湿的毛巾覆盖,移放至养生室。

5. 结果整理

(1)单个试件的标准质量:

$$m_0 = V \cdot \rho_{dmax} \cdot (1 + w_{opt}) \cdot \gamma \tag{12-6}$$

考虑到试件成型过程中的质量损耗,实际操作过程中每个试件的质量可增加 0~2%,即:

$$m_0' = m_0 \cdot (1 + \delta) \tag{12-7}$$

(2)每个试件的干料(包括被稳定材料和无机结合料)总质量:

$$m_1 = \frac{m_0'}{1 + w_{opt}} \tag{12-8}$$

(3)每个试件中的无机结合料质量:

外掺法

$$m_2 = m_1 \cdot \frac{\alpha}{1 + \alpha} \tag{12-9}$$

内掺法
$$m_2 = m_1 \cdot \alpha \tag{12-10}$$

(4) 每个试件中干的被稳定材料质量:
$$m_3 = m_1 - m_2 \tag{12-11}$$

(5) 每个试件中的加水量:
$$m_w = (m_2 + m_3) \cdot w_{opt} \tag{12-12}$$

验算:
$$m_0' = m_2 + m_3 + m_w \tag{12-13}$$

式中: V——试件体积,cm^3;

w_{opt}——混合料最佳含水率,%;

ρ_{dmax}——混合料最大干密度,g/cm^3;

γ——混合料压实度标准,%;

m_0、m_0'——混合料质量,g;

m_1——干混合料质量,g;

m_2——无机结合料质量,g;

m_3——干的被稳定材料质量,g;

δ——计算混合料质量的冗余量,%;

α——无机结合料的掺量,%;

m_w——加水质量,g。

(6) 精度要求与允许误差。

小试件的高度误差范围应为 0~1.0mm,中试件的高度误差范围应为 0~1.5mm,大试件的高度误差范围应为 0~2.0mm。

质量损失:小试件应不超过标准质量 5g,中试件应不超过 25g,大试件应不超过 50g。

6. 注意事项

(1) 在预定做试验的前一天,取有代表性的试料测定其风干含水率。将准备好的试料分别装入塑料袋中备用。

(2) 在试件成型前 1h 内,加入预定数量的结合料并拌和均匀。在拌和过程中,应将预留的水加入试样中,使混合料达到最佳含水率。拌和均匀的加有水泥的混合料应在 1h 内制成试件,超过 1h 的混合料应该作废。

(3) 在脱模器上取试件时,应用双手抱住试件侧面的中下部,然后沿水平方向轻轻旋转,待感觉到试件移动后,再将试件轻轻捧起,放置到试验台上。切勿直接将试件向上拔起。

(4) 试件称量后应立即放在塑料袋中封闭,并用潮湿的毛巾覆盖,移放至养生室。

> 复习思考题
> (1) 试件成型前如何拌料、闷料?
> (2) 试件成型后如何确定脱模时间?
> (3) 结果整理过程中,允许误差是怎样规定的?
> (4) 整个试验过程中,应注意哪些事项?

复习思考题答案

试验三　无机结合料稳定材料养生试验

1. 适用范围

本方法适用于无机结合料稳定材料的养生试验。

2. 仪器设备

(1) 标准养护室:标准养护室温度 20℃ ±2℃,相对湿度≥95%以上。

(2) 高温养护室:能保持试件养生温度 60℃ ±1℃,相对湿度≥95%以上。容积能满足试验要求。

3. 试验步骤

1) 标准养生方法

(1) 试件从试模内脱出并量高称质量后,中试件和大试件应装入塑料袋内。试件装入塑料袋后,将袋内的空气排除干净,扎紧袋口,将包好的试件放入养护室。

(2) 标准养生的温度为 20℃ ±2℃,标准养生的湿度为≥95%。试件宜放在铁架或木架上,间距至少 10~20mm。试件表面应保持一层水膜,并避免用水直接冲淋。

(3) 根据试验目的和要求确定标准养生龄期。

(4) 在养生期的最后一天,将试件取出,观察试件的边角有无磨损和缺块,并量高称质量,然后将试件浸泡于 20℃ ±2℃水中,应使水面在试件顶上约 25mm。

2) 快速养生方法

(1) 快速养生龄期的确定

①将一组无机结合料稳定材料,在标准养生条件下(20℃ ±2℃,湿度≥95%)养生,石灰稳定类材料养生 180d,水泥稳定类材料养生 90d,测试抗压强度值。

②将同样的一组无机结合料稳定材料,在高温养生条件下(60℃ ±1℃,湿度≥95%)养生 7d、14d、21d、28d 等,进行不同龄期的抗压强度试验,建立高温养生条件下强度-龄期的相关关系。

③在强度-龄期关系曲线上,找出标准养生长龄期强度对应的高温养生的短龄期,并以此作为快速养生的龄期。

(2) 快速养生试验步骤

①将高温养护室的温度调至规定的温度 60℃ ±1℃,湿度也保持在 95%以上,并能自动控温控湿。

②将制备的试件量高称质量后,小心装入塑料袋内。试件装入塑料袋后,将袋内的空气排除干净,并将袋口扎紧,将包好的试件放入养护箱中。

③养生期的最后一天,将试件从高温养护室内取出,凉至室温(约 2h),再打开塑料袋取出试件,观察试件有无缺损,量高称质量后,浸入 20℃ ±2℃恒温水槽中,水面高出试件顶 25mm。浸水 24h 后,取出试件,用软布擦去可见自由水,量高称质量后,立即进行相关的试验。

4. 注意事项

（1）如养生期间有明显的边角缺损，试件应该作废。

（2）对养生 7d 的试件，在养生期间，试件质量损失应符合下列规定：小试件不超过 1g；中试件不超过 4g；大试件不超过 10g。质量损失超过此规定的试件，应予作废。

（3）对养生 90d 和 180d 的试件，在养生期间，试件质量的损失应符合下列规定：小试件不超过 1g，中试件不超过 10g，大试件不超过 20g。质量损失超过此规定的试件，应予作废。

> **复习思考题**
> （1）简述标准养生方法。
> （2）如何确定快速养生龄期？
> （3）养生期间，试件质量损失是如何规定的？

复习思考题答案

试验四　无机结合料稳定材料无侧限抗压强度试验

1. 适用范围

本方法适用于测定室内成型或现场钻芯取得的无机结合料稳定材料试件的无侧限抗压强度。

2. 仪器设备

（1）标准养护室。

（2）水槽：深度应大于试件高度 50mm。

（3）压力机或万能试验机（图 11-5）：上下压板平整并有足够刚度，可以均匀地连续加载卸载，可以保持固定荷载。开机停机均灵活自如，能够满足试件吨位要求，且压力机加载速率可以有效控制在 1mm/min。

（4）电子天平：量程不小于 15kg，感量 0.1g；量程不小于 4000g，感量 0.01g。

（5）量筒、拌和工具、漏斗、大小铝盒、烘箱等。

（6）球形支座、机油、游标卡尺。

3. 试件制备和养护

（1）细粒材料，试模的直径×高 = ϕ50mm×50mm；中粒材料，试模的直径×高 = ϕ100mm×100mm；粗粒材料，试模的直径×高 = ϕ150mm×150mm。

注：施工质量控制的强度试验中，细粒材料的试件直径应为 100mm，中、粗粒材料试件直径应为 150mm。

（2）按照本章试验二方法成型径高比为 1∶1 的圆柱形试件。

（3）按照本章试验三的标准养生方法进行养生。

（4）将试件两顶面用刮刀刮平，必要时可用快凝水泥砂浆抹平试件顶面。

（5）为保证试验结果的可靠性和准确性，每组试件的数目要求为：小试件不少于 6 个，中试件不少于 9 个，大试件不少于 13 个。

（6）如为现场钻取芯样，应切割成标准试件。

4. 试验步骤

（1）选择压力机量程：根据试验材料的类型和一般的工程经验，选择合适量程的测力计和压力机，试件破坏荷载应大于测力量程的20%且小于测力量程的80%。球形支座和上下顶板上涂上机油，使球形支座能够灵活转动。

（2）称试件质量：将已浸水24h的试件从水中取出，用软布吸去试件表面的水分，并称试件的质量 m_4。

（3）测量试件高度：用游标卡尺测量试件的高度，精确至0.1mm。

（4）加载，记录最大压力：将试件放在路面材料强度试验仪或压力机上，并在升降台上先放一扁球座，进行抗压试验。试验过程中，应保持加载速率为1mm/min。记录试件破坏时的最大压力 $P(N)$。

（5）测定含水率：从试件中心选取有代表性的样品（经过打破），按照规定试验方法，测定其含水率 w。

5. 结果整理

（1）试件的无侧限抗压强度按式（12-14）计算，计算结果保留至小数点后2位。

$$R_c = \frac{P}{A} \tag{12-14}$$

式中：R_c——试件的无侧限抗压强度，MPa；

P——试件破坏时的最大压力，N；

A——试件的截面积，mm^2；

$$A = \frac{1}{4}\pi D^2 \tag{12-15}$$

D——试件的直径，mm。

（2）精度要求与允许误差。

同一组试件试验中，采用3倍均方差方法剔除异常值，细、中粒材料异常值不超过1个，粗粒材料异常值不超过2个。异常值超过上述规定的试验重做。

同一组试验的变异系数 $C_V(\%)$ 符合下列规定，方为有效试验：小试件 $C_V \leq 6\%$，中试件 $C_V \leq 10\%$，大试件 $C_V \leq 20\%$。如不能保证试验结果的变异系数小于规定的值，则应按允许误差10%和90%概率重新计算所需的试件数量，增加试件数量并另做新试验。

6. 注意事项

（1）为保证试验结果的可靠性和准确性，每组试件的数目要求为：小试件不少于6个，中试件不少于9个，大试件不少于13个。

（2）加载过程中，注意加载速率。

复习思考题

（1）试件制作时，如何确定试模尺寸？

（2）为保证试验结果的可靠性和准确性，每组试件的数目是怎样要求的？

（3）试验过程中，如何施加荷载？

复习思考题答案

第十三章 沥青材料试验

试验一 沥青针入度试验

1. 目的与适用范围

针入度试验是国际上经常用来测定黏稠(固体、半固体)沥青稠度的一种方法,通常稠度高的沥青,针入度值小,表示沥青较硬;相反,稠度低的沥青,针入度值大,表示沥青较软。我国现行标准是以针入度为等级来划分沥青的标号。

本方法适用于测定道路石油沥青、改性沥青针入度,以及液体石油沥青蒸馏或乳化沥青蒸发后残留物的针入度。其标准试验条件为温度25℃,荷重100g,贯入时间5s,以0.1mm计。

2. 仪器设备

(1)针入度仪(图13-1):针和针连杆组合件总质量为50g±0.05g,另附50g±0.05g砝码一只,试验时总质量为100g±0.05g。

(2)标准针:由硬化回火的不锈钢制成,针及针杆总质量2.5g±0.05g。

(3)盛样皿:圆柱形平底金属试杯。小盛样皿内径55mm,深35mm[适用于针入度小于200(0.1mm)];大盛样皿内径70mm,深45mm[适用于针入度200~350(0.1mm)]。

(4)恒温水槽(图13-2):容量不小于10L,控温的准确度为0.1℃。

(5)平底玻璃皿:容量不小于1L,深度不小于80mm,内设有一不锈钢三脚架,能使盛样皿稳定。

(6)温度计:分度值为0.1℃。

(7)盛样皿盖:平板玻璃,直径不小于盛样皿开口尺寸。

(8)溶剂:三氯乙烯等。

(9)其他:电炉或砂浴、石棉网、金属锅或瓷坩埚等。

图 13-1　针入度仪　　　　图 13-2　恒温水槽

3. 试验准备

(1)按下述方法准备沥青试样。

①将装有试样的盛样皿带盖放入恒温烘箱中,烘箱温度 80℃ 左右,加热至沥青全部熔化。将盛样皿放在有石棉垫的炉具上缓慢加热,时间不超过 30min,并用玻璃棒轻轻搅拌,防止局部过热。在沥青温度不超过 100℃ 的条件下,仔细脱水至无泡沫为止,最后的加热温度不超过软化点以上 100℃(石油沥青)或 50℃(煤沥青)。

②将盛样皿中的沥青通过 0.6mm 的滤筛过滤,分装入擦拭干净并干燥的一个或数个沥青盛样皿中,数量应满足一批试验项目所需的沥青样品并有富余。

注:试样冷却后反复加热的次数不得超过 2 次,以防沥青老化影响试验结果。

(2)按试验要求将恒温水槽调节到要求的试验温度 25℃、15℃ 或 30℃(5℃)等,保持稳定。

(3)将试样注入盛样皿中,试样高度应超过预计针入度值 10mm,并盖上盛样皿,以防落入灰尘。盛有试样的盛样皿在 15~30℃ 室温中冷却不少于 1.5h(小盛样皿)、不少于 2h(大盛样皿)或不少于 2.5h(特殊盛样皿)后移入保持规定试验温度 ±0.1℃ 的恒温水槽中不少于 1.5h(小盛样皿)、不少于 2h(大试样皿)或不少于 2.5h(特殊盛样皿)。

(4)调整针入度仪使之水平。检查针连杆和导轨,以确认无水和其他外来物,无明显摩擦。用三氯乙烯或其他溶剂清洗标准针,并拭干。将标准针插入针连杆,用螺钉固紧。按试验条件,加上附加砝码。

4. 试验步骤

(1)盛样皿移入平底玻璃皿中:取出达到恒温的盛样皿,并移入水温控制在试验温度 ±0.1℃(可用恒温水槽中的水)的平底玻璃皿中的三脚支架上,试样表面以上的水层深度不少于 10mm。

(2)调节针尖与试样表面接触:将盛有试样的平底玻璃皿置于针入度仪的平台上。慢慢放下针连杆,用适当位置的反光镜或灯光反射观察,使针尖恰好与试样表面接触。

(3)标准针贯入试样:按下试验按钮,使标准针自动下落贯入试样,经规定时间 5s,针停止移动。

(4)读取读数:读取指示器的读数,准确至 0.1mm。

(5)平行试验:同一试样平行试验至少3次,各测试点之间及与盛样皿边缘的距离不应少于10mm。每次试验后应将盛有盛样皿的平底玻璃皿放入恒温水槽,使平底玻璃皿中水温保持试验温度。每次试验应换一根干净标准针或将标准针取下用蘸有三氯乙烯溶剂的棉花或布揩净,再用干棉花或布擦干。

(6)测定针入度大于200(0.1mm)的沥青试样时,至少用3支标准针,每次试验后将针留在试样中,直至3次平行试验完成后,才能将标准针取出。

5. 结果整理

(1)应报告标准温度(25℃)时的针入度 P_{25} 以及其他试验温度 T 所对应的针入度 P,由此求得针入度指数 PI。

(2)精度要求与允许误差。

同一试样3次平行试验结果的最大值和最小值之差在允许误差范围(表13-1)内时,计算3次试验结果的平均值,取整数作为针入度试验结果,以0.1mm为单位。当试验值不符合此要求时,应重新进行。

沥青针入度重复性试验精密度　　　　表13-1

针入度(0.1mm)	允许误差(0.1mm)	针入度(0.1mm)	允许误差(0.1mm)
0~49	2	150~249	12
50~149	4	250~500	20

当试验结果小于50(0.1mm)时,重复性试验的允许误差为2(0.1mm),再现性试验的允许误差为4(0.1mm)。

当试验结果大于或等于50(0.1mm)时,重复性试验的允许误差为平均值的4%,再现性试验的允许误差为平均值的8%。

6. 注意事项

(1)盛样皿试样的高度应大于预计针入度10mm。灌模时不应留有气泡,如有气泡可用明火消掉,以免影响试验结果。

(2)要注意试验条件,针入度试验的条件分别为温度、时间和针质量,如三项要求不同,会影响结果的正确性。要严格控制试验温度,测定时试样表面以上的水层深不小于10mm,不能使用针尖破损的标准针。

(3)影响针入度测定值的关键步骤是标准针与试样表面的接触情况。试验时一定要让针尖刚好与试样表面接触。

(4)同一试样平行试验至少3次,各测试点之间及测试点与盛样皿边缘之间的距离不应小于10mm,3次平行试验结果的最大值和最小值之差应在规定的允许偏差范围内,否则试验应重做。

复习思考题

(1)试述沥青针入度试验的目的、主要的仪具。

(2)针入度试验灌模前对沥青的加热温度有何要求?如何灌模?试验条件是什么?试验荷重100g±0.05g包括哪些部分?

(3)沥青针入度试验的关键是什么？同一试样至少测定几次？对测试点的位置有何要求？每测一次试针应如何处理？

(4)沥青针入度试验应注意哪些事项？

(5)如何处理针入度试验结果？请对下列3次平行试验的结果进行处理：针入度值分别为83、85、86(0.1mm)。

复习思考题答案

试验二　沥青延度试验

1. 目的与适用范围

沥青的塑性是当沥青受到外力的拉伸作用时，所能承受的塑性变形的总能力，通常是用延度作为塑性指标来表征。

本方法适用于测定道路石油沥青、聚合物改性沥青、液体沥青蒸馏残留物和乳化沥青蒸发残留物等材料的延度。

沥青延度的试验温度与拉伸速度可根据要求采用，通常采用的试验温度为 25℃、15℃、10℃或5℃，拉伸速度为 5cm/min ± 0.25cm/min。当低温采用 1cm/min ± 0.5cm/min 拉伸速度时，应在报告中注明。

2. 仪器设备

(1)延度仪(图 13-3)：测量长度不宜大于150cm，将试件浸没于水中，能保持规定的试验温度及按照规定拉伸速度拉伸试件且试验时无明显振动的延度仪均可使用。

(2)试模(图 13-4)：黄铜制，由两个端模和两个侧模组成。

图 13-3　延度仪

图 13-4　八字试模

(3)试模底板：玻璃板或磨光的铜板、不锈钢板。

(4)恒温水槽(图 13-2)。

(5)温度计：0~50℃，分度值为0.1℃。

(6)砂浴或其他加热炉具。

(7)甘油滑石粉隔离剂(甘油与滑石粉的质量比2∶1)。

(8)其他:平刮刀、石棉网、酒精、食盐等。

3. 试验准备

(1)将隔离剂拌和均匀,涂于清洁干燥的试模底板和两个侧模的内侧表面,并将试模在试模底板上装妥。

(2)按本章试验一规定的方法准备试样,然后将试样仔细自试模的一端至另一端往返数次缓缓注入模中,最后略高出试模,灌模时应注意勿使气泡混入。

(3)试件在室温中冷却不少于1.5h,用热刮刀刮除高出试模的沥青,使沥青面与试模面齐平。沥青的刮法应自试模的中间刮向两端,且表面应刮得平滑。将试模连同底板再浸入规定试验温度的水槽中不少于1.5h。

(4)检查延度仪延伸速度是否符合规定要求,然后移动滑板使其指针正对标尺的零点。将延度仪注水,并保温达试验温度±0.1℃。

4. 试验步骤

(1)试模安放在延度仪金属柱上:将保温后的试件连同底板移入延度仪的水槽中,然后将盛有试样的试模自玻璃板或不锈钢板上取下,将试模两端的孔分别套在滑板及槽端固定板的金属柱上,并取下侧模。水面距试件表面应不小于25mm。

(2)拉伸试件:开动延度仪,并注意观察试样的延伸情况。此时应注意,在试验过程中,水温应始终保持在试验温度规定范围内,且仪器不得有振动,水面不得有晃动。当水槽采用循环水时,应暂时中断循环,停止水流。在试验中,如发现沥青细丝浮于水面或沉入槽底时,则应在水中加入酒精或食盐,调整水的密度至与试样相近后,重新试验。

(3)读取读数:试件拉断时,读取指针所指标尺上的读数,以cm表示。在正常情况下,试件延伸时应呈锥尖状,拉断时实际断面接近于零。如不能得到这种结果,则应在报告中注明。

5. 结果整理

(1)同一试样,每次平行试验不少于3个,如3个测定结果均大于100cm,试验结果记作">100cm";特殊需要也可分别记录实测值。如3个测定结果中,有一个以上的测定值小于100cm时,若最大值或最小值与平均值之差满足重复性试验精密度要求,则取3个测定结果的平均值的整数作为延度试验结果,若平均值大于100cm,记作">100cm";若最大值或最小值与平均值之差不符合重复性试验精密度要求时,试验应重新进行。

(2)精度要求与允许误差。

当试验结果小于100cm时,重复性试验的允许误差为平均值的20%,再现性试验的允许误差为平均值的30%。

6. 注意事项

(1)在浇筑试样时,隔离剂配置要适当,以免试样取不下来,对于黏结在玻璃板上的试样,应放弃。在试模底部涂隔离剂时,不宜太多,以免隔离剂占用试样部分体积,冷却后造成试样断面不合格,影响试验结果。

(2)在灌模时应使试样高出试模,以免试样冷却后欠模,灌模时勿使气泡混入。

(3)刮平时应将沥青面与试模面齐平,尤其是试模的中部,不应有凹陷或高出现象。

(4)拉伸过程中水温应在规定范围内,且仪器不得有振动,水面不得有晃动,水面应距试件表面不小于25mm。

> **复习思考题**
> (1)简述沥青延度试验的目的、主要仪具。
> (2)延度试验在涂隔离剂时、灌模时、刮平时、拉伸过程中,分别应注意哪些事项?
> (3)沥青延度的试验温度和拉伸速度各为多少?拉伸时如发现沥青细丝浮于水面或沉入槽底,应采取哪些措施?

复习思考题答案

试验三　沥青软化点试验

1. 目的与适用范围

沥青的软化点是试样在规定尺寸的金属环内,上置规定尺寸和质量的钢球,放于水(或甘油)中,以5℃/min±0.5℃/min的速度加热,至钢球下沉达规定距离(25.4mm)时的温度,以℃表示。

本方法适用于测定道路石油沥青、煤沥青的软化点,也适用于测定液体石油沥青经蒸馏或乳化沥青破乳蒸发后残留物的软化点。

2. 仪具与材料

(1)软化点仪(图13-5):由下列部件组成。

①钢球:直径9.53mm,质量3.5g±0.05g。

②试样环:黄铜或不锈钢等制成。

③钢球定位环:黄铜或不锈钢制成。

④金属支架:由两个主杆和三层平行的金属板组成。环下面距下层底板距离为25.4mm。

⑤耐热玻璃烧杯:容量800~1000mL,直径不小于86mm,高不小于120mm。

⑥温度计:0~100℃,分度值为0.5℃。

(2)环夹:由薄钢条制成,用以夹持金属环,以便刮平表面。

图13-5　软化点仪

(3)试样底板:金属板(表面粗糙度应达Ra0.8μm)或玻璃板。

(4)平直刮刀。

(5)甘油滑石粉隔离剂(甘油与滑石粉的质量比2∶1)。

(6)新煮沸过的蒸馏水。

(7)其他:石棉网。

3. 试验准备

(1)将试样环置于涂有甘油滑石粉隔离剂的试样底板上,将准备好的沥青试样徐徐注入试样环内至略高出环面为止。如估计试样软化点高于120℃,则试样环和试样底板(不用玻璃板)均应预热至80~100℃。

(2)试样在室温冷却30min后,用环夹夹着试样环,并用热刮刀刮除环面上的试样,务使与环面齐平。

4. 试验步骤

(1)试样软化点在80℃以下者:

①试样在5℃±0.5℃恒温水中冷却15min:将装有试样的试样环连同试样底板置于5℃±0.5℃的恒温水槽中至少15min;同时将金属支架、钢球、钢球定位环等亦置于相同水槽中。

②烧杯注5℃水:烧杯内注入新煮沸并冷至5℃的蒸馏水,水面略低于立杆上的深度标记。

③组装试件:从恒温水槽中取出盛有试样的试样环放置在支架中层板的圆孔中,套上定位环;然后将整个环架放入烧杯中,调整水面至深度标记,并保持水温为5℃±0.5℃。注意,环架上任何部分不得附有气泡。将0~100℃的温度计由上层板中心孔垂直插入,使端部测温头底部与试样环下面齐平。

④加热试件:将盛有水和环架的烧杯移至自动软化点仪上,并开始加热,使杯中水温在3min内调节至维持每分钟上升5℃±0.5℃。

注:在加热过程中,应记录每分钟上升的温度值,如温度上升速度超出此范围时,则试验应重做。

⑤读取试样下坠温度:试样受热软化逐渐下坠,至与下层底板表面接触时,立即读取温度,准确至0.5℃。

(2)试样软化点在80℃以上者:

可用将装有试样的试样环连同试样底板置于装有32℃±1℃甘油中,按上述方法进行测定,准确到1℃。

5. 结果整理

(1)同一试样平行试验两次,当两次测定值的差值符合重复性试验精度要求时,取其平均值作为软化点试验结果,准确至0.5℃。

(2)精度要求及允许误差。

当试样软化点小于80℃时,重复性试验的允许误差为1℃,复现性试验的允许误差为4℃。

当试样软化点大于或等于80℃时,重复性试验的允许误差为2℃,复现性试验的允许误差为8℃。

6. 注意事项

(1)试验前应检查支架中层板与下层板的距离是否为25.4mm。

(2)涂隔离剂时不宜太多,以免占用试样体积,影响试验结果。试模内不涂隔离剂。

(3)灌模时应使试样高出试模,以免试样冷却后欠模,灌模时勿使气泡混入。

(4)刮模时应将沥青面与试模面齐平,不应有凹陷或高出现象,以免影响试验结果。

(5)严格控制升温速度,一定要在规定范围内。

> **复习思考题**
>
> (1)试验室用什么方法测定沥青的软化点?简述软化点的试验目的、主要仪具。
>
> (2)沥青软化点试验时,灌模前需要做什么准备工作?涂隔离剂时、灌模时和刮平时分别应注意什么?
>
> (3)沥青软化点试验中如何选择加热介质?怎样控制烧杯中溶剂的加入量?试验加热的起始温度是多少?如何控制升温速度?如升温速度较规定值快或慢,对试验结果有何影响?
>
> (4)简述软化点试验结果的处理方法。若某沥青的软化点两次平行测定的测定值分别为46.2℃、47.0℃,试评定试验结果。

复习思考题答案

试验四　沥青与矿料的黏附性试验

1. 目的与适用范围

沥青与矿料黏附性试验是根据沥青黏附在粗集料表面的薄膜,在一定温度下,受水的作用产生剥离的程度,以判断沥青与集料表面的黏附性能。

本方法适用于测定沥青与矿料的黏附性及评定集料的抗水剥离能力。根据沥青混合料的最大集料粒径,对于大于13.2mm及小于或等于13.2mm的集料分别选用水煮法或水浸法进行试验。对同一种料源既有大于又有小于13.2mm不同粒径的集料时,以大于13.2mm水煮法试验为标准,对细粒式沥青混合料,以水浸法试验为标准。

2. 仪器设备

(1)天平:称量500g,感量不大于0.01g。

(2)恒温水槽(图13-2):能保持温度80℃±1℃。

(3)拌和用小型容器:500mL。

(4)烧杯:1000mL。

(5)试验架。

(6)标准筛:9.5mm、13.2mm、19mm各1个。

(7)烘箱:装有自动温度调节器。

(8)玻璃板:200mm×200mm左右。

(9)搪瓷盘:300mm×400mm左右。

(10)其他:细线(尼龙线或棉线、铜丝线)、铁丝网、拌和铲、电炉、石棉网、纱布、手套等。

3. 水煮法(适用于大于13.2mm粗集料)试验

1)试验准备

(1)将集料用13.2mm、19mm过筛,取粒径13.2~19mm形状接近立方体的规则集料5个,用洁净水洗净,置于温度为105℃±5℃的烘箱中烘干,然后放在干燥器中备用。

(2)将大烧杯中盛水,并置于加热炉的石棉网上煮沸。

2)试验步骤

(1)准备沥青试样:将集料逐个用细线在中部系牢,再置于105℃±5℃烘箱内1h。按本章试验一规定的方法准备沥青试样。

(2)集料浸入沥青:逐个取出加热的集料颗粒用线提起,浸入预先加热的沥青(石油沥青130~150℃)试样中45s后,轻轻拿出,使集料颗粒完全为沥青膜所裹覆。

(3)裹覆沥青的集料冷却:将裹覆沥青的集料颗粒悬挂于试验架上,下面垫一张废纸,使多余的沥青流掉,并在室温下冷却15min。

(4)裹覆沥青的集料煮沸:待集料颗粒冷却后,逐个用线提起,浸入盛有煮沸水的大烧杯中央,调整加热炉,使烧杯中的水保持微沸状态,但不允许有沸开的泡沫。

(5)观察沥青膜剥离程度:浸煮3min后,将集料从水中取出后适当冷却,然后放入一个盛有常温水的杯中,在水中观察沥青膜的剥离。并按表13-2评定其黏附性等级。

沥青与集料黏附性的等级评定　　　　　表13-2

试验后石料表面上沥青膜剥落情况	黏附性等级
沥青膜完全保存,剥离面积百分率接近于0	5
沥青膜少部为水所移动,厚度不均匀,剥离面积百分率小于10%	4
沥青膜局部明显地为水所移动,基本保留在石料表面上,剥离面积百分率小于30%	3
沥青膜大部为水所移动,局部保留在石料表面上,剥离面积百分率大于30%	2
沥青膜完全为水所移动,石料基本裸露,沥青全浮于水面上	1

(6)评定黏附性等级:同一试样应平行试验5个集料颗粒,并由两名以上经验丰富的试验人员分别评定后,取平均等级作为试验结果。

4. 水浸法(适用于小于或等于13.2mm粗集料)试验

1)试验准备

(1)将集料用9.5mm、13.2mm筛过筛,取粒径9.5~13.2mm形状规则的集料200g用洁净水洗净,并置于温度为105℃±5℃的烘箱烘干,然后放在干燥器中备用。

(2)按水煮法所述准备沥青试样,加热至表13-3中要求的沥青与矿料的拌和温度。

沥青与矿料的拌和温度　　　　　表13-3

沥青种类	拌和温度(℃)	沥青种类	拌和温度(℃)
石油沥青	140~160	改性沥青	160~175

(3)将煮沸过的热水注入恒温水槽中,维持80℃±1℃恒温。

2)试验步骤

(1)集料加热:按四分法称取集料颗粒(9.5~13.2mm)100g置于搪瓷盘中,连同搪瓷盘一起放入已升温至沥青拌和温度以上5℃的烘箱中持续加热1h。

(2) 称沥青并加热:按每100g矿料加入沥青5.5g±0.2g的比例称取沥青,准确至0.1g,放入小型拌和容器中,一起置入同一烘箱中加热15min。

(3) 沥青包裹集料,冷却:将搪瓷盘中的集料倒入拌和容器的沥青中后,从烘箱中取出拌和容器,立即用金属铲均匀拌和1~1.5min,使集料完全被沥青薄膜裹覆。然后,立即将裹有沥青的集料取20个,用小铲移至玻璃板上摊开,并置于室温下冷却1h。

(4) 将包裹沥青的集料,浸入水槽:将放有集料的玻璃板浸入温度为80℃±1℃的恒温水槽中,保持30min,并将剥离及浮于水面的沥青,用纸片捞出。

(5) 观察沥青膜剥落情况:由水中小心取出玻璃板,浸入水槽内的冷水中,仔细观察裹覆集料的沥青薄膜的剥落情况。由两名以上经验丰富的试验人员分别目测,评定剥离面积的百分率,评定后取平均值表示。

注:为使估计的剥离面积百分率较为正确,宜先制取若干个不同剥离率的样本,用比照法目测评定。不同剥离率的样本,可用加不同比例抗剥离剂的改性沥青与酸性集料拌和后浸水得到,也可由同一种沥青与不同集料品种拌和后浸水得到,样本的剥离面积百分率逐个仔细计算得出。

(6) 由剥离面积百分率按表13-2评定沥青与集料黏附性等级。

5. 注意事项

(1) 水煮法试验中,取出加热的矿料颗粒用线提起,浸入预先加热的沥青试样中45s后,轻轻拿出,要使集料颗粒完全为沥青膜所裹覆。

(2) 水煮法试验中,集料颗粒冷却后,逐个用线提起,浸入盛有煮沸水的大烧杯中央,调整加热炉,烧杯中的水要保持微沸状态,但不允许有沸开的泡沫。

(3) 水浸法试验中,将集料倒入拌和容器的沥青中后,从烘箱中取出拌和容器,立即用金属铲均匀拌和1~1.5min,要使集料完全被沥青薄膜裹覆。

(4) 评定黏附性等级时,应由两名以上经验丰富的试验人员分别评定后,取平均等级作为试验结果。

复习思考题

(1) 本试验的目的及适用范围是如何规定的?
(2) 简述水煮法试验过程。
(3) 评定沥青与集料黏附性等级的标准是什么?
(4) 试验过程中要注意哪些事项?

复习思考题答案

第十四章 CHAPTER FOURTEEN
沥青混合料试验

试验一　沥青混合料试件制作方法(击实法)

1. 目的与适用范围

本方法适用于标准击实法或大型击实法制作沥青混合料试件,以供试验室进行沥青混合料物理力学性质试验使用。

标准击实法适用于马歇尔试验、间接抗拉试验(劈裂法)等所使用的 $\phi 101.6mm \times 63.5mm$ 圆柱体试件的成型。大型击实法适用于 $\phi 152.4mm \times 95.3mm$ 的大型圆柱体试件的成型。

沥青混合料试件制作时的矿料规格及试件数量应符合如下规定:

$\phi 101.6mm$ 的圆柱体试件,适用集料公称最大粒径不大于 26.5mm,一组试件的数量不少于 4 个;$\phi 152.4mm$ 的大型圆柱体试件,适用集料公称最大粒径大于 26.5mm,一组试件的数量不少于 6 个。

2. 仪器设备

(1) 标准击实仪(图 14-1):由击实锤、$\phi 98.5mm \pm 0.5mm$ 平圆形压实头及带手柄的导向棒组成。用机械将击实锤举起,从 $457.2mm \pm 2.5mm$ 高度沿导向棒自由落下击实。标准击实锤质量 $4536g \pm 9g$。

(2) 试验室用沥青混合料拌和机(图 14-2):能保证拌和温度并充分拌和均匀,可控制拌和时间,容量不小于 10L。搅拌叶自转速度 70~80r/min,公转速度 40~50r/min。

(3) 试模(图 14-3)与套筒:内径 $101.6mm \pm 0.2mm$、高 87mm 的圆柱形金属筒,底座直径约120.6mm 和套筒内径 104.8mm、高 70mm。大型圆柱体试件的试模与套筒:试模内径 $152.4mm \pm 0.2mm$,总高 115mm,底座板厚 12.7mm,直径 172mm;套筒外径 165.1mm,内径 $155.6mm \pm 0.3mm$,总高 83mm。

(4) 脱模器(图 14-3):电动或手动,可无破损地推出圆柱体试件,备有标准圆柱体试件及大型圆柱体试件尺寸的推出环。

图 14-1 标准击实仪

图 14-2 沥青混合料拌和机

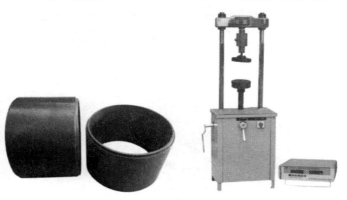
图 14-3 马歇尔试模与电动脱模器

(5)烘箱:大、中型各一台,装有温度调节器。

(6)天平或电子秤:用于称量矿料的,感量不大于 0.5g;用于称量沥青的,感量不大于 0.1g。

(7)插刀或大螺丝刀。

(8)温度计:金属插杆的插入式数显温度计,杆长度不小于 150mm,量程 0 ~ 300℃,分度值 1℃。

(9)其他:电炉或煤气炉、沥青熔化锅、拌和铲、标准筛、滤纸(或普通纸)、胶布、卡尺、秒表、粉笔、棉纱等。

3. 试验准备

(1)确定制作沥青混合料试件的拌和与压实温度。

①试件的拌和与压实温度可按表 14-1 选用,并根据沥青品种和标号作适当调整。针入度小、稠度大的沥青取高限,针入度大、稠度小的沥青取低限,一般取中值。

②对改性沥青,应根据改性剂的品种和用量,适当提高混合料的拌和和压实温度;对大部分聚合物改性沥青,需要在普通沥青的基础上提高 10 ~ 20℃;掺加纤维时,尚需再提高 10℃ 左右。

沥青混合料拌和与压实温度参考表　　　　　表 14-1

沥青结合料种类	拌和温度(℃)	压实温度(℃)
石油沥青	140~160	120~150
改性沥青	160~175	140~170

③常温沥青混合料的拌和与压实在常温下进行。

(2)在拌和厂或施工现场采集沥青混合料试样。将试样置于烘箱中或加热的砂浴上保温,在混合料中插入温度计测量温度,待混合料温度符合要求后成型。需要适当拌和时可倒入已加热的小型沥青混合料拌和机中适当拌和,时间不超过 1min。但不得用铁锅在电炉或明火上加热炒拌。

(3)在试验室人工配制沥青混合料时,材料准备按下列步骤进行:

①洗矿料并烘干:将各种规格的矿料置于 105℃±5℃ 的烘箱中烘干至恒重(一般不少于 4~6h)。根据需要,粗集料可先用水冲洗干净后烘干。也可将粗细集料过筛后用水冲洗再烘干备用。

②测各材料密度:按规定试验方法分别测定不同粒径规格粗、细集料及填料(矿粉)的各种密度,按《公路工程沥青与沥青混合料试验规程》(JTG E20—2011)规定方法测定沥青的密度。

③称量矿料,加热:将烘干分级的粗、细集料,按每个试件设计级配要求称其质量,在一金属盘中混合均匀,矿粉单独加热,置烘箱中预热至沥青拌和温度以上约15℃(采用石油沥青时通常为163℃;采用改性沥青时通常为180℃)备用。一般按一组试件(每组4~6个)备料,但进行配合比设计时宜对每个试件分别备料。常温沥青混合料的矿料不应加热。

④沥青加热:将按《公路工程沥青与沥青混合料试验规程》(JTG E20—2011)采集的沥青试样,用恒温烘箱或油浴、电热套熔化加热至规定的沥青混合料拌和温度备用,但不得超过175℃。当不得已采用燃气炉或电炉直接加热进行脱水时,必须使用石棉垫隔开。

4. 拌制沥青混合料

1) 黏稠石油沥青

(1)用蘸有少许黄油的棉纱擦净试模、套筒及击实座等,并置于 100℃左右烘箱中加热 1h 备用。常温沥青混合料用试模不加热。

(2)预热拌和机:将沥青混合料拌和机预热至拌和温度以上 10℃左右备用。

(3)搅拌混合料:将加热的粗细集料置于拌和机中,用小铲子适当混合,然后再加入需要数量的已加热至拌和温度的沥青(如沥青已称量在一专用容器内时,可在倒掉沥青后用一部分热矿粉将沾在容器壁上的沥青擦拭掉一起倒入拌和锅中),开动拌和机一边搅拌一边将拌和叶片插入混合料中拌和 1~1.5min,然后暂停拌和,加入单独加热的矿粉,继续拌和至均匀为止,并使沥青混合料保持在要求的拌和温度范围内。标准的总拌和时间为 3min。

2) 液体石油沥青混合料

将每组(或每个)试件的矿料置于已加热至 55~100℃ 的沥青混合料拌和机中,注入要求数量的液体沥青,并将混合料边加热边拌和,使液体沥青中的溶剂挥发至 50% 以下。拌和时间应事先试拌决定。

3) 乳化沥青混合料

将每个试件的粗细集料,置于沥青混合料拌和机(不加热,也可用人工炒拌)中,注入计算的用水量(阴离子乳化沥青不加水)后,拌和均匀并使矿料表面完全湿润,再注入设计的沥青乳液用量,在 1min 内使混合料拌匀,然后加入矿粉后迅速拌和,使混合料拌成褐色为止。

5. 成型方法

(1)击实法的成型步骤如下:

①称取试件所需混合料用量:将拌好的沥青混合料,均匀称取一个试件所需的用量(标准马歇尔试件约 1200g,大型马歇尔试件约 4050g)。当已知沥青混合料的密度时,可根据试件的标准尺寸计算并乘以 1.03 得到要求的混合料数量。当一次拌和几个试件时,宜将其倒入经预热的金属盘中,用小铲适当拌和均匀分成几份,分别取用。在试件制作过程中,为防止混合料温度下降,应连盘放在烘箱中保温。

②混合料装入试模:从烘箱中取出预热的试模及套筒,用蘸有少许黄油的棉纱擦拭套筒、底座及击实锤底面,将试模装在底座上,垫一张圆形的吸油性小的纸,按四分法从 4 个方向用小铲将混合料铲入试模中,用插刀或大螺丝刀沿周边插捣 15 次,中间 10 次。插捣后将沥青混合料表面整平成凸圆弧面。对大型马歇尔试件,混合料分两次加入,每次插捣次数同上。

③检查混合料温度:插入温度计,至混合料中心附近,检查混合料温度。

④混合料击实:待混合料温度符合要求的压实温度后,将试模连同底座一起放在击实台上固定,在装好的混合料上面垫一张吸油性小的圆纸,再将装有击实锤及导向棒的压实头插入试模中,然后开启电动机将击实锤从 457mm 的高度自由落下击实规定的次数(75 次或 50 次)。对大型马歇尔试件,击实次数为 75 次(相应于标准击实 50 次的情况)或 112 次(相应于标准击实 75 次的情况)。

⑤击实另一面:试件击实一面后,取下套筒,将试模掉头,装上套筒,然后以同样的方法和次数击实另一面。

乳化沥青混合料试件在两面击实后,将一组试件在室温下横向放置 24h;另一组试件置于温度为 105℃ ±5℃ 的烘箱中养护 24h。将养护试件取出后再立即两面锤击各 25 次。

⑥测量试件高度,调整混合料用量:试件击实结束后,立即用镊子取掉上下面的纸,用卡尺量取试件离试模上口的高度并由此计算试件高度,如高度不符合要求时,试件应作废,并按下式调整试件的混合料质量,以保证高度符合 63.5mm ±1.3mm(标准试件)或 95.3mm ±2.5mm(大型试件)的要求。

$$调整后混合料质量 = \frac{要求试件高度 \times 原用混合料质量}{所得试件的高度}$$

(2)试件脱模:卸去套筒和底座,将装有试件的试模横向放置冷却至室温后(不少于 12h),置脱模机上脱出试件。用于做现场马歇尔指标检验的试件,在施工质量检验过程中如急需试验,允许采用电风扇吹冷 1h 或浸水冷却 3min 以上的方法脱模,但浸水脱模法不能用于测量密度、空隙率等各项物理指标。

(3)将试件仔细置于干燥洁净的平面上,供试验用。

6. 注意事项

(1)在拌和厂或施工现场采集沥青混合料试样时,将试样置于烘箱中或加热的砂浴上保温,待混合料温度符合要求后成型。如需要适当拌和时,可倒入已加热的小型沥青混合料拌和机中适当拌和,但时间不超过 1min,且不得用铁锅在电炉或明火上加热炒拌。

(2)沥青试样,用恒温烘箱或油浴、电热套熔化加热至规定的沥青混合料拌和温度备用,但不得超过 175℃。当不得已采用燃气炉或电炉直接加热进行脱水时,必须使用石棉垫隔开。

(3)拌制沥青混合料时,根据不同沥青品种选择不同拌和温度及拌和时间。

(4)在击实成型时,当一次拌和几个试件时,为防止混合料温度下降,应连盘放在烘箱中保温。

(5)用于做现场马歇尔指标检验的试件,在施工质量检验过程中如急需试验,允许采用电风扇吹冷 1h 或浸水冷却 3min 以上的方法脱模,但浸水脱模法不能用于测量密度、空隙率等各项物理指标。

> 复习思考题
> (1)如何确定沥青混合料试件的拌和与压实温度?
> (2)试验准备过程中,沥青加热应注意哪些事项?
> (3)混合料如何装入试模,如何进行插捣?
> (4)试件成型后,如何调整试件的混合料质量?

复习思考题答案

试验二 沥青混合料试件制作方法(轮碾法)

1. 目的与适用范围

本方法规定了在试验室用轮碾法制作沥青混合料试件的方法,以供进行沥青混合料物理力学性质试验时使用。

轮碾法适用于长 300mm × 宽 300mm × 厚(50~100)mm 板块状试件的成型。此试件可用切割机切制棱柱体试件,或在试验室用取芯机钻取试样。成型试件的密度应符合马歇尔标准击实试样密度 100% ±1% 的要求。

沥青混合料试件制作时的试件厚度可根据集料粒径大小及工程需要进行选择。对于集料公称最大粒径小于或等于 19mm 的沥青混合料,宜采用长 300mm × 宽 300mm × 厚 50mm 的板块试模成型;对于集料公称最大粒径大于或等于 26.5mm 的沥青混合料,宜采用长 300mm × 宽 300mm × 厚(80~100)mm 的板块试模成型。

2. 仪器设备

(1)轮碾成型机(图 14-4):具有与钢筒式压路机相似的圆弧形碾压轮,轮宽 300mm,压实线荷载为300N/cm,碾压行程等于试件长度,经碾压后的板块状试件可达到马歇尔试验标准击实密度的100%±1%。

图14-4 轮碾成型机

(2)试验室用沥青混合料拌和机(图14-2):能保证拌和温度并充分拌和均匀,可控制拌和时间,宜采用容量大于30L的大型沥青混合料拌和机,也可采用容量大于10L的小型拌和机。

(3)试模:由高碳钢或工具钢制成,试模尺寸应保证成型后符合要求试件尺寸的规定。试验室制作车辙试验板块状试件的标准试模,内部平面尺寸为300mm×300mm,高50~100mm。

(4)切割机:试验室用金刚石锯片锯石机或现场用路面切割机,有淋水冷却装置,其切割厚度不小于试件厚度。

(5)钻孔取芯机:用电力或汽油机、柴油机驱动,有淋水冷却装置。金刚石钻头的直径根据试件直径的大小选择(100mm或150mm)。钻孔深度不小于试件厚度,钻头转速不小于1000r/min。

(6)烘箱:大、中型各一台,装有温度调节器。

(7)台秤、天平或电子秤:称量5kg以上的,感量不大于1g;称量5kg以下时,用于称量矿料的感量不大于0.5g,用于称量沥青的感量不大于0.1g。

(8)小型击实锤:钢制端部断面80mm×80mm,厚10mm,带手柄,总质量0.5kg左右。

(9)温度计:金属插杆的插入式数显温度计,杆长度不小于150mm,量程0~300℃,分度值为1℃。

(10)其他:电炉或煤气炉、沥青熔化锅、拌和铲、标准筛、滤纸、胶布、卡尺、秒表、粉笔、垫木、棉纱等。

3. 试验准备

(1)确定制作沥青混合料试件的拌和与压实温度。常温沥青混合料的拌和及压实在常温下进行。

(2)在拌和厂或施工现场采集沥青混合料试样,如混合料温度符合要求,可直接用于成型。在试验室人工配制沥青混合料时,加热备用,常温沥青混合料的矿料不加热。

(3)将金属试模及小型击实锤等置于100℃左右烘箱中加热1h备用。常温沥青混合料用试模不加热。

(4)按标准击实的方法拌制沥青混合料。当采用大容量沥青混合料拌和机时,宜一次拌和;当采用小型混合料拌和机时,可分两次拌和。混合料质量及各种材料数量由试件的体积按马歇尔标准击实密度乘以1.03求算。常温沥青混合料的矿料不加热。

4. 轮碾成型方法

(1)试验室用轮碾成型机制备试件,试件尺寸通常为300mm×300mm×(50~100)mm。根据需要也可采用其他尺寸。但一层碾压的厚度不得超过100mm。

①混合料装模:将预热的试模从烘箱中取出,装上试模框架,在试模中铺一张裁好的普通纸(可用报纸),使底面及侧面均被纸隔离,将拌和好的全部沥青混合料(注意不得散失,分两次拌和的应倒在一起),用小铲稍加拌和后均匀地沿试模由边至中按顺序转圈装入试模,中部

要略高于四周。

②夯实混合料:取下试模框架,用预热的小型击实锤由边至中转圈夯实一遍,整平成凸圆形。

③混合料冷却:插入温度计,待混合料稍冷至《公路工程沥青与沥青混合料试验规程》(JTG E20—2011)规定的压实温度(为使冷却均匀,试模底可用垫木支起)时,在表面铺一张裁好尺寸的普通纸。

④试模置于轮碾机上:当用轮碾机碾压时,将碾压轮预热至100℃左右。然后,将盛有沥青混合料的试模置于轮碾机的平台上,轻轻放下碾压轮,调整总荷载为9kN(线荷载300N/cm)。

⑤碾压混合料:启动轮碾机,先在一个方向碾压2个往返(4次),卸荷,再抬起碾压轮,将试件调转方向,再加相同荷载碾压至马歇尔标准密实度100%±1%为止。试件正式压实前,应经试压,决定碾压次数,对于普通沥青混合料,一般12个往返(24次)左右可达要求试件厚度为50mm。

⑥标明碾压方向:压实成型后,揭去表面的纸,用粉笔在试件表面标明碾压方向。

⑦冷却后,脱模:盛有压实试件的试模,置室温下冷却,至少12h后方可脱模。

(2)在工地制备试件。

①取样品:按规定采取代表性的沥青混合料样品,数量需多于3个试件的需要量。

②称一个试样数量:按试验室方法称取一个试样混合料数量装入符合要求尺寸的试模中,用小锤均匀击实。试模应不妨碍碾压成型。

③碾压成型:在工地上,可用小型振动压路机或其他适宜的压路机碾压,在规定的压实温度下,每一遍碾压3~4s,约25次往返,使沥青混合料压实密度达到马歇尔标准密度100%±1%。

④如将工地取样的沥青混合料送往试验室成型时,混合料必须放在保温桶内,不使温度下降,且在抵达试验室后立即成型,如温度低于要求可适当加热至压实温度后,用轮碾成型机成型。如是完全冷却后经二次加热重塑成型的试件,必须在试验报告上注明。

5. 注意事项

(1)在拌和厂或施工现场采集沥青混合料试样,如混合料温度符合要求,可直接用于成型。在试验室人工配制沥青混合料时,加热备用,常温沥青混合料的矿料不加热。

(2)将金属试模及小型击实锤等置于100℃左右烘箱中加热1h备用。常温沥青混合料用试模不加热。当用轮碾机碾压时,将碾压轮预热至100℃左右。

(3)将拌和好的沥青混合料,注意不得散失,全部用小铲稍加拌和后,均匀地沿试模由边至中按顺序转圈装入试模,中部要略高于四周。

(4)如将工地取样的沥青混合料送往试验室成型时,混合料必须放在保温桶内,不能使温度下降,且在抵达试验室后立即成型,如温度低于要求可适当加热至压实温度后,用轮碾成型机成型。如是完全冷却后经二次加热重塑成型的试件,必须在试验报告上注明。

复习思考题
(1)轮碾法成型试验适用范围及试件厚度是怎样规定的?
(2)轮碾法成型试验,如何将混合料装入试模,装模后如何处理?
(3)成型过程中,如何进行碾压?碾压后如何处理?

复习思考题答案

试验三　压实沥青混合料密度试验方法(表干法)

1. 目的与适用范围

表干法适用于测定吸水率不大于2%的各种沥青混合料试件,包括Ⅰ型或较密实的Ⅱ型沥青混凝土、抗滑表层混合料、沥青玛琋脂碎石混合料(SMA)试件的毛体积相对密度或毛体积密度。标准温度25℃±0.5℃。

本方法测定的毛体积密度适用于计算沥青混合料试件的空隙率、矿料间隙率等各项体积指标。

2. 仪器设备

(1)浸水天平或水中称量装置(图9-8):当最大称量在3kg以下时,感量不大于0.1g;当最大称量在3kg以上时,感量不大于0.5g。应有测量水中质量的挂钩。

(2)网篮。

(3)溢流水箱:能调整水温至25℃±0.5℃的要求。使用洁净水,有水位溢流装置,保持试件和网篮浸入水中后的水位一定。

(4)试件悬吊装置:天平下方悬吊网篮及试件的装置,吊线应采用不吸水的细尼龙线绳,并有足够的长度。对轮碾成型机成型的板块状试件可用铁丝悬挂。

(5)其他:秒表、毛巾、电风扇或烘箱。

3. 试验步骤

(1)准备试件:可采用室内成型的试件,也可采用工程现场钻芯、切割等方法获得的试件。试验前试件宜在阴凉处保存(温度不超过35℃),且放置在水平的平面上,注意不要让试件产生变形。

(2)选择天平:选择适宜的浸水天平或电子秤,最大称量应满足试件质量的要求。

(3)称取试件空气中质量:除去试件表面的浮粒,称取干燥试件的空气中质量(m_a),根据选择的天平的感量读数,准确至0.1g或0.5g。

(4)称取试件水中质量:将溢流水箱里水温保持在25℃±0.5℃。挂上网篮,浸入溢流水箱中,调节水位,将天平调平并复零,把试件置于网篮(注意不要晃动水)浸水中3~5min称取水中质量(m_w)。若天平读数持续变化,不能很快达到稳定,说明试件吸水较严重,不适用于此法测定,应改用蜡封法测定。

(5)称取试件表干质量:从水中取出试件,用洁净柔软的拧干湿毛巾轻轻擦去试件的表面水(不得吸走空隙内的水),称取试件的表干质量(m_f)。试件拿出水面到擦拭结束不宜超过5s,称量过程中流出的水不得再进行擦拭。

(6)对从工程现场钻取的非干燥试件,可先称取水中质量(m_w)和表干质量(m_f),然后用电风扇将试件吹干到恒重(一般不少于12h,当不需进行其他试验时,可用60℃±5℃烘箱烘干至恒重),再称取空中质量(m_a)。

4. 结果整理

(1) 按式(14-1)计算试件的吸水率,取 1 位小数。

$$S_a = \frac{m_f - m_a}{m_f - m_w} \times 100 \tag{14-1}$$

式中: S_a ——试件的吸水率,%;
　　m_a ——干燥试件的空气中质量,g;
　　m_w ——试件的水中质量,g;
　　m_f ——试件的表干质量,g。

(2) 按式(14-2)及式(14-3)计算试件的毛体积相对密度和毛体积密度,取 3 位小数。

$$\gamma_f = \frac{m_a}{m_f - m_w} \tag{14-2}$$

$$\rho_f = \frac{m_a}{m_f - m_w} \times \rho_w \tag{14-3}$$

式中: γ_f ——用表干法测定的试件毛体积相对密度,无量纲;
　　ρ_f ——用表干法测定的试件毛体积密度,g/cm³;
　　ρ_w ——25℃时水的密度,g/cm³,取 0.9971g/cm³。

(3) 按式(14-4)计算试件的空隙率,取 1 位小数。

$$VV = \left(1 - \frac{\gamma_f}{\gamma_t}\right) \times 100 \tag{14-4}$$

式中: VV ——试件的空隙率,%;
　　γ_t ——按《公路工程沥青与沥青混合料试验规程》(JTG E20—2011)规定方法测定的沥青混合料理论最大相对密度;
　　γ_f ——试件的毛体积相对密度,用表干法测定,当试件吸水率 $S_a > 2\%$ 时,由蜡封法测定;当按规定容许采用水中重法测定时,也可用表观相对密度代替。

(4) 按式(14-5)计算矿料的合成毛体积相对密度,取 3 位小数。

$$\gamma_{sb} = \frac{100}{\dfrac{P_1}{\gamma_1} + \dfrac{P_2}{\gamma_2} + \cdots + \dfrac{P_n}{\gamma_n}} \tag{14-5}$$

式中: γ_{sb} ——矿料的合成毛体积相对密度,无量纲;
　P_1、P_2、…、P_n ——各种矿料占矿料总质量的百分率,%,其和为 100;
　γ_1、γ_2、…、γ_n ——各种矿料的相对密度,无量纲;采用《公路工程集料试验规程》(JTC E42—2005)的方法进行测定,粗集料按 T 0304 方法测定;机制砂及石屑可按 T 0330 方法测定,也可以用筛出的 2.36~4.75mm 部分按 T 0304 方法测定的毛体积相对密度代替;矿粉采用表观相对密度。

(5) 按式(14-6)计算矿料的合成表观相对密度,取 3 位小数。

$$\gamma_{sa} = \frac{100}{\dfrac{P_1}{\gamma'_1} + \dfrac{P_1}{\gamma'_2} + \cdots + \dfrac{P_n}{\gamma'_n}} \tag{14-6}$$

式中： γ_{sa}——矿料的合成表观相对密度，无量纲；

$\gamma'_1 、\gamma'_2 、\cdots、\gamma'_n$——各种矿料的表观相对密度，无量纲。

（6）确定矿料的有效相对密度，取3位小数。

①对非改性沥青混合料，采用真空法实测理论最大相对密度，取平均值。按式（14-7）计算合成矿料的有效相对密度 γ_{se}。

$$\gamma_{se} = \frac{100 - P_b}{\dfrac{100}{\gamma_t} - \dfrac{P_b}{\gamma_b}} \tag{14-7}$$

式中：γ_{se}——合成矿料的有效相对密度，无量纲；

P_b——沥青用量，即沥青质量占沥青混合料总质量的百分比，%；

γ_t——实测的沥青混合料理论最大相对密度，无量纲；

γ_b——25℃时沥青的相对密度，无量纲。

②对改性沥青及SMA等难以分散的混合料，有效相对密度宜直接由矿料的合成毛体积密度与合成相对密度按式（14-8）计算确定，其中沥青吸收系数 C 值根据材料的吸水率由式（14-9）求得，合成矿料的吸水率按式（14-10）计算。

$$\gamma_{se} = C \times \gamma_{sa} + (1 - C) \times \gamma_{sb} \tag{14-8}$$

$$C = 0.0033 w_x^2 - 0.2936 w_x + 0.9339 \tag{14-9}$$

$$w_x = \left(\frac{1}{\gamma_{sb}} - \frac{1}{\gamma_{sa}} \right) \times 100 \tag{14-10}$$

式中：C——沥青吸收系数，无量纲；

w_x——合成矿料的吸水率，%。

（7）计算试件的理论最大相对密度或理论最大密度，取3位小数。

①对非改性普通沥青混合料，采用真空法实测沥青混合料的理论最大相对密度 γ_t。

②对改性沥青或SMA混合料按式（14-11）或式（14-12）计算沥青混合料对应油石比的理论最大相对密度。

$$\gamma_t = \frac{100 + P_a}{\dfrac{100}{\gamma_{se}} + \dfrac{P_a}{\gamma_b}} \tag{14-11}$$

$$\gamma_t = \frac{100 + P_a + P_x}{\dfrac{100}{\gamma_{se}} + \dfrac{P_a}{\gamma_b} + \dfrac{P_x}{\gamma_x}} \tag{14-12}$$

式中：γ_t——计算沥青混合料对应油石比的理论最大相对密度，无量纲；

P_a——油石比，即沥青质量占矿料总质量的百分比，%，$P_a = [P_b/(100 - P_b)] \times 100$；

P_x——纤维用量，即纤维质量占矿料总质量的百分比，%；

γ_x——25℃时纤维的相对密度，由厂方提供或实测得到，无量纲；

γ_{se}——合成矿料的有效相对密度，无量纲；

γ_b——25℃沥青的相对密度，无量纲。

③对旧路面钻取芯样的试件缺乏材料密度、配合比及油石比的沥青混合料，可以采用真空法实测沥青混合料的理论最大相对密度 γ_t。

(8) 计算试件空隙率、矿料间隙率 VMA 和有效沥青的饱和度 VFA，取 1 位小数。

$$VV = \left(1 - \frac{\gamma_f}{\gamma_t}\right) \times 100 \tag{14-13}$$

$$VMA = \left(1 - \frac{\gamma_f}{\gamma_{sb}} \times \frac{P_s}{100}\right) \times 100 \tag{14-14}$$

$$VFA = \frac{VMA - VV}{VMA} \times 100 \tag{14-15}$$

式中：VV——沥青混合料试件的空隙率，%；

  VMA——沥青混合料试件的矿料间隙率，%；

  VFA——沥青混合料试件的有效沥青饱和度，%；

  P_s——沥青混合料中各种矿料占沥青混合料总质量的百分率之和，%，$P_s = 100 - P_b$；

  γ_{sb}——矿料的合成毛体积相对密度，无量纲。

(9) 允许误差。

试件毛体积密度试验重复性的允许误差为 0.020g/cm³。试件毛体积相对密度试验重复性的允许误差为 0.020。

5. 注意事项

(1) 试验过程中，若天平读数持续变化，不能很快达到稳定，说明试件吸水较严重，不适用于此法测定，应改用蜡封法测定。

(2) 从水中取出试件，用拧干湿毛巾轻轻擦去试件的表面水，但不得吸走空隙内的水，并立即称取试件的表干质量。试件拿出水面到擦拭结束不宜超过 5s，称量过程中流出的水不得再进行擦拭。

(3) 对从工程现场钻取的非干燥试件，可先称取水中质量和表干质量，然后用电风扇将试件吹干到恒重，一般不少于 12h，当不需进行其他试验时，可用 60℃ ±5℃ 烘箱烘干至恒重，再称取空中质量。

复习思考题

(1) 表干法测沥青混合料密度试验适用范围是怎样规定的？

(2) 简述表干法试验步骤。

(3) 通过本试验可以计算哪些技术指标？

复习思考题答案

试验四　沥青混合料马歇尔稳定度试验

1. 目的与适用范围

本方法适用于马歇尔稳定度试验和浸水马歇尔稳定度试验，以进行沥青混合料的配合比设计或沥青路面施工质量检验。浸水马歇尔稳定度试验（根据需要，也可进行真空饱水马歇尔试验）供检验沥青混合料受水损害时抵抗剥落的能力时使用，通过测试其水稳定性检验配合比设计的可行性。

本方法适用于按本章试验一规定的成型方法制成的标准马歇尔圆柱体试件和大型马歇尔圆柱体试件。

2. 仪器设备

(1)沥青混合料马歇尔试验仪(图14-5):分为自动式和手动式。当集料公称最大粒径小于或等于26.5mm时,宜采用ϕ101.6mm×63.5mm的标准马歇尔试件,试验仪最大荷载不小于25kN,读数准确度100N,加载速率应能保持50mm/min±5mm/min。钢球直径16mm±0.05mm,上下压头曲率半径为50.8mm±0.08mm。当集料公称最大粒径大于26.5mm时,宜采用ϕ152.4mm×95.3mm大型马歇尔试件,试验仪最大荷载不得小于50kN,读数准确度100N。上下压头的曲率内径为ϕ152.4mm±0.2mm,上下压头间距19.05mm±0.1mm。

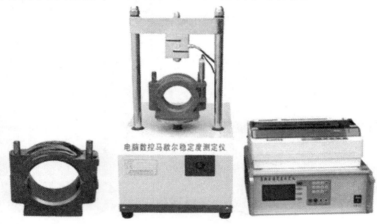

图14-5 自动马歇尔试验仪

(2)恒温水槽(图9-4):控温准确度为1℃,深度不小于150mm。

(3)真空饱水容器:包括真空泵及真空干燥器。

(4)烘箱。

(5)天平:感量不大于0.1g。

(6)温度计:分度值为1℃。

(7)其他:卡尺、棉纱、黄油。

3. 试验准备

(1)按标准击实法成型马歇尔试件,标准马歇尔尺寸应符合ϕ101.6mm±0.2mm、高63.5mm±1.3mm的要求。对大型马歇尔试件,尺寸应符合ϕ152.4mm±0.2mm、高95.3mm±2.5mm的要求。一组试件的数量不得少于4个,并符合击实法制作的试件的规定。

(2)量测试件的直径及高度:用卡尺测量试件中部的直径,用马歇尔试件高度测定器或用卡尺在十字对称的4个方向量测离试件边缘10mm处的高度,准确至0.1mm,并以其平均值作为试件的高度。如试件高度不符合63.5mm±1.3mm或95.3mm±2.5mm要求或两侧高度差大于2mm时,此试件应作废。

(3)测定物理指标:按规定的方法测定试件的密度、空隙率、沥青体积百分率、沥青饱和度、矿料间隙率等物理指标。

（4）将恒温水槽调节至要求的试验温度，对黏稠石油沥青或烘箱养护过的乳化沥青混合料为60℃±1℃，对煤沥青混合料为33.8℃±1℃，对空气养护的乳化沥青或液体沥青混合料为25℃±1℃。

4. 试验步骤

（1）试件保温：将试件置于已达规定温度的恒温水槽中保温，保温时间对标准马歇尔试件需30~40min，对大型马歇尔试件需45~60min。试件之间应有间隔，底下应垫起，离容器底部不小于5cm。

（2）试件置于压头中：将马歇尔试验仪的上下压头放入水槽或烘箱中达到同样温度。将上下压头从水槽或烘箱中取出并擦拭干净内面。为使上下压头滑动自如，可在下压头的导棒上涂少量黄油。再将试件取出置于下压头上，盖上上压头，然后装在加载设备上。

（3）对准测量装置的压头：在上压头的球座上放妥钢球，并对准荷载测定装置的压头。

（4）连接传感器：当采用自动马歇尔试验仪时，将自动马歇尔试验仪的压力传感器、位移传感器与计算机或X-Y记录仪正确连接，调整好适宜的放大比例。压力和位移传感器调零。

（5）调整压力环：当采用压力环和流值计时，将流值计安装在导棒上，使导向套管轻轻地压住上压头，同时将流值计读数调零。调整压力环中百分表，对零。

（6）加载：启动加载设备，使试件承受荷载，加载速度为(50±5)mm/min。计算机或X-Y记录仪自动记录传感器压力和试件变形曲线并将数据自动存入计算机。

（7）读取读数：当试验荷载达到最大值的瞬间，取下流值计，同时读取压力环中百分表读数及流值计的流值读数。

注：从恒温水槽中取出试件至测出最大荷载值的时间，不得超过30s。

（8）浸水马歇尔试验方法：浸水马歇尔试验方法与标准马歇尔试验方法的不同之处在于，试件在已达规定温度恒温水槽中的保温时间为48h，其余均与标准马歇尔试验方法相同。

（9）真空马歇尔试验方法：试件先放入真空干燥器中，关闭进水胶管，开动真空泵，使干燥器的真空度达到97.3kPa(730mmHg)以上，维持15min；然后打开进水胶管，靠负压进入冷水流使试件全部浸入水中，浸入15min后恢复常压，取出试件再放入已达规定温度的恒温水槽中保温48h。其余均与标准马歇尔试验方法相同。

5. 结果整理

（1）试件的稳定度及流值。

①当采用自动马歇尔试验仪时，将计算机采集的数据绘制成压力和试件变形曲线，或X-Y记录仪自动记录的荷载-变形曲线，按图14-6所示的方法在切线方向延长曲线与横坐标相交于O_1，将O_1作为修正原点，从O_1起量取相应于荷载最大值时的变形作为流值(FL)，以mm计，准确至0.1mm。最大荷载即为稳定度(MS)，以kN计，准确至0.01kN。

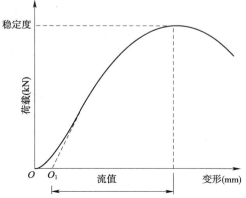

图14-6 马歇尔试验结果的修正方法

②采用压力环和流值计测定时,根据压力环标定曲线,将压力环中百分表的读数换算为荷载值,或者由荷载测定装置读取的最大值即为试样的稳定度(MS),以 kN 计,准确至 0.01kN。由流值计及位移传感器测定装置读取的试件垂直变形,即为试件的流值(FL),以 mm 计,准确至 0.1mm。

(2)试件的马歇尔模数按下式计算。

$$T = \frac{MS}{FL} \tag{14-16}$$

式中:T——试件的马歇尔模数,kN/mm;
　　MS——试件的稳定度,kN;
　　FL——试件的流值,mm。

(3)试件的浸水残留稳定度按下式计算。

$$MS_0 = \frac{MS_1}{MS} \times 100 \tag{14-17}$$

式中:MS_0——试件的浸水残留稳定度,%;
　　MS_1——试件浸水 48h 后的稳定度,kN。

(4)试件的真空饱水残留稳定度按下式计算。

$$MS_0' = \frac{MS_2}{MS} \times 100 \tag{14-18}$$

式中:MS_0'——试件的真空饱水残留稳定度,%;
　　MS_2——试件真空饱水后浸水 48h 后的稳定度,kN。

(5)精度要求:当一组测定值中某个测定值与平均值之差大于标准差的 k 倍时,该测定值应予舍弃,并以其余测定值的平均值作为试验结果。当试件数目 n 为 3、4、5、6 个时,k 值分别为 1.15、1.46、1.67、1.82。

6. 注意事项

(1)试验之前,要将恒温水槽调节至要求的试验温度,对黏稠石油沥青或烘箱养护过的乳化沥青混合料为 60℃±1℃,对煤沥青混合料为 33.8℃±1℃,对空气养护的乳化沥青或液体沥青混合料为 25℃±1℃。

(2)标准马歇尔稳定度试验,标准试件需保温 30~40min,对大型试件需 45~60min。试件之间应有间隔,底下应垫起,离容器底部不小于 5cm;对于浸水马歇尔试验,需保温时间为48h;真空马歇尔试验需真空饱水后,在规定温度的恒温水槽中保温 48h。

(3)从恒温水槽中取出试件至测出最大荷载值的时间,不得超过 30s。

复习思考题

(1)马歇尔稳定度试验,所用试件尺寸、试验仪最大荷载、读数准确度、加载速率是怎样规定的?

(2)马歇尔稳定度试验前,如何量取试件的直径及高度?

(3)马歇尔稳定度试验前,还需测量哪些物理指标?

(4)如何评定马歇尔稳定度和流值的大小?

(5)标准马歇尔稳定度、浸水马歇尔稳定度及真空马歇尔稳定度试验的不同之处?

复习思考题答案

试验五　沥青混合料车辙试验

1. 目的与适用范围

本方法适用于测定沥青混合料的高温抗车辙能力,供沥青混合料配合比设计的高温稳定性检验使用,也可用于现场沥青混合料的高温稳定性检验。

车辙试验的试验温度与轮压可根据有关规定和需要选用,非经注明,试验温度为60℃,轮压为0.7MPa。根据需要,如在寒冷地区也可采用45℃,在高温条件下采用70℃等,对重载交通的轮压可增加至1.4MPa,但应在报告中注明。计算动稳定度的时间原则上为试验开始后45~60min之间。

本方法适用于按本章试验二用轮碾成型机碾压成型的长300mm、宽300mm、厚50mm的板块状试件。根据工程需要也可采用其他尺寸的试件,也适用于现场切割板块状试件,切割试件尺寸根据现场面层的实际情况由试验确定。

2. 仪器设备

(1) 车辙试验机(图14-7):主要由下列部分组成。

①试件台:可牢固地安装两种宽度(300mm及150mm)的规定尺寸试件的试模。

②试验轮:橡胶制的实心轮胎,外径200mm,轮宽50mm,橡胶层厚15mm。试验轮行走距离为230mm±10mm,往返碾压速度为42次/min±1次/min(21次往返/min)。

注:轮胎橡胶硬度应注意检验,不符合要求者应及时更换。

③加载装置:使试验轮与试件的接触压强在60℃时为0.7MPa±0.05MPa,施加的总荷重为780N左右,根据需要可以调整接触压强大小。

图14-7　车辙试验机

④试模:钢板制成,由底板及侧板组成,试模内侧尺寸长为300mm,宽为300mm,厚为50mm~100mm,根据需要可以对厚度进行调整。

⑤变形测量装置:自动采集车辙变形并记录曲线的装置,通常用位移传感器LVDT或非接触位移计,位移测量范围0~130mm,精度±0.01mm。

⑥温度检测装置:自动检测并记录试件表面及恒温室内温度的温度传感器,精密度±0.5℃。温度应能自动连续记录。

(2) 恒温室:车辙试验机必须整机安放在恒温室内,装有加热器、气流循环装置及自动温度控制设备,同时恒温室还应有至少能保温3块试件并进行试验的条件。保持恒温室温度60℃±1℃(试件内部温度60℃±0.5℃),根据需要亦可为其他试验温度。

(3)台秤:称量15kg,感量不大于5g。

3. 试验准备

(1)试验轮接地压强测定:测定在60℃时进行,在试验台上放置一块50mm厚的钢板,其上铺一张毫米方格纸,上铺一张新的复写纸,以规定的700N荷载后试验轮静压复写纸,即可在方格纸上得出轮压面积,并由此求得接地压强。当压强不符合0.7MPa±0.05MPa,荷载应予适当调整。

(2)制作试件:按本章试验二规定,用轮碾成型法制作车辙试验试块,板块状试件尺寸为长300mm×宽300mm×厚(50~100)mm。也可从路面切割得到需要尺寸的试件。

(3)如需要,将试件脱模按规定的方法测定密度及空隙率等各项物理指标。

(4)试件成型后,连同试模一起在常温条件下放置的时间不得少于12h。对聚合物改性沥青混合料,放置的时间以48h为宜,使聚合物改性沥青充分固化后方可进行车辙试验,但室温放置时间也不得长于1周。

4. 试验步骤

(1)试件保温:将试件连同试模一起,置于已达到试验温度60℃±1℃的恒温室中,保温不少于5h,也不得超过12h。在试件的试验轮不行走的部位上,粘贴一个热电偶温度计(也可在试件制作时预先将热电偶导线埋入试件一角),控制试件温度稳定在60℃±0.5℃。

(2)试件连同试模移置于车辙试验机的试验台上,试验轮在试件的中央部位,其行走方向须与试件碾压或行车方向一致。开动车辙变形自动记录仪,然后启动试验机,使试验轮往返行走,时间约1h,或最大变形达到25mm时为止。试验时,记录仪自动记录变形曲线(图14-8)及试件温度。

注:对300mm宽且试验时变形较小的试件,也可对一块试件在两侧1/3位置上进行两次试验取平均值。

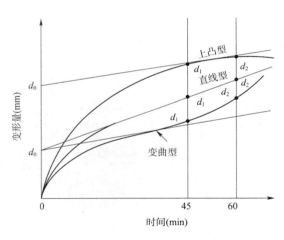

图14-8 车辙试验自动记录变形曲线

5. 结果整理

(1)从图14-8上读取45min(t_1)及60min(t_2)时的车辙变形d_1及d_2,准确至0.01mm。当变形过大,在未到60min变形已达25mm时,则以达到25mm(d_2)时的时间为t_2。将其前15min为t_1,此时的变形为d_1。

(2)沥青混合料试件的动稳定度按下式计算。

$$DS = \frac{(t_2 - t_1)N}{d_2 - d_1}C_1 C_2 \tag{14-19}$$

式中:DS——沥青混合料的动稳定度,次/mm;

d_1——对应于时间t_1的变形量,mm;

d_2——对应于时间t_2的变形量,mm;

C_1——试验机类型修正系数,曲柄连杆驱动试件的变速行走方式为 1.0;

C_2——试件系数,试验室制备的宽 300mm 的试件为 1.0;

N——试验轮往返碾压速度,次/min,通常为 42 次/min。

(3)精度要求与允许误差

同一沥青混合料或同一路段的路面,至少平行试验 3 个试件,当 3 个试件动稳定度变异系数小于 20% 时,取其平均值作为试验结果。变异系数大于 20% 时应分析原因,并追加试验。如计算动稳定度值大于 6000 次/mm,记作 >6000 次/mm。

重复性试验动稳定度变异系数的允许误差为 20%。

6. 注意事项

(1)车辙试验机轮胎橡胶硬度应注意检验,不符合要求者应及时更换。

(2)试验前要测定试验轮接地压强。

(3)轮碾成型后,试件连同试模一起在常温条件下放置的时间不得少于 12h。对聚合物改性沥青混合料,放置的时间以 48h 为宜,使聚合物改性沥青充分固化后方可进行车辙试验,但室温放置时间也不得长于 1 周。

(4)开动车辙变形自动记录仪,然后启动试验机,使试验轮往返行走,时间约 1h,或最大变形达到 25mm 时停止。

(5)对 300mm 宽且试验时变形较小的试件,也可对一块试件在两侧 1/3 位置上进行两次试验取平均值。

复习思考题

(1)沥青混合料车辙试验目的及适用范围是如何规定的?

(2)车辙试验前如何测定试验轮接地压强?

(3)车辙试验前试件如何进行保温?

(4)如何计算沥青混合料试件的动稳定度?

(5)试验过程中,试验轮在试件表面如何行走?到何时结束?

复习思考题答案

第十五章 钢筋常规试验

试验一　试验取样及结果评定

1. 取样方法及取样数量

钢筋进货应具有出厂质量证明书和试验报告单,每捆(盘)均应有标示牌。进场钢筋应按批进行检查,每批由同一厂别、同一炉罐号、同一规格、同一交货状态、同一进场时间为一验收批量。光圆钢筋、热轧带肋钢筋、低碳钢热轧圆盘条,每批数量不大于60t,取一组试件;冷轧带肋钢筋,每批数量不大于50t,取一组试件。各类钢筋每组试件数量见表15-1。

钢筋每组试件数量　　　　　表15-1

钢筋种类	每组试件数量	
	拉伸试验	弯曲试验
热轧光圆钢筋	2个	2个
热轧带肋钢筋	2个	2个
冷轧带肋钢筋	1个/盘	2个/批
低碳钢热轧圆盘条	1个/批	2个/批

注:1. 表中规定2个试件的(低碳钢热轧圆盘条冷弯试件除外),均应从任意的两根(盘)中分别切取,每根钢筋上切取一个拉力试件、一个冷弯试件。
　　2. 低碳钢热轧圆盘条的冷弯试件应取同盘两端。
　　3. 试件切取时,应在钢筋或盘条的任意一端截去500mm后再切取。

试件截取长度(L)为:

(1)拉力(伸)试件:$L \geq 5d + 200$mm(d 为钢筋直径);对直径 $d \leq 10$mm 的光圆钢筋,$L \geq 10d + 200$mm。

(2)冷弯试件:$L \geq 5d + 150$mm。

2. 试验结果评定

1）拉伸试验评定

（1）屈服强度、抗拉强度、伸长率均应符合相应标准中规定指标。

（2）做拉伸试验的两根试件中，如一根试件的屈服强度、抗拉强度、伸长率三个指标中有一个指标不符合标准时，即为拉伸试验不合格，应取双倍试件重新测定；在第二次拉伸试验中，如仍有一个指标不符合规定，不论这个指标在第一次试验中是否合格，判定拉伸试验项目仍属不合格，则该批钢筋判为不合格品。

（3）试验出现下列情况之一者，试验结果无效：

①试件断在标距外（伸长率无效）；

②操作不当，影响试验结果；

③试验记录有误或发生故障。

2）弯曲试验评定

冷弯试验后，弯曲外侧表面如无裂纹、断裂或起层，即判为合格。做冷弯试验的两根试件中，如有一根试件不合格，可取双倍数量试件重新做冷弯试验，第二次冷弯试验中，如仍有一根不合格，即判该批钢筋为不合格品。

复习思考题

（1）拉伸试验如何进行评定？

（2）弯曲试验如何进行评定？

复习思考题答案

试验二　钢筋拉伸试验

1. 目的与适用范围

通过钢筋拉伸试验可检验不同钢筋的力学性能是否满足要求。

本方法适用于进行各种金属常温拉伸试验，用以测定一项或几项力学性能。

2. 主要试验仪器

各种类型试验机均可使用。试验机应备有调速指示装置，试验时能在规定的速度范围内灵活调节，并具有记录或显示装置，以满足测定力学性能的要求。

3. 试验条件

1）试验速度

试件拉伸速度可根据试验机特点及试样材质、尺寸及试验目的来确定，但须保证所测性能的准确性。拉伸速度应符合下列要求：

（1）屈服前的弹性范围内的应力速率应符合表 15-2 的规定。

钢筋拉伸应力速率　　　　　　　　表 15-2

金属材料的弹性模量（MPa）	应力速率(MPa/s)		金属材料的弹性模量（MPa）	应力速率(MPa/s)	
	最小	最大		最小	最大
<150000	2	20	>150000	6	60

（2）如仅测定下屈服强度,在试样平行长度的屈服期间应变速率应在 0.00025 ~ 0.0025s^{-1} 之间。平行长度内的应变速率应尽可能保持恒定。如不能直接调节这一应变速率,应通过调节屈服即将开始前的应力速率来调整,在屈服完成之前不再调节试验机的控制。

任何情况下,弹性范围内的应力速率不应超过表 15-2 规定的最大速率。

2）试验温度

试验应在室温 10 ~ 35℃下进行。

4．主要性能测定

1）屈服强度和抗拉强度

低碳钢拉伸试验在试验机上进行时,当测力度盘的指针停止转动时恒定负荷或第一次回转的最小负荷即为屈服点的荷载(图 15-1)。

屈服强度 σ 以 MPa 为单位,并按下式计算。

$$\sigma = \frac{F_s}{A_0} \tag{15-1}$$

式中：σ——屈服强度,MPa;

F_s——相当于所求屈服应力时的荷载,N;

A_0——试件原截面面积,mm^2。

中碳钢和高碳钢没有明显的屈服点（图 15-2）,采用分级加荷,求出弹性直线段相应于小等级负荷的平均伸长增量,由此计算出偏离直线段后各级负荷的弹性伸长。从总伸长中减去弹性伸长即为残余伸长。通常以残余伸长 0.2% 的应力作为屈服强度,表示为 $\sigma_{0.2}$,并按下式计算。

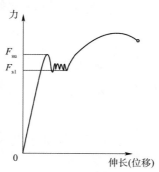

图 15-1　低碳钢拉伸试验示意图

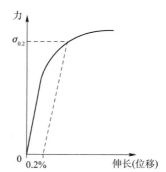

图 15-2　中碳钢、高碳钢拉伸试验示意图

$$\sigma_{0.2} = \frac{F_{0.2}}{A_0} \tag{15-2}$$

式中：$\sigma_{0.2}$——中碳钢和高碳钢的屈服强度,MPa;

$F_{0.2}$——相当于所求应力时的荷载,N;

A_0——试件原截面面积,mm²。

抗拉强度是对试件连续加荷直至拉断,由测力度盘或拉伸曲线上读出最大负荷 F_b,抗拉强度(σ_b)以 MPa 为单位,并按下式计算。

$$\sigma_b = \frac{F_b}{A_0} \tag{15-3}$$

式中:σ_b——抗拉强度,MPa;

F_b——试件拉断前的最大荷载,N;

A_0——试件原截面面积,mm²。

2)塑性

钢材塑性指标通常用伸长率和断面收缩率表示,钢筋一般进行伸长率单项抽检。试件拉断后标距长度的增量与原标距长度之比的百分率即为伸长率,伸长率(δ_n)以%表示,并按下式计算:

$$\delta_n = \frac{L_1 - L_0}{L_0} \times 100 \tag{15-4}$$

式中:δ_n——伸长率,%;

n——长、短比例试件的伸长率分别以 δ_5、δ_{10} 表示;定标距试件伸长率应附该标长度数值的脚注,如 $L_0 = 100$mm 或 200mm,则伸长率分别以 δ_{100}、δ_{200} 表示;

L_1——试件拉断后标距部分的长度,mm;

L_0——试件原标距长度,mm。

5. 注意事项

(1)画标距尽量画满整个工作段,以保证大多数试件都能测到延伸率。

(2)加载速率应严格控制,否则影响测量结果。

(3)应用小标记、细画线或细墨线标记原始标距,但不得用引起过早断裂的缺口作标记。

(4)选择测力量程时,试件破坏荷载必须大于试验机全量程的20%且小于试验机全量程的80%。

复习思考题

(1)钢筋拉伸试验的目的是什么?准备工作有哪些?

(2)低碳钢拉伸试验的试验步骤有哪些?试验后可测得哪些测值?

复习思考题答案

试验三 钢筋弯曲试验

1. 目的与适用范围

通过冷弯试验可检验不同钢筋的力学性能是否满足要求。

本试验方法适用于检验钢筋承受规定弯曲程度的弯曲变形性能,是评定钢筋塑性和工艺性能的重要依据。

2. 试验设备

弯曲试验可在压力机或万能试验机上进行。试验机应具备以下装置:

(1)应有足够硬度的支辊,其长度应大于试样的宽度或直径。支辊间的距离可以调节。

(2)具有不同直径的弯心,弯心直径由有关标准规定,其宽度应大于试样的宽度或直径。弯心应有足够的硬度。

3. 试样尺寸

(1)对直径不大于35mm 的钢筋,试样的横截面与原材料截面积相同。试验机能量允许时,直径≤50mm 的钢筋可用全截面的试样进行试验。

(2)对直径大于35mm 的钢筋,应制成直径25mm 的圆形试样,但有关标准另有规定时,则按规定执行。加工时,在试样的一面或一侧必须保留原轧制面,试验时该面应是弯曲外侧。

(3)试样长度:$L = 5d + 150\text{mm}$(d 为钢筋直径)。

4. 试验步骤

(1)试样在作用力下的弯曲程度可分为下列三种类型:

①达到某规定角度 α 的弯曲(图 15-3);

②绕着弯心弯到两面平行的弯曲(图 15-4);

③弯到两面接触的重合弯曲(图 15-5)。

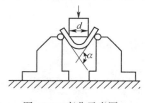 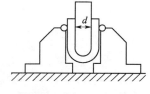 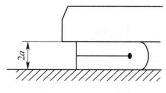

图 15-3　弯曲示意图 1　　　图 15-4　弯曲示意图 2　　　图 15-5　弯曲示意图 3
d-弯心直径(mm);α-弯心角度　　d-弯心直径(mm)　　　　　a-试样直径(mm)

(2)试验时应在平稳压力作用下,缓慢施加试验力。

(3)弯心直径 d 必须符合有关标准的规定,弯心宽度必须大于试样的宽度或直径。两支辊间的距离为 $(d + 2.5a) \pm 0.5a$,并且在试验过程中不允许变化。

(4)重合弯曲时,首先将试样弯曲到图 15-3 或图 15-4 所示的形状(建议弯心直径 $d = a$),然后放在两平板间继续以平稳的压力弯曲到两面重合。两压板平行面的长度应不小于试样重叠后的长度。

(5)试验应在 10~35℃下进行。在控制条件下,试验在 23℃ ±5℃下进行。

5. 结果评定

(1)按相关标准的要求评定弯曲试验结果,如未规定具体要求,若弯曲试验后试样弯曲外表面无肉眼可见裂纹、断裂或起层,应评定为合格。做冷弯试验的两根试件中,如有一根试件不合格,可取双倍数量试件重新做冷弯试验,第二次冷弯试验中,如仍有一根不合格,即判该批钢筋为不合格品。

（2）同一试样每组做两次平行试验。

6. 注意事项

（1）弯曲试验时，应缓慢施加弯曲力。

（2）相关产品标准中规定的弯曲角度认作为最小值，规定的弯曲半径认作为最大值。

（3）应严格按照相关产品标准中规定的弯曲直径选取压头直径。工程中试验最多的是各种规格的钢材冷弯试验，决不容许对各种不同规格的钢材使用一个规格直径的弯头来完成试验，否则试验结果将无法评定。

（4）在微裂纹、裂纹、裂缝中规定的长度和宽度，只要有一项达到某规定范围，即应按该级评定。

（5）试验应在 10～35℃下进行。在控制条件下，试验在 23℃±5℃下进行。

复习思考题

（1）钢筋冷弯试验的目的是什么？试样在作用力下的弯曲程度可分为哪些？

（2）试验温度如何规定？如何评定弯曲试验结果？

复习思考题答案

参 考 文 献

[1] 中华人民共和国行业标准. 公路工程集料试验规程: JTG 3432—2024[S]. 北京: 人民交通出版社, 2024.
[2] 中华人民共和国行业标准. 公路工程岩石试验规程: JTG 3431—2024[S]. 北京: 人民交通出版社, 2024.
[3] 中华人民共和国国家标准. 建设用卵石、碎石: GB/T 14685—2022[S]. 北京: 中国标准出版社, 2022.
[4] 中华人民共和国国家标准. 建设用砂: GB/T 14684—2022[S]. 北京: 中国标准出版社, 2022.
[5] 中华人民共和国国家标准. 道路硅酸盐水泥: GB/T 13693—2017[S]. 北京: 中国标准出版社, 2017.
[6] 中华人民共和国国家标准. 通用硅酸盐水泥: GB 175—2023[S]. 北京: 中国标准出版社, 2023.
[7] 中华人民共和国国家标准. 水泥胶砂强度检验方法(ISO法): GB/T 17671—2021[S]. 北京: 中国标准出版社, 2021.
[8] 中华人民共和国行业标准. 普通混凝土配合比设计规程: JGJ 55—2011[S]. 北京: 中国建筑工业出版社, 2011.
[9] 中华人民共和国行业标准. 公路工程水泥及水泥混凝土试验规程: JTG 3420—2020[S]. 北京: 人民交通出版社股份有限公司, 2020.
[10] 中华人民共和国行业标准. 砌筑砂浆配合比设计规程: JGJ/T 98—2010[S]. 北京: 中国建筑工业出版社, 2011.
[11] 中华人民共和国行业标准. 建筑砂浆基本性能试验方法标准: JGJ/T 70—2009[S]. 北京: 中国建筑工业出版社, 2009.
[12] 中华人民共和国行业标准. 公路水泥混凝土路面施工技术细则: JTG/T F30—2014[S]. 北京: 人民交通出版社, 2014.
[13] 中华人民共和国国家标准. 公路工程无机结合料稳定材料试验规程: JTG 3441—2024[S]. 北京: 中国标准出版社, 2024.
[14] 中华人民共和国行业标准. 公路路面基层施工技术细则: JTG/T F20—2015[S]. 北京: 人民交通出版社股份有限公司, 2015.
[15] 中华人民共和国行业标准. 公路沥青路面施工技术规范: JTG F40—2004[S]. 北京: 人民交通出版社, 2004.
[16] 中华人民共和国行业标准. 公路工程沥青及沥青混合料试验规程: JTG E20—2011[S]. 北京: 人民交通出版社, 2005.
[17] 中华人民共和国国家标准. 金属材料 拉伸试验 第1部分: 室温试验方法: GB/T 228.1—

2021[S].北京:中国标准出版社,2021.
[18] 中华人民共和国国家标准.金属材料 弯曲试验方法:GB/T 232—2010[S].北京:中国标准出版社,2011.
[19] 中华人民共和国国家标准.钢筋混凝土用钢 第1部分:热轧光圆钢筋:GB/T 1499.1—2017[S].北京:中国标准出版社,2017.
[20] 中华人民共和国国家标准.钢筋混凝土用钢 第2部分:热轧带肋钢筋:GB/T 1499.2—2018[S].北京:中国标准出版社,2018.
[21] 中华人民共和国国家标准.冷轧带肋钢筋:GB/T 13788—2017[S].北京:中国标准出版社,2017.
[22] 中华人民共和国国家标准.碳素结构钢:GB/T 700—2006[S].北京:中国标准出版社,2006.
[23] 中华人民共和国行业标准.优质碳素结构钢:GB/T 699—2015[S].北京:中国标准出版社,2015.
[24] 中华人民共和国行业标准.预应力混凝土用钢丝:GB/T 5223—2014[S].北京:中国标准出版社,2014.
[25] 中华人民共和国行业标准.预应力混凝土用钢绞线:GB/T 5224—2014[S].北京:中国标准出版社,2014.
[26] 施惠生.土木工程材料性能、应用与生态环境[M].北京:中国电力出版社,2008.
[27] 姜志青.道路建筑材料[M].5版.北京:人民交通出版社股份有限公司,2015.
[28] 高琼英.建筑材料[M].武汉:武汉理工大学出版社,2002.

道路建筑材料

（第 2 版）

试验报告册

人民交通出版社

北京

目 录
Contents

第九章 砂石材料试验 ··· 001
 试验一 岩石颗粒密度试验 ··· 001
 试验二 岩石块体密度试验（水中称量法） ·· 002
 试验三 石料单轴抗压强度试验 ··· 003
 试验四 粗集料筛分试验 ··· 004
 试验五 细集料筛分试验 ··· 007
 试验六 粗集料密度及吸水率试验（网篮法） ··· 009
 试验七 粗集料密度及吸水率试验（容量瓶法） ······································ 010
 试验八 粗集料堆积密度及空隙率试验 ·· 011
 试验九 细集料表观密度试验（容量瓶法） ·· 012
 试验十 细集料密度及吸水率试验 ·· 013
 试验十一 细集料堆积密度及空隙率试验 ··· 014
 试验十二 粗集料含泥量及泥块含量试验 ··· 015
 试验十三 细集料含泥量试验（筛洗法） ··· 016
 试验十四 粗集料针片状颗粒含量试验（规准仪法） ······························· 017
 试验十五 粗集料针片状颗粒含量试验（游标卡尺法） ··························· 018
 试验十六 粗集料压碎值试验 ··· 019
 试验十七 粗集料磨耗试验（洛杉矶法） ··· 020

第十章 水泥物理力学性质试验 ··· 021
 试验一 水泥细度检验方法（筛析法） ·· 021
 试验二 水泥标准稠度用水量试验、凝结时间、安定性试验 ····················· 022
 试验三 水泥胶砂强度检验方法（ISO 法） ··· 024

第十一章 普通混凝土及砂浆试验 ·· 025
 试验一 普通混凝土拌合物稠度试验（坍落度仪法） ······························· 025
 试验二 普通混凝土立方体抗压强度试验 ··· 026
 试验三 水泥砂浆试验 ·· 027

第十二章　无机结合料稳定类材料试验 029
试验一　无机结合料稳定材料击实试验 029
试验二　无机结合料稳定材料试件制作方法(圆柱形) 031
试验三　无机结合料稳定材料养生试验 032
试验四　无机结合料稳定材料无侧限抗压强度试验 033

第十三章　沥青材料试验 035
试验一　沥青针入度试验 035
试验二　沥青延度试验 036
试验三　沥青软化点试验 037
试验四　沥青与矿料的黏附性试验 038

第十四章　沥青混合料试验 039
试验一　压实沥青混合料密度试验(表干法) 039
试验二　沥青混合料马歇尔稳定度试验 041
试验三　沥青混合料车辙试验 043

第十五章　钢筋常规试验 045
试验一　钢筋拉伸试验 045
试验二　钢筋弯曲试验 047

第九章　砂石材料试验

试验一　岩石颗粒密度试验

一、知识点回顾
真实密度定义：

二、试验目的

三、主要仪器设备

四、主要试验步骤

五、试验记录及结果整理

岩石颗粒密度试验记录表

试验温度(℃)		试验密度(g/cm^3)			
试验次数	烘干岩粉质量 $m_1(g)$	比重瓶与试液总质量 $m_2(g)$	比重瓶、试液与岩粉总质量 $m_3(g)$	石粉的密度 ρ_s(g/cm^3)	
				个别值	平均值
1					
2					

试验日期：　　年　月　日

六、精度要求

试验二　岩石块体密度试验(水中称量法)

一、知识点回顾

毛体积密度的定义:

二、试验目的

三、主要仪器设备

四、主要试验步骤

五、试验记录及结果整理

岩石块体密度试验记录表

试件编号	试验温度(℃)		试件强制饱和后的质量 m_{sa}(g)	试件烘干后的质量 m_d(g)	吸水饱和试件在水中的质量 m_w(g)	水的密度(g/cm³)					
						块体密度(g/cm³)					
	试件烘干前的质量 m_0(g)					天然密度 ρ_0		饱和密度 ρ_{sa}		干密度 ρ_d	
						个别值	平均值	个别值	平均值	个别值	平均值
1											
2											
3											

试验日期:　　　年　月　日

六、精度要求

试验三　石料单轴抗压强度试验

一、试验目的

二、主要仪器设备

三、主要试验步骤

四、试验记录及结果整理

单轴抗压强度记录表

岩石名称					试样用途			
试验次数	试件尺寸(mm)				试件截面积 $A(\text{mm}^2)$	极限荷载 $P(\text{N})$	抗压强度 $R = P/A$ (MPa)	
	长	宽	直径	高			个别值	平均值

试验日期：　　　年　　月　　日

五、精度要求

试验四　粗集料筛分试验

一、知识点回顾

(1)集料的定义：

(2)粗细集料划分的关键粒径：

(3)级配的定义：

二、试验目的

三、主要仪器设备

四、主要试验步骤

五、试验记录及结果整理

粗集料干筛法筛分试验记录

干燥试样总量 $m_0(g)$	第1组				第2组				平均
筛孔尺寸(mm)	分计筛余量 $m_i(g)$	分计筛余率(%)	筛余率(%)	通过率(%)	分计筛余量 $m_i(g)$	分计筛余率(%)	筛余率(%)	通过率(%)	通过率(%)
37.5									
31.5									
26.5									
19									
16									
13.2									
9.5									

续上表

干燥试样总量 m_0(g)	第1组				第2组				平均
筛孔尺寸(mm)	分计筛余量 m_i(g)	分计筛余率(%)	筛余率(%)	通过率(%)	分计筛余量 m_i(g)	分计筛余率(%)	筛余率(%)	通过率(%)	通过率(%)
4.75									
2.36									
1.18									
0.6									
0.3									
0.15									
0.075									
筛底质量 $m_底$(g)									
筛分后总量 $\Sigma m_i + m_底$(g)									
损耗率(%)									

试验日期：　　　年　　月　　日

粗集料水洗法筛分试验记录表

干燥试样总量 m_0(g)		第1组				第2组				平均
水洗后筛上总量 $m_洗$(g)										
	筛孔尺寸(mm)	分计筛余量 m_i(g)	分计筛余率(%)	筛余率(%)	通过率(%)	分计筛余量 m_i(g)	分计筛余率(%)	筛余率(%)	通过率(%)	通过率(%)
水洗后干筛法筛分	37.5									
	31.5									
	26.5									
	19									
	16									
	13.2									
	9.5									
	4.75									
	2.36									

续上表

干燥试样总量 $m_0(g)$	第1组					第2组				平均
水洗后筛上总量 $m_{洗}(g)$										
水洗后干筛法筛分	筛孔尺寸(mm)	分计筛余量 $m_i(g)$	分计筛余率(%)	筛余率(%)	通过率(%)	分计筛余量 $m_i(g)$	分计筛余率(%)	筛余率(%)	通过率(%)	通过率(%)
	1.18									
	0.6									
	0.3									
	0.15									
	0.075									
	筛底 $m_{底}(g)$									
	筛分后总量 $\sum m_i + m_{底}(g)$									
扣除损耗后试样总质量 $m_0 - (m_{洗} - \sum m_i - m_{底})(g)$										
损耗率(%)										

试验日期： 年 月 日

六、精度要求

试验五 细集料筛分试验

一、知识点回顾

（1）筛分参数：

（2）级配与粗度的关系：

二、试验目的

三、主要仪器设备

四、主要试验步骤

五、试验记录及结果整理

细集料干筛法试验记录表

干燥试样总量 $m_0(g)$	第1组				第2组				平均
筛孔尺寸 (mm)	分计筛余量 $m_i(g)$	分计筛余率(%)	筛余率(%)	通过率(%)	分计筛余量 $m_i(g)$	分计筛余率(%)	筛余率(%)	通过率(%)	通过率(%)
4.75									
2.36									
1.18									
0.6									
0.3									
0.15									
0.075									
筛底质量 $m_底(g)$									
筛分后总量 $\sum m_i + m_底(g)$									

续上表

干燥试样总量 m_0(g)		第1组				第2组				平均
筛孔尺寸(mm)	分计筛余量 m_i(g)	分计筛余率(%)	筛余率(%)	通过率(%)	分计筛余量 m_i(g)	分计筛余率(%)	筛余率(%)	通过率(%)	通过率(%)
损耗率(%)										
细度模数 M_x										
评价粗度										

试验日期：　　年　月　日

细集料水洗法试验记录表

		第1组				第2组				平均
干燥试样总量 m_0(g)										
水洗后筛上总量 $m_{洗}$(g)										
水洗后干筛法筛分	筛孔尺寸(mm)	分计筛余量 m_i(g)	分计筛余率(%)	筛余率(%)	通过率(%)	分计筛余量 m_i(g)	分计筛余率(%)	筛余率(%)	通过率(%)	通过率(%)
	4.75									
	2.36									
	1.18									
	0.6									
	0.3									
	0.15									
	0.075									
筛底 $m_{底}$(g)										
筛分后总量 $\sum m_i + m_{底}$(g)										
扣除损耗后试样总质量 $m_0 - (m_{洗} - \sum m_i - m_{底})$(g)										
损耗率(%)										
细度模数 M_x										
评价粗度										

试验日期：　　年　月　日

六、精度要求

试验六　粗集料密度及吸水率试验(网篮法)

一、知识点回顾

(1)表观密度定义：

(2)毛体积密度定义：

(3)表观体积包括：

二、试验目的

三、主要仪器设备

四、主要试验步骤

五、试验记录及结果整理

粗集料密度及吸水率试验记录表(网篮法)

试验次数	水的密度 (g/cm^3)	集料表干质量 $m_f(g)$	集料的水中质量 $m_w(g)$	集料的烘干质量 $m_a(g)$	吸水率(%)	
					个别值	平均值
1						
2						

试验次数	粗集料的表观密度 $\rho_a(g/cm^3)$		粗集料的表干密度 $\rho_s(g/cm^3)$		粗集料的毛体积密度 $\rho_b(g/cm^3)$	
	个别值	平均值	个别值	平均值	个别值	平均值
1						
2						

试验日期：　　年　月　日

六、精度要求

试验七 粗集料密度及吸水率试验(容量瓶法)

一、试验目的

二、主要仪器设备

三、主要试验步骤

四、试验记录及结果整理

粗集料密度及吸水率试验记录表(容量瓶法)

试验次数	水的密度 (g/cm^3)	集料、水、瓶及瓶塞总质量 m_2(g)	集料表干质量 m_f(g)	集料的烘干质量 m_a(g)	水、瓶及瓶塞总质量 m_1(g)	吸水率(%)	
						个别值	平均值
1							
2							

试验次数	粗集料的表观密度 ρ_a(g/cm^3)		粗集料的表干密度 ρ_c(g/cm^3)		粗集料的毛体积密度 ρ_b(g/cm^3)	
	个别值	平均值	个别值	平均值	个别值	平均值
1						
2						

试验日期: 年 月 日

五、精度要求

试验八　粗集料堆积密度及空隙率试验

一、知识点回顾

(1)堆积密度定义：

(2)空隙率定义：

二、试验目的

三、主要仪器设备

四、主要试验步骤

五、试验记录及结果整理

粗集料堆积密度及空隙率试验记录表

试验状态	容量筒的容积 $V(L)$	容量筒的质量 $m_1(kg)$	试样和容量筒总质量 $m_2(kg)$	粗集料的堆积密度 $\rho_{bl}(kg/m^3)$		粗集料表观密度 $\rho_a(g/cm^3)$	粗集料的空隙率 $V_c(\%)$
				个别值	平均值		
松装							
紧装							

试验日期：　　年　月　日

六、精度要求

试验九　细集料表观密度试验（容量瓶法）

一、知识点回顾

集料在混合料中的作用：

二、试验目的

三、主要仪器设备

四、主要试验步骤

五、试验记录及结果整理

细集料表观密度试验记录表（容量瓶法）

试验次数	试样的烘干质量 m_0(g)	试样、水及容量瓶总质量 m_2(g)	水及容量瓶总质量 m_1(g)	细集料的表观密度 ρ_a(g/cm³)	
				个别值	平均值
1					
2					

试验日期：　　　年　　月　　日

六、精度要求

试验十 细集料密度及吸水率试验

一、试验目的

二、主要仪器设备

三、主要试验步骤

四、试验记录及结果整理

细集料密度及吸水率试验记录表

试验次数	水温（℃）	试样的烘干质量 $m_0(g)$	饱和面干试样、水及瓶总质量 $m_2(g)$	水及总质量 $m_1(g)$	试样饱和面干质量 $m_3(g)$	细集料的表观密度 $\rho_a(g/cm^3)$		细集料的表干密度 $\rho_s(g/cm^3)$		细集料的毛体积密度 $\rho_b(g/cm^3)$		吸水率（%）	
						个别值	平均值	个别值	平均值	个别值	平均值	个别值	平均值
1													
2													

试验日期：　　年　月　日

五、精度要求

试验十一　细集料堆积密度及空隙率试验

一、试验目的

二、主要仪器设备

三、主要试验步骤

四、试验记录及结果整理

细集料堆积密度及空隙率试验记录表

试验状态	容量筒的容积 $V(L)$	容量筒的质量 $m_0(kg)$	试样和容量筒质量 $m_2(kg)$	细集料的堆积密度 $\rho_{bl}(kg/m^3)$		细集料表观密度 $\rho_a(g/cm^3)$	细集料的空隙率 $V_c(\%)$
				个别值	平均值		
松装							
紧装							

试验日期：　　年　　月　　日

五、精度要求

试验十二　粗集料含泥量及泥块含量试验

一、试验目的

二、主要仪器设备

三、主要试验步骤

四、试验记录及结果整理

粗集料含泥量及泥块含量试验记录表

试验次数	含泥量试验				泥块含量试验			
	试验前烘干试样质量 m_0(g)	试验后烘干试样质量 m_1(g)	含泥量 Q_n(%)		4.75mm筛上试样质量 m_2(g)	试验后2.36mm筛上试样烘干质量 m_3(g)	泥块含量 Q_k(%)	
			个别值	平均值			个别值	平均值

试验日期：　　年　　月　　日

五、精度要求

试验十三　细集料含泥量试验（筛洗法）

一、试验目的

二、主要仪器设备

三、主要试验步骤

四、试验记录及结果整理

细集料含泥量试验记录表（筛洗法）

试验次数	试验前烘干试样质量 $m_0(g)$	试验后烘干试样质量 $m_1(g)$	含泥量 $Q_n(\%)$	
			个别值	平均值

试验日期：　　年　月　日

五、精度要求

试验十四 粗集料针片状颗粒含量试验(规准仪法)

一、知识点回顾

(1)针状颗粒定义：

(2)片状颗粒定义：

二、试验目的

三、主要仪器设备

四、主要试验步骤

五、试验记录及结果整理

粗集料针片状颗粒含量试验记录表(规准仪法)

试验次数	试样总质量 $m_0(g)$	针状、片状颗粒质量 $m_1(g)$	针片状颗粒含量 $Q_{e+f}(\%)$	
			个别值	平均值

试验日期：　　年　　月　　日

六、精度要求

试验十五　粗集料针片状颗粒含量试验(游标卡尺法)

一、知识点回顾

针片状颗粒含量与强度关系：

二、试验目的

三、主要仪器设备

四、主要试验步骤

五、试验记录及结果整理

粗集料针片状颗粒含量试验记录表(游标卡尺法)

试验次数	试验前的干燥试样总质量 $m_0(g)$	试样中针片状颗粒的总质量 $m_1(g)$	试样中非针片状颗粒总质量 $m_2(g)$	损耗率 $P_s(\%)$		针片状颗粒含量 $Q_{e\&f}(\%)$	
				个别值	平均值	个别值	平均值

试验日期：　　年　　月　　日

六、精度要求

试验十六 粗集料压碎值试验

一、知识点回顾

压碎值与强度关系：

二、试验目的

三、主要仪器设备

四、主要试验步骤

五、试验记录及结果整理

粗集料压碎值试验记录表

试验次数	试验前干燥试样总质量 m_0(g)	试样的2.36mm筛上质量 m_1 (g)	试样的2.36mm筛下质量 m_2 (g)	损耗率 P_s(%)		压碎值 ACV(%)	
				个别值	平均值	个别值	平均值

试验日期：　　　年　　月　　日

六、精度要求

试验十七　粗集料磨耗试验（洛杉矶法）

一、知识点回顾

磨耗性定义：

二、试验目的

三、主要仪器设备

四、主要试验步骤

五、试验记录及结果整理

集料洛杉矶磨耗试验记录表

试验次数	试验前试样总质量 $m_1(g)$	试验后在1.7mm筛上干燥试样质量 $m_2(g)$	磨耗值 LA(%)	
			个别值	平均值

试验日期：　　年　月　日

六、精度要求

第十章　水泥物理力学性质试验

试验一　水泥细度检验方法(筛析法)

一、知识点回顾

细度与水泥凝结硬化的关系：

二、试验目的

三、主要仪器设备

四、主要试验步骤

五、试验记录及结果整理

水泥细度试验记录表(45μm 筛筛析法)

试验次数	水泥试样质量 m (g)	水泥筛余物的质量 R_s (g)	水泥试样筛余百分数 $F(\%)$	
			个别值	平均值

试验日期：　　　年　　月　　日

六、精度要求

试验二 水泥标准稠度用水量试验、凝结时间、安定性试验

一、知识点回顾

(1) 水泥标准稠度用水量：

(2) 初凝时间：

(3) 终凝时间：

(4) 凝结时间与混凝土施工的影响：

(5) 影响安定性的因素：

二、试验目的

三、主要仪器设备

四、主要试验步骤

五、试验记录及结果整理

水泥标准稠度用水量、凝结时间、安定性试验记录表

试样名称			初拟用途		
标准稠度用水量试验记录表					
试验次数	水泥用量（g）	用水量（mL）	试杆沉入净浆距底板距离(mm)	标准稠度用水量(%)	
				个别值	平均值
1					
2					

水泥凝结时间试验记录表								
试验次数	标准稠度用水量(%)	加水时间（h:min）	初凝状态（h:min）	初凝时间(min)		终凝状态（h:min）	终凝时间(min)	
				个别值	平均值		个别值	平均值

安定性试验记录表（雷氏法）						
试验次数	标准稠度用水量(%)	沸煮前指针尖端的距离 A(mm)	沸煮后指针尖端的距离 C(mm)	雷氏夹膨胀值，即试件沸煮后增加距离 $C-A$(mm)		安定性判别
				个别值	平均值	

试验日期：　　　年　　月　　日

试验三　水泥胶砂强度检验方法(ISO 法)

一、知识点回顾
水泥胶砂强度定义：

二、试验目的

三、主要仪器设备

四、主要试验步骤
(1)试件的制备及养护：

(2)强度试验：

五、试验记录及结果整理

水泥胶砂强度试验记录表

试体编号	试体龄期(d)	抗折强度					抗压强度				水泥强度等级
		破坏荷载(N)	支点间距(mm)	试件截面尺寸(mm^2)	抗折强度(MPa)		破坏荷载(N)	受压面积(mm^2)	抗压强度(MPa)		
					个别值	平均值			个别值	平均值	
1											
2											
3											

试验日期：　　年　月　日

六、精度要求

第十一章 普通混凝土及砂浆试验

试验一 普通混凝土拌合物稠度试验（坍落度仪法）

一、知识点回顾

(1) 混凝土拌合物的工作性定义：

(2) 坍落度定义：

二、试验目的

三、主要仪器设备

四、主要试验步骤

(1) 混凝土拌和：

(2) 坍落度试验：

五、试验记录及结果整理

混凝土拌合物坍落度试验记录表

试验次数	调整前初步配合比								坍落度 (mm)	棍度	含砂情况	黏聚性	保水性
	$1m^3$ 材料用量(kg)				15L 材料用量(kg)								
	m_{co}	m_{wo}	m_{so}	m_{go}	m_c	m_w	m_s	m_g					
1													

试验次数	调整后基准配合比								坍落度 (mm)	棍度	含砂情况	黏聚性	保水性
	$1m^3$ 材料用量(kg)				15L 材料用量(kg)								
	m_{ca}	m_{wa}	m_{sa}	m_{ga}	m'_c	m'_w	m'_s	m'_g					
1													

环境温度_____和湿度_____；试验日期：　　　年　　月　　日

试验二　普通混凝土立方体抗压强度试验

一、知识点回顾

(1)立方体抗压强度定义：

(2)如何评定混凝土强度等级：

二、试验目的

三、主要仪器设备

四、试验步骤

(1)试件成型与养护方法：

(2)测定抗压强度：

五、试验记录及结果整理

混凝土抗压强度试验记录表

试件编号	试样名称					试样用途			
	制备日期 y.m.d	试验日期 y.m.d	龄期 (d)	最大荷载 (N)	试件尺寸(mm)		试件截面 (mm^2)	抗压强度(MPa)	
					a	b		个别值	平均值

试验日期：　　年　月　日

六、精度要求

试验三　水泥砂浆试验

一、试验目的

二、主要仪器设备

三、试验步骤
(1)砂浆拌和：

(2)砂浆稠度：

(3)砂浆分层度：

(4)抗压强度：

四、试验记录及结果整理

砂浆稠度、分层度、抗压强度试验记录表

试样名称					初拟用途				
砂浆稠度试验									
试验次数	砂浆配合比(kg/m³)				稠度值(mm)			平均稠度值(mm)		
	水泥	掺合料	砂	水					
砂浆分层度试验									
试验次数	砂浆配合比(kg/m³)				静置前稠度值(mm)	静置30min后稠度值(mm)	分层度值(mm)	平均分层度值(mm)	
	水泥	掺合料	砂	水					
砂浆抗压强度试验									
试件编号	制备日期 y.m.d	试验日期 y.m.d	龄期(d)	最大荷载(N)	试件尺寸(mm)		试件截面(mm²)	抗压强度(MPa)	
					a	b		个别值	平均值

试验日期:　　　年　月　日

五、精度要求

第十二章　无机结合料稳定类材料试验

试验一　无机结合料稳定材料击实试验

一、知识点回顾

无机结合料稳定材料的特点：

二、试验目的

三、主要仪器设备

四、主要试验步骤

五、试验记录及结果整理

无机结合料稳定材料击实试验记录表

	混合料名称			结合料含水率(%)			
	结合料剂量(%)			集料含水率(%)			
	试验序号	1	2	3	4	5	6
干密度	加水量(g)						
	筒+湿试样的质量(g)						
	筒的质量(g)						
	湿试样质量(g)						
	湿密度(g/cm³)						
	干密度(g/cm³)						
含水率	盒号						
	盒+湿试样的质量(g)						
	盒+干试样的质量(g)						
	盒的质量(g)						
	水的质量(g)						
	干试样的质量(g)						
	含水率(%)						
	平均含水率(%)						

试验日期：　　年　月　日

六、精度要求

试验二 无机结合料稳定材料试件制作方法（圆柱形）

一、试验目的

二、主要仪器设备

三、主要试验步骤

四、试验记录及结果整理

无机结合料稳定材料试件制作方法（圆柱形）记录表

混合料名称					结合料类型及剂量（%）					
试件标准质量（g）					试件压实度（%）					
最佳含水率（%）					最大干密度（g/cm³）					
编号	直径（mm）				高度（mm）				质量（g）	误差（g）
	1	2	3	平均	1	2	3	平均		
1										
2										
3										
4										
5										
6										

试验日期：　　年　月　日

五、精度要求

试验三　无机结合料稳定材料养生试验

一、试验目的

二、主要仪器设备

三、主要试验步骤

四、试验记录及结果整理

无机结合料稳定材料试件养生记录表

混合料名称					结合料类型及剂量(%)						
最佳含水率(%)					最大干密度(g/cm³)						
试件标准质量(g)					试件压实度(%)						
养生开始日期					饱水日期						
编号	直径(mm)				高度(mm)				质量(g)	误差(g)
	1	2	3	平均	1	2	3	平均		
1										
2										
3										
4										
饱水前质量和尺寸										
1										
2										
3										
4										
饱水后质量和尺寸										
1										
2										
3										
4										

试验日期：　　年　月　日

五、精度要求

试验四　无机结合料稳定材料无侧限抗压强度试验

一、知识点回顾

无机结合料稳定材料强度影响因素：

二、试验目的

三、主要仪器设备

四、主要试验步骤

五、试验记录及结果整理

无机结合料稳定材料无侧限抗压强度试验记录表

混合料名称						结合料剂量(%)						
试件尺寸(mm)						养生龄期(d)						
最佳含水率(%)						最大干密度(g/cm³)						
试件压实度(%)						加载速率(mm/min)						
试件编号	1	2	3	4	5	6	7	8	9	10	11	12	13
试件制备方法													
制件日期													
养生前试件质量(g)													
浸水前试件质量(g)													
浸水后试件质量(g)													
养生期间质量损失(g)													
吸水量(%)													
养生前试件高度(cm)													
浸水后试件高度(cm)													
试件最大压力(N)													
试件受压面积(cm²)													
无侧限抗压强度(MPa)													
平均值(MPa)				变异系数(%)				代表值(MPa)				

试验日期： 年 月 日

六、精度要求

第十三章 沥青材料试验

试验一 沥青针入度试验

一、知识点回顾

针入度定义：

二、试验目的

三、主要仪器设备

四、主要试验步骤

五、试验记录及结果整理

沥青针入度试验记录表

试样名称			试样用途		
试验次数	试验温度（℃）	贯入时间（s）	试验荷载（g）	针入度(0.1mm)	
				个别值	平均值
1					
2					
3					

试验日期：　　年　月　日

六、精度要求

试验二　沥青延度试验

一、知识点回顾

沥青延度定义：

二、试验目的

三、主要仪器设备

四、主要试验步骤

五、试验记录及结果整理

沥青延度试验记录表

试样名称				试样用途			
试验次数	试验温度（℃）	延伸速率（cm/min）	延度(cm)				
			试件1	试件2	试件3	平均	

试验日期：　　　年　月　日

六、精度要求

试验三　沥青软化点试验

一、知识点回顾

沥青软化点定义：

二、试验目的

三、主要仪器设备

四、主要试验步骤

五、试验记录及结果整理

沥青软化点试验记录表

试样名称														试样用途		
试验次数	加热介质	起始温度(℃)	升温速度(℃/min)	每分钟温度上升(℃)											试样与底板接触时的温度(℃)	软化点(℃)
				1	2	3	4	5	6	7	8	9	10	11	12	1	2	

试验日期：　　年　月　日

六、精度要求

试验四　沥青与矿料的黏附性试验

一、试验目的

二、主要仪器设备

三、主要试验步骤

四、试验记录及结果整理

沥青与矿料的黏附性试验记录表

沥青种类				沥青标号		
矿料最大粒径				试验方法		
试件编号	集料粒径	试验后集料表面上沥青膜剥落情况	剥离面积百分率(%)		黏附性等级	
			测值	平均值		

试验日期：　　年　　月　　日

五、等级评定

第十四章 沥青混合料试验

试验一 压实沥青混合料密度试验(表干法)

一、试验目的

二、主要仪器设备

三、主要试验步骤
(1)试件制作:

(2)密度测定:

四、试验记录及结果整理

沥青混合料密度试验记录表(表干法)

沥青混合料类型		拌和温度(℃)				压实温度(℃)		试验温度(℃)			试件成型方法		击实次数	两面各__次
试件编号	油石比(%)	试件厚度(mm)						空气中质量(g)	水中质量(g)	饱和面干质量(g)	表观相对密度	实测毛体积相对密度	理论最大相对密度	空隙率(%)	矿料间隙率(%)	沥青饱和度(%)
		1	2	3	4	平均										

续上表

沥青混合料类型		拌和温度(℃)				压实温度(℃)		试验温度(℃)		试件成型方法		击实次数	两面各__次
试件编号	油石比(%)	试件厚度(mm)					空气中质量(g)	水中质量(g)	饱和面干质量(g)	表观相对密度	实测毛体积相对密度	理论最大相对密度	空隙率(%)	矿料间隙率(%)	沥青饱和度(%)
		1	2	3	4	平均									

试验二　沥青混合料马歇尔稳定度试验

一、知识点回顾

(1) 稳定度定义：

(2) 流值定义：

二、试验目的

三、主要仪器设备

四、主要试验步骤

五、试验记录及结果整理

沥青混合料马歇尔试验记录表

沥青混合料类型		拌和温度(℃)		
成型温度(℃)		试件成型方法		
击实次数	两面各___次	成型日期		
试验温度(℃)		浸水时间(min)		
试件编号	油石比(%)	稳定度(kN)		流值(0.1mm)	
		测值	平均值	测值	平均值

试验日期： 　年　月　日

试验三　沥青混合料车辙试验

一、知识点回顾
(1)动稳定度定义：

(2)动稳定度与高温稳定性的关系：

二、试验目的

三、主要仪器设备

四、主要试验步骤
(1)试件成型：

(2)车辙试验：

五、试验记录及结果整理

沥青混合料车辙试验记录表

沥青混合料类型		拌和温度(℃)	
成型温度(℃)		试件成型方法	
成型日期		试件尺寸(mm)	
试验温度(℃)		轮压(MPa)	
沥青用量(%)		试件成型密度(g/cm³)	
空隙率(%)		试验轮往返碾压速度(次/min)	
试验机类型修正系数		试件系数	
试件编号	1	2	3
时间 t_1(min)			
时间 t_2(min)			
时间 t_1 时的变形量(mm)			
时间 t_2 时的变形量(mm)			
动稳定度 DS(次/mm)			
平均值(次/mm)			
变异系数(%)			

试验日期： 年 月 日

六、精度要求

第十五章 钢筋常规试验

试验一 钢筋拉伸试验

一、知识点回顾
(1) 钢筋的两个强度指标:

(2) 钢筋的塑性指标:

二、试验目的

三、主要仪器设备

四、主要试验步骤

五、试验记录及结果整理

钢筋拉伸试验记录表

试样名称					
试样编号					
试样尺寸	公称直径(mm)				
	长度(mm)				
	截面积(mm^2)				
	标距(mm)				
拉伸荷载(kN)	屈服				
	极限				
强度(MPa)	屈服点				
	极限抗拉				
伸长度	断后标距(mm)				
	伸长率(%)				

试验日期： 年 月 日

六、试验评定

试验二　钢筋弯曲试验

一、试验目的

二、主要仪器设备

三、主要试验步骤

四、试验记录及结果整理

钢筋弯曲试验记录表

试样名称					
试样编号					
试样尺寸	公称直径(mm)				
	长度(mm)				
冷弯	弯曲直径(mm)				
	弯曲角度(°)				
	结果				

试验日期：　　年　月　日

五、试验评定